# 儒学、数术与政治（第二版）
## 灾异的政治文化史

陈侃理 著

北京大学出版社

图书在版编目(CIP)数据

儒学、数术与政治:灾异的政治文化史 / 陈侃理著. -- 2版. -- 北京:北京大学出版社, 2025.7. --(博雅史学论丛). -- ISBN 978-7-301-36244-0

I. D691

中国国家版本馆 CIP 数据核字第 2025MJ4587 号

| 书　　　名 | 儒学、数术与政治——灾异的政治文化史(第二版)<br>RUXUE、SHUSHU YU ZHENGZHI——ZAIYI DE ZHENGZHI WENHUASHI(DI-ER BAN) |
|---|---|
| 著作责任者 | 陈侃理　著 |
| 责任编辑 | 张　晗　邴文彬 |
| 标准书号 | ISBN 978-7-301-36244-0 |
| 出版发行 | 北京大学出版社 |
| 地　　　址 | 北京市海淀区成府路 205 号　100871 |
| 网　　　址 | http://www.pup.cn　新浪微博:@北京大学出版社 |
| 电子邮箱 | 编辑部 wsz@pup.cn　总编室 zpup@pup.cn |
| 电　　　话 | 邮购部 010-62752015　发行部 010-62750672<br>编辑部 010-62767315 |
| 印　刷　者 | 大厂回族自治县彩虹印刷有限公司 |
| 经　销　者 | 新华书店 |
| | 690 毫米×980 毫米　16 开本　24.75 印张　356 千字<br>2015 年 12 月第 1 版<br>2025 年 7 月第 2 版　2025 年 7 月第 1 次印刷 |
| 定　　　价 | 98.00 元 |

未经许可,不得以任何方式复制或抄袭本书之部分或全部内容。
版权所有,侵权必究
举报电话: 010-62752024　电子邮箱: fd@pup.cn
图书如有印装质量问题,请与出版部联系,电话: 010-62756370

# 出版弁言

北京大学中国古代史研究中心,自20世纪80年代初一路走来,已经将近而立之年。

中心创立伊始,我们的前辈邓广铭、周一良、王永兴、宿白、田余庆、张广达等先生曾经共同制定了"多出人才,快出人才;多出成果,快出成果"的方针。全体同仁在这片清新自由的学术天地中勤勉奋励,从容涵育,术业各自有专精,道并行而不相悖。

为有效凝聚学术力量,积极推动中国古代史研究的持续发展,并集中展示以本中心科研人员为主的学术成果,我们决定编辑《未名中国史丛刊》。《丛刊》将收入位于前沿、专业质量一流的研究成果,包括中心科研人员、兼职人员、参加中心项目成员和海外长期合作者的个人专著、文集及重大项目集体研究成果等。

致广大,尽精微,这是中心学人共同的方向。我们将为此而努力。

北京大学中国古代史研究中心
2011年7月

# 未名中国史丛刊

（第八种）

**丛刊编委会**

主　　　编　邓小南
副　主　编　侯旭东
编　　　委　（依音序排列）
　　　　　　邓小南（北京大学中国古代史研究中心）
　　　　　　侯旭东（清华大学历史系）
　　　　　　罗　新（北京大学中国古代史研究中心）
　　　　　　荣新江（北京大学中国古代史研究中心）
　　　　　　沈卫荣（中国人民大学国学院）
　　　　　　王利华（南开大学历史学院）
　　　　　　吴玉贵（中国社会科学院历史研究所）
　　　　　　张　帆（北京大学历史系）

# 目 录

序 论 / 1

## 第一章 溯源 / 9
### 第一节 感应与天谴:灾异论的思想渊源 / 9
一、道德之天的产生 / 10
二、灾异的观测与记录 / 12
三、《左传》《国语》所见的灾异观 / 14
四、诸子时代的天人关系思想 / 20

### 第二节 占验与救禳:灾异论数术传统的形成 / 28
一、从物占到灾异占 / 29
二、灾异救禳 / 36

附录 上博楚简《鲁邦大旱》的思想史坐标 / 41

## 第二章 汉儒的创说 / 47
### 第一节 范式的建立:董仲舒 / 48
一、《公羊》新义 / 48
二、始推阴阳 / 57
三、以灾异论政 / 66
四、何以论成败 / 76

### 第二节 体系的构建:《洪范五行传》 / 80
一、《洪范五行传》的作者 / 81
二、数术逻辑与灾异体系 / 87
三、预言与祈禳 / 91

第三节　规模的扩充:京房与《易》阴阳　/ 97
　　一、《易》阴阳的学术背景　/ 97
　　二、以卦气说灾异　/ 103
　　三、京房的立场与追求　/ 116

第三章　传统的构建与延续　/ 120
　第一节　刘向、刘歆的灾异论集成　/ 120
　　一、说灾异者蜂起　/ 121
　　二、刘向时代的政争与灾异论说　/ 129
　　三、刘向灾异论集成中的学理与实用　/ 136
　　四、刘歆的回应　/ 145
　第二节　《五行志》《天文志》与灾异论的儒学传统　/ 153
　　一、从行事到历史:《五行志》的创立　/ 154
　　二、从占验吉凶到回溯休咎:《天文志》对星占学的改造　/ 157
　　三、经史之间:灾异编纂传统的延续　/ 162
　第三节　灾异的官方记录与数术传统　/ 171
　　一、灾异官方记录的传统　/ 172
　　二、数术占验书的官方修纂和使用　/ 179
　附录　谶纬与灾异论　/ 188
　　一、从张衡《禁绝图谶疏》看谶纬灾异论的占验技术　/ 190
　　二、谶纬与儒家灾异论　/ 194
　　三、出儒入数　/ 196

第四章　灾异政治文化的基本问题　/ 202
　第一节　预言与回溯:灾异论的模式　/ 202
　　一、两种灾异观念和解说模式　/ 202
　　二、儒家灾异论中的"预言"　/ 208
　　三、由"史"入儒　/ 213
　第二节　罪己与问责:灾异咎责与汉唐间的政治变革　/ 218
　　一、从移祸到罪己:汉文帝的灾异应对及其意义　/ 219

二、改制运动:问责三公的缘起 / 223
三、汉魏革命:灾异免三公制度的建立与终结 / 230
四、君臣合谋:魏晋隋唐的咎责分担 / 236

第三节 天行有常与休咎之变:日食灾异中的学术和政治 / 241
一、日食推步与经学中灾异论述的变化 / 242
二、历数与政教 / 253
三、关于日食祥瑞的争论 / 263
四、日食救护礼仪的变化 / 279

## 第五章 转 变 / 296

第一节 质疑灾异论 / 297
一、"天人不相与":新观念的产生与演进 / 297
二、走出汉学:宋儒的质疑 / 301
三、"内圣":荆公新说 / 306

第二节 转变的条件 / 309
一、儒学与数术的疏离 / 310
二、儒家意识形态的巩固和君臣关系的转变 / 316

第三节 灾异论的否定之否定与新的政治文化 / 324
一、从"正理"到"天理" / 324
二、转变后的灾异政治文化 / 333

第四节 道统、治统与"神道设教"的主客转换 / 339
一、"神道设教"在灾异论影响下的变化 / 339
二、"道""势"合一与"神道设教"的再倒转 / 344

## 结 语 / 349

## 附录 "人君所畏唯天"?——中国古代的君权与灾异 / 355

## 参考文献 / 363

## 后 记 / 381

## 再版后记 / 383

# 序　论

"灾异"二字,字面意思简单,内涵却很丰富。从字面讲,灾和异是两种不同的现象。汉儒说"非常曰异,害物曰灾"①。据此,异指非常、可怪之事,灾则直接造成损害。水旱、蝗虫、地震、疾疫等属于灾,日月薄蚀、流星彗孛、动物畸形、奇装异服、妖言传流等一般都属于异。在今人看来,这样的灾和异,性质和应对方式都判然有别。但古人却经常"灾异"连用,不做区分,认为灾、异实质都是上天对人事的预兆或者谴告,是天意的表现。

灾异表现的天意针对特定的对象,引起灾异的人事也有一定的范围。东汉经学家郑玄称:"感动天地,皆是人君感之,非庶民也。"②这是说,引起灾异的都是君主,而非寻常百姓。《论衡·谴告篇》云:"夫国之有灾异也,犹家人之有变怪也。"③从中可以看出,灾异针对的是"国",所表现的天意是对邦国、君王(有时也包括与国政、君王联系密切的高级贵族大臣)的预兆或谴告。因此,灾异是具有政治性,属于政治范畴的。

唐代天文家李淳风在《晋书·五行志序》中,概括了灾异与政治事务的互动模式:

> 综而为言,凡有三术。其一曰,君治以道,臣辅克忠,万物咸遂其性,则和气应,休征效,国以安。二曰,君违其道,小人在位,

---

① 《毛诗·小雅·正月》孔颖达正义引郑玄《驳五经异义》及《洪范五行传》语,《毛诗注疏》卷一二,阮元刻《十三经注疏》,艺文印书馆,2001年,第397页下。原文引作《洪范五行传》,实际应是郑玄所作的《洪范五行传注》。

② 《左传》宣公十五年正义,《春秋左传注疏》卷二四,阮元刻《十三经注疏》,艺文印书馆,2001年,第409页上。

③ 黄晖《论衡校释》卷一四,中华书局,1990年,第635页。

> 众庶失常,则乖气应,咎征效,国以亡。三曰,人君大臣见灾异,退
> 而自省,责躬修德,共御补过,则消祸而福至。

他认为共有三种模式。一是君臣和谐,政通人和,则无灾异;二是政治不善,则灾异生而有亡国之忧;三是灾异发生后,如果能修德修政,改正过失,也可以消除灾异的凶兆,反而得福。这反映了当时人的一般看法,但它并非自古而然。从西周上溯,灾异与政治的关系尚未见系统理论或具体的解说。自春秋战国之际开始,各家政治思想学派纷纷鼓吹和反思"天人相关"的命题。西汉董仲舒建立儒家灾异论的基本范式以后,儒家灾异理论不断充实、发展,在两汉之际才完成了体系的构建,最终被王朝体制所吸纳。另一方面,不同的灾异具体对应于哪项人事,往往需要借助于阴阳五行、天文星占等数术知识来解说。说灾异者借助数术,并整合巫术性的礼俗,建立灾异论的技术基础。可以说,灾异与政治的关联,是通过有意识的学术活动人为建构、发展和维系的一种文化现象。

学术活动建构的灾异文化被王朝吸纳以后,对古代政治影响深远。首先,围绕灾异建立了一系列政治制度和惯例。比如成立灾异观测、占候、奏报和记录的专职机构,为应对灾异而下诏罪己、策免三公、大赦改元、求言举士等等。其次,君主、大臣等往往因灾异而调整政策或个人的政治行动,也常常利用灾异进行政治斗争。从天子后妃、宰辅大臣到地方官吏、平民百姓,不论是否相信灾异与人事的联系,都受到这种文化的影响,在进行政治决策和活动时往往要参考灾异论说。可以说,关于灾异的思想、信仰、学说、制度,融入了中国古代政治活动的主观环境,成为政治文化的重要组成部分。

作为政治文化的灾异,我们也称之为灾异政治文化。本书的任务是探讨它形成和发展的历史。

"政治文化"概念最早由西方政治学者提出,20世纪80年代引入中国后,不少历史学者根据本土经验和自身研究课题的特点,提出过

新的诠释①。如今,它已是中国史研究中广泛流行且内涵十分丰富的概念,很难给出唯一的定义。在本书中,我们首先接受阿尔蒙德的经典论述,认为"政治文化是一个民族在特定时期流行的一套政治态度、信仰和情感"②。在此基础上采用阎步克的理解,把研究关注的范围设定为"处于政治和文化交界面上、兼有政治和文化性质的那些有关事项和问题"③。这与灾异问题的特点是相适应的。

不过,将灾异作为政治文化现象进行研究,并非自然而然的事。新史学的奠基者梁启超谈到灾异时,用启蒙式的批判将其定性为"迷信",认为它毒害了士大夫千余年④。这个基本看法,今天仍有广泛的影响。此后,民国时期的学者缪凤林梳理西汉儒家灾异思想的发展线索,从儒生处理君臣关系的立场考察其动机⑤。政治学家萧公权认为汉儒说灾异的目的是"以天权限制君权,借防君主专制之流弊",同时也指出"虽可收一时之效,而行之既久,其术终为帝王所窥破,遂尽失原有之作用"⑥。他们着眼于灾异论与政治的互动关系,避免了过度简单化的理解,从批判进入了研究。但他们将灾异与政治的密切关系当作汉代的特殊现象,看到天人感应思潮的起落,却忽视了灾异作为政治文化或隐或显的长期影响。

---

① 1956年,美国政治学家阿尔蒙德(G. A. Almond)在《政治学杂志》上发表论文《比较政治体系》,首次提出"政治文化"(Political Culture)概念。较为重要的中国历史学者对政治文化概念的阐释见于:高毅《法兰西风格——大革命的政治文化》引言,浙江人民出版社,1991年;阎步克《士大夫政治演生史稿》第一章第一节及注①,北京大学出版社,1996年,第2、23页;余英时《朱熹的历史世界:宋代士大夫政治文化的研究》绪说,生活·读书·新知三联书店,2004年,第5—7页。

② 加布里埃尔·A.阿尔蒙德、小 G.宾厄姆·鲍威尔《比较政治学——体系、过程和政策》,曹沛霖等译,上海人民出版社,1987年,第29页。

③ 阎步克《士大夫政治演生史稿》第一章注①,第23页

④ 梁启超《阴阳五行说之来历》,初载《东方杂志》第20卷第20号,上海商务印书馆,1923年,收入《古史辨》第5册,上海古籍出版社,1982年,第343—362页。

⑤ 见缪凤林1929、1930年发表的两篇文章《〈汉书·五行志〉凡例》和《〈洪范五行传〉出伏生辨》,南京中国史学会编《史学杂志》第1卷第2期、第2卷第1期。

⑥ 见萧公权《中国政治思想史》,《民国丛书》影印商务印书馆1948年版,上海书店,1990年,第83—85页,第25—38页。

这种情况在本世纪初有很大的改变,出现了一批博士论文,从灾害史、天文史和政治文化史等不同角度研究灾异,比如陈业新的《灾害与两汉社会研究》(华中师范大学 2001 年)、金霞的《两汉魏晋南北朝祥瑞灾异研究》(北京师范大学 2004 年)、韦兵的《星占历法与宋代政治文化》(四川大学 2006 年)和游自勇的《天道人妖:中古〈五行志〉的怪异世界》(首都师范大学 2006 年)等。与梁启超时代相比,近来的研究有三个不同。一是研究的态度从批判转为解释,重视在历史情境中理解灾异论者的学说与行动。二是研究的时段从汉代延伸至魏晋南北朝和唐宋,探讨灾异观念及其影响的长期存在和变化。三是研究的对象从个别代表性思想家,扩展到皇帝、后妃、官吏乃至平民等一切政治人,探究他们面对灾异的心理、情感和态度,以及如何处理灾异与政治的关系。这些研究已经逐步深入政治文化层面,为后来者设定了新的起点。

由此出发,本书将着重研究灾异论的理性层面,尝试以学术与政治的关系为线索,在更长的时段中探讨灾异政治文化的变迁。

现代学者通常将灾异与"神秘""迷信"联系在一起,这样的看法不无道理。神秘主义的、非理性的因素长期存在于灾异论,特别是其技术层面中,并借由古人的迷信,维系着灾异政治文化。本书则着眼于灾异的另一层面。在我看来,说灾异者的意图并不神秘,与灾异相关的政治行为、制度安排往往不取决于神秘因素,而是现实的思想、习惯和政治需要的产物。对灾异所示天意的迷信,根植于古代思想的大背景中,灾异论者无论认同与否,都必须借助它们达到目的。这本身是一种理性。

灾异政治文化的理性一面,体现在学术与政治的互动中。与灾异相关的学术,可以分为思想和技术两个方面,都源于认为万物彼此相关的原始思维。在这种人类共有的思维支配下观察、预测和调整万物之间关系的技术,主要是占卜和巫术(包括祭祀祝祷)。古代中国,巫术和占卜经过复杂化和数字化,成为数术①,渗透到社会生活的各个领域,也介入到政治中。在实用技术层面以外,这种关联性思维还发展出系统的思想和理论,史华慈称之为"相关性宇宙论"②。它的核心是人与自然的关系,也就是中国文化语境下常说的"天人关系"。谈天人关系的政治学说,阴阳家最典型,而内容最丰富且后来影响最大的则是儒学。西汉以后,儒学逐渐意识形态化,其中的天人关系学说,与政治发生密切的关系。儒学和数术相互关联,又各自与政治相关,共同构成了灾异政治文化的形成和发展机制。本书以"儒学、数术与政治"为题,意在强调这三个要素的相互作用构成了灾异政治文化的发展史。我们对灾异政治文化的研究,也重在思考儒学、数术与政治之间的三对关系。

一是儒学与数术的关系。数术也称术数,是古代沟通天人、占测吉凶的技术。战国秦汉之际,不仅数术技术广泛运用于社会各阶层的日常生活,而且它的"通用语言"阴阳五行渗透到各个政治思想流派中,也成为一般知识背景。儒学也不例外。池田知久强调儒家经学与数术之间的密切联系,说:"如果经学是天人之学,那么作为其必然结果,就不可能从经学内部完全排除术数的思维,经学的思维就不得不与术数性或神秘性纠结在一起。……在经学中,术数的思维已经构成这一思想体系或理论(引案:指"天人论")最本质的部分。"③在灾异学说中,汉儒常用的阴阳五行、天文星占、妖祥变怪等理论和技术都源自数术。从建立灾异体系的《洪范五行传》,到汇集灾异行事和解说的《洪范五行传论》《汉书·五行志》,都充斥着数术内容。儒学与数术

---

① 关于巫术与数术的区别及转化,可参考陶磊《从巫术到数术——上古信仰的历史嬗变》,山东人民出版社,2008年。关于占卜的数字化,参看李零《从占卜方法的数字化看阴阳五行说的起源》,《中国方术续考》,中华书局,2006年,第62—72页。

② 参看史华慈《古代中国的思想世界》第五章,江苏人民出版社,2004年,第363—394页。

③ 池田知久《术数学》,沟口雄三、小岛毅主编《中国的思维世界》,江苏人民出版社,2006年,第123页。他所说的"术数",跟"数术"是同一个概念。

互相配合，共同构建了灾异论。儒家灾异论在进入政治文化的过程中，也十分依赖数术的帮助。配合之外，儒学与数术亦有根本的分歧。儒学作为伦理和政治学，有立场鲜明的价值体系，数术则不包含价值取向。数术源出巫术并保留着巫术的因素，儒家对天人关系的反思则否定巫术神秘主义，包含了对数术的超越。因此，汉代的儒家说灾异者已经区分出没有价值取向的"小数家"，不断与之划清界限，宋儒更是一致批判灾异事应说，竭力将数术因素清除出儒学。儒学与数术的关系在灾异政治文化的不同发展阶段如何变化，是本书特别关注的一个问题。

二是数术与政治的关系。数术作为基于人类共有思维的实用技术，在广大的范围内具有根深蒂固的影响，也融入了中国古代的政治制度。《汉书·艺文志》"数术略"小序云："数术者，皆明堂羲和史卜之职也。"也就是说，数术都是古代史官的职掌。秦汉以后官制保留着太史、太卜、太祝等掌管皇帝的数术事务，直到明清时代，礼部、钦天监等仍有类似职能。此外，天子、后妃、宗室、官吏等政治人物，作为个人大都或多或少地相信数术的力量。灾异进入政治文化，跟数术与政治之间的天然联系是分不开的。魏晋以后，一方面，国家试图禁绝民间的天文图谶之学，垄断灾异的数术知识，另一方面，天子、政治人物以至国家权力结构都接受儒学的规训，以儒家的态度对数术有所贬抑和排斥。数术与政治的天然联系及其人为调整，成为影响灾异政治文化发展的变量。

三是儒学与政治的关系。儒学自我定位为政治的指导思想，然而如何使政治人物和政治体制接受其道德准则与行为规范，令儒家之"道"产生实际的政治影响，一直是个难题。儒家的"大一统"和"尊王"思想，将君主推到人间至高无上的地位，反对任何可与制衡的现世权威；它的"德治"和"教化"理念，使之对严格贯彻法律和法治始终抱有疑虑乃至轻蔑。因此，即便是获得官方意识形态地位以后，儒学仍无法通过制度设置保证对政治活动的影响力（包括但不限于对君权的制约)。儒家士大夫仍需根据所要影响对象的知识、信仰,在儒学以外寻找具有约束力和说服力的工具。本书试图从这个角度去理解灾异论说的作用。另一方面,政治权力的影响、政治斗争的需要,反过来也作用于儒学,限制它的发展方向。换言之,灾异论说的方法和方向常常取决于现实所需,受外在因素影响而偏离自身的逻辑。

上述三对关系的发展,还可以用灾异论中"学理"和"实用"两种取向的互动消长加以串联①。学理取向指在灾异解释中严格遵循一定的规范,以求"真"为原则。它表现为严格依据天文星占、阴阳消息、《洪范》五行等规则,或按照儒家经典特别是《春秋》经传记载的解说方式来解释灾异;也表现为从宇宙论的角度思考天人关系,肯定或否定灾异论。实用取向指根据现实的政治、伦理、思想表达等目的,充分考虑实际需要,灵活地解释灾异。相对学理取向而言,实用取向不求"真"而求"用",解说灾异注重权变,并从政治和伦理的角度思考天人关系。关注这两个取向,有助于揭示古代学术与政治之间的关联与张力。

本书的另一个努力方向,是在此前研究的基础上进一步扩展研究的时段,以汉唐为中心,上溯先秦,下探明清。这样做,是问题所逼。因为,灾异政治文化的产生和持续影响的时间超过了一般断代史的范围,它的变化也需要通过更长时段的考察,才能看到其起始和终了。希望在本书设定的时段中,灾异政治文化不再被视为政治中一个固定的结构性存在,而能够呈现出持续发展的历史过程。

作为政治文化的灾异牵涉因素众多,绵延时段很长,如何选择一个适当的论述结构,颇费思量。本书不打算过多重复前人已经研究清楚的具体问题,而希望选择特定的角度一窥灾异政治文化的全貌、理

---

① 台湾学者孙广德在《先秦两汉阴阳五行说的政治思想》一书(嘉新基金会1969年初版)中,指出了说灾异者的两难:说灾异者希望通过将灾异说精确化、规范化以增加可信度和对君主的约束力,但这同时也会减少应验的机会,增加解说的难度,不容易"配合政治动机与目的作灵活的运用"(参看台湾商务印书馆1993年版,第233—234页)。他所说的两难与我们所说的两种取向十分接近。

清其发展线索。主体部分的五章大体按照时代先后顺序编排。第一章探究汉代以前灾异论的渊源;第二、三章论述灾异论传统和灾异政治文化的形成和发展,重点放在汉唐之间;第五章研究灾异政治文化的转变,主要关注宋代以后。此外还选取了一些重要问题,做贯通的研究,第四章就是这样的尝试。

# 第一章 溯　源

灾异论成熟于西汉,与灾异有关的思想、技术乃至制度的产生则要早得多。原始思维中的关联性思维,在思想和技术两条线上发展延伸:思想上,先秦时代就发展出了天人相关、天人相分以及这两极之间的形形色色的天人关系思想;技术上,表现为占验和救禳,到战国以后高度发达。这两条线索在具体的灾异论说中彼此交织,形成灾异论的儒学和数术两个传统,制约着此后灾异论说的形态和发展。为了理解汉代以后的灾异论说和政治文化,有必要专门辟出一章,追本溯源。

## 第一节　感应与天谴:灾异论的思想渊源

灾异论把自然现象和异常事变与人事结合起来思考,它的基本前提是天人相关。具体而言,灾异论中的天人相关思想可以分为两种不同的类型。其一源自原始思维中万事万物互相关联的意识,认为同类的事物相互呼应,一方的变化会引起或预示另一方的类似变化。另一种天人相关思想,把天视为有人格的神,会以一定的标准观察和评价人事,有针对地表达自己的意志,进而影响人事。在灾异论的语境中,我们把前者称为"感应论",后者称为"天谴论"。

"感应论"和"天谴论"对"天"的设定有根本的区别。前者的天是"自然之天",后者的天则是人格化了的"道德之天"。古代不少具体灾异论说同时包含两者,当事人也往往不会有意识地加以区分,但"感应论"和"天谴论"的分合消长,仍是观察灾异论的重要视角。"感应论"背后的关联性宇宙观,是人类在早期历史中普遍共有的思维,表现为星占、鸟情占等预测人事吉凶的技术,存在于众多古代文明中。"道德之天"以及相应的"天谴论",则是早期中国思想史中的一个重要特色,使灾异成为中国特有的政治文化现象。本节追溯灾异论的思想渊源,也将"天谴论"作为主要考察对象。

## 一、道德之天的产生

具有道德属性的人格化的"天",是灾异天谴论的前提。从早期中国思想史的传统来说,"道德之天"大约是商周之际的周人创造的。

商人最重要的神是上帝。在商代中后期,上帝已经具有一定的人格化色彩,但还不具理性,更不见有道德立场。它的意志和行动只能通过占卜来预测。无论龟卜还是其他占卜方式,都通过制造或获取一定的征象占测上帝之意。除了人为的征象,自然界一些无法解释的异常现象,也被认为与上帝有联系。胡厚宣的研究表明,商人已经开始记载日食,并认为其与人事有关,把月食、虹等自然现象视为灾祸或凶兆[①]。此类事物是否曾被进一步与人事联系,现在还不能确知。

朱凤瀚比较商周上帝观念的差异,指出周人在灭商以前已经具备商人没有的"天"的观念,对上帝的认识也与商人不同。商人的上帝是不具备理性的难以捉摸的神灵,恣意降祸和赐福;周人则已经把上帝视为自己的保护神,赋予它主持正义、明辨是非的道德性[②]。上帝的这种"人格",使它所降下的灾祸和保佑具有惩恶扬善的性质。商周易代之际,周人将商的失败归于上帝之惩恶,从而树立自己作为神意执行者的合法权威。灭商以后,上帝被周人奉为保护神。周人统治者自己的行为便不再受到上帝惩恶作用的制约。

上帝性质改变,"天"的概念随之突显出来,与道德紧密结合,折射出周人的自我警策和批判意识。《诗·大雅·文王》云"天命靡常",反映出周人理解的"天"不会无条件地永久庇护一朝一姓。他们认为,

---

[①] 参见胡厚宣《殷代之天神崇拜》,《甲骨学商史论丛初集(外一种)》,河北教育出版社,2002年。此外还有晁福林的《说殷卜辞中的"虹"——殷商社会观念之一例》《从甲骨卜辞说到中国古代的"祲""晕"观念》两篇文章,都收入郭旭东主编《殷商文明论集》,中国社会科学出版社,2008年。

[②] 参见朱凤瀚《商周时期的天神崇拜》,《中国社会科学》,1993年第4期。

要长享天眷必须依靠"德"。《书·召诰》谓"王其德之用,祈天永命",即是此意。西周的班簋铭文曰:"唯民亡拙哉,彝昧天命,故亡。允哉,显。唯敬德,毋攸违。"①意谓东国因昧于天命而亡,周人则应敬德,不敢违天。这种敬天修德的思想,在道德的层面上建立起天意与人事之间的联系②。

"天"与"上帝"两个概念共同构成了一个既庇佑天子又惩恶扬善的天神神格,在客观上为天谴论准备好了前提。汉儒认为,天降灾异既是对德政不善的谴责,又是提醒天子改过从善,体现了天之仁爱③。这就是基于周代以来的观念。西周有不少怨天之诗,如《诗·小雅》之《雨无正》《旻天》《节南山》等,有些词句可以认为是借由天而抒发对当下政治的不满。类似于天谴的观念也有所表现,《诗·小雅·十月之交》云:"日月告凶,不用其行。四国无政,不用其良。彼月而食,则维其常。此日而食,于何不臧。……下民之孽,匪降自天。噂沓背憎,职竞由人。"诗人认为,日月失行预告了凶祸,凶祸的产生则是由于"四国无政,不用其良",灾异与人事政治不良之间存在着联系。

上面的简述,意在说明天人之间的联系如何逐步在道德层面建立起来。到了西周时期,灾异天谴论已经具备产生的前提,甚至有一些初步的表现。不过,把灾异和人事联系起来的具体论说尚未出现④。

---

① 此处用宽式释文转写,采用郭沫若的释读,见郭沫若《先秦天道观之进展》,《青铜时代》,科学出版社,1960年,第21页。"唯民亡拙哉"句,"亡",郭氏读为"泯",亦有学者读为"无"或"谋",今不能确定,暂不破读。班簋,郭沫若、陈梦家(《西周铜器断代》,中华书局,2004年版)以为是成王器,朱凤瀚(《商周时期的天神崇拜》)、《商周青铜器铭文选》(上海博物馆商周青铜器铭文选编写组编,文物出版社,1986年)定为穆王器。

② 郭沫若还举了周宣王时期的毛公鼎铭文等史料,说明周人"天眷有德"的思想,以及敬慎修德唯恐天命失坠的言论,见前引《先秦天道观之进展》第二节。

③ 《汉书》卷五六《董仲舒传》载董仲舒对策云:"国家将有失道之败,而天乃先出灾害以谴告之,不知自省,又出怪异以警惧之,尚不知变,而伤败乃至。以此见天心之仁爱人君而欲止其乱也。"天谴论的这一经典表述,就是将天谴惩罚与天心仁爱结合起来。

④ 《汉书·五行志》收录了三则商、西周时期的灾异故事,分别是商太戊时桑榖共生于朝,武丁时雉登鼎耳而雊,周成王发金縢之书而反风起禾。这些故事在汉代均存在多个时间、人物、情节互有出入的版本,其中言论多为后人悬拟,不能代表故事发生时代的思想。《汉书·五行志》收录相关事件,反映的是汉人对它们的认识,故在此不予讨论。

## 二、灾异的观测与记录

在灾异天谴论萌芽的时代，感应论的灾异观念也已经产生，并促使人们主动地观测与记录灾异。

《春秋》经文记载了大量灾异，刘向曾有过统计：

> 二百四十二年之间，日食三十六，地震五，山陵崩阤二，彗星三见，夜常星不见，夜中星陨如雨一，火灾十四。长狄入三国，五石陨坠，六鹢退飞，多麋，有蜮、蜚，鸜鹆来巢者，皆一见。昼冥晦。雨木冰。李梅冬实。七月霜降，草木不死。八月杀菽。大雨雹。雨雪雷霆失序相乘。水、旱、饥、蝝、螽、螟蜂午并起。①

《春秋》中的灾异记录来自鲁国的史记。这些现象最初未必都如汉人所说，被赋予了灾异的特殊含义，但它们确实被史官有意地观测和记录下来，在极尽简省的编年史中占去不少的篇幅。这本身已经说明灾异在时人心目中的地位。

史官记录灾异，不仅是春秋鲁国的传统。《竹书纪年》就有"记异"的倾向②。晋武帝太康二年（281）出土于汲郡古冢的《竹书纪年》，是战国时魏国的编年体史书，记载夏代至魏襄王时期的史事，现有辑本周幽王以后用晋国纪年，三家分晋后用魏纪年。《竹书纪年》中最早的灾异远在夏代："胤甲居于西河，天有妖孽，十日并出。"③商、西周时期，《纪年》也保存有不少灾异的条目。晋国纪年中，灾异记录条目更多，仅晋定公一朝的佚文中，就有6条灾异记录④，密集程度不亚于《春秋》。魏国纪年部分，灾异的密度较晋纪年部分为低，但数量也不少。《竹书纪年》中的灾异种类，有"天大曀""天裂""汉（银河）不见于天"

---

① 见《汉书》卷三六《刘向传》载向所上封事。
② 参见李学勤《古本〈竹书纪年〉与夏代史》，《走出疑古时代》（修订本），辽宁大学出版社，1997年，第49页。
③ 见方诗铭、王修龄《古本竹书纪年辑证》，上海古籍出版社，2005年，第13—14页。
④ 分别在晋定公六年、十八年、二十年、二十五年、二十八年，见《古本竹书纪年辑证》，第84—86页。

"青虹见""五色光贯紫微""昼晦""雨雹""洛绝于周""淇绝于旧卫"等天文、气象和水文异常,"九月桃杏实""十二月桃杏花""马化为狐""白兔舞于市"等动植物异常,"女子化为丈夫""一女生四十子,二十死""碧阳君之诸御产二龙"等人类异常,内容和形式都与《春秋》相似。《竹书纪年》的史料价值已经得到学界公认,其西周以前部分应来自早期史书或其他文字或口传资料,晋纪部分应直接承自晋国史乘。《纪年》中的大量灾异记载,说明春秋战国时的晋、魏史官十分重视灾异记录,并在追述历史时有意地予以强调。将《纪年》与《春秋》并观,足见灾异记录传统历史之久、流布之广。

唐人刘知幾云:"古之国史,闻异则书,未必皆审其休咎、详其美恶也。"①此说大致可以成立。不过换个角度看,国史本是重要人事的记录,灾异进入国史,应已被看作与人事有关。《竹书纪年》中的一些记载就暗示了灾异与人事的关系。

> 十日并出,其年胤甲陟。(《通鉴外纪》卷二引《汲冢纪年》)
> 夏桀末年,社坼裂,其年为汤所放。(《太平御览》卷八八〇引《书纪年》)
> 周昭王末年,夜有五色光贯紫微。其年,王南巡不返。(《太平御览》卷八七四引《书纪年》)②

这些史文记载的都是春秋以前的事件,经过后人的编排,已经不能反映西周以前人对灾异的认识。但它们仍说明,并列灾异、事应的历史书写,可能在春秋时就已经存在。《竹书纪年》中的晋、魏纪部分书灾异而不书事应,或许是保留了史官撰写"当代史"的体例,其中未必没有包含对人事的态度③。汉代人说孔子修《春秋》,是书灾异以寄褒贬,揭示灾异与人事悖乱之间的关系。现在看来,这不会是孔子个人的创造。

---

① 刘知幾《史通·书志》,浦起龙《史通通释》,上海古籍出版社,1978年,第63页。
② 以上三条见《古本竹书纪年辑证》,第14、19、46页。
③ 李学勤前揭文认为,《竹书纪年》的纪异倾向,反映出作者相信灾异感应的思想。

当然,"闻异则书"和"审其休咎、详其美恶"还是不同的。西方编年史有记载超自然事件或灾异的传统,这些灾异作为人事的预兆,与鸟占、预言之梦、神谕等有着相似的地位和作用①,亦可谓"闻异则书"。中国古代灾异传统的特殊性在于,从春秋战国之际起,人们就不满足于此,开始"审其休咎、详其美恶",并写入史书了。

## 三、《左传》《国语》所见的灾异观

限于体例,《竹书纪年》和鲁《春秋》没有记载当时人关于灾异的具体认识。要了解春秋时代的灾异论说如何"审其休咎、详其美恶",可以来看《左传》和《国语》。

今天所见的《左传》,经过战国乃至西汉人的润色和改编,但主体应形成于战国中期以前,所用的素材则产生更早。其中大部分记事能够反映春秋的实际,保守一点说,也至少表现了战国时人的思想或他们历史记忆中的春秋时代②。《国语》的情况较为复杂,可能晚至西汉

---

① 参看约翰·布罗《历史的历史:从远古到20世纪的历史书写》,广西师范大学出版社,2012年,第166页。

② 胡念贻《〈左传〉的真伪和写作时代问题考辨》(《文史》第11辑,中华书局,1981年)和杨伯峻《春秋左传注序》(中华书局,1990年),都对相关问题作了比较详细的论述,可以参看。胡念贻认为《左传》成书于春秋末年,杨伯峻认为在公元前403—前389年之间。新城新藏则通过研究《左传》中的岁星纪年,推测相关纪事应作成于公元前365年之后数年之内(说见《东洋天文学史研究》,沈璿译,中华学艺社,1933年,第418页)。洪诚(《关于新城新藏〈东洋天文学史研究〉中几个问题的讨论》,《洪诚文集》,江苏古籍出版社,2000年)、顾涛(《新城新藏由岁星纪事推证〈左传〉著作年代之研究法驳论》,《中国文化研究》2007年第2期)先后对新城氏的方法和结论提出了不同意见。另一位日本学者鎌田正根据《左传》中预言的应验情况推断《左传》成书于公元前320年前后,并认为是魏国一位受子夏《春秋》学影响左氏史官所作(说见氏著《左传の成立とその展开》第一编第四章《左传の成立年代と作者に关する推定》,大修馆书店,1963年,第305—388页)。由于《左传》中的材料来源比较复杂,现在已经无法一一厘清,要确定精确的成书年代几乎是不可能的。但即使保守地估计,说《左传》中主要内容的形成不晚于战国晚期应无问题,而编撰《左传》所用的材料则形成更早。西汉末年,刘歆可能对《左传》做过结构上的调整和语言上的润饰,《汉书·刘歆传》云"及歆治《左氏》,引传文以解经,转相发明,由是章句义理备矣",说明了他对《左传》的工作的性质。要刘歆编造了其中的记事乃至伪造出整部书,则绝无依据。对此,钱穆已有驳论,参见《刘向歆父子年谱》,《两汉经学今古文平议》,商务印书馆,2001年,第74—82页。无论是成书于春秋末还是战国中,《左传》中关于春秋的记载大多都有所本,非出杜撰,对于研究春秋历史的史料价值是学界所公认的。

才形成现在的样子,不过就具体篇章成文的时间而言,也基本上可以视为战国文献①。两书中有不少记载涉及灾异,反映出春秋战国时期灾异观的发展。

首先,国家举行特定仪式应对灾异的传统已经出现。《春秋》庄公二十五年经文:"六月辛未朔,日有食之,鼓,用牲于社。"表明当时针对日食,在社中举行了特定的仪式。关于这类仪式更详细的讨论,见于《左传》昭公十七年(前525):

> 夏六月甲戌朔,日有食之。祝史请所用币。昭子曰:"日有食之,天子不举,伐鼓于社,诸侯用币于社,伐鼓于朝,礼也。"平子御之,曰:"止也。唯正月朔,慝未作,日有食之,于是乎有伐鼓用币,礼也。其余则否。"大史曰:"在此月也。日过分而未至,三辰有灾,于是乎百官降物,君不举,辟移时,乐奏鼓,祝用币,史用辞。故《夏书》曰'辰不集于房,瞽奏鼓,啬夫驰,庶人走',此月朔之谓也。当夏四月,是谓孟夏。"

日食发生后,鲁国的祝史之官请求取用祭祀所需的币。执政大夫叔孙昭子和季孙平子就这次日食是否适用相关仪节发生了争论。不过,他们都认为应对日食有特定的"礼"。鲁太史举出《夏书》的例子,说明"礼"的历史依据。这段话亦见于古文《尚书·胤征》,虽不能看作夏代的实情,但可以肯定,救日食之礼有古老的传统,在春秋时代为贵族所普遍认可。

类似的救禳仪式不仅针对日食,也针对其他灾异。《左传》成公五年(前586):

> 梁山崩,晋侯以传召伯宗。伯宗辟重,曰:"辟传。"重人曰:"待我,不如捷之速也。"问其所。曰:"绛人也。"问绛事焉。曰:"梁山崩,将召伯宗谋之。"问将若之何。曰:"山有朽壤而崩,可

---

① 参见王树民、沈长云为中华书局点校本《国语集解》撰写的前言(2002年,第4页)以及朱凤瀚、徐勇编《先秦史研究概要》关于《国语》的介绍,天津教育出版社,1996年,第57—58页。

若何!国主山川,故山崩川竭,君为之不举、降服、乘缦、彻乐、出次,祝币,史辞以礼焉。其如此而已,虽伯宗,若之何!"伯宗请见之,不可。遂以告,而从之。

此事还见于《国语·晋语五》《春秋穀梁传》及《韩诗外传》卷八。《国语》韦昭注云:"梁山,晋望也。"望是国家中地位最高的山川①,梁山崩对晋国人来说是重大的灾异。晋景公召大贵族伯宗入朝谋议应对之策,伯宗路遇一位不知名的小人物,说应付山崩川竭,有常规的救禳仪式,照办即可,根本无需讨论。伯宗言之于晋侯,得到了同意。可见,春秋时灾异救禳已有定规。《国语》此处记载的仪式与《左传》相近,《穀梁传》和《韩诗外传》说"君亲素缟帅群臣而哭之,既而祠焉",也是对神灵表示敬畏。这套仪节,当时的贵族应该耳熟能详。

晋国的这一事件还反映出,时人对于灾异救禳已经有了一些新看法。一方面,晋侯最初似乎不满足于采用常规礼仪,希望得到更有针对性的意见,故而从外地召集大臣谋议。另一方面,绛的"重人",也就是那位赶大车的小人物,则说"山有朽壤而崩"②,认为山崩属于自然现象,用不着大惊小怪。对比传统的灾异救禳,前者试图进一步解读灾异的意义,后者则在消解灾异的神秘性。这两种态度,在以后的历史中都有进一步表现。

《左传》昭公七年(前535):

> 夏四月甲辰朔,日有食之。晋侯问于士文伯曰:"谁将当日食?"对曰:"鲁、卫恶之,卫大鲁小。"公曰:"何故?"对曰:"去卫地,如鲁地。于是有灾,鲁实受之。其大咎,其卫君乎,鲁将上卿。"公曰:"《诗》所谓'彼日而食,于何不臧'者,何也?"对曰:"不

---

① 参看田天《国主山川——东周的山川祭祀与国家》,《国学研究》第三十卷,北京大学出版社,2012年,又见氏著《秦汉国家祭祀史稿》,生活·读书·新知三联书店,2015年,第259—265页。

② 在《穀梁传》中对应的话是"天有山,天崩之"(《春秋穀梁注疏》卷一三,阮元刻《十三经注疏》,艺文印书馆,2001年,第131页下),大意相近而更抽象化,似又有后代经师的修饰。

善政之谓也。国无政,不用善,则自取谪于日月之灾,故政不可不慎也。务三而已,一曰择人,二曰因民,三曰从时。"……秋八月,卫襄公卒。……十一月,季武子卒。晋侯谓伯瑕曰:"吾所问日食从矣,可常乎?"对曰:"不可。六物不同,民心不一,事序不类,官职不则,同始异终,胡可常也!"

这个事例内涵十分丰富,以后我们还会用到,有必要在此介绍一下前因后果。日食发生后,晋平公询问士文伯这次灾异预示着谁的凶祸,士文伯作了预言,并解释自己的推理过程。据杜预注,士文伯观测到,日食开始于十二次中的豕韦(也称"娵訾"),至降娄之次结束。在星占中,豕韦、降娄分别是卫、鲁两国的分野,所以说"去卫地,如鲁地",预兆着卫国和鲁国的凶祸。面对日食,晋平公显然不满足于传统仪式,而希望从中了解"天意"。士文伯通过数术推演预言日食之应,其实是一种占卜,只不过推理的起点不是人为形成的龟兆或卦象,而是灾异。灾异在此也被当作一种"象",是"天"所降示的,隐含着"天"的动向。这是此事反映的第一个问题。

《左传》记载,同年八月、十一月,卫国国君和鲁国的重臣先后去世,士文伯的预言很快实现。于是,晋平公又问伯瑕(即士文伯),之前的占测是否可以作为一般规则。士文伯的回答是否定的。他指出,"象"与占卜结果之间的关系不是简单对应,而要受各种因素的影响,相同的"象"可能指向不同的预兆。我们知道,高明的占者一定对过去和现状有深刻的洞察力,很多预言都是考虑了"象"以外的因素后作出的。士文伯指出的影响因素,除"六物"指岁、时、日、月、星、辰外,都属于人事范畴。这些事项在名义上是与"天意"相关的。士文伯还提到了"民心",使人联想到"天视自我民视,天听自我民听"[①]所描述的天人关系。顺着这个思路,他就日食作出预言后,随即又给出了一个反方向的解说,告诉晋侯:日月之灾是由"国无政,不用善"引起。这样的灾异论说,追溯引发灾异的人事,即我们所谓的"回溯式灾异说"。它

---

① 《孟子·万章上》引《太誓》。

也包含在士文伯的回答里。

人事引起天灾的观念在《左传》中不少见。如宣公十五年（前594）《传》载晋伯宗曰："天反时为灾，地反物为妖，民反德为乱，乱则妖灾生。"是认为民乱引起天地灾妖。庄公十四年（前680）《传》载郑申繻曰："人之所忌，其气焰以取之，妖由人兴也。人无衅焉，妖不自作。人弃常则妖兴。"亦是此意。关于灾异的解说，在《左传》《国语》中也还有很多，都被《汉书·五行志》所收录，这里不再赘述。

灾异的预言式和回溯式解说，在士文伯那里是结合在一起的，但两者的矛盾有时也会被提出来。《左传》僖公十六年（前644）：

> 春，陨石于宋五，陨星也。六鹢退飞过宋都，风也。周内史叔兴聘于宋，宋襄公问焉，曰："是何祥也？吉凶焉在？"对曰："今兹鲁多大丧，明年齐有乱，君将得诸侯而不终。"退而告人曰："君失问。是阴阳之事，非吉凶所生也，吉凶由人。吾不敢逆君故也。"

宋襄公询问灾祥的预兆，叔兴当面作了预言式的解说，但私下里说出真实想法，却认为那些灾异都是自然现象，与人事吉凶无关。他说宋襄公不该这样问，大概是认为人君不应把注意力放在猜测天意、占卜吉凶上，而应该专注于政治，人事政治的善否才是吉凶所由。

叔兴关于灾异是自然现象的思想，与上文提到的那位晋国"重人"相似。"重人"认为无需猜测灾异的意义，但仍不废救禳之礼。然而，无论灾异起于人事还是灾异无关人事的思想，都藏着消解灾异救禳意义的潜台词。《左传》中已能看到反对灾异救禳的意见。僖公二十一年（前639）：

> 夏，大旱，公欲焚巫尫。臧文仲曰："非旱备也。修城郭，贬食，省用，务穑，劝分，此其务也。巫尫何为！天欲杀之，则如勿生，若能为旱，焚之滋甚。"

焚巫尫的求雨法，常见于商代卜辞[①]，源远流长。《春秋》常事不书，僖

---

[①] 参见裘锡圭《说卜辞的焚巫尫与作土龙》，《古文字论集》，中华书局，1992年。

公时这次"欲焚巫尪"被记录下来,是因为臧文仲的阻止,使之成为一个事件。臧文仲认为传统的求雨方式于事无补。他提出修城郭、贬食、省用、务穑、劝分等措施,都是为应对旱灾可能造成的实际经济和政治问题作准备。可见,臧文仲不认为旱灾起于人事,或预示着什么不祥。这个意见后来被鲁僖公所接受。《左传》昭公二十六年(前516)又载:

> 齐有彗星,齐侯使禳之。晏子曰:"无益也,只取诬焉。天道不谄,不贰其命,若之何禳之?且天之有彗也,以除秽也。君无秽德,又何禳焉?若德之秽,禳之何损?"

在星占中,彗星是预示凶祸的天象,属灾异。齐景公命人救禳,是传统做法。晏子反对说,天以彗星除秽,不会因为人的祈禳谄媚而改变意志。人君吉凶的决定因素是德,有德则吉,无德则凶,与是否救禳无关。齐景公也听从了他的建议。

从《左传》《国语》等书,可以看到春秋战国时期多样化的灾异观。出于对天的敬畏,重视灾异传统悠久,形成了一套救禳仪式。春秋时代,这些仪式大体被继承下来,也产生了通过灾异进一步占测吉凶、探求天意的思想。预言和回溯两种解说灾异的模式都已经出现。另一方面,人们对了解天道和事天的必要性开始有所怀疑。据《左传》所载,臧文仲和晏子从不同的角度否定了祈禳救灾之法。不过,这些质疑天人相关、反对禳灾巫术的言行被书写与强调,恰好表明它们在当时还比较特殊。相反敬天畏天的传统还十分强大,主宰着大多数人的思想和信仰。即使说过"天道远,人道迩"的郑子产,依然在火灾发生后求助于鬼神和救禳仪式①。在这种传统下,敬慎天地鬼神,救禳灾异,是安抚民心的重要措施,其意义不仅是宗教的,也是政治的。

---

① 《左传》昭公十八年载,火作之明日,子产"使郊人助祝史除于国北,禳火于玄冥回禄,祈于四鄘……三日哭,国不市"(《春秋左传注疏》卷四八,第 842 页上)。是年七月,子产又因大火之故"大为社,祓禳于四方",传云"除火灾礼也"(同前,第 842 页下)。

## 四、诸子时代的天人关系思想

《左传》和《国语》通过记事记言,反映当时的灾异论说。诸子比两书所述的时代晚,他们的著作对天人关系有进一步考量,出现了一些较为系统化的理论思辨。

墨子大约生活在春秋战国之际,其生年与孔子的卒年相近①。诸子中,墨家最讲畏天,在天人关系上尤为保守。墨子所说的天是人格化的至上神灵,能用正义的标准,赏罚人间的善恶行为。《墨子·天志上》云:"我有天志,譬若轮人之有规,匠人之有矩。"也就是说,天的意志即伦理是非的标准。《天志上》又云:"天欲义而恶不义。……顺天意者,兼相爱,交相利,必得赏。反天意者,别相恶,交相贼,必得罚。"可见,墨家认为天有正义善恶的意志,他们的根本主张"兼爱"就来自于"天意"。天对顺其意者加以赏赐,对反其意者予以惩罚,对天子亦是如此。《天志下》云:"是故古者圣人明以此说人曰:'天子有善,天能赏之,天子有过,天能罚之。'天子赏罚不当,听狱不中,天下疾病祸祟,霜露不时,天子必且犓豢其牛羊犬彘,絜为粢盛酒醴,以祷祠祈福于天。"②天对天子可以赏善罚恶,所谓恶,在政治上就是"赏罚不当""听狱不中",天就会降下疾病和灾祸,自然运行也会失序。面对这样的情况,天子必须祭祀祷祠,向天祈福。墨家认为天对政治的善恶会降下赏罚,天子应改过自新,服从天志,同时,认真的祭祀祷祠也必不可少。这种思想可能更接近于西周,也构成春秋战国时期灾异祈禳仪式的背景。

---

① 参见钱穆《先秦诸子系年》卷二《墨子生卒考》,商务印书馆,2001 年,第 103—104 页;又见氏著《墨子》第一章第三节《墨子的生卒年代》,商务印书馆,1947 年,第 9—17 页。关于《墨子》的成书,近代从梁启超、胡适以来就有很多不同意见,可以参见钱穆在《墨子》第二章《墨子书的内容》中的总结和讨论。本节将要引用的《天志》《明鬼》两篇,学者公认是墨子弟子追记和阐发其言论,可以代表墨家原创期的观点,也是后来墨家共同宗奉的思想。

② "天下疾病祸祟"句,"祟"原作"福",王念孙云:"'福'字义不可通,'祸福'当为'祸祟'。'下'者,降也。言降之以疾病祸祟也。"(《墨子杂志》卷三,《读书杂志》,江苏古籍出版社,2000 年,第 584 页上)其说可信,今引文据改作"祟"字。

上文论及,春秋时代已经出现怀疑天人相关,重人事而不信鬼神的思想,很有影响。《墨子·明鬼》就是为反驳这一思潮而作。此篇花费大量笔墨,罗列证据驳斥"执无鬼者",维护鬼神信仰,理由主要是看重鬼神对人类行为的约束力。《明鬼下》载子墨子言曰:

> ……是以天下乱。此其故何以然也?则皆以疑惑鬼神之有与无之别,不明乎鬼神之能赏贤而罚暴也。今若使天下之人,偕若信鬼神之能赏贤而罚暴也,则夫天下岂乱哉!

墨子列举春秋以降的种种政治、社会和道德问题,认为都是人们怀疑鬼神存在,不相信鬼神能够赏贤罚暴所致。因此,墨家提倡鬼神信仰有明确的现实针对性,并非回归旧宗教,而是试图建立新宗教,为失范的社会、国家重塑规范和秩序。

与墨家相反,道家发展了春秋以来的新思潮,是"激进"派。道家的"天"被降格,既失去人格,也不再至高无上。郭沫若说"老子的最大发明便是取消了殷周以来的人格神的天之至上权威"[①],是有道理的。《老子》云"天法道,道法自然"(第二十五章),就是说在"天"之上还有更为根本的"道"和"自然"。"天"作为"自然"的一个表象,只有规律,没有意志。这种思想的典型表达是"天地不仁,以万物为刍狗"(第五章)。但在《老子》的有些地方,似乎仍肯定地描述了天有意志的行为,比如"天将救之,以慈卫之"(第六十七章),"天道无亲,常与善人"(第七十九章)。道家对天意的消解并不彻底。

儒家对天人关系的思想介于上述两家之间,内部的观念层次和思想差异也比较多。一方面,儒家以维护西周传统文化为己任,另一方面,从孔子开始,儒生就积极地奔走于列国之间,学干禄之术,不免与时沉浮。《史记·仲尼弟子列传》称孔子"之所严事",有老子、晏子、子产。"严"是"尊敬"的意思,这几位孔子所尊敬的前辈对天人关系或取消,或怀疑,代表了时代的风气。上文提到的臧文仲,时代早于孔子,孔子也常常称道他,在思想上不会毫无影响。

---

① 郭沫若《先秦天道观之进展》,《青铜时代》,第36页。

孔子"不语怪力乱神",又说过"未能事人,焉能事鬼"。以往,研究者多认为:他对鬼神有所怀疑,这是进步的方面,但他还在讲天命,是其局限。这是站在现代无神论立场上得出的结论。如果考察孔子所处时代的思想状况,看法会有所不同。

《论语·八佾》载:

> 王孙贾问曰:"'与其媚于奥,宁媚于灶。'何谓也?"子曰:"不然,获罪于天,无所祷也。"

此章所言为祭祀①。王孙贾说的"与其媚于奥,宁媚于灶",应是当时俗语,代表流行观念。"奥"为室主,祭宗庙及五祀都先设席于奥,"媚于奥"指取媚于地位较高的神灵。灶的地位不如奥,但与人更为接近,总管日常琐碎之事,可以看成个人和家庭的保护神。俗语如此,说明当时的鬼神观念是重视与自己亲近的神灵,寻求直接的庇护和保佑,对关系较远的神则不太重视。信仰中的这种实用主义,是孔子所反对的。他回答公孙贾:不对,如果真的被天认定有罪,向谁祷告都没有用。孔子似乎认为,相对于灶神之类的庇护,天主持公义,是有原则的;它不为祭祀者的小恩小惠所动,而是沉默不语,践行是非准则。这种天命思想,以相信天有公义为前提,与西周的天道观是相承接的。

西周末到春秋时期,天道渺远之感淡化了人对天的敬畏,消解着公义的约束力,鬼神之事也转向占问吉凶、包庇罪过等方面。孔子怀疑鬼神是承自春秋的新思潮,而申说敬畏天命又是对新思潮有意识的反拨。两方面合在一起,才能体现孔子天命观在思想史上的意义。

孔子秉持的天命思想,可以从《论语·乡党》中关于他的两段记述来进一步认识。

> 乡人傩,〔孔子〕朝服而立于阼阶。

> 〔孔子〕遇迅雷风烈,必变。

---

① 此章的前面几章,都是讲祭祀问题,这一章在内容上也应与前面相关,所以放在一起组成一组。前人多以为"奥""灶""天"各有所暗指,或代表现实中的人物,是求之过深。

傩是民间传统的祭祀仪式,孔子旁观而不参与,却身穿朝服,表现得十分庄重和礼敬。朱熹注说,这是"无所不用其诚敬"①。第二条材料说,孔子遇到"迅雷风烈"的极端天气,一定会变色,表情变得庄严。朱熹注云:"必变者,所以敬天之怒。"②这个解释是可信的。孔子从来没有说过"迅雷风烈"预示着什么或者说明了什么,但即便不知道原因,他仍对可能存在的天意保持敬畏。这份敬畏,代表了对天命信仰约束力的尊重和维护。

孔子对天的态度可以概括为敬畏而不流于迷信,区分出好几个层次。《左传》的作者既表彰臧文仲、郑子产等重人事的言行,也记录预言占验,宣扬天命,在思想的复杂性上跟孔子很接近。孔子的弟子后学则常常执其一端,发展到极致。儒家各派在天人关系问题上的看法异见纷呈,往往互相排斥。《韩非子·显学》称"儒分为八",只是概括与他同时的儒家派别,七十子以下儒学的历史发展可能更为复杂。其中,仅孟、荀各自有书,情况比较清楚,此外派别的思想都只能根据有限的材料,略加推测。

今本《尚书》中记载有商太戊、武丁和周成王时期的几个商周灾异故事。它们不会是商、西周时代成文的材料,但战国时期的儒家一定已经开始传习这些文献,其中所包含灾异应人事而至以及修德修政可以消灾的思想,应是战国儒家中比较流行的。此外,《尚书》中值得注意的还有《洪范》篇。《洪范》借箕子之口论述政治大法③,其九畴中,以"五行"与"五事"相对应,是战国晚期乃至西汉前期五行学说发达之后才加入的解释,"五事"与"庶征"之间的关系则是经文所固有。《洪范》曰:

---

① 朱熹《论语集注》卷五,《四书章句集注》,中华书局,1983年,第121页。
② 《四书章句集注》,第122页。
③ 关于《洪范》成书年代的众家之说,参见蒋善国《尚书综述》第五编第一部分第十三章"鸿范的著作时代",上海古籍出版社,1988年。目前学界较为公认的看法,是成书于战国时代。近年来,李学勤提出《洪范》为西周作品的可能性,说见氏著《帛书〈五行〉与〈尚书·洪范〉》《叔多父盘与〈洪范〉》二文。然而,他提出的意见只能反驳战国说的一两条论据,要论证《洪范》作于西周仍缺乏有说服力的证据。

> 五事:一曰貌,二曰言,三曰视,四曰听,五曰思。貌曰恭,言曰从,视曰明,听曰聪,思曰睿。恭作肃,从作乂,明作哲,聪作谋,睿作圣。

又曰:

> 庶征:曰雨,曰旸,曰燠,曰寒,曰风。……曰休征:曰肃,时雨若;曰乂,时旸若;曰晢,时燠若;曰谋,时寒若;曰圣,时风若。曰咎征:曰狂,恒雨若;曰僭,恒旸若;曰豫,恒燠若;曰急,恒寒若;曰蒙,恒风若。

五事修治导致肃、乂、哲、谋、圣五种结果。对这五种美行,天产生好的回应,晴雨冷暖风都适时适度。狂、僭、豫、急、蒙五种恶行分别对应于肃、乂、哲、谋、圣,是五事不修的结果,天随之产生不好的回应,晴雨冷暖以及风会非正常地持续,造成灾异。《洪范》的意思是,五项人事处理的好坏分别导致五种好的表征(休征)或坏的表征(咎征)。这就给出了从人到天、由人事引发灾异的一个规律性和系统化的表述[①]。这大约是战国中前期的儒家所创造的。

《洪范》讲人事会引起天的反应,《礼记·中庸》云"国家将兴,必有祯祥,国家将亡,必有妖孽",则是说天示人以祥瑞或者灾异,预示着国家兴亡。《中庸》这段文字说的是"诚身"。其云"至诚之道,可以前知",兴亡善恶,必先知之,"故至诚如神",是在强调"诚"可带来的神秘能力。在这种论述中可以看到,通过天之所示预见人事被认为是一种特殊能力,而这种能力是可以获得的。

《礼记·中庸》和《洪范》所说,或者是由天知人,或者是以人动天。两者在以后作为儒家经典,常常被灾异论说引为理论依据,构成了灾异论儒学传统的重要组成部分。在此需要指出的是,两者都指出人事与天象之间的交感对应关系,其天人关系思想是"感应论"的。

---

① 蒋善国也认为《洪范》九畴中惟"五事"和"庶征"两项是相互配合的,但他还认为,"这种天人感应的思想是五行观念与阴阳思想结合所形成的","《洪范》是天人感应思想的来源"(见《尚书综述》,第111页),都和本书不同。

战国时期还流传着一些不太著名的篇章,同样反映着时代的思想面貌。上海博物馆藏战国楚简中有一篇《三德》①,讲人行为的良否会引起上帝鬼神的保佑或者降灾。其文有云"忌而不忌,天乃降灾,已而不已,天乃降异",就是说人做了不宜之事,天会降下灾异。这些不宜之事,《三德》篇中举出了"喜乐无期度""食饮无量计""宫室过度""骤夺民时"等,最后一项又分为"夺民时以土功""以水事""以兵事"。《三德》采用韵文体,朗朗上口,便于记诵,与经书、传记等儒家内部传习的文献相比,宣教意味更强,作者设想的读者可能主要是人君。②

战国秦汉之际,类似的文献应该很多,它们思想原创性不足,却恰能代表当时的某些普遍观念。《三德》的作者企图借助人君的鬼神信仰,促使他们施行善政,以民为本。篇中称"民之所欲,鬼神是祐",正是战国时代儒家民本思想的反映。相近的观念也表现在《吕氏春秋》中,其《顺民》篇云:

> 昔者汤克夏而正天下,天大旱,五年不收。汤乃以身祷于桑林,曰:"余一人有罪,无及万夫。万夫有罪,在余一人。无以一人之不敏,使上帝鬼神伤民之命。"于是翦其发,磨其手,以身为牺牲,用祈福于上帝。民乃甚说,雨乃大至。则汤达乎鬼神之化,人事之传也。

此篇叙述汤祷求雨的故事,还见于《论语·尧曰》《国语·周语上》《墨子·兼爱下》。在《吕氏春秋》的故事版本中,"民乃甚说,雨乃大至"一句最值得注意。商汤自损发肤,以身为牺牲,为民请命,赢得民意,这才使雨大至。其结尾云"汤达乎鬼神之化,人事之传也","传"读为"转"③,也就是说,汤感动鬼神,是通过人事的转递。"民甚说(悦)"构

---

① 释文见马承源主编《上海博物馆藏战国楚竹书(五)》,上海古籍出版社,2005年,第288—303页。
② 参见汤浅邦弘《上博楚简〈三德〉的天人相关思想》,《儒家文化研究》第1辑,生活·读书·新知三联书店,2007年。
③ 《释名·释书契》云"传之言转也"。此"传"字释为"转",参看王利器《吕氏春秋注疏》卷九,第880页;陈奇猷《吕氏春秋新校释》卷九,第489页。

成了祈雨仪式和"雨大至"的中间环节。降雨不是由于祈祷直接作用于上帝,而是祈祷行为感动民意的结果。故事的用意在于强调顺应民意的重要性。这一派儒家学者继承了孔子重人事的传统。他们论灾异,主张天帝鬼神不过是人事的依托,在当时应是主流。

春秋时代已经出现了对天人关系的怀疑和否定,上述灾异论用人伦的规范取代了天的意志,进一步消解天的不可知性和神秘力量。沿着这个理路发展下去,离只重人事而不关心天命的思想也就不远了。

战国末期,荀子倡导天人之分,向灾异论提出了挑战。《荀子·天论》云:

> 夫日月之有蚀,风雨之不时,怪星之党见,是无世而不常有之。上明而政平,则是虽并世起,无伤也;上暗而政险,则是虽无一至者,无益也。

他认为,各种怪异现象为世所常有,不关吉凶,也与政治的好坏无涉。《天论》又曰:

> 雩而雨,何也?曰:无何也,犹不雩而雨也。日月食而救之,天旱而雩,卜筮后决大事,非以为得求也,以文之也。故君子以为文,而百姓以为神。以为文则吉,以为神则凶。

荀子认为祈禳没有止灾的实际作用,却不反对举行相应的禳救仪式。他指出,在百姓相信天人相通的现实下,救食、雩祭等禳灾仪式是统治的文饰,可以保留。只不过,作为统治者的"君子"对灾异及其禳救,应有与被统治者"百姓"不同的看法。

这种以神道设教的观念,荀子以前已经出现。上博楚简《鲁邦大旱》云:

> 鲁邦大旱,哀公谓孔子:"子不为我图之?"孔子答曰:"邦大旱,毋乃失诸刑与德乎?唯……"……【1】"……之何哉?"孔子曰:"庶民知说之事鬼也,不知刑与德。如毋爱圭璧币帛于山川,政刑与……"……【2】出,遇子赣(贡)曰:"赐,尔闻巷路之言,毋

乃谓丘之答非欤?"子赣(贡)曰:"否,繄乎子女,踵命其与。如夫政刑与德,以事上天,此是哉! 如夫毋爱圭璧【3】币帛于山川,毋乃不可。夫山,石以为肤,木以为民。如天不雨,石将焦,木将死。其欲雨或甚于我,或必寺乎名乎! 夫川,水以为肤,鱼以【4】为民。如天不雨,水将涸,鱼将死。其欲雨或甚于我,或必寺乎名乎!"孔子曰:"呜乎! ……【5】公岂不饱粱食肉哉! 繄无如庶民何!"【6】①

此文属于儒家的传记,反映战国时期儒家某一派别的思想,其中的孔子、子贡和鲁哀公都不能坐实。上博简抄写于白起拔郢(前278)以前②,《鲁邦大旱》的作成当然也早于荀子。篇中,孔子对鲁哀公说"庶民知说之事鬼也,不知刑与德",其义与《荀子·天论》所谓"君子以为文,而百姓以为神"相同。孔子因此劝说鲁哀公"毋爱圭璧币帛于山川",进行必要的祭祀活动。

不过,这还不是《鲁邦大旱》的主旨。关于灾异应对方法,哀公与孔子的问答似乎已讲清楚,但《鲁邦大旱》没有到此为止,而是接着安排了孔子与子贡的辩论,先由子贡提出反对意见,然后孔子予以驳斥。子贡同意正刑与德,但反对祭祀山川。孔子答道,如果旱灾持续下去,国君依然可以饱食粱肉,过和平常一样的好日子,可是老百姓的生活怎么办呢? 旱灾对百姓和国君的影响不同,所以国君的态度也不会像百姓那样焦虑。由此推测,之前简文残缺的话可能针对子贡的质疑,借用山川与草木鱼虾进行类比,大意是说,天不下雨,草木鱼虾没有生路,但山川依然会存在,对下雨的希望并不会那么急切。换言之,这里的孔子相信山川必须通过祭祀才能感动,而感动山川确实可以致雨。

战国时代,正刑德以应对灾异的观点在思想界已不十分新鲜,古

---

① 原简发表于马承源主编《上海博物馆藏战国楚竹书(二)》,上海古籍出版社,2002年,第204—210页。此处采用宽式释文,主要参照李学勤《上博楚简〈鲁邦大旱〉解义》(《孔子研究》,2004年第1期)中的释读,个别地方有所调整。

② 参马承源《战国楚竹书的发现保护和整理》,《上海博物馆藏战国楚竹书(一)》前言,上海古籍出版社,2001年。

代的祭祀礼仪传统则越来越不受重视。而孔子是重视祭祀传统的,《论语·八佾》载:"子贡欲去告朔之饩羊,子曰:'赐也,尔爱其羊,我爱其礼。'"即是反对削减祭品,希望维护传统的"礼"。《鲁邦大旱》只是伪托孔子,但其思想是从《论语》中的真孔子发展而来。该篇的作者已经在反思"神道设教",进而相信山川神灵与人事有密切关系,倾向于维护越来越不受重视的传统祭祀之礼。《鲁邦大旱》中子贡的质疑也并非作者所杜撰,《晏子春秋》卷一《景公欲祠灵山河伯以祷雨晏子谏第十五》中载晏子谏止齐景公祭祀山川的话,即是《鲁邦大旱》之所本。"晏子"和"子贡"的这种思想大约在当时颇为流行,或者为儒家的某些学派所秉持。反驳这种思想,可能正是《鲁邦大旱》最直接的写作动因①。

上文已经指出,过度强调天人关系中的人事一方,必然削弱天的权威,进而影响人伦道德的约束力。这是儒家天人关系论内在的矛盾。荀子索性抛弃天人相关论,不再试图通过天约束人君。他主张性恶,却对人君施以过多的信任,将政治的善恶完全寄托于君主的自律上。这样的倾向再进一步,便是法家。

《鲁邦大旱》作者所代表的儒学群体,既以正刑德为应对灾异的首要任务,同时又不废祭祀,维持对天的敬畏。这种敬畏已经不同于上古,而是对天人关系反复思考后的结果,在思想的谱系中与孔子的天道观也最为接近。董仲舒的灾异论,就是基于儒家的这一传统。

## 第二节 占验与救禳:灾异论数术传统的形成

灾异论的数术传统,将灾异视为凶兆,侧重于占测灾异预兆,并通过一定的禳救手段回避或转移凶祸。上一节为避免枝蔓,没有就这一倾向充分展开讨论。本节将从灾异占验和救禳两个方面,考察灾异论

---

① 《鲁邦大旱》的研究情况和思想内涵,详参拙文《上博楚简〈鲁邦大旱〉的思想史坐标》,《中国历史文物》2010 年第 6 期。

数术技术形成的土壤及其传统的形成。为了理解汉代以后灾异论数术传统与儒家传统的互动,这是必要的准备。

## 一、从物占到灾异占

任何占卜都以一定的现象为推算出发点,比如灼烧龟甲或兽骨产生的裂纹,揲蓍所得的数目,观察到的星象、云气、风向或动植物的异常等等。以灾异现象为推算出发点的占卜,我们称之为"灾异占"。

《易·系辞》说"天垂象,见凶吉","象"就是天昭示吉凶的信息载体。根据产生方式的不同,"象"可分两类。一是占卜者主动制造的"人为"之象,如龟兆、蓍数等①,一是不加干预地观察自然和社会现象所得的"天启"之象,如星象、云气、日月薄蚀情况等。《左传》僖公十五年载韩简子语云"物生而后有象",象得自于物,因此我们将这类根据天启之象进行的占卜称为"物占"②。灾异占属于物占,是将某些特定的天启之象视为灾异而发展产生的。

《汉书·艺文志》"数术略"中的"天文""五行""杂占"和"形法"诸家,都有部分古书与物占有关。它们多数不是占灾异的专书,但灾异占的观念以及占灾异的专门知识技术和有关专书却是从中产生的。下面参考《汉志》的分类,对这些占书略作介绍,重点是它们与灾异占的关系。

### (一) 天文

《汉书·艺文志》自云"天文二十一家,四百四十五卷",据统计,实得22家419卷,依次列举如下:

> 《泰壹杂子星》二十八卷;
> 
> 《五残杂变星》二十一卷;

---

① 古人将卜、筮区别为象和数,《左传》僖公十五年载韩简子曰"龟,象也;筮,数也",即是其例。韩简子又曰"物生而后有象,象而后有滋,滋而后有数"(《春秋左传注疏》卷一四,第234页上),则是说数生于象。这是狭义的象。我们将作为推算出发点现象统称为"象",取其广义,与《左传》所云略有不同。

② 李镜池将数术分为"人为"的和"天启"的,并将后者称为"物占",见《古代的物占》,《周易探源》附录一,中华书局,1978年,第378—379页。本节所用概念受了李文的启发。

《黄帝杂子气》三十三篇；

《常从日月星气》二十一卷；

《皇公杂子星》二十二卷；

《淮南杂子星》十九卷；

《泰壹杂子云雨》三十四卷；

《国章观霓云雨》三十四卷；

《泰阶六符》一卷；

《金度玉衡汉五星客流出入》八篇；

《汉五星彗客行事占验》八卷；

《汉日旁气行事占验》三卷；

《汉流星行事占验》八卷；

《汉日旁气行占验》十三卷；

《汉日食月晕杂变行事占验》十三卷；

《海中星占验》十二卷；

《海中五星经杂事》二十二卷；

《海中五星顺逆》二十八卷；

《海中二十八宿国分》二十八卷；

《海中二十八宿臣分》二十八卷；

《海中日月彗虹杂占》十八卷；

《图书秘记》十七篇。

从书名即可看出，这些天文书都用于占验①，依据的象包括恒星、行星、流星、客星、彗星以及日月、云雨、虹霓等，概括起来大致可以归入星、气两类，其学也称为星气之学。

《汉书·艺文志》天文书大部分成于汉代，但不少内容承袭自先秦。战国时期战乱纷争，促成星气之学的发达。《史记·天官书》云：

> 田氏篡齐，三家分晋，并为战国，争于攻取。兵革更起，城邑数屠，因以饥馑疾疫焦苦，臣主共忧患，其察禨祥候星气尤急。

---

① 与现在所说"天文学"性质相近的书在《汉志》"历谱家"。

当时,兼并战争频繁,国家经常处于动荡和危机之中,君臣不得不经常关注战争的有无、胜负,国家的盛衰、兴亡,对随时可能到来的突发事件做好预测和准备。星气之占关注的,主要也是这些问题。据司马迁所说,尹皋、唐昧、甘公、石申都著有星气之书,所论皆"因时务"。他们的著作,名称不见于《汉书·艺文志》,但内容大抵应已为上述天文诸书收入。《汉书·艺文志》天文书均已亡佚,现在除《淮南子·天文》《史记·天官书》以及后世占书《乙巳占》《开元占经》等能让我们一窥其端倪外,马王堆帛书中属于天文书的《五星占》《天文气象杂占》《日月风雨云气占》,也反映了战国秦汉之际天文书的大致面貌①。这些书的内容大概可以分为两部分:一部分占用兵,与兵阴阳家接近;一部分占邦国、君主、人民吉凶与岁之美恶,与灾异占接近。前一部分,天象于用兵之主客有利有不利,后一部分则绝大多数是凶象。

进入秦汉统一时代,星气之学的重心发生了转移。《汉书·艺文志》"天文家"小序云:

> 天文者,序二十八宿,步五星日月,以纪吉凶之象,圣王所以参政也。《易》曰:"观乎天文,以察时变。"然星事凶悍,非湛密者弗能由也。夫观景以谴形,非明王亦不能服听也。以不能由之臣,谏不能听之王,此所以两有患也。

其中提到天文的作用,只说"圣王所以参政"。这一方面是因为与用兵有关的书都被放入"兵家",而兵阴阳书的重要性随着战争频率降低而削弱。另一方面也说明,在刘歆、班固看来,天文的主要作用就是政治决策的参考。所谓"星事凶悍",是指其对占者而言十分凶险,原因是天象多为凶兆,又涉及国家和人君的命运,如果解说不能合意,很容易招致祸患。《汉书·艺文志》已在灾异占的层面上定义天文星气之学。对于后世占灾异者,天变一直是主要的解说对象,天文星气之学也成为

---

① 关于马王堆出土天文书的释文及相关情况,参看刘乐贤《马王堆天文书考释》,中山大学出版社,2004年。最新的整理成果,见裘锡圭主编《长沙马王堆汉墓简帛集成》,中华书局,2014年,其中《日月风雨云气占》归属于《刑德》甲、乙篇。

灾异论数术传统的重要组成部分。

天文书中有五种前面冠有"汉"字，值得特别注意。《汉五星彗客行事占验》《汉日旁气行事占验》《汉流星行事占验》《汉日旁气行占验》《汉日食月晕杂变行事占验》，可能是汉代官方所用的星占书。其中四种书的名称都叫"行事占验"，只有一种《汉日旁气行占验》，无"事"字。"行占验"不辞，疑亦当作"行事占验"。所谓"行事"，即往行之事、过去已经发生的事。这些"行事"可以用来验证天文占辞预测的准确性。《史记·太史公自序》云："星气之书多杂礼祥，不经。推其文，考其应，不殊。比集论其行事，验于轨度以次，作《天官书》第五。"《天官书》中也有"余观史记，考行事"之语，就是这个意思。《天官书》中还有一段著名的"究天人之际"的话：

> 秦始皇之时，十五年彗星四见，久者八十日，长或竟天。其后秦遂以兵灭六王，并中国，外攘四夷，死人如乱麻，因以张楚并起，三十年之间兵相骀藉，不可胜数。自蚩尤以来，未尝若斯也。项羽救钜鹿，枉矢西流，山东遂合从诸侯，西坑秦人，诛屠咸阳。汉之兴，五星聚于东井。平城之围，月晕参、毕七重。诸吕作乱，日蚀，昼晦。吴楚七国叛逆，彗星数丈，天狗过梁野。及兵起，遂伏尸流血其下。元光、元狩，蚩尤之旗再见，长则半天。其后，京师师四出诛夷狄者数十年，而伐胡尤甚。越之亡，荧惑守斗；朝鲜之拔，星茀于河戍；兵征大宛，星茀招摇：此其荦荦大者。若至委曲小变，不可胜道。由是观之，未有不先形见而应随之者也。

这些秦汉史事都被司马迁作为"行事"，用来验证天文占辞，通过两者之相合（不殊），证明天人之际的关联。汉代天文星占书中出现"行事占验"的内容，与儒家用《春秋》和上古以来历史行事说灾异，在逻辑和方法上是一致的。

（二）杂占

顾名思义，杂占种类很多，取象之物、占问目标各有不同。《汉书·艺文志》"杂占"中，开头的两种占梦书和《嚏耳鸣杂占》，以及最后六种农事占候书,都与我们说的灾异占无关;《变怪诰咎》以下几种属于救禳之术,将在后文讨论;与灾异占有关的书仅有以下三种:

《武禁相衣器》十四卷;

《祯祥变怪》二十一卷;

《人鬼精物六畜变怪》二十一卷。

这三种书的内容不可确知。《人鬼精物六畜变怪》可能接近于《开元占经》第一一二卷以下的部分,包括人、鬼、草木鱼虫、鸟兽、六畜等占。书名既称"变怪",应不包括《开元占经》中的休征部分,而是纯说咎征。《武禁相衣器》一书,"武禁"应为人名,书的内容可能类似《开元占经》卷一一四中的"器服休咎"①。《祯祥变怪》估计也接近《人鬼精物六畜变怪》,或许还有取象于其他事物的占验。

杂占直接取象于日常生活中的事物,占测的成本和技术门槛都比天文、卜筮要低,百姓日用,在民间流传甚广。汉代的相关书籍没有保存下来,但其中的占验知识代代相传,还可以在后世的相关书籍中见到。吐鲁番洋海地区出土的高昌早期写本占书包含了大量此类变怪,试举几例②:

乾化为离,家当忧内乱,金釜妄鸣,蛇入井中,亦为见血光。

坎化为兑,家困病人,若系闭,舍中当见死物,怪,犬自食子。

兑化为艮,家当夫妇共斗,婿欲去妇,妇欲远夫,鸡犬及牛马为怪。

此书占语的结构,大抵是"变卦之象—占测结果—预示此结果的变

---

① 此书《汉书补注》以为类似《隋志》中的《裁衣书》。案《裁衣书》的内容更可能是讲裁衣日期的吉凶,属于"选择"类的占书,而《武禁相衣器》似乎更接近于"形法",不太可能是"选择"书。

② 此书整理者定名为《易杂占》,图版、释文、解题和相关研究见荣新江、李肖、孟宪实主编《新获吐鲁番出土文献》,中华书局,2008年,第151—157页,以及余欣、陈昊《吐鲁番洋海出土高昌早期写本〈易杂占〉考释》,《敦煌吐鲁番研究》第10卷,上海古籍出版社,2007年。

怪",可以看成《汉志》杂占书与《易》占的结合,后两部分即反映杂占书的大致内容。不难发现,其变怪所占之事全为百姓家事。《论衡·谴告篇》云:"夫国之有灾异也,犹家人之有变怪也。"①反过来说,百姓日常生活中的变怪杂占,如果施之于国家,就是我们所说的灾异占。湖北江陵王家台15号秦墓出土竹简中也有一组占书,每支简都以"邦有"云云开头②,说明出现变怪的是"邦",而占辞中吉凶的主体也多是"邦""王国""王"等。整理者介绍说:"其内容多谈自然界的灾变、人与动植物的异常现象,以此预言国家的存亡和君民的祸福。"简文中提到的变怪有"牝六畜孕其身""卉实降自天""人降自天""月降自天""地动""大畜生小畜""马生牛""木冬生"等,据此占测的祸福有"邦有大丧""不出三年或伐其邦""外入(内)俱乱,王国不平""有女丧""有他人将伐其王""邦则有兵丧"等③。其中所说变怪显然是政治性的。它与《汉志》杂占和上面提到的吐鲁番占书渊源相通,却已属于不同支流,更近似于灾异占④。

总之,杂占起于民间,用于家人,在战国末年进而占说国事,变为灾异占。《汉志》杂占书对灾异数术传统的影响,还能从《洪范五行传》中看到。《洪范五行传》中的草木之妖、虫豸之孽、六畜之祸以及人之痾,大概就是从杂占书中学来,然后分配五行五事,加以系统化而成的。

(三)形法

"形法"亦是相物求吉凶之术,所相都是物之常态,而非灾异之变,因此大体与灾异占无关。唯有《山海经》中所述奇禽异兽和鬼神,有些

---

① 黄晖《论衡校释》卷一四,第635页。
② 相关介绍,据荆州地区博物馆《江陵王家台15号秦墓》,《文物》1995年第1期。
③ 见王明钦《王家台秦墓竹简概述》,《新出简帛研究》,文物出版社,2004年,第47—48页。
④ 王家台秦简占书的原简照片和完整释文尚未公布,从整理者摘录的简文看,其占测结果也有一小部分不是凶祸,比如"凡邦有大畜生小畜,是胃大昌,邦则乐王","……马,是胃天庆黍稷之义,君子则安,少人则……",似乎都是吉兆。整理者定名为《灾异占》,是否准确,还有商榷的余地。不过书中占测"凶多"而"吉少",大概能反映《汉志》杂占书的特点,也是杂占向灾异占发展的表现。

包含预兆的意味,略近于灾异。李镜池曾搜集《五藏山经》中的此类物占之辞,列表统计①。《山经》所见物占,大多采用某物见则"天下如何""其国如何""其邑如何"或"其县如何"的形式。其中包含占得结果的55项,多为大旱、大水、兵、疫等灾祸,作为祥瑞而产生"安宁"或"大穰"两种结果的仅5项,不到十分之一。虽然这些被视为凶兆的奇禽异兽和鬼神多属虚构,后人还是可以附会现实中出现的怪物,以称说灾异。

(四) 五行

"五行"在《汉书·艺文志》中排在"杂占"之前,这里放到最后介绍,是因为它与灾异占关系最为直接。《汉书·艺文志》"五行家"中,出现了三种题名为"灾异"的书:

《务成子灾异应》十四卷;

《十二典灾异应》十二卷;

《钟律灾异》二十六卷。

这三种书的成书年代大约在战国末期到西汉中期以前。务成子是传说中的人物,《汉志》"小说家"有《务成子》十一篇,自注云"称尧问,非古语",指明其书出于后人伪托。房中家还有《务成子阴道》三十六卷,与《务成子灾异应》皆属伪托古贤。这是方术书常见的现象。"十二典"所指不明,姚振宗云"疑是十二诸侯时之言灾异者",又疑是十二月令,又或是"以十二州、十二次、十二律之属配合五行言灾异之应"②。我认为后一种可能性较大。《钟律灾异》大约是用五音十二律候时气,推测阴阳消长盛衰是否合时,以此解说灾异,具体方法不可考。唯《续汉书·百官志》注引《汉官》曰:"灵台待诏四十一人,其十四人候星,二人候日,三人候风,十二人候气,三人候晷景,七人候钟律。"可见候钟律之术与星气之学性质上有类似之处。

---

① 李镜池《古代的物占》,《周易探源》附录,第392—397页。
② 见姚振宗《汉书艺文志条理》,《二十五史补编》第二册,中华书局,1955年,第1675页中。

"五行家"中的灾异书有两点值得注意。一是它们与阴阳五行学说的关系。《汉志》"五行家"小序云:"貌、言、视、听、思心失,而五行之序乱,五星之变作,皆出于律历之数而分为一者也。其法亦起五德终始,推其极则无不至。"这是说,"五行家"诸书都以五行学说为基础,其中的灾异书应不例外。十二典、钟律配以五行,便可与世间万事万物相联系,推说灾异无所不至。这一方面扩大了灾异书能够解说的范围,一方面也体现出解说技术体系化和规范化的趋势。战国后期,阴阳五行学说流行并不断渗透到方术中,此背景下形成的"五行"灾异书在技术层面奠定了灾异论数术传统的基础。

值得注意的另一点是,"五行家"书的题名中出现了"灾异"一词。灾异占是根据汉代史料建构的概念。确知成书于先秦的典籍有不少说灾异的例子,但不曾有意识地使用"灾异"或者"灾变"这样的词汇。《春秋公羊传》"记灾也""记异也"之类的话,也要经过汉代经学家阐释后才具备特殊的含义。汉初陆贾《新语》中提到"恶气生灾异""说灾变之异"[①],是目前可以确信的材料中最早并称"灾异"的。三种"五行"灾异书至少提供了与《新语》大约同时或稍晚的佐证,说明在西汉的数术传统中,灾异占已经成为一个独立的特殊门类。

上面简单讨论了物占各门类与灾异占的关系。作为"象"的灾异是一个混杂的集合,包括某些天象,也包括人、鬼和各种动植物的异常。它们被分别从各自所属的门类中抽出来,赋予特定含义,结集为灾异占或类似的"祯祥变怪"之书,时代晚至战国秦汉之际。灾异占从物占各门类中吸取大量经验,并在阴阳五行学说大流行的时代与之结合起来,形成了灾异论数术传统的一个方面。

二、灾异救禳

灾异论数术传统的另一个方面是救禳。我们在前一节中已经举

---

① 分见陆贾《新语》之《明诫篇》《怀虑篇》,又可参本书第二章第一节的引用和解说。

过先秦时期的有关史料,这里结合《汉书·艺文志》中的此类古书,稍有系统地略作介绍。其中关于救禳的专书,见于"杂占家",有如下几种:

《变怪诰咎》十三卷;

《执不祥劾鬼物》八卷;

《请官除訞祥》十九卷;

《禳祀天文》十八卷;

《请祷致福》十九卷;

《请雨止雨》二十六卷。

《变怪诰咎》,是讲变怪发生后防止灾祸的技术,学者已经指出可以与睡虎地秦简《日书》甲种中的《诘》篇相互发明①。《诘》篇开头有序云:"诘咎,鬼害民妄行,为民不祥,告如诘之,导令民毋罹凶殃。"② "诘"有责问、禁止之意③,"咎"指灾祸。"告"即"诰",这里是戒敕、约束的意思④,与"诘"相近。"告如诘之","如"字在此处用法同"而",诰、诘意同而略有递进⑤,在此均指通过对抗方式压服和抵御鬼怪妖孽,《诘》篇所载的办法都是借助相应的特定灵物,如桃木、牡棘、鸡羽、桑心之类所制的弓箭、木剑、鞭杖等,"射之""投之""击之",以阻止、驱除或杀灭之。与此相似,《艺文类聚》载曹植有《诰咎文》,其自序

---

① 饶宗颐、曾宪通《云梦秦简日书研究》,香港中文大学出版社,1982年,第26—27页。
② 睡虎地秦墓竹简整理小组《睡虎地秦墓竹简》,文物出版社,1990年,第212页。
③ 《左传》昭公十四年"诘奸慝"杜预注云:"诘,责问也。"(《春秋左传注疏》卷四七,第820页上)《周礼·天官·太宰》"以诘邦国"郑玄注云:"诘,犹禁也。"(《周礼注疏》卷二,阮元刻《十三经注疏》,艺文印书馆,2001年,第26页上)类似的训诂还有很多,不赘举。
④ 参王引之《经义述闻》卷二七《尔雅中》"诰誓谨也"条,江苏古籍出版社,2000年,第636—637页。
⑤ "诘""诰"两字字形也十分相近,抄写易混,典籍中多有异文。如《易·姤》象传"后以施命诰四方",陆德明《释文》云:"诰,郑作诘,止也。王肃同。"是郑玄、王肃本《易传》与王弼注本"诘""诰"有异。《汉书》卷二三《刑法志》"建三典以诘邦国诰四方"颜师古注曰:"诘……字或作'诰'。"是《汉书》古本亦有异文,而颜注以为可两通也。因此,亦不排除《汉书·艺文志》"诰咎"本作"诘咎"的可能。刘乐贤认为:"文献中的'诰咎'应当如《日书》一样本作'诘咎',诘咎者禁灾也。"见氏著《睡虎地秦简日书研究》,文津出版社,1994年,第250页。此说亦颇有据,但本文为谨慎起见仍两存"诰咎""诘咎"之文,不强求同一。要之,无论作"诘"还是"诰",都不影响其作为厌劾或厌胜之术的性质。

云："于时大风发屋拔木，意有感焉。聊假天帝之命，以诰咎祈福。"①明云诰咎之文是假借天帝命令，以诰山川百神。故其文开头即称"上帝有命"云云，后又云"何谷宜填，何山应伐，何灵宜论，何神宜诰"，纯是责问、威胁的语气。这种对抗式的救禳方式，称为"厌劾"或"厌胜之术"。以下《执不祥劾鬼物》《请官除訞祥》两书，讲的大约也是类似的技术，所谓"请官"可能是召请了某神灵的帮助。

《禳祀天文》是针对据上述"天文家"诸书占得的凶兆进行救禳的技术。禳天变在春秋时代是常规活动，《左传》昭公二十六年载："齐有彗星，齐侯使禳之。"昭公十七年："冬，有星孛于大辰，西及汉。……郑裨灶言于子产曰：'宋卫陈郑，将同日火。若我用瓘斝玉瓒，郑必不火。'子产弗与。"这两次都是因禳星变遭到反对或否决，具有特殊性，才被记录下来。后一则材料还透露出，禳星变需用玉质礼器"瓘斝玉瓒"之类献祭。《左传》昭公十七年载："夏六月甲戌朔，日有食之。祝史请所用币。"说明禳日食也需用玉帛等财物献享。与上面的厌劾之术不同，这些都是以请求者的姿态取媚于神灵，我们姑且称之为"祈禳之术"。《请祷致福》大抵也是这一类请求式的祈禳之术，只是内容可以包括疾病、战争等很多方面，未必都与灾异相关。

灾异救禳时常并用厌劾和祈禳，《汉志》中的《请雨止雨》可能就是如此。《春秋繁露》的《求雨》《止雨》两篇，可以使我们略窥其术。其求雨之法，四时及季夏都有祝祷、舞雩；止雨亦有祭祀于社，同时还要鸣鼓攻社，并以朱丝萦社以胁之。前者是祈禳，后者则是厌胜。求雨、止雨性质相近，其术却有祈禳和厌胜之异，有人对此提出问难，董仲舒也给予了回答。《春秋繁露·精华》载其问答云：

---

① 《艺文类聚》卷一〇〇，上海古籍出版社，1982年，第1725页。诰咎文，《文选》卷一九《洛神赋》李善注引虞喜《志林》引作"诰洛文"，胡克家《考异》以为当作"诰咎"，并引王应麟说为证。见《文选》，中华书局，1977年，第271页上、906页下。赵幼文《曹植集校注》（人民文学出版社，1984年，第457页）据此以为诰字为诘字之讹。然赵书又云《艺文类聚》卷一百引作诘，与我们所见的本子不同，未详所据何本。今存此备考。

> 难者曰:"大旱雩祭而请雨,大水鸣鼓而攻社,天地之所为,阴阳之所起也,或请焉、或怒焉者何?"曰:"大旱者,阳灭阴也,阳灭阴者,尊厌卑也,固其义也。虽大甚,拜请之而已,无敢有加也。大水者,阴灭阳也,阴灭阳者,卑胜尊也,日食亦然,皆下犯上,以贱伤贵者。逆节也,故鸣鼓而攻之,朱丝而胁之,为其不义也。此亦《春秋》之不畏强御也。"

董仲舒用阳尊阴卑论解释了这个问题。他说,大旱即阳灭阴、尊压卑,是合理的,即使过分,也只能请求尊者退让,不敢施加威压;大水即阴灭阳、卑胜尊,是以下犯上,不合理,因此要威吓侵阳之阴,责其不义。汉儒认为社是"众阴之主"①,因此董仲舒说要"攻之""胁之"。他的讲法可以用阴阳尊卑论自圆其说,却不符合这种情形产生的历史,也不能解释止雨时既用牲于社又鸣鼓攻之的传统礼俗。

《春秋》庄公二十五年"秋,大水,鼓用牲于社,于门"。同年六月日食,亦有"鼓用牲于社"的记载。可见当时习俗如此。《穀梁传》意识到"鼓"与"用牲"之间有矛盾,故云:"鼓,礼也。用牲,非礼也。"又曰:"既戒鼓而骇众,用牲可以已矣。"②认为日食和大水都用伐鼓即可,这是礼。既然已经伐鼓,用牲非礼,就不需要了。《穀梁传》批评当时的习俗,却也没有解释它为何存在。

我认为,用牲和伐鼓是两种类型、来源和意义都不相同的救禳技术,在历史发展中融合起来,才形成似乎统一的礼俗。《左传》昭公十七年引《夏书》曰:"辰不集于房。瞽奏鼓,啬夫驰,庶人走。"可知伐鼓救日是一种十分古老的习俗,实质是发出声响惊吓造成异常的鬼神。类似之术不仅用于日食,也用于月食。《白虎通义》卷四"灾变"条云救月食之法"谓夫人击镜,孺人击杖,庶人之妻楔摇"③,即属于同一性

---

① 《白虎通义》卷四"灾变"条:"社者,众阴之主。"见陈立撰,吴则虞点校《白虎通疏证》,中华书局,1994年,第275页。
② 分见《穀梁传》庄公二十五年六月日食条及秋大水条,《春秋穀梁注疏》卷六,第60页下、第61页上。
③ 见陈立《白虎通疏证》,第275页。"楔摇",陈立云"似当为'摇楔'……谓以手搏楔"。

质。近代民俗,日食时敲锣打鼓驱赶天狗,也是这一传统的余绪。同时,伐鼓与社并没有必然的联系,更无"鸣鼓攻社"之意。《左传》昭公十七年载昭子曰:"日有食之,天子不举,伐鼓于社,诸侯用币于社,伐鼓于朝,礼也。"据此则社与朝仅是伐鼓的场所,因天子诸侯的等级不同而异。《穀梁传》庄公二十五年云:"天子救日,置五麾,陈五兵五鼓;诸侯置三麾,陈三鼓三兵;大夫击门;士击柝。"然则所击打之物也并不一定是鼓,根据身份的不同可以是门或者柝。这说明伐鼓、击门、击柝都仅取其发声之用。《穀梁传》又曰"言充其阳也",范宁《集解》云:"凡有声皆阳事,以压阴气。"用阴阳学说解释,未必符合其术本意,但指出实质都是发出声响,是可信的。这种技术就属于我们所说的厌胜。

用牲币也有古老的传统,其用意在取媚神祇,获得保佑或宽恕,与厌胜性质不同。两者都可以单独施行。古人对此大约并没有清楚的区分,而因目的和效果的一致性,将不同性质的救禳方式混合使用,形成灾异救禳的数术传统。在现实中,作为习俗,这些抽离了原始意义的仪式可以互不妨碍,并行不悖。然而,在追寻意义、讨论是非的经学研究中,作为"礼",它们的异质和矛盾就会引起争议。《穀梁传》和董仲舒都在一定程度上解决了部分问题,但他们似乎都没有考虑到:如果灾异作为天谴,是天的意志,那么又如何能用厌胜的手段来救禳呢?

曹植在《诰咎文》序中称:"五行致灾,先史咸以为应政而作。天地之气,自有变动,未必政治之所兴致也。"[1]他认为,灾异未必由于政治,而是天地之气自身的变动所致。《诰咎文》中斥问山川神祇的语句,只有从这样的观点出发才可以理解。董仲舒的灾异论也有驳杂的一面,虽然主张天谴说,有时仍用阴阳相胜解释灾异[2]。他的鸣鼓攻社之说,也只有在后一理论背景下才能得到解释。

---

[1] 《艺文类聚》卷一〇〇引,第 1725 页。
[2] 参看本书第二章第一节。

随着灾异应政而至的观念逐渐发展,无论厌胜还是祈禳的有效性都面临质疑①。然而数术传统却能够与儒家传统反复互动,延续自己的生命,甚至进入国家制度,成为灾异政治文化的基础。这一点,需要借由汉儒创说灾异论的过程,才能理解。

## 附录　上博楚简《鲁邦大旱》的思想史坐标

《上海博物馆藏战国楚竹书(二)》中的《鲁邦大旱》篇,记载孔子教鲁哀公应对旱灾之法,而后又与子贡讨论此举的故事。简文发表后,引起研究者热烈讨论,不到两年时间里,就有大量论文问世②。近年来,研究者的注意力随着不断发表的新材料而转移,对《鲁邦大旱》的研究也归于沉寂③。然而,这一章的思想内容问题尚未解决,它在思想史中的位置以及所能提示我们的历史信息也还有待进一步揭示。

《鲁邦大旱》一篇的主要问题是:篇中孔子对于天灾祈禳究竟是何态度,这位孔子是不是历史上真实的孔子,作者通过这一章试图表达怎样的思想?为便于讨论,先将李学勤所做的释文全录于下。④

> 鲁邦大旱,哀公谓孔子:"子不为我图之?"孔子答曰:"邦大旱,毋乃失诸刑与德乎?唯……"……【1】"……之何哉?"孔子

---

① 例如前文所举《左传》昭公二十六年载:"齐有彗星,齐侯使禳之。晏子曰:'无益也,只取诬焉。天道不谄,不贰其命,若之何禳之?且天之有彗也,以除秽也。君无秽德,又何禳焉?若德之秽,禳之何损?'"(《春秋左传注疏》卷五二,第905页)

② 这些论文中的大部分已收入上海大学古代文明研究中心、清华大学思想文化研究所编:《上博馆藏战国楚竹书研究续编》,上海书店出版社,2004年。未收入的相关论文中,涉及《鲁邦大旱》篇思想内容的还有刘乐贤《上博〈鲁邦大旱〉简论》(《文物》2003年第5期)、廖名春《上博藏楚简〈鲁邦大旱〉校补》(《古籍整理研究学刊》2004年第1期)等。

③ 以笔者所见,2004年7月以后发表的较多涉及《鲁邦大旱》思想内容的文章,仅有广濑薰雄《关于〈鲁邦大旱〉的几个问题》(《武汉大学学报(哲学社会科学版)》2004年第4期)和李桂民《上博简〈鲁邦大旱〉的史实背景和思想特点新论》(《聊城大学学报(社会科学版)》2007年第2期)两篇。

④ 见李学勤《上博楚简〈鲁邦大旱〉解义》,《孔子研究》,2004年第1期,后收入《上博馆藏战国楚竹书研究续编》。本文收录时,个别字略有调整。

曰:"庶民知说之事鬼也,不知刑与德。如毋爱圭璧币帛于山川,政刑与……"……【2】出,遇子赣(贡)曰:"赐,尔闻巷路之言,毋乃谓丘之答非欤?"子赣(贡)曰:"否,繄乎子女,踵命其与。如夫政刑与德,以事上天,此是哉!如夫毋爱圭璧【3】币帛于山川,毋乃不可。夫山,石以为肤,木以为民。如天不雨,石将焦,木将死。其欲雨或甚于我,或必寺乎名乎!夫川,水以为肤,鱼以【4】为民。如天不雨,水将涸,鱼将死。其欲雨或甚于我,或必寺乎名乎!"孔子曰:"呜乎!……【5】公岂不饱粱食肉哉!繄无如庶民何!"【6】

整理者在对《鲁邦大旱》的介绍中称:"孔子明确提出需要加强刑德之治,而不必用瘞埋圭璧币帛的惯例向山川神灵作求雨之祭。"①虽然这个观点不无支持者②,但大多数研究者都主张篇中的孔子是赞成祭祀山川的,而反对意见则来自于子贡③。从上面的录文看,简2"子赣曰否"至简5"或必寺乎名乎",中间并无残缺,也没有插入成份,全部理解为子贡的话,是没有问题的。文中孔子和子贡的立场,也正如第二种意见所述。据此,研究者联系《论语》等书中记载的孔子言行,解读本章中孔子的立场,认为孔子不相信鬼神可以救灾,赞成祭祀只是为了"安辑民众";还有研究者引据《荀子·天论》之语,说孔子不废鬼神之祭是"以为文",有"神道设教"的用心④。这些讨论的前提,是认为《鲁邦大旱》篇中的"孔子"即历史上的孔子本人。在我们看来,这个前提是有疑问的。

---

① 马承源主编:《上海博物馆藏战国楚竹书(二)》,上海古籍出版社,2002年,第203页。

② 支持这一观点的有曹峰(《〈鲁邦大旱〉初探》,载《上博馆藏战国楚竹书研究续编》)、广濑薰雄(前揭文)等。

③ 持这种观点的学者有刘乐贤(《读上博简〈民之父母〉等三篇札记》,"简帛研究"网站,2003年1月,http://www.jianbo.org/Wssf/2003/liulexian01.htm,访问时间:2024.8.24)、李学勤(前揭文)、廖名春(《试论楚简〈鲁邦大旱〉篇的内容与思想》,《孔子研究》2004年第1期,后收入《上博馆藏战国楚竹书研究续编》)、林志鹏(《〈鲁邦大旱〉诠解》,载《上博馆藏战国楚竹书研究续编》)等。

④ 参见前揭李学勤、廖名春文。

《鲁邦大旱》篇与《子羔》《孔子诗论》合抄为一卷,在内容和性质上应有所关联①。林志鹏提出,这三篇都属于《诗传》,而《鲁邦大旱》是"载记之传",性质类似于《韩诗外传》②。这个意见很具有启发性。如果《鲁邦大旱》属于讲故事的传记,根据我们对此类传世文献的了解,可以认为其中的孔子故事很可能是后人悬拟,不能反映孔子本人的思想③。证明这一点,需要借助其他文献,分析《鲁邦大旱》的写作年代,将之与《论语》这样比较可靠地记录孔子言行的书区分开来。

几乎所有研究者都注意到,《鲁邦大旱》与《晏子春秋》中一章记述晏子言论的文字具有某种联系。《晏子春秋》自然有助于释读《鲁邦大旱》的文字,但它还有一个重要作用,就是为确定《鲁邦大旱》在思想史上的坐标提供了极具价值的参照点④。《晏子春秋》卷一《景公欲祠灵山河伯以祷雨晏子谏第十五》:

> 齐大旱逾时,景公召群臣问曰:"天不雨久矣,民且有饥色。吾使人卜,云祟在高山广水。寡人欲少赋敛以祠灵山,可乎?"群臣莫对。晏子进曰:"不可,祠此无益也。夫灵山固以石为身,以草木为发。天久不雨,发将焦,身将热,彼独不欲雨乎!祠之无益。"公曰:"不然,吾欲祠河伯,可乎?"晏子曰:"不可。河伯以水为国,以鱼鳖为民。天久不雨,泉将下,百川竭,国将亡,民将灭矣,彼独不欲雨乎!祠之何益!"景公曰:"今为之奈何?"晏子曰:"君诚避宫殿暴露,与灵山河伯共忧,其幸而雨乎!"于是景公出野

---

① 李零最早提出三章原为一卷,但他认为"卷是古书自然成束的单位,与内容无关"。(说见李零《上博楚简校读记(之一)——〈子羔〉篇"孔子诗论"部分》,初发表于"简帛研究"网站,2002年1月,后收入《上博楚简三篇校读记》一书,中国人民大学出版社,2007年。)黄人二则认为三篇应视为一个整体,综合考虑其内容和性质。(黄人二:《读上博藏简〈子羔〉书后》,原文为未刊稿,今未见,据林志鹏转述。)

② 林志鹏:《战国楚竹书〈子羔〉篇复原刍议》,载《上博馆藏战国楚竹书研究续编》。

③ 林志鹏在前揭文中认为《鲁邦大旱》是借孔子的话阐述观点,但在《〈鲁邦大旱〉诠解》中仍以之讨论孔子的思想,似乎相信《鲁邦大旱》中的"孔子"即历史上真实的孔子。

④ 曹峰(《〈鲁邦大旱〉初探》)在比较《鲁邦大旱》与《晏子春秋》上用力最多,并据此对《鲁邦大旱》中孔子言论的真实性有所怀疑。不过,既然他认为《鲁邦大旱》中的孔子反对祭祀山川,立场与晏子一致,那么他对两种文献之间关系的认识,自然也会受到一定的影响。

居,暴露三日,天果大雨,民尽得种莳。景公曰:"善哉,晏子之言,可无用乎! 其维有德。"①

《晏子》此章的内容是齐国大旱,景公想通过祭祀求雨,晏子劝谏说,山川不是不想下雨,只是无能为力,祭祀它们没有用。他建议景公通过"野居暴露"的方式,显示忧心和诚意。景公从之,天果雨。景公最后的话点出了全文主旨:"其维有德",亦即面对灾异敬修人事,无烦祭祀鬼神即可以德动天。观察此章文句不难发现,其中晏子论述祭祀山川无益的部分与《鲁邦大旱》中子贡的话,不仅观点一致,而且论证方式几乎相同,语句上也十分接近。这种相似度,很难用"不谋而合"来解释。我们认为,两者之间一定有直接或间接的联系。它们谁先产生,谁影响了谁,很难仅从文句上判断,比较可取的办法是从思想的表达方式和相互关系上寻找线索。

《鲁邦大旱》在表达孔子思想时采用了驳论的方式。文章开头先通过记述孔子的回答,正面阐述了正刑德与祠山川并举的主张,接着安排孔子与子贡的辩论,先由子贡提出反对意见,然后孔子予以驳斥。孔子所驳,正是《晏子春秋》中晏子的观点。

思想的产生不会无的放矢。就像先树靶子后放箭一样,思想史中也总是先有正论,然后才能有反驳。《鲁邦大旱》既然包含对《晏子春秋》中思想和论证的驳论,它的产生也必然在反驳的对象《晏子春秋》之后。

《晏子春秋》并非晏子本人所作,而是后人根据齐国史记等古书和晏子故事的传说编纂而成②。它的成书和流传是一个很复杂的过程,今本则到刘向校书时才编定③。晏子死于公元前500年,《景公欲祠灵山河伯以祷雨晏子谏》这一则故事的成形也不会早于春秋末期,历史上的子贡剿为己说而孔子又加以反驳的可能性很小。《鲁邦大旱》所

---

① 吴则虞:《晏子春秋集释》,中华书局,1962年,第55页。
② 参看吴则虞:《晏子春秋集释》序言,第18页。
③ 参看刘娇:《从相关出土材料看晏子书的流传》,《中国典籍与文化》2008年第3期。

讲的故事,只能理解为儒家后学虚构孔子和子贡的故事,以驳斥异端,阐扬己说。因此,《鲁邦大旱》并不反映历史上孔子和子贡本人的思想,作者的主张和写作意图才是研究《鲁邦大旱》首先需要解读的信息。

我们认为,《鲁邦大旱》的作成应在战国时代。当时,正刑德以应对灾异的观点在思想界已不十分新鲜,古代的祭祀礼仪传统则越来越不受重视。孔子是重视祭祀传统的,《论语·八佾》载:"子贡欲去告朔之饩羊,子曰:'赐也,尔爱其羊,我爱其礼。'"即是反对缩减祭品,希望维护传统的"礼"。《鲁邦大旱》中的"孔子"先指出旱灾的原因是"失诸刑与德",但他提出的应对方案里却仍包含了祭祀山川。以下文句虽然残缺,但不难推测"鲁哀公"一定是对为何还要祭祀发出了疑问。所以,"孔子"紧接着回答了需要祭祀的理由,"庶民知说之事鬼也,不知刑与德",也就是说,普通老百姓只知道祭祀山川侍奉鬼神而不了解政治。研究者根据这句话,推论"孔子"的意思是需要在百姓面前表演出敬礼鬼神的样子,以神道设教。但从《鲁邦大旱》最后所载"孔子"的话来看,这样的推论是有问题的。

"孔子"最后说:"呜乎!……公岂不饱粱食肉哉!緊无如庶民何!""呜乎"以下残缺约 30 字,很难复原。不过,"孔子"既然是答复"子贡"的疑问,意思上也应该有所照应。"子贡"说,天不下雨,山川的身体和人民也将受到损害,所以山川可能比我们还想下雨,用不着祭祀。"孔子"的最后一句大概是说,如果旱灾持续下去,国君依然可以饱食粱肉,过和平常一样的好日子,可是老百姓的生活怎么办呢?言下之意是说,旱灾对百姓和国君的影响不同,所以国君的态度也不会像百姓那样焦虑。由此推测,之前的话很可能是以草木鱼虾比百姓,以山川比国君,表达了这样的意思:天不下雨,草木鱼虾没有生路,但山川依然会存在,因而山川对下雨的希望并不会那么急切。这样,"孔子"的话就与"子贡"的意思衔接上了。当然,这里的"孔子"和"子贡"都不是他们本人,而是作者为了阐发思想而安排的"角色"。

如果上述推测成立,《鲁邦大旱》作者的目的就不是宣扬"神道设教",反之,他相信山川神灵与人事有密切关系,倾向于维护已经越来越不受重视的传统祭祀之礼。作者表达的思想大体仍然上承孔子,属于七十子后学的一支,只是将重祭祀的部份夸大,以致消解了对鬼神与人事关系的怀疑。除孟、荀之外,我们对"七十子后学"或曰"早期儒家"了解十分有限。《鲁邦大旱》是这方面的第一手材料。

《韩非子·显学》称"儒分为八",可惜儒家八派的分野,我们不清楚。而且这八派也只是韩非子对同时代儒家的划分,也未必能概括七十子后学思想的复杂性。考察《鲁邦大旱》的内容,大概可以知道,作者跟孟、荀都不是一派。文中又以"子贡"为"孔子"的驳斥对象,可见亦非子贡后学。有趣的是,在《论语·八佾》中,孔子批评的也是子贡,"爱其羊"与"毋爱圭璧币帛"也正好形成对应。可以推测,子贡一派大约有不重视祭祀的倾向。《鲁邦大旱》的作者将子贡拟为孔子的对话人,在思想谱系中并非毫无依据,其目的可能就是借孔子之口,批评子贡后学的思想。

子贡的话与《晏子春秋》中的晏子语很像。《晏子》在《汉书·艺文志》中属"儒家",《史记·仲尼弟子列传》称晏子为孔子"所严事"。司马迁和刘向的依据,可能是《晏子》书确为孔门弟子后学所推重和传习。子贡及其后学的思想大约是与《晏子》比较接近的。他们对鬼神与人事关系的怀疑,引出了两个方向的发展。沿着怀疑论的方向,荀子强调天人之分,认为祭祀求雨,"君子以为文",不过是用来神道设教。《鲁邦大旱》作者代表的一派,则相信天人相关,不仅要求正刑德,还重视祭祀鬼神以应对天灾。这一派似乎后来影响更大,汉代的董仲舒既要求修德政以应灾异,又用巫术祈禳式的求雨、止雨之法,从思想上看即是这一派的余绪。

# 第二章　汉儒的创说

西汉末年，刘歆阐述了灾异学说的理论依据。他说，上天赐予古代圣王《河图》《洛书》，垂示天人之道。《河图》《洛书》分别由伏羲、大禹演绎成八卦和《洪范》九畴。此后，周文王推演八卦，作《周易》，孔子则仿效洪范，述《春秋》，书灾异，将天人之道清晰地呈现在世人面前①。这里的天人之道，与司马迁所谓"天人之际"含义相似，指天象、天意与人事的相互关联②，是灾异的理论基础。不过，《周易》《尚书·洪范》和《春秋》三部经典本旨并非阐述灾异理论，它们与灾异论的结合，是人为的过程。这个过程，首先是汉代儒家依托经典创说灾异论，其次是刘向、刘歆集成灾异论说并用儒家的方式加以理想化。本章要谈的是前一个方面。

《汉书·五行志序》对灾异论的发展史有一段概括：

> 汉兴，承秦灭学之后，景、武之世，董仲舒治《公羊春秋》，始推阴阳，为儒者宗。宣、元之后，刘向治《穀梁春秋》，数其祸福，傅以《洪范》，与仲舒错。至向子歆治《左氏传》，其《春秋》意亦已乖矣，言《五行》传又颇不同。是以揽仲舒，别向歆，傅载眭孟、夏侯胜、京房、谷永、李寻之徒所陈行事，讫于王莽，举十二世，以傅《春秋》，著于篇。③

---

① 见《汉书》卷二七《五行志序》。
② 王先谦已经指出，司马迁所谓"天人之际"是针对《史记·天官书》而言的（参看《汉书补注》卷六二，中华书局，1983年，第1236页上），陈苏镇在《司马迁"成一家之言"新解》一文中对此做了补充说明（见北京大学中国古代史研究中心编《田余庆先生九十华诞颂寿论文集》，中华书局，2014年，第51页）。章启群也指出此语中的"天"是占星学意义上"天"，说见氏著《星空与帝国——秦汉思想史与占星学》，商务印书馆，2013年，第298页。
③ "傅以《洪范》"，各本作"传以《洪范》"，颜师古注曰："'传'字或作'傅'，读曰附，谓附著。"钱大昕谓"或说是也"。又，"傅载眭孟"，"傅"各本作"传"，钱大昕曰："'传'亦当为'傅'，读曰附，言以仲舒、向、歆为主，而附载眭孟诸人说也。"见钱大昕《廿二史考异》卷七，上海古籍出版社，2004年，第129页。案钱说近是，今从之。

班固认为,董仲舒和刘向、刘歆分别是西汉灾异论头尾的代表人物,其说都与《春秋》学密切相关。首尾之间又有眭孟、夏侯胜、京房、谷永、李寻等说灾异者。夏侯胜传习叔父夏侯始昌的《洪范五行传》,京房则以说《易》阴阳灾异著称,影响尤其重大。本章选取董仲舒、夏侯始昌、京房三位灾异论的创说者为中心,探究《春秋》《洪范》《周易》等儒家经典如何与灾异论结合起来。同时也要说明,影响灾异解说的除了儒家经典还有数术以及论者各自的时代背景和政治意图。

## 第一节　范式的建立:董仲舒

董仲舒在灾异论的历史上占有特殊地位。《汉书·五行志序》云:"董仲舒治《公羊春秋》,始推阴阳,为儒者宗。"意思是说董仲舒首先用阴阳观念阐释公羊学,推说《春秋》灾异。《眭两夏侯京翼李传赞》叙"汉兴推阴阳言灾异者",也以董仲舒领衔众家。自班固以后直至近代,学者都称董仲舒倡言"天人感应",是儒家说灾异的鼻祖。

其实,天人相关的观念先秦早已有之。春秋以降,关于天人之际的讨论就屡见于载籍,战国至汉初,灾异更是学术和政治领域经常被提及的话题。董仲舒没有凭空创造出一个全新的事物。他的灾异论为什么会获得"为儒者宗"的地位?他在哪些地方与众不同,发人所未发?他论灾异的目的是什么,影响又如何呢?本节就要来回答这些问题。

### 一、《公羊》新义

秦汉之际儒家关于灾异的讨论,留下的材料很少。这一时期,史书中最为活跃的儒生是陆贾。《史记·陆贾列传》云,陆贾"以客从高祖定天下","时时前称说《诗》《书》"。他劝说刘邦重视儒学,理由是:"居马上得天下,宁可以马上治之乎?"为此,陆贾奉命"粗述存亡之征,凡著十二篇"。据说刘邦大为赞赏,每奏一篇,莫不称善。这十二

篇儒家思想的普及读物,当时号称《新语》,今存于世①,其中有几处论及灾异。《明诫篇》曰:

> 恶政生恶气,恶气生灾异。蝮虫之类,随气而生,虹蜺之属,因政而见。治道失于下,则天文变于上,恶政流于民,则蝮虫生于野。贤君智则知随变而改,缘类而试思之,于□□□变。

陆贾认为,人君的"恶政"产生"恶气",从而导致灾异,英明的君主懂得根据灾变改革政治,改正错误。末句有缺文,估计是说以此可以消灾弭变,跟同书《思务篇》所谓"圣人因变而立功,由异而致太平"意思相近。

陆贾在当时和后世都以辩士知名,不以儒学著称。《新语》的观点未必自出机杼,其中关于灾异的论说,可视为当时儒家一般观念的反映。董仲舒在对策中说:"刑罚不中,则生邪气;邪气积于下,怨恶畜于上。上下不和,则阴阳缪盭而妖孽生矣。"②与《明诫篇》十分接近,即是由汉初流行的灾异观一变而成。

不过,《新语》对灾异还表达过另一种看法。《怀虑篇》曰:

> 夫世人不学《诗》《书》,存仁义,尊圣人之道,极经艺之深,乃论不验之语,学不然之事,图天地之形,说灾变之异,乖先王之法,异圣人之意,惑学者之心,移众人之志。

这里明确反对"说灾变之异"的世俗风气,可能有两方面的原因。一是受荀子论"天人之分"的影响;二是此处批评的对象是儒生以外的数术家。陆贾所说"不学《诗》《书》"的"世人",显然算不上儒生;而数术家讲预测占验,使用代表宇宙模型的式或式图③,正符合"论不验之语",

---

① 《四库提要》以为今本《新语》"殆后人依托,非贾原本",前人已驳之。说见余嘉锡《四库提要辨证》卷一〇"新语"条,中华书局,2007年,第524页。又可参徐复观《两汉思想史》第二卷,华东师范大学出版社,2001年,第56—57页。
② 《汉书》卷五六《董仲舒传》。本节引董仲舒对策均出此,不再一一注明。
③ 参看李零《中国方术正考》第二章《式与中国古代的宇宙模型》,中华书局,2006年,第69—140页。

"图天地之形"的特征。处在不同的语境,针对不同的学派,陆贾《新语》对灾异也表现出不同的态度。这说明,汉初儒者对灾异抱有疑虑,心理是矛盾的。《新语》中关于灾异的议论仅存此寥寥数语,鲜为后世儒家所提及,影响不大。

与陆贾《新语》相比,《春秋公羊传》在灾异思想史上的地位要高得多。董仲舒治《公羊》学以说灾异是人所共知的事实,然而,《公羊》学与灾异论的密切关系是否从《公羊传》就开始了?学者对此颇为怀疑。《公羊传》对《春秋》灾异一般只说"记灾也""记异也",并不将之与人事联系起来。清人王引之主张区分《公羊传》与《公羊》学,认为《公羊》家"推灾异之应"是董仲舒以后的事,传文本身"唯据人事以明法戒",未曾侈谈天人之际。不过他同时承认,宣公十五年《公羊传》文云"上变古易常,应是而有天灾",是一条例外①。徐复观指出了另一条例外,即僖公十五年"震夷伯之庙",传将此异象说成是"天戒之",但他仍坚持说《公羊传》"不凭灾异言人事,不假天道言人道"②。王引之旨在撇清《公羊传》与灾异学说的关系,徐复观则着眼于董仲舒《春秋》学的特殊性。他们指出《公羊传》与董仲舒不可混为一谈,是对的,但把不符合自己观点的材料当作例外,则不能让人满意。斋木哲郎就认为,董仲舒对策"臣谨案《春秋》之中,视前世已行之事,以观天人相与之际,甚可畏也"之语,正是依据《公羊传》的这两条"例外"而发③。《公羊传》与董仲舒灾异说的关系,还需重新考察。

首先,来看《公羊传》的两条"例外"。其一,《春秋》僖公十五年九月"己卯,晦,震夷伯之庙",《公羊传》曰:

---

① 见王引之《经义述闻》卷二四"公羊灾异"条,江苏古籍出版社影印王氏家刻本,2000年,第589—590页。

② 见徐复观《两汉思想史》第二卷,第203页。关于《公羊传》与灾异说的关系,还可参看刘家和《〈春秋〉三传的灾异观》,《史学史研究》1990年第2期。他认为,《公羊传》对《春秋》记灾异一般都解释为"记异",谈灾祥应验的地方并不多,但也不像王引之所说那样只有宣公十五年"冬螽生"一条。

③ 参见斋木哲郎《董仲舒の春秋学——その解释法の特质》,《东方学》卷75,1988年。

> 夷伯者曷为者也？季氏之孚也。季氏之孚则微者，其称夷伯何？大之也。曷为大之？天戒之，故大之也。何以书？记异也。

这一条传文解释的中心是"夷伯"。夷伯是鲁卿季氏的陪臣展氏的先人，鲁国大夫，字伯，谥夷①。《公羊传》认为，夷伯地位低微，依例不当称字，此处称"夷伯"不合常例，是"大之"，包含有孔子的微言大义。传文说"天戒之，故大之"，就是为了解释经文称"夷伯"这一特殊的书法。在《公羊传》中，共有 46 处用"何以书，记灾也"或"何以书，记异也"来解释经文记事的目的，而"天戒之"仅出现这一次，十分特别。因此，不能认为《公羊传》所有的灾异记录都是为了表明"天戒之"。但是，用"天戒之"来解释"大之"，可以说明《公羊传》已经接受灾异是上天警告戒饬的观念。

其二，宣公十五年"冬，蝝生"，《公羊传》曰：

> 未有言蝝生者，此其言蝝生何？蝝生不书，此何以书？幸之也。幸之者何？犹曰受之云尔。受之云尔者何？上变古易常，应是而有天灾，其诸则宜于此焉变矣。

"幸之"，何休注曰："幸，侥幸。"《公羊传》认为，《春秋》一般不记载"蝝生"，这里的"蝝生"是特殊的书法，原因是圣人为鲁国感到侥幸。是年秋，鲁国"初税亩"，变古易常，是圣人反对的。就在此后不久，天降"蝝生"之灾，让鲁君产生警惧，及时悔悟。圣人庆幸天灾来得及时，于是破例记录"蝝生"。不难看出，《公羊传》此处"应是而有天灾"之说，也是为解释《春秋》经文的特殊书法。

《公羊》学者认为孔子作《春秋》，以书法寄褒贬。但实际上，《春秋》并不是句句微言大义。《公羊传》通过解释书法探求想象中的圣人微旨，不得不时常曲为之说，上述僖公十五年、宣公十五年两条都是如此。在这两条中，《公羊传》将灾异与人事联系起来，确实表现出

---

① 据杜预说，见《左传》僖公十五年经"震夷伯之庙"注，《春秋左传注疏》卷一四，第229页上。

"灾异示戒"的观念①。但这些观念的介入只是出于一时之需,意在解释特殊的书法,而不是推说灾异之"征"的"咎"和"验",更没有成为贯穿全书的主旨。它既非《公羊传》所创造,也未因《公羊传》而发扬。

总之,在董仲舒以前,我们尚未看到儒者对灾异的系统论述,在儒家文献中也找不到有意发凡起例的灾异解说。《春秋公羊》学与灾异论的结合,以及儒家灾异论范式的建立,是出自董仲舒的创说。

董仲舒述孔子自云作《春秋》之意曰:"吾因其行事而加乎王心焉。"②孔子作《春秋》是通过记载往事,寄托"王心",即天子之志③,这是《公羊》家的共识。孟子就曾说:"孔子曰:'其义则丘窃取之矣。'"④关于孔子在《春秋》行事中寄托王心的具体形式,前人未有明言,董仲舒则指出,其中的一个方面就是"书灾异"。《春秋繁露·二端》论"《春秋》至意有二端"云:

> 然书日蚀、星陨、有蜮、山崩、地震、夏大雨水、冬大雨雪、陨霜不杀草、自正月不雨至于秋七月、有鹳鹆来巢,《春秋》异之,以此见悖乱之征。是小者不得大,微者不得著,虽甚末,亦一端。孔子以此效之。

董仲舒列举了《春秋》中各种类型的灾异,以说明孔子书灾异,是为了以小见大、见微知著,揭示悖乱的征应⑤。由此,董仲舒在《春秋》中的

---

① 日原利国认为,从《春秋》到《公羊传》并没有出现灾异说,即使"冬蜮生"一条将自然灾害与人事结合起来,《公羊传》也只限于"灾异自戒",而没有达到"灾异应验"的观念。说见氏著《春秋公羊传の研究》,创文社,1976年,第263页;又《汉代思想の研究》,研文出版,1986年,第65页。
② 《春秋繁露·俞序》,《春秋繁露义证》卷六,中华书局,1992年,第159页。
③ 刘师培《春秋繁露斠补》卷上云:"因行事而假王心,犹云因行事而托诸天子之志也。"见《刘申叔遗书》,江苏古籍出版社,1997年,第1020页下。
④ 《孟子·离娄下》。
⑤ 《春秋繁露·王道》亦云:"周衰,天子微弱,诸侯力政,大夫专国,士专邑,不能行度制法文之礼,诸侯背叛,莫修贡聘奉献天子,臣弒其君,子弒其父,孽杀其宗,不能统理,更相伐锉以广地,以强相胁,不能制属,强奄弱,众暴寡,富贫贱,并兼无已,臣下上僭,不能禁止。日为之食,星陨如雨,雨螽,沙鹿崩,夏大雨水,冬大雨雪,霣石于宋五,六鹢退飞,陨霜不杀草,李梅实,正月不雨至于秋七月,地震,梁山崩壅河三日不流,昼晦,彗星见于东方孛于大辰,鹳鹆来巢,《春秋》异之,以此见悖乱之征。"《春秋繁露义证》卷四,第107—108页。

人事与灾异之间建立起普遍的联系，这就是所谓"天人之征"。他在对策中说："臣谨案《春秋》之中，视前世已行之事，以观天人相与之际，甚可畏也。"又说："天人之征，古今之道也。孔子作《春秋》，上揆之天道，下质诸人情，参之于古，考之于今。故《春秋》之所讥，灾害之所加也；《春秋》之所恶，怪异之所施也。"据他所说，则《春秋》之"所讥""所恶"与灾异之间有必然的联系，所谓"天人之征"是古今不变的"道"。这样的观念绝不见于《公羊传》，是董仲舒独创的。

董仲舒论《春秋》灾异，或许受过《公羊传》的启发，却不是顺着《公羊传》的思路发展而来。将他对上举僖公、宣公两条灾异的解释与《公羊传》比较，就能看得很清楚。《汉书·五行志下之上》载：

> 釐公十五年"九月己卯，晦，震夷伯之庙"。……董仲舒以为，夷伯，季氏之孚也，陪臣不当有庙。震者，雷也。晦暝，雷击其庙，明当绝去僭差之类也。

此条"釐公"即僖公。"夷伯季氏之孚"的说法来自《公羊传》，但与《公羊传》不同，董仲舒解释的重点不是书"夷伯"的原因，而是"雷击其庙"代表的天意。《公羊传》所谓"天戒之"，是出于对天的不可知性的敬畏，至于敬畏之下该怎么做，没有提出办法。董仲舒则从灾异出发推说天意，认为天通过雷击"明当绝去僭差之类"。《春秋繁露·必仁且智》曰："天意有欲也，有不欲也。所欲所不欲者，人内以自省，宜有惩于心，外以观其事，宜有验于国。"也就是说，天意的"欲"和"不欲"与人心相通，会在国事中得到验证，人可以通过"内省"和"外观"了解天意。《公羊传》中的天意不可知，而董仲舒说的天意是可知的。这是一个重大转变。

再看另一条，《汉书·五行志中之下》：

> 宣公十五年"冬，蝝生"。……董仲舒、刘向以为，蝝，螟始生也，一曰蝗始生。是时民患上力役，解于公田。宣是时初税亩。税亩，就民田亩，择美者税其什一，乱先王制而为贪利。故应是而蝝生。属嬴虫之孽。

此条综合董仲舒与刘向之说①,除"属嬴虫之孽"是刘向独特的说法②,其余应能反映董仲舒的观点。董仲舒认为宣公"乱先王制而为贪利,故应是而螽生",看似是《公羊传》所谓"上变古易常,应是而有天灾"的具体化,实则不然。《公羊传》云"幸之也",即"以之为幸",意谓失政随后而有天灾是偶然事件,孔子为此感到"侥幸",因而书于《春秋》。董仲舒说则于"应是"前有"故"字,在他看来,失政与天灾是因果关系,非出偶然。对传文"幸之",他有这样的解释:"《春秋》之法,'上变古易常,应是而有天灾'者,谓'幸国'。孔子曰:'天之所幸,有为不善而屡极。'"③在此,他把"幸"理解成宠幸、爱幸,认为"幸之"是天爱幸之,天所幸之国称为"幸国"。灾异是天仁爱的表现,"幸国"如有过失,天就会相应地降下灾异,助之改过救失。这是有意地曲解《公羊传》。董仲舒很清楚《公羊传》"幸之"的本义,随后他说"天灾之应过而至也……《春秋》之所独幸也"④,将"幸之"理解成《春秋》以之为侥幸",又回到了通说。但前面的曲解已经大大改变了灾异理论,将灾异与人事的相关性从"侥幸"的偶然,变成"幸国"的必然。

董仲舒将灾异与人事描述为因果关系,认为人格化的天通过灾异表达对人事的态度,故云"灾者天之谴也,异者天之威也"⑤。他主张,孔子记载灾异的目的,是希望为政者推察导致灾异的人事,通过灾异揭示天对人事的态度,进而改正过失。所以他说:"《春秋》举之以为一端者,亦欲其省天谴而畏天威,内动于心志,外见于事情,修身审已,

---

① 《经典释文》引董仲舒云螽为"蝗子",见陆德明《经典释文》卷一七、卷二二,上海古籍出版社,1985年,第975、1309页。"蝗子"与"蝗始生"所指相同,由此推测,《五行志》此条对"螽"为何物的解释以董仲舒说为"一曰",而以刘向说为主,对"螽生"原因的阐发则应是综合了董、刘二人的共同看法。

② 坂本具偿指出,《汉书·五行志》载灾异说以"董仲舒、刘向以为"开头的场合,涉及《洪范五行传》的解释均为刘向说,见《〈汉书·五行志〉的灾异说——董仲舒说と刘向说の资料分析》,《日本中国学会报》卷40,1988年。其说是。

③ 《春秋繁露·必仁且智》,《春秋繁露义证》卷八,第260页。

④ 同上书,第261页。

⑤ 《春秋繁露·必仁且智》,《春秋繁露义证》卷八,第259页。

明善心以反道者也。"①董仲舒的灾异论要求人君在警惧、忧恶之外,更要由灾异领会天意,推求失德失政之处,回归天意所向的正道。这与以往大不相同。

在灾异论中,灾异作为一种具有象征意义的现象,是因为人君失德失政产生的,又预兆着未来即将应验的祸败。因此,灾异解说的基本结构可分为三段,示意如下:

咎(失德失政)→征(灾异)→应(祸败)

以往的灾异论侧重于由"征"说"应",即从灾异出发向后寻找应验或预测祸败。董仲舒说灾异的重心转移到前段,方向改为逆向,即回溯引发灾异的人事。此后,推"征"求"咎"的回溯,逐步确立为儒家灾异说的基本模式。这是灾异论发展史上最为重大的转折之一。

天降灾异以戒人君,人事在哪里违背了天意,必须通过灾异来推测。董仲舒发明的推测方法,是研究《春秋》。《公羊传》说灾异仅偶一为之,董仲舒则将灾异说推演到了整部《春秋》中。就《汉书·五行志》所见,董仲舒解说过的《春秋》灾异在83条以上,《春秋》所记35次日食,每条都有解说。可见,他说《春秋》灾异,是有计划、有系统的工作。《史记·儒林列传》载董仲舒著有《灾异之记》,可能就是解说《春秋》灾异的专著。

董仲舒认为,孔子作《春秋》,记灾异,暗示了人事引发灾异的过程,包含着天人感应的规律;而研究《春秋》,可以把这层规律重新揭示出来,用于解说当代的灾异。史书所见董仲舒唯一一次解说当代灾异,就是以《春秋》灾异为范例的。这里全文抄录,以备讨论(着重号为引者所加)。《汉书·五行志上》:

> 武帝建元六年六月丁酉,辽东高庙灾。四月壬子,高园便殿火。董仲舒对曰:"《春秋》之道,举往以明来。是故天下有物,视

---

① 《春秋繁露·二端》,《春秋繁露义证》卷六,第156页。

《春秋》所举与同比者,精微眇以存其意,通伦类以贯其理。天地之变,国家之事,粲然皆见,亡所疑矣。按《春秋》鲁定公、哀公时,季氏之恶已孰,而孔子之圣方盛。夫以盛圣而易孰恶,季孙虽重,鲁君虽轻,其势可成也。故定公二年五月,两观灾。两观,僭礼之物。天灾之者,若曰,僭礼之臣可以去。已见罪征,而后告可去,此天意也。定公不知省,至哀公三年五月,桓宫、釐宫灾,二者同事,所为一也,若曰'燔贵而去不义'云尔。哀公未能见,故四年六月亳社灾。两观、桓釐庙、亳社,四者皆不当立,天皆燔其不当立者以示鲁,欲其去乱臣而用圣人也。季氏亡道久矣,前是天不见灾者,鲁未有贤圣臣,虽欲去季孙,其力不能,昭公是也。至定、哀乃见之,其时可也。不时不见,天之道也。今高庙不当居辽东,高园殿不当居陵旁,于礼亦不当立,与鲁所灾同。其不当立久矣,至于陛下时天乃灾之者,殆亦其时可也。昔秦受亡周之敝,而亡以化之。汉受亡秦之敝,又亡以化之。夫继二敝之后,承其下流,兼受其猥,难治甚矣。又多兄弟亲戚骨肉之连,骄扬奢侈,恣睢者众,所谓重难之时者也。陛下正当大敝之后,又遭重难之时,甚可忧也。故天灾若语陛下:'当今之世,虽敝而重难,非以太平至公,不能治也。视亲戚贵属在诸侯远正最甚者,忍而诛之,如吾燔辽东高庙乃可。视近臣在国中处旁仄及贵而不正者,忍而诛之,如吾燔高园殿乃可。'云尔。在外而不正者,虽贵如高庙,犹灾燔之,况诸侯乎!在内不正者,虽贵如高园殿,犹燔灾之,况大臣乎!此天意也。罪在外者天灾外,罪在内者天灾内,燔甚罪当重,燔简罪当轻,承天意之道也。"

董仲舒首先指出,《春秋》"举往以明来"。这是《公羊》家的基本观点①。董仲舒认为,凡天下事物"视《春秋》所举与同比者",《春秋》皆

---

① 鲁哀公十四年春,西狩获麟,《春秋》绝笔,《公羊传》曰孔子"制《春秋》之义,以俟后圣",《春秋繁露·俞序》也有类似之说。

"精微眇以存其意,通伦类以贯其理"。他说武帝时灾异,先举鲁定、哀时事,正是据《春秋》往事"通伦类以贯其理",用来说明当代得失。鲁定、哀时,两观、桓釐庙和亳社先后发生火灾,董仲舒认为是季氏专政所致,并与汉武帝时辽东高庙、高园便殿的火灾联系起来,指出其事性质相同,都反映了"僭礼之臣可以去"的天意。最后,归结到这次灾异说的宗旨,建议武帝秉承天意,诛去内外大臣中的不正者①。通过这样论证,董仲舒把《春秋》与当代灾异紧密结合起来,类比《春秋》灾异解说,以推说当代灾异,达到借天意而论时政的目的。这种"举往以明来""通伦类以贯其理"的灾异论,为后世儒者所继承,我称之为历史性的类比论证。

董仲舒通过历史性的类比论证,回溯引发灾异的人事,推说天意,在理念和方法上都成为后来儒生说灾异的典范。《汉书·五行志》中另外两个最重要的人物刘向、刘歆,都继承和发展了这一范式,本书第三章中还会论及。

以上阐述了董仲舒的《公羊》新义,下面将考察新的灾异论是否从儒家之外获取了思想资源。

二、始推阴阳

《汉书·五行志序》云董仲舒"始推阴阳",近代梁启超据而称"汉儒阴阳五行之学开于仲舒",并且罗列《春秋繁露》中涉及阴阳五行的23篇,断言其"半袭阴阳家言,而绝非孔、孟、荀以来之学术"②。自此以后,学界多视董仲舒为将阴阳五行引入儒学的代表人物。的确,董仲舒之学与《论语》《孟子》《荀子》书中所见的儒学颇有不同,其中包含阴阳学说也毋庸置疑。但儒学与阴阳学说的结合并不是从董仲舒开始的。近几十年来,新见出土文献已经大大丰富了我们对先秦儒学

---

① 关于董仲舒的这次灾异上对,伊藤计《董仲舒の灾异说——高庙园灾对という上奏文を中心に》(《集刊东洋学》卷41,1977年)一文有比较详细的分析,可以参看。
② 梁启超《阴阳五行说之来历》,《古史辨》第5册,第358—362页。

的认识,揭示出早期儒学流派的多样性①。儒学是否更早地受到阴阳学说的影响,董仲舒在儒学与阴阳学说的发展中到底起了怎样的作用,都应重新探究。

李零对阴阳五行学说的来源有一个重要论断。他认为,阴阳五行说"基本上是沿古代数术的内在逻辑发展而来",先秦诸子之学推动了阴阳五行说的精密化和意识形态化,却不是它产生的源头②。相反,阴阳五行说作为时代思潮,深刻地影响了子学的各个流派。其中最有代表性的,当然就是司马谈《论六家要旨》中所说的阴阳家。

阴阳家学说的特征是"四时、八位、十二度、二十四节各有教令,顺之者昌,逆之者不死则亡"③,而用以证明"不死则亡"的,就是灾异。最有名的阴阳家邹衍,以"五德终始说"和"大九州说"最为人所知,其实他也说灾异。司马迁说邹衍观阴阳,为著述,目的是督促有国者尚德,使人归乎仁义节俭,正君臣,笃亲亲,而其措施之一是"载其禨祥度制"④。禨祥就是灾异征兆;度制,按徐复观的说法,就是"度灾异之所以然而加以制御"⑤。

阴阳家说灾异,渊源于古代数术。《汉书·艺文志》的《数术略》著录了很多灾异书,其说现在主要见于传世的时令类文献中,主要有:《大戴记·夏小正》《逸周书·时训》《礼记·月令》,《管子》之《幼官(玄宫)》《四时》《五行》《轻重己》篇,《吕氏春秋·十二纪·纪首》,以

---

① 李零在《郭店楚简校读记(增订本)》"前言"中说:"近代以来,我们对孔门学案最早的一段,即所谓'七十子',不太重视……老是用'孔—孟—荀'三段式讲早期儒家,把本来就重要的一段给忽略掉了。"(北京大学出版社,2002年,前言第1页)这就是说,孔门弟子后学的思想是多种多样的,早期儒学的发展不能简单地用"孔—孟—荀"概括。类似的观点,更早地还在《道家与中国古代的"现代化"》(《道家文化研究》第10辑,上海古籍出版社,1996年)、《从简帛发现看古书的体例与分类》(《中国典籍与文化》2001年第1期)两文中分别有过表述。

② 李零《从占卜方法的数字化看阴阳五行说的起源》,《中国方术续考》,中华书局,2006年,第62—72页。

③ 司马谈《论六家要旨》语,见《史记》卷一三〇《太史公自序》。

④ 《史记》卷七四《孟子荀卿列传》。

⑤ 参见徐复观《两汉思想史》第二卷,第52页注⑦。刘家和也认为邹衍言灾祥应验,说见《〈春秋〉三传的灾异说》一文。

及《淮南子》之《天文》和《时则》等篇;此外还有不少出土文献,包括长沙子弹库楚帛书,银雀山汉简之《禁》《三十时》《迎四时》《四时令》《不时之应》等①。它们的共同特点是按月或者节气,叙述一年的天文、物候以及相应的季节性人事活动。大多数时令类文献还论述了每个时月中,人事特别是政治活动的宜忌,以及不按时令行动导致的灾异败亡等后果。这些内容,正符合司马谈所说的"四时、八位、十二度、二十四节各有教令"以及刘歆所谓"敬顺昊天,历象日月星辰,敬授民时",无疑可以归入阴阳家②。

有趣的是,时令文献中颇具代表性的一篇《月令》,被收入《礼记》,为儒家所传习。今本《礼记》编定时间最晚可至东汉末,但其中的篇章绝大多数形成于战国,秦汉之际就在儒生中流传,《月令》也不例外③。儒家有重视时令类文献的传统。《史记·夏本纪》曰:"孔子正夏时,学者多传《夏小正》。"所谓"学者",当然主要是指孔门后学。《荀子·王制》云"序四时,裁万物",又云"政令时则百姓一,贤良服",表明了时令在儒家政治理论中的重要性。《夏小正》里还没有阴阳五行的痕迹,到《逸周书》的《周月》《时训》,再到《礼记·月令》,阴阳五行观念不断在时令文献中发展和渗透。战国以降的儒家传习这些文献,对阴阳五行学说是不会陌生的。这是董仲舒与阴阳五行学说关联的远源。

---

① 参见李零《简帛古书与学术源流》,生活·读书·新知三联书店,2007年,第432—434页。银雀山汉简几篇的图版和释文均见银雀山汉墓整理小组编《银雀山汉墓竹简〔二〕》,文物出版社,2010年。

② 银雀山汉简的时令类文献也正与《阴阳散》《曹氏阴阳》题名在同一块木牍(四号木牍)上,说明墓主人将之归为一类书。参见吴九龙《银雀山汉简释文》叙论及《银雀山一号墓木牍释文》,文物出版社,1985年;又,李零《读银雀山汉简〈三十时〉》,《中国方术续考》附录;新出版的《银雀山汉墓竹简〔二〕》也将之归入阴阳时令占候之类,文物出版社,2010年。

③ 由于《月令》文字与《吕氏春秋·十二纪·纪首》几乎全同,《礼记·月令》正义引郑玄《三礼目录》云:"本《吕氏春秋》十二月纪之首章也,以礼家好事抄合之。"(《礼记注疏》,阮刻《十三经注疏》,艺文印书馆,2001年,第278页上)此后,学者多以为抄自《吕氏春秋》。其实不然。《十二纪》诸篇勉强杂凑的痕迹很重,只有《纪首》十二章首尾一致,自成一体,明显是由一篇拆为十二部分。它的形成应该早在《吕氏春秋》编定以前,决不是吕不韦门客所自作。《月令》更有可能是与《纪首》同出一源。

从近处说,战国末到西汉中期,阴阳五行不仅是数术的"通用语言"①,而且渗透到兵学、方技等领域②,成为被广泛接受的思维模式或一般性知识③。可以说,当时人的世界是通过阴阳五行来描述的。董仲舒生活在这样一个时代,接受阴阳五行的观点和技术,合乎常情④。过去学者有意"辩白",希望撇清董仲舒与五行说的关系,对《春秋繁露》五行诸篇做了很多辨伪的工作⑤。实则董仲舒讲阴阳五行是很自然的事,无须避讳。徐复观说得好,那些不必要的怀疑"主要是不能从中国思想史的全面来把握其特点,因而认为董仲舒不应有这些杂七杂

---

① 参见李零《从占卜方法的数字化看阴阳五行说的起源》,《中国方术续考》,第62—72页。

② 《汉书·艺文志·兵书略》有"兵阴阳"十六家二百九十四篇。又"权谋类"小序云:"权谋者,以正守国,以奇用兵,先计而后战,兼形势,包阴阳,用技巧者也。"可见,兵权谋书很大一部分也以阴阳为基本内容。《方技略》"医经类"小序有"医经者,原人血脉、经落、骨髓、阴阳、表里"云云,说明这类书探讨的问题之一是人体的"阴阳"。这些书籍绝大多数已经亡佚,所幸近年来的出土文献为我们提供了一些战国秦汉之际的实例。兵阴阳家,有银雀山汉简《地典》(收入《银雀山汉墓竹简〔二〕》。此外,李零也有整理本,见《简帛古书与学术源流(修订本)》第十一讲附录五,第423—425页)、张家山汉简《盖庐》(《张家山汉墓竹简〔二四七号墓〕(释文修订本)》,文物出版社,2006年,第159—168页)。医经,可见马王堆帛书中的医书,如《阴阳十一脉灸经》《阴阳脉死候》(篇题皆后加)等。

③ 自20世纪以来,各地区各等级的战国秦汉墓葬、遗址出土了大量数术类古书,反映了这类学说流行的广泛程度。参看李零《简帛古书与学术源流(修订本)》第十二讲,第426—449页。

④ 《史记·儒林列传》称董仲舒为江都相,"以《春秋》灾异之变推阴阳所以错行,故求雨闭诸阳纵诸阴,其止雨反是,行之一国,未尝不得所欲"。《春秋繁露》有《求雨》《止雨》两篇详载其术,大约是战国以来一直沿用的方法,甚至有更早的渊源,并非董仲舒的发明。《春秋繁露·止雨》述其法有"以朱丝萦社",又有"鼓用牲于社",见《春秋繁露义证》卷一六,第437—439页。鼓用牲于社,常见于《春秋》经文,自是旧法;朱丝萦社,见庄公二十五年《公羊传》,至少是汉代以前出现的习俗。不过,《史记》说的"《春秋》灾异之变",在《求雨》《止雨》篇中却未有体现。

⑤ 南宋程大昌就开始怀疑今本《春秋繁露》为伪书(程大昌《书秘书省繁露书后》,见《春秋繁露义证》附录,第500页)。近代戴君仁认为至少今本《春秋繁露》中关于五行的部分非仲舒所作,仲舒仅推阴阳,不说五行(戴君仁《董仲舒不说五行考》,初载台湾"中央图书馆"馆刊》新2卷第1期,1968年,今收入《台湾学者中国史研究论丛·思想与学术》,中国大百科全书出版社,2005年)。日人田中麻纱巳则认为,五行九篇中以相生相胜说五行的四篇是董仲舒的,余五篇则"很难认为与董仲舒有关联"(田中麻纱巳《春秋繁露五行诸篇についての一考察》,《集刊东洋学》卷22,1969年)。近年的同类研究还有房德邻《〈春秋繁露〉五行诸篇非董仲舒所著》,《文史》2007年第4期。

八的特点……把不合脾胃的东西,化为真伪的问题"①。

基于上述认识,董仲舒"始推阴阳",与其理解为首先将阴阳家说引入儒学,不如说是用儒学改造阴阳家说,使之融入灾异论的儒学传统,服务于儒家之"道"。对此,可以分别从引用阴阳与加以改造两个方面来看。

冯友兰很早就指出,董仲舒的灾异论说中,灾异的起因除了"天谴"之外,还有阴阳之气的机械感应②。《汉书·五行志》保存的董仲舒灾异说,有不少用到了阴阳理论③。下面的几例,可以帮助说明。

> 严公二十八年"冬,大亡麦禾"。董仲舒以为夫人哀姜淫乱,逆阴气,故大水也。(《汉书·五行志上》)
> 
> 成公元年"二月,无冰"。董仲舒以为方有宣公之丧,君臣无悲哀之心,而炕阳,作丘甲。(《汉书·五行志中之下》)
> 
> 昭公四年"正月,大雨雪"。……董仲舒以为季孙宿任政,阴气盛也。(《汉书·五行志中之下》)

董仲舒常用的说法有"阴失节""逆阴气""阴气盛""阴胜阳""极阴生阳""阳失节""炕阳失众"或"失节"数种。他的逻辑是,人君的某种失

---

① 徐复观《两汉思想史》第二卷,第 195 页。斋木哲郎认为学者在感情层面上难以接受《春秋繁露》内容的驳杂难解与董仲舒"醇儒"形象之间的反差,因而导入了伪书的意识,其说与徐复观相近,见《秦汉儒教の研究》第三章第二节《〈春秋繁露〉の伪书说について》。当然,这不是说今本《春秋繁露》字字出于董仲舒手著,其间或有董氏弟子门生记录师说而间下己意者。我怀疑《春秋繁露》八十二篇的基础是《汉书·艺文志》六艺略春秋类之《公羊杂记》八十三篇。《汉书·董仲舒传》载:"仲舒所著,皆明经术之意,及上疏条教,凡百二十三篇。而说《春秋》事得失,《闻举》《玉杯》《蕃露》《清明》《竹林》之属,复数十篇,十余万言,皆传于后世。"此云"复数十篇",指明"说《春秋》事得失"的"十余万言"在儒家类著录的《董仲舒》百二十三篇之外。此书不至于被刘歆遗漏,可能是总以大题,又不著作者,故不为后世所知。推测刘向歆校定之本,或即以《繁露》一篇居首,后人不明,误以为大题,又以全书大要说《春秋》事,冠以"春秋"二字,并改首篇小题为《楚庄王》以避大题。《西京杂记》称董仲舒作《春秋繁露》,盖魏晋时已然。此事无确证,附识于此,聊备一说。

② 冯友兰《中国哲学史》,商务印书馆,1947 年,中华书局 1961 年重印,第 529—531 页。

③ 泽田多喜男在《董仲舒天人相关说试探——特にその阴阳说の构造について》(《日本文化研究所研究报告》1967 年第 3 号)一文中,对此作过比较详细的介绍,可以参看。

德或者失政,打破阴阳之间的正常秩序,阴阳不和导致灾异。对此,他还有过更理论化的表述:"刑罚不中,则生邪气;邪气积于下,怨恶畜于上。上下不和,则阴阳缪盭而妖孽生矣。此灾异所缘而起也。"① 阴阳既对应人间的事项,又对应自然界中的事项,从而成为连接天人之际的桥梁。在这个语境下,"天"似乎不是人格化的,而是由阴阳之气组成的自然存在。此是董仲舒灾异论的驳杂之处。

董仲舒灾异说涉及阴阳的并不占多数,在《五行志》所载83条董说中,只有17条。唯一一次解说当代灾异,也不见阴阳说的影子。② 他的灾异说,多数表现为这样的形式:

> 《春秋》桓公十四年"八月壬申,御廪灾"。董仲舒以为先是四国共伐鲁,大破之于龙门。百姓伤者未廖,怨咎未复,而君臣俱惰,内怠政事,外侮四邻,非能保守宗庙终其天年者也,故天灾御廪以戒之。(《汉书·五行志上》)

> 定公元年"十月,陨霜杀菽"。……董仲舒以为,菽,草之强者,天戒若曰:加诛于强臣。言菽以微见季氏之罚也。(《汉书·五行志中之下》)

前一条,《公羊传》曰:"御廪者何?粢盛委之所藏也。"粢盛是用于供奉宗庙的。董仲舒的逻辑是,天灾御廪,烧毁用以供奉宗庙的粢盛,就相当于发出不能保守宗庙的警戒。后一条,菽是草中的强者,天杀菽就仿佛是告诫人君说:"应该诛讨你的强臣。"在这些灾异说中,人格化的"天"直接作用于人事,表达意志。董仲舒甚至经常用"天戒若曰"的说法③,直接揭示天意,完全不借助阴阳为中介。董生推阴阳,只是解释灾异的手段之一,而非全部。这是与阴阳家不同的地方。

对于董仲舒阴阳思想与阴阳家的区别,学者有过讨论。末永高康

---

① 《汉书》卷五六《董仲舒传》载对策之一。
② 《汉书·五行志上》"武帝建元六年六月丁酉"条,已见上引。
③ "天戒若曰"的"若"与《尚书》中"王若曰"的"若"用法相同,都是虚词,相当于"乃"。

指出董仲舒的阴阳刑德说排除了与"时令"关系密切的"违令灾异说",改造非儒家的阴阳说以解释《春秋》,并用儒家的话语将之正当化。他认为,董仲舒阴阳刑德说最明显的意图是将"刑德并用"转变为"任德不任刑"①。这样的思路同样适用于灾异论。

阴阳家的灾异论,以阴阳失和、五行乖谬为基础,理论核心是自然秩序。举银雀山汉简所见的两种灾异文献为例。一是《不时之应》,篇题为整理者补加,内容是将一年分为春夏秋冬四季,每季又分六时,分述每一时不合时令各会造成什么灾异。如冬令:"冬三月:一不时,则国多风;再不时,多螟虫;三不时,旱;四不时,则水;五不时,初旱后水;六不时,不出三岁降如脊。【1922】"②二是《五令》,篇题系补加。以德、义、惠、威、罚"五令"与鳞(木)、羽(火)、嬴(土)、毛(金)、介(水)"五虫"相配,通过五行生克和阴阳刑德来讲灾异。某令失则相应的虫为灾,某虫为灾则发某令以应对③。《不时之应》就是讲不遵守司马谈所谓"二十四节教令"的后果,主张人事必须顺应自然周期变化,否则会引发灾异。《五令》则是将五种政令与五种虫灾相对应,它们的关系由自然因素"五行"决定。五令之间也如同五行,是平等的相关关系,作者对五令并没有价值判断④。

这种以自然秩序为核心的特点,在《礼记·月令》有关灾异的部分也十分突出。《月令》于每月之末皆著行不时之令会导致的灾异,这里仅举孟春之月为例:

> 孟春行夏令,则雨水不时,草木蚤落,国时有恐。行秋令则其

---

① 见末永高康《董仲舒阴阳刑德说について》,《中国思想史研究》卷 15,1992 年。
② 据《银雀山汉墓竹简〔二〕》的释文,见第 228 页,标点有所改动。
③ 简文云:"故德令失则羽虫为灾,义令失则毛虫为灾,惠令失则嬴虫为灾,威令【1910】失则界虫为灾,罚〔令失则鳞虫为灾〕。【1911】"又云:"……嬴虫为灾发德令,〔鳞虫为〕【1912】灾则发罚令,界虫为灾则发义令,羽虫为灾则发威令。此顺天道。【1913】"见《银雀山汉墓竹简〔二〕》,第 226 页。这里参考李零《读银雀山汉简〈三十时〉》中的解说,对文字有所调整。
④ "惠令"的地位有些特殊,但也是由五行之"土"的枢纽地位决定的,不见得代表作者的特殊政治主张。

> 民大疫,猋风暴雨总至,藜莠蓬蒿并兴。行冬令则水潦为败,雪霜大挚,首种不入。

这是说如果在孟春之月(三月)做应该在其他季节做的事,会导致什么灾害。可以看出,《月令》灾异论要点在于人事必须符合自然节律,也就是"行当时之令"。四季十二月之教令各不同,其间没有高下是非之分,只有"当时"与否之别。阴阳家的灾异论以自然秩序为核心,为了方便比较,我们姑且称之为"自然主义灾异论"。

在"自然主义灾异论"中,阴和阳大体上是对等的。董仲舒的灾异论则不然。《春秋繁露》有《阳尊阴卑》篇专论天道尊阳而卑阴,其文曰:

> 是故推天地之精,运阴阳之类,以别顺逆之理,安所加以不在! 在上下,在大小,在强弱,在贤不肖,在善恶。恶之属尽为阴,善之属尽为阳。

意思是说,天地万物都可以根据上下、大小、强弱、贤不肖、善恶等标准,分别划入阴和阳的范畴。显然,董仲舒对阴和阳施加了明确的价值判断,阴为恶,阳为善。在他看来,阴阳关系是"对而不等",阴是阳的附属或辅助,地位低于阳[①]。在《阳尊阴卑》篇中,阳为德,阴为刑,论旨归于"务德而不务刑"[②],与董仲舒在对策中所说"王者承天意以从事,故任德教而不任刑"一致。这正是儒家主张的为政之道。除了刑德,阴阳还与君臣、父子、夫妇等相配,天道的阳尊而阴卑也就"设定"了君臣、父子、夫妇的人伦尊卑关系。

整饬人伦是儒家为政的基础。《论语·颜渊》载齐景公问政,孔子

---

[①] 《春秋繁露·天辨在人》曰"阴者阳之助也",又曰:"阳贵而阴贱,天之制也。"《春秋繁露义证》卷一一,第336—337页。

[②] 《春秋繁露·阳尊阴卑》:"阳为德,阴为刑。……此见天之近阳而远阴,大德而小刑也。是故人主近天之所近,远天之所远,大天之所大,小天之所小。是故天数右阳而不右阴,务德而不务刑,刑之不可任以成世也,犹阴之不可任以成岁也。为政而任刑,谓之逆天,非王道也。"《春秋繁露义证》卷一一,第326—327页。

对曰:"君君,臣臣,父父,子子。"就是此意。董仲舒适应儒家的人伦和政治理念,采用了阳尊阴卑的论调①。他的论证从自然出发而归于人伦②,思考的方向却是以儒家的人伦标准规定阴阳之尊卑。徐复观指出,董仲舒论阳尊阴卑"是把人间的关系,投射到阴阳中去,先使其人间化;再把人间化了的阴阳,来作人伦关系的依据"③,观察十分透彻。倒转自然和人伦的关系之后,董仲舒讲的阴阳灾异就不再是由人事违反自然产生,而是人伦秩序本身的破坏,导致自然相应的阴阳失和,进而引发灾异④。与"自然主义灾异论"相对,我们可将这种人伦动因的灾异论称之为"人伦主义灾异论"⑤。

---

① 马王堆帛书《称》篇,系统地将各种事物与阴阳相配,其中就有"主阳臣阴""上阳下阴""男阳女阴""父阳子阴""兄阳弟阴""贵阳贱阴"之说。见裘锡圭主编《长沙马王堆汉墓简帛集成》第四册,第187页。末永高康在《董仲舒阴阳刑德说について》一文中,将《称》篇的"贵阳贱阴"一语等同于"阳尊阴卑",我认为是不妥当的。《称》篇仅是单纯地用"阴""阳"与人事配对,表示对立的两面,对应人伦中的主臣、男女、父子、贵贱等关系。其中,"贵""贱"只是贵族和庶民身份的不同,不见得包含"贵"尊"贱"卑的价值判断。从整篇的思想来看,《称》反而是主张"贵阴"的。《称》篇末尾云"诸阴"代表"雌之节",而抄写在它前面的《雌雄节》篇(同上书,第163页),已经明确论证了雌节吉而雄节凶。马王堆帛书反映的道家"贵阴"理念与董仲舒的人伦思想反差鲜明。此外,末永高康虽然认为《称》篇已经提出"阳尊阴卑",但又从另一个角度说明《称》篇的阴阳与董仲舒不同。他指出《称》篇只是将阴阳分为对立的两面,董仲舒刑德说中的阴阳却是实体性的"气"。这个观点可以参考。
② 比如,《春秋繁露·阳尊阴卑》说:"故阳气出于东北,入于西北,发于孟春,毕于孟冬,而物莫不应是。阳始出,物亦始出;阳方盛,物亦方盛;阳初衰,物亦初衰。物随阳而出入,数随阳而终始,三王之正随阳而更起。以此见之,贵阳而贱阴也。"见《春秋繁露义证》卷一一,第324页。
③ 徐复观《阴阳五行及其有关文献的研究》第十一节《阴阳五行进一步的融合》,《中国人性论史·先秦篇》附录二,上海三联书店,2001年,第508—515页。
④ 人伦失序主要是以下犯上、以卑凌尊,董仲舒所说的《春秋》灾异也绝大多数是"阴"引发了问题。在他说阴阳的17条中,由"阴失节""逆阴气""阴气盛""阴胜阳""极阴生阳"造成的有14条。
⑤ 李约瑟认为汉代儒家"采取了自然主义学派(阴阳家)的观念,即伦理的规律与宇宙的规律是同一的",形成了一种"现象主义"的思想体系,"认为任何伦理的不正常实际上必然要引起宇宙间的不正常",把自然主义学家的原始科学变成了现象主义的伪科学。(说见《中国科学技术史》第二卷《科学思想史》第十四章《伪科学与怀疑主义传统》,科学出版社、上海古籍出版社,1990年,第270、394、406页。)本文所说的"自然主义灾异论"和"人伦主义灾异论",如果按李约瑟的说法,则都应属于"现象主义的伪科学"。作为政治理论,它们的差别在于,前者以自然为第一性,后者以人伦为第一性。

在此,董仲舒与阴阳家的根本差别显露出来。阴阳家以自然为本,要求一切比照自然,按自然秩序办,否则就有灾异。董仲舒以人伦为本,认为自然响应人事而动,灾异的缘起不在于人事与自然的关系,而是人事本身的问题。他改造阴阳观念,将基于自然秩序的阴阳对等论,调整为基于人伦秩序的阴阳尊卑论,也就是把天人关系中的"天"由服从自然规律的天换成了主持儒家伦理的天。于是,灾异论的法则变成了儒家规定的"天道"。这个"天道"是"圣人之道",是"王道",也是"汉道"。因此,与其说董仲舒将阴阳五行引入儒学,不如说他以儒学的理念改造了流行的阴阳灾异论,使之成为《春秋》学的辅助,拓宽了以儒家之"道"论政的途径①。

### 三、以灾异论政

前面,我们尝试从学术发展的角度,在《公羊》学和阴阳学说两个方面梳理董仲舒灾异论的演生史,由此了解了董仲舒灾异论产生的思想和学术基础,以及他在这个基础上说出了哪些新义。至于董仲舒为什么会在这个时候说出这些新义,则必须从他的历史世界中去寻找答案。

董仲舒说《春秋》灾异,归结于论政,但他实际涉足政坛却晚至汉武帝元光元年(前134)举贤良对策②,时年大约已在五十以上③。此前的事迹,《史记》中只有寥寥数语:"以治《春秋》,孝景时为博士。下帷

---

① 正如末永高康在《董仲舒春秋灾异说の再检讨》一文中所指出的,董仲舒的阴阳感应说与天谴论一样,是解说《春秋》灾异的手段之一。董仲舒在《春秋》经文指明被灾物时采用天谴说,未指明灾异对象时采用阴阳感应说。阴阳说与天谴说各有分工,同为灾异论不可缺少的组成部分,在根本上并无矛盾。

② 董仲舒对策的年代,历来众说纷纭,其中建元元年、元光元年二说证据较充分,影响也最大。福井重雅搜集归纳前人之说最为完备,可参见氏著《汉代儒教の史的研究》,汲古书院,2005年,第308—316页。今取元光元年说。

③ 王永祥《董仲舒评传》(南京大学出版社,1995年)第二章第一节评述了前人对董仲舒生年的讨论后,认为他生于惠帝三年(前192)到四年之间。事实上,没有史料可以确切说明董仲舒的生年,但根据《汉书·匈奴传》"仲舒亲见四世之事"之语,可以推断其生于文帝即位(前179)以前,至元光元年(前134)应超过或接近50岁。

讲诵,弟子传以久次相受业,或莫见其面,盖三年董仲舒不观于舍园,其精如此。进退容止,非礼不行,学士皆师尊之。"①从中所见的董仲舒似乎只是一个不问世事的学者,不见有任何政治表现。他之所以应举提出政见,与武帝即位后政治文化的新动向有关。

汉初以来,大体奉行黄老政治,儒术不受重视,学者罕有进用。董仲舒以学为景帝博士,但政治上没有进身之阶。至武帝即位,政治文化的格局开始酝酿重大转折。武帝为太子时就对儒学有所了解,即位后"好文辞"②,"向儒术"③,与文、景以来"尚质""无为"的统治风格大异其趣。建元元年(前140),武帝重用明儒学的赵绾、王臧,招贤良文学之士,掀起改制运动。这次运动虽然遭到力主"黄老"政治的窦太后干预而失败,武帝奋发有为的意志却不可遏止。④ 建元六年,窦太后驾崩,武帝迅速重启改革图治的程序,罢免窦太后选定的丞相和御史大夫,拜倾向儒术的田蚡为相。翌年,即元光元年,再次诏举贤良,亲加策问。在上一次建元元年举贤良时,武帝就从议而罢退"治申、商、韩非、苏秦、张仪之言"者,这次应仍延续此项政策。董仲舒"为人廉直",不能曲学阿世。朝廷贬斥法家、推尚儒术之举,也许让他看到"正学以言"而获用的希望。

史称董仲舒"能持论,善属文"⑤,他对策问的回答一定充分考虑了如何更有力地表达自己的主张,推动武帝实践儒家的政治理想。对策中关于灾异的论述,紧密地结合在整个政治论说之中,当然是有意安排的。

董仲舒何会在对策中深论灾异?我们应该先看看汉武帝的策问。策问开宗明义,说明广延四方之士,"欲闻大道之要,至论之极"。首先,武帝对王朝盛衰的循环提出了疑问:

---

① 见《史记》卷一二一《儒林列传》,《汉书·董仲舒传》所记略同。
② 《汉书》卷八八《儒林传》。
③ 《史记》卷二八《封禅书》。
④ 汉武帝建元中尊儒改制及其失败之始末,陈苏镇曾详为钩稽发覆,参见氏著《〈春秋〉与"汉道"——两汉政治与政治文化研究》,中华书局,2011年,第207—221页。
⑤ 《汉书》卷八八《儒林传》。

> 圣王已没,钟鼓管弦之声未衰,而大道微缺,陵夷至乎桀、纣之行,王道大坏矣。夫五百年之间,守文之君,当涂之士,欲则先王之法以戴翼其世者甚众,然犹不能反,日以仆灭,至后王而后止。岂其所持操或悖缪而失其统与?固天降命不可复反,必推之于大衰而后息与?

根据夏商以来的历史经验,王者兴衰,大致以五百年为一个周期,这是战国秦汉流行的观念。《孟子·公孙丑下》云:"五百年必有王者兴……由周而来七百有余岁矣,以其数则过矣,以其时考之则可矣。夫天未欲平治天下也。"武帝即位,上距孟子又二百余年,周德之衰既久,而天下仍远未太平①。武帝自许继周德者舍我其谁,却又担心王运衰微不是因为"所持操悖缪",而是天命所定,非人力可为。因此,制书感叹:"乌乎!凡所为屑屑,夙兴夜寐,务法上古者,又将无补与?"他决意励精图治,最大的忧虑是天命不可得。制书问道"三代受命,其符安在",就是想求证自己能不能像三代那样获得天命之符;又问"灾异之变,何缘而起",是担心当时"阴阳错缪,氛气充塞"②表示天命还没有到来。武帝需要从贤良文学的回答中找到"天命在我"的信心,看到政治改革的出路。董仲舒对策中的灾异论即就此而发。

对策一开始就说:

> 臣谨案《春秋》之中,视前世已行之事,以观天人相与之际,甚可畏也。国家将有失道之败,而天乃先出灾害以谴告之,不知自省,又出怪异以警惧之,尚不知变,而伤败乃至。以此见天心之仁爱人君而欲止其乱也。自非大亡道之世者,天尽欲扶持而全安之,事在强勉而已矣。强勉学问,则闻见博而知益明;强勉行道,则德日起而大有功。此皆可使还至而有效者也。

---

① 文景之治虽为后来史家所称颂,但仍有大量的政治和社会问题没有妥善解决。参见陈苏镇《〈春秋〉与"汉道"——两汉政治与政治文化研究》第一章第四节《从清静无为到复古更化》。

② 见《汉书·董仲舒传》载武帝策问之二。

董仲舒将灾异的全过程析分为"失道—灾—不自省—异—不知变—伤败"六个阶段①,其中失道、不自省、不知变、伤败属"人",灾和异属"天"。失道指人君政治坏乱,伤败就是国运的衰微乃至王朝的覆灭。在人事逻辑中,失道导致伤败,是直接成立的因果关系。董仲舒的灾异论,在两者之间加入了"天"的因素,将灾和异视为天对人的遣告和警惧。于是,"人"就多了"自省"和"知变"两次机会,以阻止乃至逆转从失道至伤败的发展。他指出,灾异表现了"天心之仁爱人君",是"止乱",不是添乱。这是董仲舒的理论发明。

春秋战国以降,人们普遍将灾异当作凶兆,重视灾异也多是出于对命运的恐惧,关于应对灾异的具体措施也缺乏系统的论说。汉武帝策问表现出的担忧和疑惑正是因此。董仲舒却说灾异是天向人提供自省改过的机会,是"仁爱"的表现,试图借此消解灾异的不祥感。这在《春秋繁露》中有更详细的讨论。《必仁且智》篇云:"见天意者之于灾异也,畏之而不恶也,以为天欲振吾过,救吾失,故以此报我也。"天愿意用灾异来提醒人君,正表明天命所在,如果天不降灾,反而更可怕。"楚庄王以天不见灾,地不见孽,则祷之于山川,曰:'天其将亡予耶?不说吾过,极吾罪也。'"董仲舒评论说:"以此观之,天灾之应过而至也,异之显明可畏也,此乃天之所欲救也,《春秋》之所独幸也,庄王所以祷而请也。"②他借这个故事说明,灾异所降其实是"天之所欲救"。天所欲救,则人有可为,"事在强勉而已矣"。强勉为政、励精图治,是武帝有信心做到的。董仲舒的"天心仁爱人君"之说,可谓对症下药。

对策接下来举周宣王中兴为例,证明"治乱废兴在于己"。因此,"灾异之变,何缘而起"的问题也不应归于天命,而要从人事和政治上

---

① 池田知久从此节中摘出三个要素:人君、天、灾异,并依据三要素,将天人感应的程序划分为九个阶段。见氏著《中国古代的天人相关论——董仲舒的情况》,田人隆译,载沟口雄三、小岛毅主编《中国的思维世界》,江苏人民出版社,2006年。在此,我们稍作简化。
② 上所引文句,各本均在《必仁且智篇》,钟肇鹏主编《春秋繁露校释》据钱塘校及谭献《董子》,移于《二端篇》后,未必可靠。

考察。董仲舒说：

> 及至后世，淫佚衰微，不能统理群生，诸侯背畔，残贼良民以争壤土，废德教而任刑罚。刑罚不中，则生邪气；邪气积于下，怨恶畜于上。上下不和，则阴阳缪盭而妖孽生矣。此灾异所缘而起也。

这段话意为，周衰以后，政治上最大的弊病是为了互相兼并、争夺土地而不惜牺牲人民，治理国家凭借刑罚而不重视以道德进行教化。秦汉统一以后，问题更集中到了后者。董仲舒用一串因果关系，说明当代灾异的原因正是废德任刑。对策又曰：

> 天道之大者在阴阳。阳为德，阴为刑，刑主杀而德主生。是故阳常居大夏，而以生育养长为事；阴常居大冬，而积于空虚不用之处。以此见天之任德不任刑也。……王者承天意以从事，故任德教而不任刑。……今废先王德教之官，而独任执法之吏治民，毋乃任刑之意与！

董仲舒认为天意任德不任刑，王者行事应该遵从天意，专任德教。汉政以文法吏治民，是为任刑。任刑违天，故有灾异。

德教是儒家的基本理念，也是汉儒的共同口号①。秦以文吏政治的高效运作统一天下，但文吏政治的弊端也使"天下苦秦"，二世而亡②。汉初的"清静无为"主要表现在政治方针上，而较少涉及制度层面③，刘邦"承秦立汉"的体制岿然不动④。所以，虽然汉初号称"刑罚

---

① 参见陈苏镇《〈春秋〉与"汉道"——两汉政治与政治文化研究》第二章第三节《董仲舒的王道、天道理论及汉儒的两种"德教"说》相关部分，第 204 页。

② 参见阎步克《士大夫政治演生史稿》第六章《文吏政治与秦帝国的兴亡》。

③ 参见阎步克《士大夫政治演生史稿》第七章第二节《"恍惚"与"恬淡"："君人南面术"的限度》。早在上世纪 50 年代，徐复观就指出汉初黄老政治背后，仍然继承着秦代法家的法制，说见其《儒家对中国历史命运挣扎之一例》一文之第二节《西汉政治之剖视》，《中国思想史论集》，上海书店出版社，2005 年。

④ 陈苏镇继承田余庆"非秦不能立汉"的观点，将汉初承秦立国的规模归纳为三个方面：据秦之地、用秦之人、承秦之制。参见陈苏镇《〈春秋〉与"汉道"——两汉政治与政治文化研究》第一章第二节《论"承秦立汉"》。

罕用，罪人是希"①，文帝的政治甚至被班固誉为"断狱数百，几至刑措"②，身在当时的儒生却仍斥之以"任刑"。在儒生看来，汉初政治不过是以消极的态度回避问题、放任自流，并没有走上振衰起弊、复兴王道的正途。因此，董仲舒顺着"灾异缘起"的话题，将矛头转向汉初任刑不任德的弊政，要求彻底改革。他指出，周衰至秦，政治弊坏已极，修修补补无济于事，必须彻底推翻，另起炉灶。武帝在当时，就好比"圣王之继乱世"，如能退而更化，汉兴七十余年而未达到的善治也将就此实现。消灾致治必须"更化"，这里的"更化"，就是从任刑罚转变为用德教。

对策内容受到策问的限定，不得不逐条回答武帝提出的问题③。董仲舒阐发德教主张，也只能从武帝关心的问题导入。策问主动提出灾异缘起的问题，对于董仲舒来说，深论灾异就成了申说政治主张必要和有利的切入点。这样看来，灾异论成为董仲舒学术的重要方面，是出于实际政治的需要，对他本人来说颇有偶然性。不过，武帝的策问反映出当时主流的政治和思想氛围，在此氛围下，儒家灾异论的创说又是自然而然的。

对策完毕，董仲舒外出为江都相，后转为不需要处理具体政务的中大夫，于是利用居家的空闲撰写《灾异之记》，对《春秋》灾异逐条解说，进一步完善了《春秋》灾异说。董仲舒反对机械地解释《春秋》，他说"《春秋》无通辞，从变而移"④，又说"《春秋》无达辞，从变从义，而一以奉天"⑤，希望能将《春秋》的褒贬灵活运用于当下。

与《春秋》学风一样，董仲舒的灾异说也十分灵活。比如火灾，就有多种不同方式的解说。一是从受灾设施的政治功能出发推测天意。

---

① 《史记》卷九《吕太后本纪》。
② 《汉书》卷四《文帝纪赞》。
③ 董仲舒对策内容与策问的逐条对应关系，可参见福井重雅《汉代儒教の史的研究》，第327—371页。
④ 《春秋繁露·竹林》，《春秋繁露义证》卷二，第46页。
⑤ 《春秋繁露·精华》，《春秋繁露义证》卷二，第95页。"奉天"原作"奉人"，据卢文弨、苏舆说改。

《春秋》桓公十四年"八月壬申,御廪灾",董仲舒以为鲁国君臣"非能保守宗庙终其天年者也,故天灾御廪以戒之"。御廪的功能是储存谷物以奉宗庙粢盛①,故而联系到宗庙,推出了宗庙不保的天戒。二是以阴阳相胜来解释。火性阳,火灾的直接原因在阳,具体来说,又分两种不同情况。昭公十八年五月壬午,宋、卫、陈、郑灾,董仲舒以为"王室将乱,天下莫救……阳失节则火灾出,是以同日灾也",归因于王室之"阳"。襄公三十年五月甲申,宋灾,董仲舒则以为"伯姬幽居守节三十余年,又忧伤国家之患祸,积阴生阳,故火生灾也",认为火灾出于宋伯姬的女子之"阴"积而生阳。又,昭公九年夏四月,陈火,董仲舒以为"陈臣子尤毒恨甚,极阴生阳,故致火灾"②。成灾的阴阳原理与宋一样,原因却是臣子之"阴"。同为火灾,可以用功能相关解释为天戒,又可以用阴阳来推算;可以是"阳失节",又可以是"阴生阳";可以归因后妃,又可以溯源臣下。这样灵活多变的灾异说运用于现实中,能方便地对各种灾异作出切合自己政治主张的解释。正如徐复观所说,"他要突破文字的藩篱,以达到其借古以喻今、由史以言天的目的"③。这些解说的目的不在解经,而是为解说当代的灾异树立典范。

同时具备了理论和典范之后,董仲舒开始尝试借助解说当代灾异,提出具体的政治主张。在此前的建元六年,辽东高庙、长陵高园便殿发生火灾。董仲舒废为中大夫后,"居家推说其意",上文已有引用和解说。这里要补充的是,董仲舒为了导向和论证自己的政治主张,灵活地调整了他的灾异说。"高庙对"④中提及的三次火灾,《灾异之记》都有单独的解说。定公二年、哀公三年两次火灾,《灾异之记》以为是天灾所不当立,"用季氏而退孔子"之应,与"高庙对"一致。哀公

---

① 此条《公羊传》曰:"御廪者何?粢盛委之所藏也。"(《春秋公羊注疏》卷五,阮刻《十三经注疏》,第65页上)《汉书》卷二七《五行志上》此条下云:"刘向以为御廪,夫人八妾所舂米之藏以奉宗庙者也。……刘歆以为御廪,公所亲耕籍田以奉粢盛者也。"
② 《汉书》卷二七《五行志上》。
③ 徐复观《两汉思想史》第二卷,第204页。
④ 为了行文方便,以下将董仲舒草拟的"辽东高庙、高园殿灾对"简称为"高庙对"。哀公

四年条则颇为不同,《汉书·五行志上》:

> 〔哀公〕四年"六月辛丑,亳社灾"。董仲舒、刘向以为,亡国之社,所以为戒也,天戒若曰,国将危亡,不用戒矣。

《穀梁》此经范宁《集解》引刘向曰:"灾亳社,戒人君纵盗不能警戒之象。"义与《五行志》略同而文异,可见《五行志》此条是以董仲舒说为主。亳社,今本《公羊》经传均作"蒲社",《穀梁》《左氏》作"亳社"。《礼记·郊特牲》"薄社"郑玄注云"薄社,殷之社"。薄、蒲都是亳字的假借,殷曾都亳,所以殷社称为亳社。董仲舒也认为亳社是殷社①,在《灾异之记》中解释说"亡国之社,所以为戒也",指出亳社是亡国之社,作用是为后人的警戒。亳社为戒,是《春秋》学的通说。《白虎通义》称亡国之社为"诫社",曰:"王者、诸侯必有诫社者何?示有存亡也。明为善者得之,为恶者失之。"②《春秋繁露·王道》亦云:"观乎蒲社,知骄溢之罚。"《穀梁》说同,哀四年传曰"亡国之社以为庙屏,戒也",即是。亳社灾,《五行志》引董仲舒以为"天戒若曰:国将危亡,不用戒矣",意思是鲁国将要危亡,诫社已经失去意义,所以天灾去之。这个解说是承旧说引申而成的。然而,在"高庙对"中,董仲舒则称天灾的原因是亳社不当立。亳社不当立的说法,既与《灾异之记》不同,也背离了关于亡国之社的通说。《礼记·郊特牲》曰"丧国之社屋之",又曰"薄社北牖",《公羊》哀四年传曰"亡国之社盖揜之,揜其上而柴其下",都记载有亡国之社的制度,不以亳社为违礼。据《穀梁》说、《白虎通义》说,亳社更具有重要的政治功能,决不是"不当立"。董仲舒在"高庙对"中曲为之说,原因很简单,就是为了使亳社被灾的解说与两观、桓僖庙保持一致。这样一来,《春秋》定、哀间的一系列火灾就具备了一贯的"天意",可以与本朝的连续两次火灾相比附。

---

① 《春秋繁露·王道》:"周发兵,不期会于孟津者八百诸侯,共诛纣,大亡天下,《春秋》以为戒,曰'蒲社灾'。"(《春秋繁露义证》卷四,第107页)可见董仲舒以亳社为亡纣之社,故云"《春秋》以为戒"。

② 《白虎通》卷三《社稷·论诫社》章,《白虎通疏证》,第86—87页。

在"高庙对"中,董仲舒合并解说定、哀火灾代表的"天意"云:

> 天皆燔其不当立者以示鲁,欲其去乱臣而用圣人也。季氏亡道久矣,前是天不见灾者,鲁未有贤圣臣,虽欲去季孙,其力不能,昭公是也。至定、哀乃见之,其时可也。

意思是说,天在定、哀时灾不当立者,是因为当时有圣人孔子在世,除去乱臣的时机已经成熟。《五行志》在哀四年条后也记录了董仲舒对定、哀火灾的小结,其义大为不同。他说:

> 《春秋》火灾,屡于定、哀之间,不用圣人而纵骄臣,将以亡国,不明甚也。

这里指出定、哀火灾是鲁亡国之征,而在"高庙对"中又说成是天示鲁以去乱反治之机,两说正好相反。董仲舒的灾异解说,是根据特定场合的需要灵活变通的。

"高庙对"向武帝提出的建议是"视亲戚贵属在诸侯远正最甚者,忍而诛之……视近臣在国中处旁仄及贵而不正者,忍而诛之"。董仲舒之言有所实指,"在诸侯"者指淮南王刘安,"在国中"者谓丞相田蚡①。武帝时,诸侯王较之汉初已大为削弱,但仍是汉朝的潜在威胁,其中以淮南王刘安国力最盛,才能最高。刘安之父淮南厉王刘长,文帝时获罪迁蜀,死于途中,所以安"时时怨望厉王死,时欲畔逆"。田蚡贵为三公、帝舅,权侔人主,却倾轧异己,又与刘安勾结②。董仲舒谓汉"多兄弟亲戚骨肉之连,骄扬奢侈,恣睢者众",刘安、田蚡最符合这个描述。在他看来,安、蚡内外呼应,无疑是当朝最直接的祸患,"高庙对"中提出的建议,确实出于审度时势后的理性判断,也是草拟此对的主旨所在。为了说服武帝,董仲舒利用不久之前的两次火灾,比附《春

---

① 据陈苏镇《〈春秋〉与"汉道"——两汉政治与政治文化研究》,第260页。伊藤计在《董仲舒的灾异说——高庙园灾对という上奏文を中心に》一文中,认为董仲舒此次上对的意图是主张打击同姓诸侯王和大臣,并联系后来的"淮南治狱"事件,指出董仲舒所指同姓诸侯即当时的淮南王刘安。但他未说明董仲舒所指的大臣是谁。

② 事见《史记》卷一一八《淮南衡山列传》。

秋》灾异。他曲解定、哀间的火灾,以为天意去"不当立"者,目的就是让武帝相信,建元六年的火灾意味着天戒当去内外乱臣田蚡、刘安。在这次灾异上对中,董仲舒的政治理性首先确定了现实主张,然后据此设定灾异解说,前者是目的,后者是工具。

关于董仲舒说灾异、论天人感应的目的或性质,最主流的观点认为是"抑制君权"[1]。与此立场相对的"君权神授论"和天子的主体性论,也各有一定的支持者[2]。三种主张都能在董仲舒的著述和论说中找到支持自己的语句,但又都不足以解释其间的矛盾。三者与其说揭示了董仲舒的本意,不如说各自从董仲舒那儿找到了希望看到的东西。然而,如果愿意真正进入董仲舒的世界,就会发现,无论尊君、抑君,还是论证天子的"主观能动性",都不是各自独立的主张,它们背后有一个共同的理性政治诉求。董仲舒说"天人相与之际甚可畏也",让人君畏天重灾异;说"天心仁爱",让人君乐于接受天戒;说"事在强勉",许诺人君顺天更化可以致治兴太平。这一切,都是为了说服人君接受以天意面目出现的儒家政治理念和个人政治主张。董仲舒灾异论和灾异说的灵活委曲,正说明它的工具性。利用灾异这一工具的目的,是尽可能地使当时还不占主流的儒学及其主张,看上去与得到普遍接受的阴阳天人观念相协调,以获得足够的说服力。用儒学的传统词汇来说,董仲舒灾异论和灾异说具有"神道设教"的意义。谈"怪力乱神"是手段,教化才是目的。为了这个目的,董仲舒灾异论强调权变,表现出明显的实用取向。

武帝即位,秦汉以来深受排抑的儒学终于迎来转折的机遇。五十

---

[1] 日本学者重泽俊郎认为,董仲舒"在否定君主的自主中发现了抑制君主权力的理论",见氏著《周汉思想研究》,弘文堂书房,1943年,第191页。徐复观同意重泽氏"灾异论机能类似于后世宪法"的主张,认为董仲舒"以天的意志来压服当时至高无上的皇帝"。说见徐复观《儒家对中国历史命运挣扎之一例》,《中国思想史论集》,第277—280页。类似观点至今仍是学界对灾异论最普遍的看法。

[2] 他们各自的观点,参见池田知久(《中国古代的天人相关论》,《中国的思维世界》,第70页)和釜田启市(《前汉灾异说研究史》,《中国研究集刊》卷25,第71—76页)两位学者的归纳。

岁,在汉代可算已近暮年,"亲见四世之事"的董仲舒于此时应征对策,大约是想做将政治导向儒家理想的努力。徐复观将之称为"儒家对中国历史命运挣扎之一例"①,站在新儒家立场,说得有些悲壮。不过,对董仲舒自己来说,这也确是前途难料的一搏。

四、何以论成败

现在我们知道,董仲舒的努力在当时并不成功。据《汉书·董仲舒传》,他起草"高庙对"后,没有立即上奏。第一次尝试推说当代灾异,又牵涉汉朝内外最有权势的人物,事关重大,谨慎乃至犹豫是可以理解的。不巧,草稿被武帝的幸臣主父偃发现。主父偃好发人阴私,"大臣皆畏其口"②,当然不会放过董仲舒的"刺讥"之言③。武帝接到主父偃的举报,没有立即治董仲舒的罪。或许他对书中称说的天意将信将疑,想进一步调查灾异说有没有学术上的依据。于是招集儒士,匿名审查。诸儒显然不了解董仲舒的《春秋》灾异论,甚至董仲舒的弟子吕步舒都没有认出老师的作品,竟以其为大愚。《汉书·儒林传》举董门弟子"遂之者"四人,吕步舒是其中之一。他不知晓董仲舒的《春秋》灾异论,其他儒生更不必说。此时,董仲舒大约没有把灾异论作为《春秋》学的内容教授学生,论及灾异的贤良对策也存于秘府,未曾流传④。《春秋》灾异论还只是带有试验性的理论探索,是专为说服人君的修辞工具。

由于是初创,这种灾异论的弱点十分明显。董仲舒引入阴阳说,但尚未用五行说灾异。正如戴君仁所言,《汉书·五行志》记载的董仲

---

① 参阅徐复观《儒家对中国历史命运挣扎之一例》一文,特别是其中第四节《董仲舒的志业》。
② 《史记》卷一一二《主父偃传》。
③ 《史记》卷一二一《儒林列传》称董仲舒书"有刺讥"。
④ 陈苏镇认为,董仲舒对策流传于民间可能始于昭宣时期,连司马迁也未及见。说见《〈春秋〉与"汉道"——两汉政治与政治文化研究》,第223—224页。

舒灾异说,都只推阴阳而不说五行①。除非班固编辑疏漏②,唯一的解释只能是:董仲舒并没有把五行理论用于解说《春秋》灾异的实践③,更没有发明出《洪范》灾异的系统理论。赵翼说"仲舒之阴阳,本之《春秋》,不出于《洪范》"④,是有道理的。阴阳相胜相生的变化毕竟有限,用于解释丰富多样的历史和现实问题,难免显得单调乏力。其次,他对灾异的解释过于灵活,运用之妙,存乎一心,缺乏系统理论和统一技术性标准,可传授性不强。因此,董仲舒灾异论只能服务于个人的政治表达,难以成为皇帝、官僚与学者、平民共享的政治文化。儒家灾异论要扩大影响,必须找到系统的灾异分类体系和规范的解说方式。

回到董仲舒的这次说灾异。吕步舒诸儒的意见使他蒙上死罪,幸而武帝下诏赦免,才逃过一劫。此后,董仲舒"不敢复言灾异",再也没有过推说当代灾异或以《春秋》灾异论政的尝试。但《春秋》灾异论在当代彻底失败,并没有结束它的影响。班固总结西汉灾异说的历史而作《五行志》,就以董仲舒"为儒者宗"。董仲舒说灾异的意义,需要置于更长的时段中才能准确理解。在此,我们先讨论董仲舒灾异论失败于当时的原因。

董仲舒对策是否受到武帝的赏识,《汉书》没有明说。不过,从"对既毕,天子以仲舒为江都相"⑤来看,似乎是敬而远之,无意委以重任。相形之下,倒是公孙弘的对策更合武帝的心意。元光五年(前130),公孙弘以文学应征对策,"太常奏弘第居下,策奏,天子擢弘对为

---

① 戴君仁《董仲舒不说五行考》。
② 这一点可能性极小。《汉书·董仲舒传》云董仲舒所著书"皆传于后世",而班氏"掇其切当世施朝廷者著于篇"。据此,董仲舒的著作,班固不仅可以全部见到,而且为之删要,对其内容应该相当熟悉,不至于错过其中推五行说《春秋》灾异的部分。
③ 其中的原因无法确知。《汉书·董仲舒传》云仲舒以言辽东高庙及长陵高园殿灾事,险被诛死,"遂不敢复言灾异"。也许他在停止了说灾异的实践之后,才有了五行灾异的思想。
④ 赵翼《廿二史札记》卷二《汉儒言灾异》条,王树民《廿二史札记校证》,中华书局,1984年,第38—40页。
⑤ 《汉书》卷五六《董仲舒传》。

第一"①。公孙弘年四十余才学《春秋》杂说,学问自然远不如董仲舒,他的对策如何打动了武帝呢?

公孙弘对策的基本思想与董仲舒相同,但二人对武帝心理的把握很不一样,从对策中关于灾异的讨论就可见一斑。《汉书·公孙弘传》载武帝制曰:"吉凶之效,安所期焉?禹汤水旱,厥咎何由?"武帝质疑禹、汤以圣人临盛世,何以有水旱之灾,这对失德失政导致灾异的说法是很大的挑战。大禹治水事出《尚书·禹贡》,"汤克夏而正天下,天大旱,五年不收"盖出自古《汤说》,又见于《论语·尧曰》《墨子·兼爱下》《吕氏春秋·顺民》等的称引或转述,②人所共知,不容否认。董仲舒对此也有过解释,《春秋繁露·暖燠常多》云:"禹水汤旱,非常经也,适遭世气之变,而阴阳失平。"他说,尧死后,百姓如丧考妣,三年不奏乐,阳气压制阴气太久导致阴气大兴,所以禹有大水之名;汤伐桀是天下除残贼而得盛德,好事成双,是为"重阳",所以汤有旱之名。这些都是"适遭之变,非禹汤之过"。他为禹、汤辩白,同时却承认了禹、汤之世也可能有灾异。此说不仅与他灾异应政而至的观点相龃龉,而且意味着没有灾异的太平盛世很难实现,这就远离了汉武帝的期望。公孙弘的上对则大不一样:

> 臣闻尧遭鸿水,使禹治之,未闻禹之有水也。若汤之旱,则桀之余烈也。桀纣行恶,受天之罚,禹汤积德,以王天下。因此观之,天德无私亲,顺之和起,逆之害生。

他没有正面回答禹汤水旱由于哪种过失,而是釜底抽薪,辩称大禹所治的洪水是尧末年德衰而生,跟禹无关,汤时大旱则是夏桀时代的历史遗留问题,也不是汤的责任。这就对武帝的质疑给出了干脆的回答:圣王盛世没有灾异。武帝正需要这样的回答。

从元光元年到五年,武帝策问都提到灾异缘起的问题,言语间对

---

① 《史记》卷五八《平津侯列传》。
② 参见刘宝楠撰,高流水点校《论语正义》卷二三,中华书局,1990年,第758—760页。

天不降灾的太平治世流露出急切的向往①。董仲舒虽然认为"天下和平则灾害不生"②,在对策中却说天降灾异表示"天心之仁爱",以此安抚武帝对灾异的不安和厌恶。此说与他对当时社会发展阶段的判断有关。他将武帝临政比作"圣王之继乱世",说"今汉继秦之后,如朽木粪墙矣",又说"陛下正当大敝之后,又遭重难之时"。他认为当世是乱世,是"大敝重难"之时,主要任务是拨乱反正,更化任德。至于无灾无害的"太平",董仲舒还有更高的标准,实际上永远可望而不可及③。在永无止境的"致太平"过程中,灾异还会不断发生,以纠正人君的失德失政。公孙弘显然不认为汉武帝愿意接受一个遥不可及的太平愿景,他不仅在对策中确证禹汤的太平,而且此后又立即上言主张迅速致治。《公孙弘传》载其上疏曰:"臣闻周公旦治天下,期年而变,三年而化,五年而定。唯陛下之所志。"武帝对此表示怀疑,公孙弘又做出更激进的回答:"臣闻揉曲木者不累日,销金石者不累月,夫人之于利害好恶,岂比禽兽木石之类哉!期年而变,臣弘尚窃迟之。"超过传说中周公致治的速度,公孙弘自己也未必相信。速治之说,不过是表现出积极的姿态,以迎合武帝"致太平"的急切心情,引起注意。两次上疏之后,"上异其言",公孙弘的目的也就达到了。此后,他平步青云,"数年至宰相,封侯"④。

董仲舒仕途黯淡,反映了他与时代的距离。汉朝经过文景以来的休养积聚,正处于上升轨道。武帝放弃无为的黄老政治,倾向于儒术,就是希望能够迅速打开局面,阔步迈进太平盛世。因此,他要求儒生证明太平可致,并且提出速致太平的方略。董仲舒却不放弃太平的高标准,给武帝设计了一条先更化再致治的道路。这就意味着,到达太平之前,还需要经历一个漫长的过渡阶段。在这个阶段,天子不得不

---

① 见《汉书·武帝纪》载元光元年诏贤良、《公孙弘传》载元光五年诏诸儒、《董仲舒传》载武帝策问之二。
② 《春秋繁露·郊语》,《春秋繁露义证》卷一四,第 401 页。
③ 关于董仲舒的"太平"标准,请参看陈苏镇《〈春秋〉与"汉道"——两汉政治与政治文化研究》,第 179 页。
④ 见《汉书》卷五八《公孙弘传》。

接受天降灾异谴告,以及儒生借由灾异的匡正。这显然不合武帝的心意。董仲舒认定必须先完成任德更化,将政治纳入儒家理想的轨道,然后才能"致太平";武帝则希望得到一系列实用的建议,通过内外政策的局部调整,在他有生之年迅速实现"太平"①。一缓一急,一个求治本,一个务速成,当然不可能合拍。

不合于时,注定了董仲舒说灾异的失败。汉武帝不愿意被灾异束缚手脚,也不会用儒家之说"纯任德教"。在位期间,他没有因灾异下过一次罪己诏,而是专注于四出征伐,变更制度,封禅告成。与之进取的公孙弘、庄助、朱买臣们致身通显,功名俱就,顺之而昌。与盛世格格不入的董仲舒,只能小心翼翼地著书立说,将他的《春秋》学和灾异论传之方来。

从历史的发展来看,儒家灾异论影响的扩大需要三个条件:第一,灾异论自身的完善;第二,儒学权威的提升和扩张;第三,汉朝由盛转衰。在董仲舒的时代,灾异论自身缺少一套完备的灾异分类体系,以及将人事与灾异对应的系统公式;作为灾异论理论基础的儒学,特别是《春秋公羊》学才刚刚受到尊崇,尚不具备广泛的影响和无可争议的权威;武帝中前期的一派"盛世"景象,更显得灾异论与时代潮流背道而驰。元成时期,历史形势发生改变,上述三个条件逐一满足,才终于出现说灾异者蜂起的局面。董仲舒灾异论的典范意义,需要通过他的后来者,才能真正得到认识。

## 第二节　体系的构建:《洪范五行传》

董仲舒的灾异论不合于时,在理论上也存在缺陷。在灾异论的鼎

---

① 《汉书》卷五六《董仲舒传》载武帝策问曰:"盖闻'善言天者必有征于人,善言古者必有验于今'。……今子大夫明于阴阳所以造化,习于先圣之道业,然而文采未极,岂惑乎当世之务哉?条贯靡竟,统纪不终,意朕之不明与? 听若眩与? ……今子大夫既已著大道之极,陈治乱之端矣,其悉之究之,孰之复之。"可见,他不满足于获闻"大道",还希望儒生"对当世之务"提出更具体的意见。

盛时期到来以前,能够弥补其缺陷的首先是《洪范》五行灾异论。它发挥《尚书·洪范》,提供了一个几乎能够容纳和解释所有灾异的分类体系,减少了天人对应的随意性。关于《洪范》灾异论的系统表述,最早见于《洪范五行传》。《汉书·五行志》集论灾异,就是以《尚书·洪范》经文和《洪范五行传》为纲①,将所集录的灾异论说统摄于从《洪范》五行、五事和皇极等范畴衍生出来的灾异分类之下。这一体例被后世正史所继承,成为《五行志》的一般模式。

《洪范五行传》的这套灾异分类体系不是来自儒家经典。《尚书·洪范》中有五行、五事、休咎之征以及五福、六极等概念,但它们未尝以五行为媒介一一对应起来,更不曾与具体的灾异现象和人事行为相结合。通过抽象的五行将具体的灾异和人事联结到一起的,是数术。儒学在建立和完善灾异论体系的过程中借助数术,构成了《洪范五行传》成书的学术背景。本节将把儒学与数术的这种联系揭示出来。

一、《洪范五行传》的作者

《洪范五行传》现已亡佚,其名最早见于《汉书·夏侯胜传》和《五行志》。汉成帝时刘向著《洪范五行传论》,即以《洪范五行传》为纲,附以行事占验而成,其书宋代以后就失传了。此外,《洪范五行传》还被收入《汉书·艺文志》著录的《书传》四十一篇中。《书传》后来通称《尚书大传》,东汉末郑玄为之作注并编次为八十三篇,《隋书·经籍志》云有三卷。南宋时,《尚书大传》仅存残本②,此后大约散佚更甚,《洪范五行传》也没能在其中完整地保存下来。北宋仁宗御撰《洪范

---

① 缪凤林在《汉书五行志凡例》一文中较早指出,《汉书·五行志》引"经曰"皆《尚书·洪范》文,引"传曰"皆《洪范五行传》文。
② 南宋王应麟称《尚书大传》"今本四卷,首尾不伦"(《汉艺文志考证》卷一"书传"条,《二十五史补编》第二册,第 1392 页上),陈振孙也怀疑自己收藏的四卷本《尚书大传》"亦未必当时书本",并且称其"印版刓缺"(《直斋书录解题》卷二"尚书大传"条,上海古籍出版社,1987 年,第 28 页)。

政鉴》,其序云:"泛览史籍,《洪范》之说,缅然可寻,而伏、郑所编,靡闻全录,歆、向作传,散布群篇。"① 可见北宋前期的国家藏书中,也没有据说是伏生编、郑玄注的《洪范五行传》全文,刘向、歆父子的《洪范五行传论》也只散见于群书,而失其原本。

清代以来,《尚书大传》有多种辑本,《洪范五行传》大致得以复原。诸本中以陈寿祺所辑为佳,也最通行②。他的《洪范五行传》辑文来自《仪礼经传通解续编》《文献通考》《续汉书·五行志》以及明代黄佐所编的《六艺流别》③,内容上明显地分为三个不相连贯的部分。其中从"维王后元祀"至"上下王祀",肯定属于汉代《洪范五行传》的内容。五行咎征部分无疑也是《尚书·洪范》的传文,视为《洪范五行传》文进行研究,当无大错。至于出自《六艺流别》的第三部分,内容可疑,不太可能属于《洪范五行传》④。

可以确认为《洪范五行传》的内容,都与五行灾异有关。为了给它一个准确的历史定位,有必要先了解该篇的作者。对此,前人有三种不同观点。一说作者是伏生。南朝沈约《宋书·五行志序》云"伏生创纪《大传》,五行之体始详",唐孔颖达《尚书·洪范》正义云"《五行传》,伏生之书也"。此说隋唐以后成为主流,当代研究者李学勤、冯浩菲、张兵等仍坚持之⑤。最早质疑该说的是清代学者赵翼。他在《廿二史札记》卷二"汉儒言灾异"条中,主张《洪范五行传》是汉武帝时《尚书》学大师夏侯始昌所作。近代以来,缪凤林、徐复观先后论证此

---

① 赵祯《洪范政鉴》序,《宋钞本洪范政鉴》,书目文献出版社,1992年,第1页。
② 《尚书大传》的辑本情况,参见孙启治、陈建华编《古佚书辑本目录》,中华书局,1997年,第19—21页。
③ 此外王应麟《玉海》卷五"汉五行传说占应"条亦有较完整的征引,江苏古籍出版社、上海书店,1988年,第108—109页。
④ 详参拙文《〈洪范五行传〉与〈洪范〉灾异论》第一节《〈洪范五行传〉的构成》,《国学研究》第26辑,北京大学出版社,2010年。
⑤ 见李学勤《楚帛书中的天象》,收入《简帛佚籍与学术史》一书;冯浩菲《〈洪范五行传〉的学术特点及其影响——兼论研究天人感应说之不能忽略伏生》,《中国文化研究》,总第16期,1997年;张兵《〈洪范〉诠释研究》,齐鲁书社,2007年,第27—33页。

说,蒋善国、徐兴无和游自勇也表示赞同①。这是第二说。第三说认为作者是刘向,《后汉书·卢植传》李贤注云"《五行传》,刘向所著",《隋书·五行志》也径称"刘向《洪范五行传》"云云。不过,《隋志》引文,多同《汉志》"说曰",其实是出自刘向所著的《洪范五行传论》②。《隋书·经籍志》著录"《尚书洪范五行传论》十一卷,汉光禄大夫刘向注",可见隋唐时期通行的《洪范五行传》是刘向注本,其中的"传"文与"论"文,后人不能仔细区分③,因而误以为《五行传》就是刘向所作。赵翼已经指出,夏侯胜就曾引用过《洪范五行传》,其成书显然早于刘向④。此外,《洪范五行传》"时则有下人伐上之痾"郑玄注曰"夏侯胜说'伐'宜为'代',书亦或作'代'"⑤,也说明《五行传》成书在夏侯胜前,不可能晚至刘向。刘向作《洪范五行传》之说,近代以来未见支持者,可以不论。以下的讨论将围绕伏生、夏侯始昌二说展开。

"伏生说"来自一个三段论的推理:《尚书大传》为伏生所作,《洪范五行传》是《尚书大传》中的一篇,所以也是伏生的作品。自赵翼以来,反对此说者都默认其大前提,而质疑小前提,认为《洪范五行传》与伏生的思想不合,本不在《尚书大传》内,是刘向或郑玄编入其中的。只有徐复观据郑玄《尚书大传序》,指出《尚书大传》的内容并非出自伏生一人的口授,而是后来不断有所附益。这个说法松动了伏生与

---

① 见缪凤林《〈汉书·五行志〉凡例》《〈洪范五行传〉出伏生辨》;徐复观《阴阳五行及其有关文献的研究》以及《两汉思想史》第二卷,第 237—238 页;蒋善国《尚书综述》,第 112—114 页;徐兴无《刘向评传》,南京大学出版社,2005 年,第 286—290 页;游自勇《天道人妖:中古〈五行志〉的怪异世界》第一章第一节《〈五行志〉的创立及其性质》,首都师范大学博士论文,2006 年。

② 冯浩菲《〈隋书·五行志〉正讹》一文(载《历史文献研究》第六卷,北京燕山出版社,1995 年),对《隋志》误题《洪范五行传》的条目逐一做了说明,可以参考。不过,冯文认为《隋志》致误的原因是刘向书传本书名误脱一"论"字,解释恐不合理。

③ 《南齐书·五行志》所引"五行传"文,亦刘向《五行传论》语,可见传、论不分,梁代已然。

④ 说见《廿二史札记》卷二"汉儒言灾异"条,王树民《廿二史札记校证》,中华书局,1984 年,第 40 页。夏侯胜事见《汉书》本传及《五行志下之上》。

⑤ 《续汉书·五行志五》注引郑玄《尚书大传》注。此"夏侯胜说"应是指大夏侯《尚书》学派之说,虽未必出于夏侯胜本人,但仍可视为《洪范五行传》成书早于刘向的旁证。

《尚书大传》之间的关系,很有启发性,只是对《大传》编定过程的认识不够准确,还有必要进一步澄清。

《玉海》卷三七"尚书大传"条引南宋初所编《中兴馆阁书目》曰:

> 按郑康成序云:"盖自伏生也。伏生为秦博士,至孝文时年且百岁,张生、欧阳生从其学而授之,音声犹有讹误,先后犹有差舛,重以篆隶之殊,不能无失。生终后,数子各论所闻,以己意弥缝其阙,别作章句。又特撰大义,因经属指,名之曰传。刘向校书,得而上之,凡四十一篇。"至康成,始诠次为八十三篇。①

其中所谓郑康成序即郑玄的《尚书大传序》,叙述了《尚书大传》的成书过程。郑玄认为,伏生死后,弟子后学在章句之外"特撰大义"而作《尚书大传》;书成四十一篇,是刘向编集校定的结果。我们知道,伏生后学分为数家,章句各自不同,所撰"大义"当然也互有参差。这些"书传"应该是分家法传授,或单篇别行,或每家各自结集,通称曰"传"。当时并未以四十一篇合为一书,题为《尚书大传》。至汉成帝时,刘向校书,往往取中外众家之本,合校汇编②,《汉志》所载《书传》四十一篇,也是刘向集合各《尚书》家的《传》编次而成。这层意思,《四库提要》已经指出,称"此《传》乃张生、欧阳生所述,特源出于〔伏〕胜尔,非胜自撰也"③。余嘉锡探讨古书题名之例,也举《尚书大传》为证,云"此《传》则杂成众手,不出一人,故不可以题为张氏或欧阳氏。传之者推本师授,知其出自伏生耳"④。《汉书·艺文志》在《书传》四十一篇下不题撰人,郑玄也只说"盖自伏生"。魏晋以后题写撰者逐渐成为惯例,陆德明《经典释文序录》才在"《尚书大传》三卷"下注云"伏生作",《隋志》以后皆因循不改,误说变成常识⑤。虽有《四库提要》和

---

① 《玉海》,第 708 页下。
② 关于刘向校书的方法,余嘉锡《古书通例》卷三之《叙刘向之校雠编次》(中华书局,2007 年)所论甚确,可看看。
③ 《四库全书总目》卷一二《尚书大传》提要,中华书局,1965 年,第 105 页中。
④ 参见余嘉锡《古书通例》卷一《古书不题撰人》,第 204—205 页。
⑤ 缪凤林《〈汉书·五行志〉凡例》云"《洪范五行传》自郑康成以下,皆谓出于伏生",其说不确。事实上,郑玄云"盖自伏生",并未说是伏生所作。

余嘉锡辨误在前,当代学者仍执旧说,进而将《洪范五行传》也归入伏生名下,故此处需要赘言几句,稍作辨正。

既然《洪范五行传》出于伏生之说不能成立,下面我们就来验证作自夏侯始昌之说是否可靠。赵翼提到的理由仅是夏侯始昌以《尚书》教授,明于阴阳,论证不够充分。徐复观着力于辩驳伏生作《大传》之说,对夏侯始昌作《洪范五行传》也未正面论述。缪凤林在《〈汉书·五行志〉凡例》中举出四条理由,前两条反驳"伏生说",第四条论《洪范五行传》与《尚书大传》的分合,说亦不确①,只有第三条正面提出了夏侯始昌作《洪范五行传》的论据。他说:"汉人称引《五行传》,始夏侯胜。本传称'胜从始昌受《尚书》及《洪范五行传》',《五行志》又谓'孝武时,夏侯始昌善推《五行传》,以传族子夏侯胜'。据《儒林传》,始昌受《尚书》族叔夏侯都尉,都尉受自伏生弟子张生,张生时既无此传,都尉史亦唯言其传《书》,则首为《五行传》者,舍始昌莫属。"缪凤林从史载最早称引《洪范五行传》的夏侯胜追溯到他的族父和老师夏侯始昌,又上溯始昌的学统,指出史书上未见此前有《五行传》。除了向上追溯,我们还可以向下探索,对夏侯始昌是不是《五行传》的唯一始源作补充论证。缪凤林举出的两条关键性史料,也有进一步分析和解说的余地。

缪凤林引用《汉书·夏侯胜传》文,省略了"洪范五行传"后的"说灾异"三字,中华书局本的点校者也在"传"字下用逗号点断②。他们似乎都认为夏侯胜说灾异与《洪范五行传》不相连属,没有关系。实则《夏侯胜传》的相关文句应标点如下:

---

① 缪凤林认为,《洪范五行传》一名《大传》,而《书传》当时仅称《传》,郑玄诠次《书传》时编入《五行传》,遂以其名名全书曰《大传》。案《白虎通》数引《尚书大传》,其文大多不见《洪范五行传》,可见东汉前期《书传》已统名曰《大传》,非至郑玄始。又《白虎通》所引《大传》有《洪范五行传》文,恰可说明《洪范五行传》编入《大传》在班固以前,很可能是刘向所为。至于班固在《汉书·刘向传赞》中所云"刘氏《洪范论》发明《大传》",乃是以"大传"之统称代替《洪范五行传》的篇名。

② 《汉书》卷七五《夏侯胜传》,中华书局,1962年,第3155页。

> 胜少孤,好学,从始昌受《尚书》及《洪范五行传》说灾异,后事蕳卿,又从欧阳氏问。为学精孰,所问非一师也,善说礼服。

《汉书》此文"从欧阳氏问"以前皆述夏侯胜的师受学历,然后才介绍其学术特点和专长。班固之意,当以"《洪范五行传》说灾异"连言为一事,即夏侯胜从始昌所受之一业,否则可移后曰"善说灾异、礼服",于文为顺。《汉书·李寻传》云"寻独好《洪范》灾异",亦即这里所谓的"《洪范五行传》说灾异"。"《洪范五行传》说灾异",就是根据《洪范五行传》来解说灾异。

如果《洪范五行传》是伏生所作,就应该为汉代各《尚书》家普遍传习。但事实并非如此。《汉书·五行志中之上》云,这门学问除了传给夏侯胜,还"下及许商,皆以传所贤弟子"。许商的老师周堪是夏侯胜的弟子,也是始昌后学。换言之,这门学问只在始昌弟子后学中小范围传授。另一方面,《李寻传》说,寻"治《尚书》,与张孺、郑宽中同师,宽中等守师法教授,寻独好《洪范》灾异",可见后学中爱好这门学问的也不多①。据此推测,西汉时期《洪范五行传》只在传夏侯《尚书》的少数学者中传习,流布不广。《汉书·夏侯胜传》记载了这样一件事:

> 会昭帝崩,昌邑王嗣立,数出。胜当乘舆前谏曰:"天久阴而不雨,臣下有谋上者,陛下出欲何之?"……是时,光与车骑将军张安世谋欲废昌邑王。光让安世以为泄语,安世实不言,乃召问胜。胜对言:"在《洪范传》曰'皇之不极,厥罚常阴,时则下人有伐上者',恶察察言,故云臣下有谋。"光、安世大惊,以此益重经术士。

霍光、张安世等迷信经传,对《洪范五行传》却毫无了解。即便是以学问渊博著称的刘向,见到《洪范五行传》也是较晚的事。据《汉书·刘向传》,他在元帝时几次上书陈灾异之变,博引经传,但都没有出现《洪范五行传》或五行灾异之说。成帝即位,王氏便贵盛专权,然而建始三

---

① 按《汉书·儒林传》,李寻师事小夏侯建。

年(前30)以灾异诏举直言极谏士,刘向没有发表意见,至河平三年(前26)领校秘书后才集论灾异。班固在叙述刘向作《五行传论》的原因和过程时,插入领校秘书一事,说明两者之间存在某种联系。刘向很可能在领校中秘之后才得以见到《洪范五行传》,受之启发,乃作《传论》。这也表明《洪范五行传》传习不广。

综上所述,以《洪范五行传》说灾异并非《尚书》学者的通识,而是夏侯氏一家之学,因此《汉书·夏侯胜传》将之与《尚书》并列①。《洪范五行传》是伏生所作的可能性已经排除,剩下的夏侯始昌作《洪范五行传》一说,则比较站得住脚。明确这一点,就可以从《洪范五行传》产生的历史环境中来理解作者的意图,进而找到此篇在灾异思想谱系中的位置。

《洪范五行传》原本只在少数夏侯《尚书》学者中传习。成帝时刘向作《洪范五行传论》十一篇,为班固所承袭,成为正史《五行志》的蓝本。后世学者大多通过刘向和《五行志》来理解《洪范五行传》的内容。然而,刘向并非夏侯《尚书》学者,其学驳杂,受《春秋》《易》学影响至深,他对《洪范五行传》的发明未必完全符合作者本意。夏侯始昌主要活动在武帝时期,稍晚于董仲舒,早刘向半个多世纪,所作《洪范五行传》代表了灾异论的另一个重要发展环节。下面,我们尝试尽量摆脱刘向和班固设定的成见,去探讨《洪范五行传》及其时代的灾异论。

二、数术逻辑与灾异体系

前文已经指出《洪范五行传》大致可以分为两个部分,这里先来讨论第二部分,五行咎征。

学者早就注意到《洪范五行传》五行部分与《春秋繁露·五行顺逆》的关联②。《五行顺逆》没有"木不曲直""火不炎上"等语,但所述

---

① 徐复观于《阴阳五行及其有关文献的研究》一文中,已经提出《尚书》与"《洪范五行传说灾异》"为两事。不过,他以"洪范五行传说灾异"为书名,非是。
② 清代苏舆撰《春秋繁露义证》,在《五行顺逆》篇的这个部分就以《汉书·五行志》所引《洪范五行传》文为证,见其书第372—380页。

导致五行失性的人君之失与《洪范五行传》十分接近。为便于说明,我们给《洪范五行传》中导致五行失性的事项逐一编号,然后用这些编号标示《五行顺逆》中的相应文句,列出表2.1。

表2.1 《洪范五行传》与《春秋繁露·五行顺逆》文句对照表

| | 《洪范五行传》 | 《春秋繁露·五行顺逆》 |
|---|---|---|
| 木 | ①田猎不宿,②饮食不享,③出入不节,④夺民农时,及⑤有奸谋,则木不曲直。 | 如人君③出入不时,①走狗试马,驰骋不反宫室,好淫乐,②饮酒沈湎,纵恣不顾政治,事多发役,④以夺民时,⑤作谋增税,以夺民财…… |
| 火 | ①弃法律,②逐功臣,③杀太子,④以妾为妻,则火不炎上。 | 如人君惑于谗邪,内离骨肉,外疏忠臣,③至杀世子,诛杀不辜,②逐忠臣,④以妾为妻,①弃法令,妇妾为政,赐予不当…… |
| 土 | ①治宫室,饰台榭,②内淫乱,③犯亲戚,④侮父兄,则稼穑不成。 | 如人君②好淫佚,妻妾过度,③犯亲戚,④侮父兄,欺罔百姓,①大为台榭,五色成光,雕文刻镂…… |
| 金 | ①好攻战,②轻百姓,③饰城郭,④侵边境,则金不从革。 | 如人君①好战,④侵陵诸侯,贪城邑之赂,②轻百姓之命…… |
| 水 | ①简宗庙,②不祷祠,③废祭祀,④逆天时,则水不润下。 | 如人君①简宗庙,②不祷祀,③废祭祀,执法不顺,④逆天时…… |

通过对比不难发现,除《金传》"饰城郭,侵边境"《五行顺逆》作"侵陵诸侯,贪城邑之赂"外,《洪范五行传》涉及的事项基本都能在《五行顺逆》中找到。两者文字有出入,但事项与五行的配对一一吻合,说明存在同源或承袭关系。

比较两者的不同可以发现,《洪范五行传》文句整齐,《五行顺逆》相对散漫,内容也较前者为多。《五行顺逆》中还有一些较为原始的痕迹,如上面提到的"侵陵诸侯,贪城邑之赂",尚存战国遗意,不适用于统一王朝。《洪范五行传》此条作"饰城郭,侵边境",已针对汉朝的新形势作了修订①。可以推测,《五行顺逆》有汉代以前的文献和思想渊源,《洪范五行传》的五行部分则是在《五行顺逆》或类似文献的基础上改编而成的。

关于《洪范五行传》中五行与人事的对应方式,刘向没有系统的解释。郑玄用天文说之,在《尚书大传》注中将木、金、火、水、土五行咎征分别与逆天东、西、南、北、中五宫之政联系起来②,还注明每一政事与特定星宿的对应关系。据皮锡瑞研究,这些注释都有传统星占学上的依据,有些可以上溯到西汉早期③。看来,郑玄的天文说至少提示出《洪范五行传》与古代数术的密切关系。

《洪范五行传》的作者夏侯始昌精通数术。《汉书·夏侯始昌传》云:"始昌明于阴阳,先言柏梁台灾日,至期日果灾。"《五行志上》也记载此事:"太初元年十一月乙酉,未央宫柏梁台灾。先是,大风发其屋,夏侯始昌先言其灾日。"夏侯始昌精确预测火灾的日期,是经过某种数理推算的。从《五行志》述及"先是大风发其屋"来看,或许是用了风角、五音之术④。风角、五音与阴阳五行学说相关⑤,本传所谓"明于阴阳"就是指此。正是这类数术理论,帮助《洪范五行传》建立了一套完整的灾异分类和对应体系。

《洪范五行传》的第一部分,即五事皇极咎征部分,以貌、言、视、

---

① 《五行大义》第十九《论治政》引《尸子》曰:"圣人受命而王,莫不承天地、法五行、修五事、而御宇宙、养苍生者也。其制度法式,皆五行为本。车服威仪,朝廷俯仰,农桑播殖,施惠庆赐,木也;尊卑上下,制度礼式,封爵赏功,居高视远,火也;宫室台榭,夫妇亲戚,布德含养,禄秩赦宥,土也;兵戎器械,蒐狩武备,刑罚狱禁,金也;宗庙祭祀,储积封藏,饬丧丧慕,卜筮决疑,水也。"(汲古书院,1989年,第407—408页)据《汉书·艺文志》,尸子其人约与商鞅同时,其书则在"杂家"。如果此书确实成于战国,则亦是五行与特定政事的配对已经成型的一个证据。

② 例如,《木传》下郑玄注曰:"君行此五者,为逆天东宫之政。"余四行皆有类似的郑注。

③ 皮锡瑞在《尚书大传疏证》卷四《洪范五行传》相关部分的疏证中,用《史记·天官书》对郑玄的天文说逐一做了印证。

④ 李淳风《乙巳占》卷一〇《五音风占第七十二》:"微风发屋折木,不出三日、三十日,若有大灾……或有火妖。"(《丛书集成初编》本,商务印书馆,1936年,第176页)虽然这是唐代记载的占法,但其渊源要早得多,夏侯始昌用的很可能就是类似的数术。

⑤ 参见李零《中国方术正考》,第39页以下。

听、思五事之失加上皇极不建作为分类,各自对应妖、孽、祸、痾、眚、祥等灾异。这些灾异又以五行五事为媒介,与人事对应起来。现将传文内容列为表 2.2,表示其中的对应关系。这个表格以陈寿祺辑本采用的夏侯始昌传文为主,刘歆传的异文则在"/"后注出①。

表 2.2 《洪范五行传》五事皇极咎征表

|  | 貌 | 言 | 视 | 听 | 思 | 皇极 |
|---|---|---|---|---|---|---|
| 咎 | 狂 | 僭 | 舒 | 急 | 霿 | 眊 |
| 罚 | 恒雨 | 恒阳 | 恒奥 | 恒寒 | 恒风 | 恒阴 |
| 六极 | 恶 | 忧 | 疾 | 贫 | 凶短折 | 弱 |
| (五福) | 攸好德 | 康宁 | 寿 | 富 | 考终命 | — |
| 妖 | 服 | 诗 | 草 | 鼓 | 脂夜 | 射 |
| 孽 | 龟/鳞虫 | 介虫/毛虫 | 蠃虫/羽虫 | 鱼/介虫 | 华/蠃虫 | 龙蛇 |
| 祸 | 鸡/羊 | 犬 | 羊/鸡 | 豕 | 牛 | 马 |
| 痾 | 下体生上/鼻 | 口舌 | 目 | 耳 | 心腹 | 下人伐上/下体生上 |
| 眚、祥 | 青 | 白 | 赤 | 黑 | 黄 | — |
| 沴 | 金沴木 | 木沴金 | 水沴火 | 火沴水 | 金木水火沴土 | (日月乱行,星辰逆行) |
| 十二月 | 二月、三月 | 四月、五月 | 六月、七月/十月、十一月 | 八月、九月 | 十月、十一月/六月、七月 | 十二月、正月 |

其中除咎、罚、六极、五福出自《尚书·洪范》外,其余妖、孽、祸、痾、眚、祥以及对应月份等项的推定都与数术有关。不过,刘向对这部分只是因文求解,没有一贯的思路,郑玄则认为五事之失造成的各种灾异都是"其气类"为怪②。即使有这些旧注旧说帮助,我们现在也很难完全复原五事皇极与各种灾异分类配对的数术逻辑了。

---

① 西汉末,刘歆对《洪范五行传》作过改编,见本书第四章第一节。刘歆传文见《汉书·五行志》引,唯十二月条见《洪范五行传》郑玄注引"子骏传"。
② 《续汉书·五行志一》注引郑玄曰:"凡貌、言、视、听、思心,一事失,则逆人之心,人心逆则怨,木、金、水、火、土气为之伤。……及妖、孽、祸、痾、眚、祥皆其气类暴作非常,为时怪者也。"

《洪范五行传》运用数术逻辑,对灾异论的最大影响是提供了一套包罗万象的灾异分类体系。从动植物异常、人体病变到风俗谣谚以至于天文异动,无论自然还是社会现象都囊括在内,能够以类相从,一一与特定的人事特别是政治活动挂钩。董仲舒解决了天人感应的理论问题,但在具体的灾异解说中则没有一套严整的规则,难以传授和推广。《洪范五行传》在提供灾异分类体系的同时,恰好建立起将人事与灾异对应的公式,既使灾异论获得权威依据,在具体解说中也有很强的解释力和可操作性。相对于董仲舒灾异论的实用取向,《洪范五行传》建立灾异分类体系,可以说是灾异论学理化的表现。这个灾异分类体系被刘向和班固所继承,《洪范五行传》也因此成为说灾异者引用频率最高的文献之一。

三、预言与祈禳

《汉书·五行志》引用了《洪范五行传》的大部分内容,但不包括传中五事皇极部分的首尾两段文字。对《洪范五行传》的数术渊源有更多了解之后,有必要把目光投向传文中这个被长期忽视的部分,借而重新认识全篇的思想倾向。在此据陈寿祺辑本,抄录于下:

> 维王后元祀,帝令大禹步于上帝。维时洪祀六沴用咎于下,是用知不畏而神之怒。若六沴作见,若是共御,帝用不差,神则不怒,五福乃降,用章于下。若六沴作见,若不共御,六伐既侵,六极其下。禹乃共辟厥德,受命休令,爰用五事,建用王极。
>
> ……
>
> 维五位复建,辟厥沴。曰:二月、三月维貌是司,四月、五月维视是司,六月、七月维言是司,八月、九月维听是司,十月、十一月维思心是司,十二月与正月维王极是司。凡六沴之作,岁之朝、月之朝、日之朝则后王受之,岁之中、月之中、日之中则公卿受之,岁之夕、月之夕、日之夕则庶民受之。其二辰以次相将,其次受之,星辰莫同,是离逢非沴,维鲜之功。御貌于乔怸,以其月从其礼祭

之,三,乃从。御言于讫众,以其月从其礼祭之,三,乃从。御视于忽似,以其月从其礼祭之,三,乃从。御听于怵攸,以其月从其礼祭之,三,乃从。御思心于有尤,以其月从其礼祭之,三,乃从。御王极于宗始,以其月从其礼祭之,三,乃从。六沴之礼,散齊(斋)七日,致齊(斋),新器絜祀,用赤黍三。日之朝,于中庭祀四方,从东方始,卒于北方。其祀礼曰格祀。曰:"某也方祀。"曰:"播国率相行祀。"其祝也曰:"若尔神灵,洪祀六沴是合,无差无倾,无有不正。若民有不敬事,则会批之六沴六事之机,以縣(悬)示我,我民人无敢不敬事上下王祀。"

这两段话相当于序言和结语,前者交代了背景事件,后者讲如何占测六沴(五行互相侵犯)预兆的后果和相应的救禳之法。

在《尚书·洪范》经文中,箕子为周武王陈说大禹得到"洪范"九畴的故事,云:"我闻在昔,鲧堙洪水,汩陈其五行。帝乃震怒,不畀'洪范'九畴,彝伦攸斁。鲧则殛死,禹乃嗣兴,天乃锡禹'洪范'九畴,彝伦攸叙。"这是说,鲧治水不利,五行失序,大禹接替他后,天赐给禹"洪范"九畴,政治的常道才得以理顺。"敬用五事"和"建用皇极"分别是九畴之一,上引《洪范五行传》的第一段话就是复述禹与天帝沟通的过程。"维王后元祀"即禹摄政元年。"帝令大禹步于上帝","帝"指帝舜,"上帝"是天神,步是祭祀的名称①。舜命禹与上帝沟通,了解天意。禹于是知道天神震怒,乃从天受休命,也就是受"洪范"九畴,用之于下②。这与《洪范》箕子所述一致,应是作者根据《洪范》经文演成此

---

① 甲骨卜辞中有"步于某神"之语,吴其昌等研究者认为"步"是一种祭名,参见《甲骨文字诂林》,第762—763页。卜辞中还常见"陟于某神",陟是祭名,陈梦家说:"'步'似'陟'之省,亦为用牲之法。"见《殷虚卜辞综述》,第580页。卜辞中的用法也见于传世文献,《大戴礼记·诰志》云"天子崩,步于四川",即是。《洪范五行传》中的"步于上帝"与卜辞和《大戴记》用法相同,"步"应作祭祀解。郑玄注"步,推也",与我们的理解不同。

② 郑玄注认为,"帝用不差"的帝是指舜,皮锡瑞《尚书大传疏证》已云其"于上下文义未免隔阂"。我们认为《洪范五行传》应与《洪范》的记述保持一致,自禹"步于上帝"之后,都是禹与天的沟通,"受命休令"也是从上帝处得到治国大法。如果像郑玄所说,是从舜处领命,则于《洪范》经文不合。

段,以引起关于六沴的叙述,表明它们也来自上帝所赐。在叙述完六沴后,《洪范五行传》补充说明了六沴与十二月以及六沴发生时间与受众身份的对应关系,然后转向论述"御"六沴之法,即在不同月份用相应的礼仪祭祀神灵,称为"格祀",最后详述祀礼和祝词。通读全文不难发现,《洪范五行传》不仅要叙述五行皇极咎征,而且要指明咎征出现("六沴作见")后的救禳之法。后者同样是传文的重要组成部分,不能不加重视。

从《洪范五行传》关于五行和五事皇极咎征的部分看,传文都是先讲人君的失德失政行为,然后陈述相应的灾异现象。依据传文,可以从灾异反推人事,也就是推"征"求"咎",与董仲舒创立的儒家灾异说模式很容易接榫。然而在上引的两段文字中,《洪范五行传》的论述已经转到由灾异推伤败上来。传文云"若六沴作见,若不共御,六伐既侵,六极其下",也就是说灾异出现之后,如果不能"共御",天将降下"六极"。六极就是《洪范》所谓"威用六极",即凶短折、疾、忧、贫、恶、弱六种伤败。接着,传文还论述了遭受祸败者的政治地位与六沴发生时间的关系。如果六沴发生在岁、月、日的前三分之一,则"后王"也就是人君将要受祸遭殃,如果发生在中段或后三分之一,则分别是正卿或庶民受之。显然,传文十分关注灾异预示的后果。正是基于对这种后果的预测,传文此后还详述了针对特定灾异进行祭祀以避免祸败的方法。

在此,《洪范五行传》与董仲舒的灾异论明显不同。在董仲舒的论说中,回溯引起灾异的失德失政后,通过人事的改过即可消灾免祸。《洪范五行传》呈现的灾异论则是预言式的,即通过特定的灾异预测伤败,且预言的伤败无法仅由改正过失来解除,而需"以其月从其礼祭之",施以救禳之法。《洪范五行传》反映了天人关系思想中更为古老的逻辑:与天神沟通必须借助特定的祭祀仪式,用直接的好处取悦神灵。传文所谓"三乃从",即是说这样的祭祀仪式连续举行三次,神灵才会听从。

五事皇极前后这两段话的主题,实际上是讲如何辨别六沴,有针对性地祭祀禳灾。《仪礼经传通解续》引用《洪范五行传》，列入《祭礼》"因事之祭"一类①，《文献通考》则在《郊社考》的"祈禳"目收入《洪范五行传》，都符合传文的原旨。然而，传文中关于天人沟通和祭祀的部分没有收入《汉书·五行志》，现存刘向《洪范五行传论》佚文中也未见完整的引用。刘向、班固只是借用《洪范五行传》的灾异体系，而省略了传文关于祭禳的段落。随着《五行志》的形式成为经典，儒生对《洪范五行传》主旨也有了不同于原意的印象。

东汉以后儒者对《洪范五行传》的偏见和误读，集中体现在对传文"共御"二字的解释上。"御"字，陈寿祺《尚书大传》辑本作"禦"，检《洪范政鉴》、《仪礼经传通解续》黄榦本及杨复再修本、《文献通考》等宋以后书都引作"禦"，而《汉书》的四处引用均作"御"②。"御""禦"二字古通，但汉代以后用法上有分化，此处异文对如何解读传文相当关键。

《汉书·五行志中之下》引传文"若是共御"，颜师古注曰："共读曰恭。御读曰禦。言恭己以禦灾也。一说，御，治也，恭治其事也。"《五行志上之下》师古注又曰："御读曰禦，又读如本字。"颜师古认为"共"应读为"恭"，对于"御"字则举出了两种说法：一说是通假，应读为"抵禦"的"禦"，一说当读为本字，是"治理"之意。颜师古说主要来自于郑玄。《尚书大传》"若是共禦"郑注曰："共读曰恭。禦，止也。"下文"禦貌于乔愤"，郑注也解释为"止貌之失者在于去乔愤"③。按照郑玄的解释，传文是说，人君恭止其失，改过从善，则可消灾致福。然而，《洪范五行传》后文有很大的篇幅讲祭祀禳灾之法，郑玄只好将"共禦"与祭祀分为两个步骤，说：辟厥沴"言辄改过以止禦之。至司之本月，又必齐（斋）肃祭祀以抚之"。根据我们前面的分析，这部分传文结尾着重讲祈禳消灾，如果将开头"若是共御""若不共御"云云理解为是否"改过"，不免于义未安。对"共御"二字，应有更合理的解释。

---

① 黄榦编本及杨复再修本皆然。
② 《汉书》卷二七《五行志中之下》《下之上》《下之下》及卷八五《谷永传》各一引。
③ 传、注"乔"字皆读为"骄"，《洪范政鉴》卷一一上即引作"骄"，第538页。

《左传》昭公十二年有"共禦王事"一语，俞樾云："共、禦二字同义。'禦'与'御'通。《广雅·释诂》：'供、奉、献、御，进也。''共御'犹曰'供奉献御'。"①此说正可与《洪范五行传》文相参。据颜师古注，《汉书》自隋唐时代写本以来，引此传文均作"御"，班固当有所本。此"御"字正当作"供奉"解。至于"共"字，乃是"供"的通假字，与"御"同义。东汉初年，《尚书》学者尹敏引《洪范五行传》此文，即作"供御"②。宋代罗泌所著《路史》卷二一述大禹事云"乃令大禹步于上帝而共禦之"，本于《大传》，其注曰"共，供也"，亦不从郑玄读作"恭"③。罗泌又曰"共禦之法，备见《大传》"，当是指传文后面详载祈禳之法。他的理解是正确的④。案《说文》"禦，祀也"，"禦"字从"示"，本是表示祭祀的专字⑤，后来从"御"字分得了另一部分职能，多用来表示"禁禦"之义，郑玄在注中遂释为"止"，然后又将"共"读为"恭"，偏离了传文的原意。

郑玄的误解，并不是没有缘由。在他看来，修己改过是应对灾异的必要途径，所以自然地把"共御"解释为"恭止"。这样的解释，代表了东汉以后儒学对《洪范五行传》的认知，也成为儒生关于灾异的常识。他们已经很难理解，在夏侯始昌的时代，祈禳才是应对灾异的惯例。东汉以后儒家对《洪范五行传》救禳部分的忽视和误解，反映出数

---

① 俞樾《古书疑义举例》卷七《两字一义而误解例》，《古书疑义举例五种》，中华书局，1956年版，第141页。案王念孙《广雅疏证》卷二上云："《小雅·六月篇》'饮御诸友'，毛传曰'御，进也。'"（中华书局，1983年，第46页上）是"御"训为"进"，汉初已然。

② 《续汉书·五行志一》刘昭注引《续汉书》曰："建武二年，尹敏上疏曰：'六沴作见，若是供御，帝用不差，神则大喜，五福乃降，用章于下。若不供御，六罚既侵，六极其下。明供御则天报之福，不供御则祸灾至。'"

③ 罗泌《路史》卷二一，第31叶，《文渊阁四库全书》本，台湾商务印书馆，1986年。

④ 《玉海》卷五《汉五行传说占应》引郭璞曰："《尚书》有五事共禦之术。"第109页上。郭璞应该也是将《尚书大传》中的"共御"理解为祭祀祈禳。章如愚《山堂考索后集》卷九"司农卿"条有"朝会祭祀共御所须"云，亦将"共御"用作"供奉"之意。见《山堂考索》，中华书局，1992年，第510页下。

⑤ 甲骨、金文中，"禦"字也常用作祭祀之义。见于省吾主编《甲骨文字诂林》，中华书局，1996年，第391—406页；陈初生编纂，曾宪通审校《金文常用字典》，陕西人民出版社，1987年，第29—30页。

术在灾异论儒学传统中的影响是逐渐减小的。

《洪范五行传》虽然带有浓厚的数术色彩,但就性质而言,仍然是灾异论儒家传统的重要组成部分。它不仅采用了《洪范》九畴体系,而且其占辞是从人事之失推导相应的灾异,与数术占验的顺序刚好相反。比如:

> 弃法律,逐功臣,杀太子,以妾为妻,则火不炎上。
> 言之不从,是谓不乂,厥咎僭,厥罚常阳,厥极忧。时则有诗妖,时则有介虫之孽,时则有犬祸,时则有口舌之痾,时则有白眚白祥。维木沴金。①

前一条,"弃法律,逐功臣,杀太子,以妾为妻"是人事之失,"火不炎上"是人事导致的灾异类型。第二条,"言之不从,是谓不乂,厥咎僭"是人事之失,以下都是因此可能发生的灾异。这种反序占辞,将灾异设定为人事之失的结果,实际上是为了从灾异反推人事之失,正符合董仲舒所创儒家灾异论的逻辑。可以说,《洪范五行传》利用数术逻辑建立灾异分类体系,是服务于儒家的政治理想和政治理性的。正因如此,刘向、班固才会采用《洪范五行传》为纲集成灾异论说,其中的数术祈禳因素则越来越被忽略。

将《洪范五行传》的作者确定为活跃于武帝时期的夏侯始昌,有助于理解这篇特殊文献的思想史意义。在夏侯始昌的时代,儒学思想和数术技术正处于磨合期,儒学的回溯式灾异观和数术占验预言之间,儒学的修德修政与数术的祈禳消灾之间,存在着明显的张力。这使《洪范五行传》表现为一个矛盾体,既包含数术对儒学的理论补充,又蕴藏着儒学消化和改造数术的契机;既有学理化的倾向,又为灾异论在政治实践中扩大影响准备了条件。在此意义上,《洪范五行传》构成了儒家灾异论构建过程中必不可少的环节。

---

① 陈辑本《尚书大传》卷三《洪范五行传》,第 19 叶 b—20 叶 a、第 8 叶 b—9 叶 a。

## 第三节　规模的扩充:京房与《易》阴阳

扬雄在《法言·渊骞篇》中列举西汉一代的名家,"灾异"科有"董相、夏侯胜、京房"。"董相"即董仲舒①,他与夏侯胜分别是《春秋》《洪范》灾异论的宗师。第三位京房,是《易》学灾异论的代表,也是灾异论大兴前夕承上启下的关键人物。

京房活跃于汉元帝时期。从这个时期开始,政坛上涌现出一批说灾异的专家,一改过去寥若晨星的状况。他们通常既熟悉儒家经典,又掌握数术知识,将两者结合起来解说灾异,参与朝廷的政治活动。灾异论的理论丰富起来,政治影响也迅速扩大。相比一般的儒生,他们的数术家特征尤为引人注目,京房、翼奉、田终术等甚至在后代被视为数术宗师,赋予传奇色彩。不过,从当时的情况来看,他们的灾异论还是更应该放到儒学传统中去理解。本节将以京房为例来说明这一点,看看他们如何结合儒学和数术,又通过什么方式登上政治舞台,在灾异论说中表达了怎样的立场和意图。

### 一、《易》阴阳的学术背景

京房开创的京氏《易》学在西汉官学中独树一帜。《汉书·儒林传》云:

> 刘向校书,考《易》说,以为诸《易》家说皆祖田何、杨叔元、丁将军,大谊略同,唯京氏为异。

西汉元帝以后,《易》学立于学官的有施、孟、梁丘、京氏四家。前三家的创始人施雠、孟喜、梁丘贺,都是田王孙的学生。梁丘贺此前还曾受《易》于太中大夫京房②,这位京房是杨何(字叔元)的弟子,杨何的老

---

①　董仲舒曾任江都相、胶西相,故称"董相"。
②　据《汉书·儒林传》,西汉《易》家有两京房,此是另一京房,为杨何弟子,与司马谈同师,大约活动于武、昭时期。

师王同又与田王孙之师丁宽(号丁将军)一样师从田何。三家《易》归根结蒂都出于田何,大义相同,所以《汉书·儒林传》说"要言《易》者本之田何"。这一系重义理,轻卜筮,是西汉《易》学的主流。京氏《易》学则在主流之外。《汉书·京房传》述其师承及学术特点云:

> 京房字君明,东郡顿丘人也。治《易》,事梁人焦延寿。延寿字赣。……其说长于灾变,分六十四卦更直日用事,以风雨寒温为候,各有占验。房用之尤精。

据此,京房《易》学源自焦延寿,特长在于说灾变。其法是将一年中的三百六十五又四分之一日分配入《易》六十四卦,大体每卦主六又八十分之七日,然后以一段时间内的气候气象变化与所主之卦代表的阴阳消息相对比,据以占卜吉凶。

这种方法据说得自孟喜。《汉书·儒林传》:

> 京房受《易》梁人焦延寿。延寿云尝从孟喜问《易》。会喜死,房以为延寿《易》即孟氏学,翟牧、白生不肯,皆曰非也。

焦延寿自称曾向孟喜请教过《易》学,京房便以为其学即孟氏学。《汉书·艺文志》"易家"有《孟氏京房》《灾异孟氏京房》两书,盖即京房所著而题"孟氏",标榜其学所出。然而,孟喜的两位嫡系学生翟牧和白光都不承认京房所称是孟氏学。《汉书·儒林传》亦云:"党(倘)焦延寿独得隐士之说,托之孟氏,不相与同?"可见,焦、京一系《易》学与立于学官的孟氏《易》确实有别。因其学所出不明,班固只好猜测得自"隐士"。

焦延寿、京房先后攀附孟喜,一是由于孟氏儒学世家,知名当时,也因为孟喜在《易》学上确实有过戏剧性的转向,造成了一桩学术公案。《汉书·儒林传》:

> 孟喜字长卿,东海兰陵人也。……从田王孙受《易》。喜好自称誉,得《易》家候阴阳灾变书,诈言师田生且死时枕喜膝,独传喜,诸儒以此耀之。……又蜀人赵宾好小数书,后为《易》,饰

《易》文,以为"箕子明夷,阴阳气亡箕子,箕子者,万物方荄兹也"。……云受孟喜,喜为名之。后宾死,莫能持其说。喜因不肯仞,以此不见信。……博士缺,众人荐喜。上闻喜改师法,遂不用喜。喜授同郡白光少子、沛翟牧子兄,皆为博士。由是有翟、孟、白之学。

这里有两个问题值得注意。第一,孟喜"得《易》家候阴阳灾变书",于是"改师法"。赵宾以"小数书""饰《易》文",即以数术解《易》,诈称受自孟喜。孟喜顺水推舟承认下来,说明他改师法后的《易》学近于数术。第二,孟喜因为"改师法"不得为博士,他的两个学生白光、翟牧却能当上博士,说明翟、白二人的"孟氏学"应已剔除孟喜加入的数术成分,回归《易》学主流。成帝时,刘向校书所见的孟氏《易》已是白光、翟牧之学,所以才会以为它与施氏、梁丘氏《易》"大谊略同"。焦延寿是否真的得孟喜之传,我们不得而知。但焦、京说《易》阴阳灾变与孟喜之新法类似,故攀附之;孟喜弟子翟牧、白光已回归主流,故不肯认,这些都可以推知。上引文中,赵宾称"阴阳气亡箕子",可见其学以阴阳之气说《易》。所谓"《易》家候阴阳灾变书",大约也是候阴阳之气以为占验。

京房《易》学亦以阴阳之气为说。《论衡·寒温篇》云:"《易》京氏布六十四卦于一岁中,六日七分,一卦用事。卦有阴阳,气有升降,阳升则温,阴升则寒。"[1]王充描述的京氏《易》与孟喜、赵宾《易》学同类,应无疑问。《汉书》云"京房以明《易》阴阳得幸于上"[2],可知此类以阴阳气说《易》的学问在汉代有特殊的称呼,以区别于儒家主流的《易》学,名曰"《易》阴阳"。

"《易》阴阳"泛指结合了阴阳五行学说的诸家《易》学。京房以前,史籍明确说习《易》阴阳者有昭、宣时期的魏相。《汉书·魏相传》

---

[1] 黄晖《论衡校释》卷一四,中华书局,1990年,第631页。
[2] 《汉书》卷八〇《淮阳宪王刘钦传》。

称他"明《易经》,有师法","数表采《易》阴阳及《明堂月令》奏之",其中说道:

> 天地变化,必繇阴阳,阴阳之分,以日为纪。日冬夏至,则八风之序立,万物之性成,各有常职,不得相干。东方之神太昊,乘《震》执规司春;南方之神炎帝,乘《离》执衡司夏;西方之神少昊,乘《兑》执矩司秋;北方之神颛顼,乘《坎》执权司冬;中央之神黄帝,乘《坤》《艮》执绳司下土。兹五帝所司,各有时也。东方之卦不可以治西方,南方之卦不可以治北方。春兴《兑》治则饥,秋兴《震》治则华,冬兴《离》治则泄,夏兴《坎》治则雹。明王谨于尊天,慎于养人,故立羲和之官以乘四时,节授民事。

魏相将《坎》《离》《震》《兑》四正卦分配四方、四神、四季,与《说卦》"帝出乎震"章所述卦位相同①。京房以四正卦分主一年中的冬至、春分、夏至和秋分,也源于同样的学术传统。魏相又认为四季各有所宜之政,亦可用四正卦表示,如果政治不合时宜则会导致"饥""华""泄""雹"等相应灾异。此与《礼记·月令》《淮南子·时则》等类似,属《明堂月令》之说。《明堂月令》之说本阴阳家言,后多归入礼书②。其中与《易》学相出入者,有《汉书·艺文志》"数术略""蓍龟家"著录之《周易明堂》二十六卷。魏相之学是《易》与阴阳五行学说结合的另一种取向,与京房卦气之学不同。

---

① 《易·说卦》云:"万物出乎震,震东方也。……离也者,明也,万物皆相见,南方之卦也,圣人南面而听天下,向明而治,盖取诸此也。……兑,正秋也,万物之所说也。……坎者水也,正北方之卦也。"《说卦》的形成比较复杂。旧说孔子作"十翼",近代学者已经不再相信。李镜池(《周易探源》,中华书局,1978年,第320页)认为《说卦》作于焦延寿、京房之后,则须以《史记·孔子世家》遭后人篡改为前提,亦不可信。《说卦》的前几章已见于马王堆帛书《易·系辞》。李学勤(《周易溯源》,巴蜀书社,2006年,第171页)认为,文、景时期,《说卦》已经普遍流传。其说较为合理。

② 参看拙文《从阴阳书到明堂礼——读银雀山汉简〈迎四时〉》,《中华文史论丛》2010年第1辑,第363—380页。

卦气说见于唐代僧一行《大衍历议》的记载①，大略是将《坎》《离》《震》《兑》四正卦外的六十卦，按辟、公、侯、卿、大夫五等爵分为五组，每组十二卦。从每组中各取一卦，相配五等卦共主一月，更值用事，每卦值六日七分。十二辟卦为本月的主卦，又称"消息卦"，同月的其他四卦相应地称为"杂卦"。十二辟卦与十二月相配的规律，如表2.3所示：

表 2.3 十二辟卦配月表

| 月份 | 十一 | 十二 | 一 | 二 | 三 | 四 | 五 | 六 | 七 | 八 | 九 | 十 |
|---|---|---|---|---|---|---|---|---|---|---|---|---|
| 辟卦 | 复 | 临 | 泰 | 大壮 | 夬 | 乾 | 姤 | 遯 | 否 | 观 | 剥 | 坤 |
| 卦画 | ䷗ | ䷒ | ䷊ | ䷡ | ䷪ | ䷀ | ䷫ | ䷠ | ䷋ | ䷓ | ䷖ | ䷁ |

从表中可见，十一月到十月所配辟卦的阳爻经历了有规律的增减，具有象征意义。十一月冬至，《复》卦初爻为阳爻，象征一阳始生，经二阳、三阳，渐次至《乾》卦全阳；然后五月夏至，《姤》卦一阴生，经二阴、三阴，而至《坤》卦全阴；随之一阳来复，又从《复》卦开始下一轮循环。十二辟卦以其卦象次序，象征一年中阴阳之气的消长。这种卦气说，是将《易》与阴阳之气循环消息以成岁的学说相结合而成的。

阴阳之气循环以成岁的观念，渊源可上溯至战国时代。《吕氏春秋·仲夏纪·纪首》云"是月也，日长至，阴阳争，死生分"，《仲冬纪·纪首》云："是月也，日短至，阴阳争，诸生荡。"即是说阴阳二气在仲夏和仲冬之月，也就是夏至和冬至前后，达到临界点，或阳气极盛而

---

① 《大衍历议》见《新唐书·历志》所载。其六《卦议》曰"十二月卦出于《孟氏章句》"，学者遂据此称为"孟喜卦气说"。《卦议》又云："京氏又以卦爻配期之日，《坎》《离》《震》《兑》，其用事自分、至之首，皆得八十分日之七十三。《颐》《晋》《井》《大畜》，皆五日十四分，余皆六日七分。"然则"京氏"卦气说与《孟氏章句》不同，但差别只是"京氏"从《颐》《晋》《井》《大畜》四卦所值中各取出八十分之七十三日，分由四正卦值，其余五十六卦均与《孟氏章句》同。此外，卦气说还见于《易稽览图》，亦大同小异，参看朱伯崑《易学哲学史》（上），北京大学出版社，1986年，第119—120页。学者多将一行所谓《孟氏章句》说称为"孟喜卦气说"，所谓"京氏"说称为"京房卦气说"，似乎两者分别为孟喜、京房二人所持。其间还有可商榷之处，兹不详论。今将诸卦气说一并论之，暂不作区分，以其大要皆分卦值日，六日七分，各说无异也。

阴气将生，或阴气极盛而阳气将生，故而阴阳相争。可见，阴阳随时节消长的观念，产生不晚于战国。《淮南子·天文》云：

> 日冬至则斗北中绳，阴气极，阳气萌，故曰冬至为德。日夏至则斗南中绳，阳气极，阴气萌，故曰夏至为刑。

其义与《吕氏春秋》相同，唯以冬至配德、夏至配刑，已经发展了阴阳消息观念，与当时流行的刑德说联系起来。据《春秋繁露·阴阳出入上下》之说，则阴阳二气在一年之中不仅随时消息，而且有左右上下出入的运动。该篇与《淮南子·天文》都说明，阴阳消息的观念在西汉武帝时期已经十分成熟，并与刑德、干支方位等其他范畴产生联系。在这一背景下，它与《易》学的结合，也就不难理解了①。

《淮南子·天文》又云：

> 日冬至……八尺之修，日中而景丈三尺。日夏至……八尺之景，修径尺五寸。景修则阴气胜，景短则阳气胜。阴气胜则为水，阳气胜则为旱。

这是在冬至和夏至日，以正午日影长度测量阴阳之气的强弱胜负。我们知道，二至时，太阳与地球的角度是固定的，肉眼可见的日影长短差异只是由于测量地点纬度不同或历法不合天所致。古人简化了相关变量，而设置一个定值，以之为标准观测阴阳之气，今天看来虽不科学，在当时却是合理的办法。日影测量的结果，被用于预测一年的气候和灾害，解释水、旱形成，在某种程度上已经有阴阳灾变的意义。卦气说以实际气象情况，推测阴阳之气的消息与当值之卦是吻合还是冲突，用之以说灾异。它的方法比日影候气复杂，但基本原理是一致的。

以上我们说明，京房的《易》阴阳之学和以卦气说占灾异的技术有

---

① 这种结合的开始，或许比我们确切知道的还要更早一些。战国《易》学已经将阴阳作为最主要的概念，《庄子·天下篇》云"《易》以道阴阳"，即是明证。但战国《易》学中的"阴阳"是否已经包含二气消息以成岁的含义，尚不可知。故本文对《易》阴阳之学的起源，不作更远的推测。

深厚的学术背景,虽不能确指京房之术在焦、京之前就已经产生,但在此前和同时,类似的学说和掌握相关技术的人应该还有不少。孟喜得到的"《易》家候阴阳灾变书",以小数饰《易》文的赵宾,还有京房的老师焦延寿,都表明了这一学术传统的存在。据《汉书·儒林传》,与京房同时或稍晚,还有沛人高相治《易》,其学"专说阴阳灾异",与京房《易》学应有相似之处①。《汉书·艺文志》"易家"也有几种书与阴阳灾异有关。《古五子》十八篇,自注云:"自甲子至壬子,说《易》阴阳。"又有《杂灾异》三十五篇,姚振宗以为盖即孟喜所得"《易》家候阴阳灾变书"之类②。这些学说是战国以来数术大发展的产物,也是灾异论数术传统的组成部分,构成了京房灾异论的学术背景。

尽管《易》阴阳灾变之学早已存在,但在京房之前仅流传于民间,地位不高。所以赵宾和焦延寿皆攀附有师法的名儒孟喜,高相则自称源出于《易》学宗师丁宽。这门《易》学,经过京房的阐发和运用,元帝时立于学官,才发扬光大。此后,《京氏易》学者甚众,多以言灾异著称。下面要探讨京房以《易》阴阳说灾异的方法,以及其学流行的原因。

## 二、以卦气说灾异

在研究京房的灾异论说前,有必要对所用文献资料做简单说明。《汉书·艺文志》著录京房著作仅"易类"《孟氏京房》十一篇、《灾异孟氏京房》六十六篇两种③。此后,题名"京房"或"京氏"的书大量涌现,《隋书·经籍志》《旧唐书·经籍志》及《新唐书·艺文志》著录达二十余种,另外还有《汉书》《后汉书》《续汉志》注、《开元占经》《太平御

---

① 《汉书·儒林传》没有明确说明高相的生卒年代,仅云其子康于王莽居摄时被杀。据此推知高相的活动年代约当元、成时。若其学确有所受,则产生的时间应该更早。

② 参见姚振宗《汉书艺文志条理》,二十五史刊行委员会编《二十五史补编》第2册,中华书局,1955年,第1535页下。

③ 《汉志》另有《京氏段嘉》十二篇,是京房弟子阐述师说。《汉书·儒林传》载京房弟子有"东海殷嘉",即此"段嘉","段""殷"两字形近,必有一讹。参看张舜徽《汉书艺文志通释》,华中师范大学出版社,2004年,第183页。

览》以及宋代李季所撰《乾象通鉴》所引的《京房别对灾异》《京房五星占》《京氏外传》等。这些书现在都已经不存。清人王保训的辑录《京氏易》八卷（收入李盛铎编《木犀轩丛书》），内容重叠杂沓，大量文句重复收入《易占》《易传》等数种书中，难以凭据。这固然是由于《开元占经》《太平御览》诸书引用所据传本不同，题名亦不严格统一，更重要的原因则是，隋唐以后题名京房之书错乱重出，缺乏整理和鉴别。如《隋志》、两《唐志》著录各书，除《周易章句》《周易错》（或名《周易错卦》）在经部外，均在子部"五行类"或"兵类"。这些书中，《周易章句》应即《汉书·艺文志》所著录的《易》传《孟氏京房》，《周易占》或《周易妖占》应是见于汉代京氏《易》学者引用的"訞辞"，也许与京房有关（详下）。其他各书则看不出由《汉志》著录的京房著作分化演变而成的迹象，应是后人依托，与京房乃至京房弟子都没有直接关系，不能作为研究京房灾异论说的依据。

除上述著录和辑佚外，现存还有《京氏易传》一书，凡三卷，题"汉东郡京房著"①。此书是清代以来研究京房《易》学最为倚重的资料。可疑的是，它不见于唐以前著录，晁说之《记京房易传后》云于宋神宗元丰五年（1082）得之②，此后南宋《中兴馆阁书目》③《郡斋读书志》《直斋书录解题》乃有著录④。此书与之前著录的京房著述无法对应，找不到传承分合的线索，晁说之疑即《隋志》、两《唐志》中所著录之《错卦》，但卷数不合，且无实据，不足凭信。因此，今本《京氏易传》是

---

① 《京氏易传》有明代程荣所辑的《汉魏丛书》本，吉林大学出版社，1992年影印明新安程氏刊本。
② 见晁说之《嵩山文集》卷一八，《四部丛刊续编》，商务印书馆，1934年影印抄本，第3—7页。
③ 见王应麟《玉海》卷三五"汉京房易传易占分卦直日法"条引，江苏古籍出版社、上海书店，1988年影印清浙江书局刊本，第671页下。
④ 晁公武《郡斋读书志》著录四卷，题《京房易传》，见孙猛《郡斋读书志校证》卷一，上海古籍出版社，1990年，第12页。《直斋书录解题》著录三卷，亦题《京房易传》，又有《积筭杂占条例》一卷，合为四卷，见陈振孙《直斋书录解题》卷一，上海古籍出版社，1987年，第5页。

否传自京房极有疑问。它的内容无涉灾异论说,故本文也不列入讨论范围。

鉴于上述原因,研究京房的灾异论说,可靠办法还是根据《汉书·五行志》和《京房传》的资料,并参考《汉书》《后汉书》中确知是两汉人引述的京房《易》说。如此虽不能保证必无遗漏,却可以排除伪书的干扰,更加接近京房灾异论说的本来面目。

《汉书·京房传》载,京房得宠之后,劝说汉元帝推行他所设计的考功法。宦官石显、尚书令五鹿充宗反对京房,为使他离开元帝身边以便陷害,建言出房为郡守,试验其法。京房不愿远离元帝的保护,拜太守后,心中忧惧。他在离开长安前后连上三道封事,称说灾异,希望元帝明察小人的阴谋,召回自己。这三道封事是京房解说灾异的实例,也是了解京房灾异最直接和可靠的资料。

对这三道封事的内容,钱大昕在《廿二史考异》中有零星考证,日人武田时昌《京房の灾异思想》一文中的分析,主要依据钱说。今人卢央在《京房评传》中解说最为详细[①]。三位学者都用卦气说解析封事的内容,揭示了京房说灾异的数术逻辑,但对封事所指日期等一些具体内容的理解仍各有偏差。在此有必要将这三道封事全文录出,重新讨论[②]。

> 房以建昭二年二月朔拜,上封事曰:"辛酉已来,蒙气衰去,太阳精明,臣独欣然,以为陛下有所定也。然少阴倍力而乘消息,臣疑陛下虽行此道,犹不得如意。臣窃悼惧,守阳平侯凤欲见,未得。至己卯,臣拜为太守。此言上虽明下犹胜之效也。臣出之后,恐必为用事所蔽,身死而功不成,故愿岁尽乘传奏事,蒙哀见许。乃辛巳,蒙气复乘卦,太阳侵色,此上大夫覆阳而上意疑也。己卯、庚辰之间,必有欲隔绝臣,令不得乘传奏事者。"

---

① 见卢央《京房评传》,南京大学出版社,1998年,第66—79页。
② 这三道封事见《汉书》卷七五《京房传》。

房未发,上令阳平侯凤承制诏房,止无乘传奏事。房意愈恐,去至新丰,因邮上封事曰:"臣前以六月中言《遁》卦不效,法曰:'道人始去,寒,涌水为灾。'至其七月,涌水出。臣弟子姚平谓臣曰:'房可谓知道,未可谓信道也。房言灾异,未尝不中,今涌水已出,道人当逐死,尚复何言?'臣曰:'陛下至仁,于臣尤厚,虽言而死,臣犹言也。'平又曰:'房可谓小忠,未可谓大忠。昔秦时赵高用事,有正先者,非刺高而死,高威自此成,故秦之乱,正先趣之。'今臣得出守郡,自诡效功,恐未效而死。惟陛下毋使臣塞涌水之异,当正先之死,为姚平所笑。"

房至陕,复上封事曰:"乃丙戌小雨,丁亥蒙气去。然少阴并力而乘消息,戊子益甚,到五十分,蒙气复起。此陛下欲正消息,杂卦之党并力而争,消息之气不胜。强弱安危之机不可不察。己丑夜,有还风,尽辛卯,太阳复侵色,至癸巳,日月相薄,此邪阴同力而太阳为之疑也。臣前白九年不改,必有星亡之异。臣愿出任良试考功,臣得居内,星亡之异可去。议者知如此于身不利,臣不可蔽,故云使弟子不若试师。臣为刺史又当奏事,故复云为刺史恐太守不与同心,不若以为太守,此其所以隔绝臣也。陛下不违其言而遂听之,此乃蒙气所以不解,太阳亡色者也。臣去朝稍远,太阳侵色益甚,唯陛下毋难还臣而易逆天意。邪说虽安于人,天气必变,故人可欺,天不可欺也,愿陛下察焉。"房去月余,竟征下狱。

京房上第一道封事的时间,钱大昕认为在建昭二年三月朔日,《汉书》"二月"当作"三月",武田时昌同意钱氏的校改①。他们认为这道封事中的辛酉、己卯、庚辰、辛巳分别是建昭二年正月廿八日和二月之十六日、十七日、十八日。卢央的意见与此不同。他没有改字求解,而将封事中的这四个干支纪日越前一个甲子周期(60 天),分别指为建

---

① 见钱大昕《廿二史考异》卷八"京房传"条,第 161 页;武田时昌《京房の灾异思想》,中村璋八编《纬学研究论丛——安居香山博士追悼》,平河出版社,1993 年,第 69 页。

昭元年十一月廿七日、十二月十五日、十六日、十七日。这两种观点都值得商榷。

钱大昕的校改没有版本依据，属于理校。他改字的原因，是将"上封事"三字连上读，以为《汉书》"建昭二年二月朔"是京房"拜上封事"的时间，而据《汉书》注引张晏说，封事涉及二月以后的气象，与上封事在二月朔日的记载相矛盾①。为了解决这个矛盾，钱大昕冒险改字。卢央对《汉书》此句的读法与钱大昕一致，解决矛盾的办法则相反，即改变对封事内容所涉日期的理解。根据卢央的理解，京房封事所述事件的发生时间早在上封事前40多天，间隔过长。这与理校改字一样，都不是最合理的解读。

《汉书》中华书局点校本此句在"上封事"前点断，将"建昭二年二月朔拜"理解为拜魏郡太守，"上封事"则是京房拜郡守后的反应②。这一读法解决了钱大昕、卢央遇到的矛盾，较为合理。东汉荀悦撰《汉纪》，抄撮《汉书》，其中这句话作"房既拜，上封事曰"③云云，可以佐证中华本《汉书》的标点。据此，京房于建昭二年二月朔日拜魏郡太守，是为册书下发之日。封事中称"至己卯，臣拜为太守"，按二月甲子朔，己卯即十六日，当是实际授官的时间。然则第一道封事上奏应在二月十八日辛巳后不久，内容是拜太守册书下发至实际授官这段时间前后的天气变化与《易》卦的关系。

京房先说，从辛酉（正月廿八日）开始，蒙气渐衰。"蒙气"是京房灾异说经常用到的概念。《易纬稽览图》卷上云："侵消息者，或阴专政，或阴侵阳，侵之比先蒙。"④意谓"蒙"是"阴侵阳"最初的表现。京

---

① 《汉书》卷七五《京房传》"乃辛巳，蒙气复乘卦，太阳侵色"句注引张晏曰："《晋》卦、《解》卦也。'太阳侵色'，谓《大壮》。"钱大昕曰："《晋》《解》《大壮》皆二月卦，则房上封事必在二月后矣。"见《廿二史考异》卷8，第161页。
② 《汉书》卷七五《京房传》，第3164页。
③ 荀悦《汉纪》卷二三《孝元皇帝纪下》，中华书局，2002年，第399页。
④ 《易纬稽览图》卷上，第7叶a，《文渊阁四库全书》本，台湾商务印书馆，1986年。

房对蒙气的理解大体同此①。他称,见蒙气去而阳气盛,以为主上(阳)已经有正确的决断。

然后,京房话锋一转,指出了问题。上一年建昭元年十一月廿一日乙卯冬至,按照卦气说,从是日起,《中孚》卦值日用事,经六日七分,至十一月廿七日辛酉起《复》卦用事。接下来先后历《屯》《谦》《睽》《升》《临》《小过》《蒙》《益》《渐》卦,而后《泰》卦于正月廿八日辛酉临近结束时始用事。然后《需》《随》《晋》卦相继用事,至二月二十三日丙戌为止。从《渐》至《晋》的一月间,《泰》为辟卦,亦即消息卦。封事从辛酉即正月廿八日起述,就是因为《泰》卦从这一天开始值日用事。《泰》是一年中第一个息卦,或曰太阳卦。《易纬稽览图》卷上郑玄注解释"卦气说"云:

> 太阴谓消也,从《否》卦至《临》为太阴。杂卦九三为少阳之效,杂卦九三行于太阴之中,效微温一辰,其余皆当随太阴为寒。其阴效也尽日,为杂卦六三行于太阴中,尽六日七分也。太阳谓息也,从《泰》卦至《遁》为太阳。杂卦六三行于太阳之日中,效微寒一辰,其余皆当随太阳为温效,尽六日七分也。②

这段话的意思是说,十二辟卦中,从《否》至《临》,第三爻为阴爻,主秋冬,是太阴卦。这些辟卦下属的杂卦,凡第三爻为阳者是少阳卦。太阴卦所主的月份中,天气变化的大趋势是不断趋寒,但在少阳卦所值日中应有一辰略微回温。同理,从《泰》至《遁》的六个辟卦,第三爻均为阳,主春夏,是太阳卦。其所主之月天气变暖,而第三爻为阴的少阴卦所值日中当有一辰微微转寒。根据日常经验,在暑往寒来、寒往暑

---

① 朱伯崑认为,《易纬》是孟京《易》学的发展,同京房《易》学相比,特点是更为"神学化"和"理论化",见氏著《易学哲学史》(上)第三章第二节《〈易纬〉和象数之学》,第152—155页。钟肇鹏也举出八条论证,认为"《易纬》为孟京《易》学一派,无容置疑",并称"孟京《易》学星早已亡佚,幸赖《易纬》还保存其遗说",见氏著《谶纬论略》第五章第三节《孟京〈易〉学与〈易纬〉》,辽宁教育出版社,1991年,第128—134页。这样的观点,大致能够代表学界共识。由于缺少直接材料,我们研究京房灾异说时,不得不较多地参考《易纬》中的相关说法。如果剔除其中"神学化"的成分,大约不至与京房之说相去太远。

② 《易纬稽览图》卷上,第6叶。"为杂卦六三行于太阴中","三"上原衍"十"字。"太阳谓息也","息"上原有"消"字,据上文"太阴谓消也"知是衍文。今一并删去。

来的交替中,寒暑偶尔反复是正常现象。"卦气说"考虑及此,故安排了少阴、少阳卦这些大趋势下的小变化。郑注所描述的,是"卦气说"所认为的常态。如果与辟卦所主趋势相反的变化过于剧烈或者持续过久,超出正常范围,就成为灾异。

京房封事中所谓"少阴倍力而乘消息",就是说阴气奋力企图凌驾于辟卦《泰》之太阳。二月十一日甲戌起,《随》《晋》相继用事,二卦俱为少阴。时拜太守诏未达,京房已知有人向元帝进谗言,因此曾拜候外戚阳平侯王凤,想见他说明情况,转达给元帝,然而终于没有见到。至十六日己卯,京房不得不接受太守之职。随后,十八日辛巳,蒙气果然复起乘太阳卦,日为之侵色。是日清晨,《晋》卦始用事。五等卦中《晋》是卿卦,卿也称上大夫,故京房云"此上大夫覆阳",上大夫即谓《晋》卦①,又指元帝近臣中书令石显、少府五鹿充宗等人。汉制,太守遣吏上计,不得离开守郡亲自至长安奏事。京房为了保持和元帝的直接联系,请求"岁竟乘传奏事"。元帝破例允许。但石显等隔绝君臣的意图十分明显,所以京房根据蒙气起、阴覆阳的时间,占测己卯(十六日)、庚辰(十七日)之间,必定有人"欲隔绝臣,令不得乘传奏事"。果然,京房尚未出发,元帝就令王凤承制诏房,不再允许他乘传奏事。

以上是京房第一道封事灾异说的原委。通过分析,大致能够明了以卦气说灾变的逻辑和方法,理解《汉书·京房传》所谓"分六十四卦更直日用事,以风雨寒温为候,各有占验"。

第二道封事的灾异说涉及卦气以外的问题,稍后详论,此处仅略释其中与卦气说有关的一句。封事提到京房"前以六月中言《遯》卦不效"。《遯》即六月的辟卦,所谓"《遯》卦不效",就是实际气象的阴阳消长与《遯》卦卦象不合。这当然也是用了卦气说。

---

① 《汉书》卷七五《京房传》"太阳侵色"下注引张晏曰:"《晋》卦、《解》卦也。'太阳侵色',谓《大壮》。"案《解》卦二月廿三日方用事,辛巳为十八日,未及《解》卦用事。"太阳侵色",《汉书补注》引刘攽说谓"太阳指日"(《汉书补注》卷七五《京房传》补注,中华书局,1983年影印清光绪虚受堂刊本,第1375页上),与张晏说异。案此"太阳"双关,一方面指二月正卦太阳卦《大壮》,一方面又指天象中的太阳(日)颜色遭侵,象征皇帝受到迷惑。

第三道封事大约上于三月初,京房已离开长安,行至陕县。丙戌是二月廿三日①,自是日上午起,少阴卦《解》卦始用事,而辟卦《大壮》是太阳卦。京房说,蒙气刚消散不久,就因为少阴并力而于廿五日戊子午后迅速复起。这里的"少阴"既是卦气,又指元帝身边的大臣。随后,己丑(廿六日)还风,说明元帝本将有善令,却最终收回②。辛卯(廿七日)太阳侵色,癸巳(三月朔日)日月相薄,都是邪阴侵阳。阴阳二气消长,也反映出元帝在内心主见与近臣谗言之间游移不定。此处所用卦气之说,可与第一道封事相印证。

上面我们分析的灾异说,均通过观察"风雨寒温"这类气象变化,推测阴阳二气的消长,然后与当值卦气的正常状态比较,推说人事中阴阳二要素的盛衰转变,进而占测或评论人事。这种灾异说的前提是天人以类相感,理论工具是阴阳数术卦气之学,方法并不十分复杂。

不过,在第二道封事中还出现了我们尚未谈到的要素。封事说:

> 臣前以六月中言《遁》卦不效,法曰:"道人始去,寒,涌水为灾。"至其七月,涌水出。

---

① 钱大昕认为此丙戌为四月廿四日,较本书所推晚一个甲子周期(60天),说见《廿二史考异》卷八,第161页。武田时昌亦用钱说。钱氏这样推断的原因是,他认为京房的第一道封事上于三月朔日,上第三道封事时已离开长安赴任,当然应述三月以后事。实则不然。从《汉书》的记载可见,从京房拜郡守到出发赴任,历时不长。京房第一道封事称"己卯、庚辰之间,必有欲隔绝臣,令亡得乘传奏事者",《汉书》接着说:"房未发,上令阳平侯凤承制诏房,止无乘传奏事。房意愈恐,去至新丰,因邮上封事。"可以推测,元帝听信谗言取消京房乘传奏事的特权大约就是二月十七、十八日间的事。京房在长安接到诏令,却未及在出发前作出反应,行至新丰才通过邮传上封事,可见出发极为匆促,应就在二月廿日前后。新丰在今陕西临潼东北,距离汉长安城约30公里,只有一天的路程。京房上第三道封事所在的陕县在今河南三门峡市,距长安约260公里。京房出发后行至此处,也仅需10天左右。据此推测,第三道封事的撰写时间约在三月初,其内容也不可能涉及四月以后事。卢央认为第三道封事上奏时间"不是三月初一就是三月初二",对其中几个干支所指日期的推断也与我们一致。他对这道封事的解说较为详细,可以参看(见《京房评传》,第74—79页),故本文从略。

② 《易纬稽览图》卷上:"还风者,善令还也。"(第5叶b)《汉书》卷七五《京房传》注引孟康释"还风",亦曰"正令还也"。

这里除用卦气说引出《遁》卦外,重点是在预测七月的水灾,依据则是"法曰"。所谓"法曰"其实是京房《易传》之文。《汉书·五行志》引京房《易传》曰:

> 道人始去兹谓伤,其寒,物无霜而死,涌水出。

不难看出,京房封事中的"法曰"就是此文的节引。"京房《易传》"书名不见于《汉书·艺文志》,实则"易传"是泛称解《易经》之传,《汉志》中的《孟氏京房》《灾异孟氏京房》都属《易传》①。现存可靠的京房《易传》文句,主要见于《汉书·五行志》的征引,其中几乎看不到卦气说的迹象。那么,京房是怎样在《易传》与卦气说之间建立起联系的呢?京房的这道封事提供了重要线索。

按照卦气说,六月辟卦为《遁》。《遁》卦有退避之意,李鼎祚《周易集解》引虞翻注曰:"小人道长,避之乃通,故遁而通。"②可见《遁》卦讲的是君子退避。京房《易传》"道人始去","道人"即有道之人、道术之士,也就是君子。"去"就是退避,亦即"遁"。《易传》"道人始去"意思与《遁》卦相应,故京房说《遁》卦不效,要引《易传》以为"法"。在这个例子中,卦气说首先根据时令找到当时所主之卦,然后由此卦联系相应的《易》传之文解说灾异。这是不同于第一、第三道封事中所见的另一种说灾异方法。

这种说灾异之法,利用了京房《易传》与《易》卦之间大量存在的联系。比如,《汉书·五行志中之上》引京房《易传》云:

> 《复》,"崩来无咎"。自上下者为崩,厥应泰山之石颠而下,圣人受命人君亡。

---

① 从《汉志》的文例看,"易家"前文"《易》传《周氏》二篇",此"易传"二字便统摄以下诸书,京房书二种亦属之。姚振宗《汉书艺文志条理》"孟氏京房"条云,自《古五子》至此八家"皆有'《易》传'之名,乃'《易》传'之别派,亦统属上文'易传'二字。见《二十五史补编》第二册,第1537页中。其说是也。"易传"统摄下文之说,又见张舜徽《汉书艺文志通释》,第179页。关于《汉志》于家下列子目之例,参看张舜徽《汉书艺文志释例》,《广校雠略》附录三,华中师范大学出版社,2004年,第121—122页。

② 李道平《周易集解纂疏》卷五,中华书局,1994年,第326页。

"崩来无咎"是《复》卦卦辞①。京房《易传》"自上下者为崩",即是解释卦辞。"厥应"云云,亦与卦辞相联系。京房《易传》中还有不少条目是关于爻辞的,比如:

> "震遂泥",厥咎国多麋。(《汉书·五行志中之上》引)
> 
> "小人剥庐",厥妖山崩,兹谓阴乘阳,弱胜强。(《五行志下之上》引)
> 
> "丰其屋",下独苦。长狄生,世主房。(《五行志下之上》引)
> 
> "干父之蛊,有子,考亡咎。"子三年不改父道,思慕不皇,亦重见先人之非。不则为私,厥妖人死复生。(《五行志下之上》引)
> 
> "睽孤,见豕负涂",厥妖人生两头。(《五行志下之上》引)
> 
> "妇贞厉,月几望,君子征,凶。"言君弱而妇强,为阴所乘,则月并出。(《五行志下之上》引)

"震遂泥"是《震》卦九四爻辞,"小人剥庐"是《剥》卦上九爻辞,"丰其屋"是《丰卦》上六爻辞,"干父之蛊"云云是《蛊》卦初六爻辞,"睽孤,见豕负涂"是《睽》卦上九爻辞,"妇贞厉"云云是《小畜》上九爻辞。如果以上还不能说明京房《易传》性质的话,那么,下面这条更清晰地呈现了其解经的面貌:

> 经称"观其生",言大臣之义,当观贤人,知其性行,推而贡之。否则为闻善不与,兹谓不知,厥异黄,厥咎聋,厥灾不嗣。黄者,日上黄光不散如火然,有黄浊气四塞天下。蔽贤绝道,故灾异至绝世也。经曰"良马逐"。逐,进也,言大臣得贤者谋,当显进其人。否则为下相攘善,兹谓盗明,厥咎亦不嗣,至于身僇家绝。(《五行志下之上》引)

"观其生"是《观》卦上九爻辞,"良马逐"是《大畜》九三爻辞。京房《易传》称"经称""经曰",表示以下解说都是阐发经文之义。所谓"黄""盗明"皆日象,是日占数术的术语。京房将数术的象、占与《易》

---

① 今本《周易》"崩"作"朋"。

经文联系起来,使之成为《易》学的一部分,同时赋予人事上的价值取向。在这条《易传》中,两个"否则"指出违背经文意旨则将有灾咎。前引诸条中,释《蛊》卦爻辞的一条与此类似,其余各条卦爻辞都是负面的或者凶兆,故成为灾异的原因或应验,而"妇贞厉"条本身即被解释为一条完整的灾异占验。不难看出,京房《易传》通过解说《易》经的形式,将灾异占验与《易》经文相联系,使占验成为解经之辞,并得到经文的佐证,从而获得义理和权威。

《汉书·五行志》所引京房《易传》是以灾异为纲的。上引最后一条,"观其生"和"良马逐"不属一卦,却合而论之,原因是两卦都要求大臣进贤,否则将有"不嗣"的灾咎。其他例证,如《汉书·五行志上》引"颛事有知"一条均言水灾;《五行志中之上》引"欲德不用兹谓张"条俱说旱灾;《中之下》引"禄不遂行兹谓欺"条说奥,"兴兵妄诛"条说霜;《下之上》引"潜龙勿用"条说风,"臣安禄兹谓贪"条说虫,"臣事虽正"条说震,"有蜺蒙雾"条说蜺、蒙、雾;《下之下》引"亡师兹谓不御"条说日食。这些都是根据灾异之象,以类相从,体例接近于后世《乙巳占》《开元占经》等数术占验书,与马王堆出土天文书也有类似之处①。由此看来,京房《易传》虽有不少解《易》的文句,但总体而言,分类系统和术语体系仍承袭自数术传统,不如说是在灾异数术占验书的基础上引入《易》经,改造而成。

京房的《易》阴阳灾异论与《洪范五行传》一样,通过运用数术逻辑,建立起灾异的分类和解说体系。武田时昌认为,京房用客观法则取代人的主观臆断,从这个角度看,具有从随意解说向数术理论升华的"科学化志向"②。不管京房是否有所谓"科学化"的取向,他的灾异论确实比董仲舒更加学理化,而这种学理化是与较为浓厚的数术占验色彩联系在一起的。

关于京房《易传》的数术色彩,还有两个现象值得注意。第一,是经、传、"訞辞"组成的三层结构。《汉书·谷永传》载谷永云:

---

① 马王堆出土天文书,参看刘乐贤《马王堆天文书考释》。
② 武田时昌《京房の灾异思想》,《纬学研究论丛》,第83页。

> 诸夏举兵,萌在民饥馑而吏不恤,兴于百姓困而赋敛重,发于下怨离而上不知。《易》曰:"屯其膏,小贞吉,大贞凶。"传曰:"饥而不损兹谓泰,厥灾水,厥咎亡。"《訞辞》曰:"关动牝飞,辟为无道,臣为非,厥咎乱臣谋篡。"

其中《易》曰云云是《屯》卦九五爻辞,传曰云云是京房《易传》之文,而所谓《訞辞》,颜师古注曰:"《易訞占》之辞也。訞即妖字耳。"颜注所指《易訞占》,即《隋书·经籍志》子部五行类著录的《周易占》十二卷或《周易妖占》十三卷①,颜师古应能亲见,其说可信。在谷永的论述中,"传"无疑是阐释《易》经的,那么《訞辞》与"传"的关系又如何呢?《谷永传》所引京房《易传》有脱文,据《汉书·五行志中之上》引,知"厥咎亡"当作"厥咎牝亡"。《訞辞》中的"关动牝飞"则是对《易传》此句的解释。可见,《易》经、传、《訞辞》在此构成了三个层级的解释关系。其中《訞辞》部分,后来又称"占"或"妖占",在《隋书·经籍志》中归入子部五行类,具有明显的数术占验性质。可以认为,京房《易传》不同于一般讲义理的"传",它还包含或附带着数术占验的成分。

另一个现象是京房《易传》有时也被称为《易占》。《汉书·五行志下之下》云:

> 永始元年九月丁巳晦,日有食之。谷永以京房《易占》对曰:"元年九月日蚀,酒亡节之所致也。"

《续汉书·五行志六》刘昭注:

> 谷永上书:"饮酒无节,君臣不别,奸邪欲起。《传》曰:'酒无节,兹谓荒,厥异日蚀,厥咎亡。'"

刘昭此注引谷永上书当别有所据,但其事很可能即在永始元年九月,与《汉书·五行志下之下》所述为一事。《汉书》所谓的《易占》,谷永又称之为"传"。这条传文还见于《汉书·五行志下之下》,引作"酒亡节,兹谓荒,厥蚀乍青乍黑乍赤,明日大雨,发雾而寒",与刘昭注中谷

---

① 《隋书·经籍志》著录《周易占》十二卷,京房撰,其下小注云"梁有《周易妖占》十三卷,京房撰",实则两者当为一书。

永所称引的是同一条。无独有偶,《汉书·五行志下之下》云:"永始二年二月乙酉晦,日有食之。谷永以京房《易占》对曰:'今年二月日食,赋敛不得度,民愁怨之所致也。'"他所依据的《易占》,也正是同卷前面引到的京房《易传》"赋不得,兹谓竭,厥食星随而下"之语。根据上述两事,固然尚无法定论京房《易传》与《易占》是同指异名,还是分而言之有"传""占"之别,合而言之则俱可称为"传",但京房《易传》的数术占验性质已经可以看得比较清楚了。

京房《易》阴阳灾异论与数术关系密切,使得京房《易传》在语言形式上与占验书极为相似,并具有根据灾异预言人事和预言灾异发生的功能。分析《汉书·五行志》所引京房《易传》,可知这些佚文论说灾异的方式大致可以分为两种类型。前文所引的《易传》都属第一类,先言人事之失,然后以厥灾如何、厥异如何、厥妖如何、厥咎如何的形式描述人事导致的灾异。这类传文,根据灾异回溯此前发生的人事,语序与一般先象后事的占卜相反,而在概括性和用于演绎的特点上同于占辞,我称之为"反序占辞"。第二类则与一般数术占验相同,先说灾异现象,后言人事。试举几例:

> 枯杨生稊,枯木复生,人君亡子。(《汉书·五行志中之下》引)
> 夏雨雪,戒臣为乱。(同上)
> 海数见巨鱼,邪人进,贤人疏。(同上)
> 女子化为丈夫,兹谓阴昌,贱人为王。丈夫化为女子,兹谓阴胜,厥咎亡。(《汉书·五行志下之上》引)

这类根据灾异预言人事的传文,与前一类相比虽是少数,也不容忽视①。此外,京房还有预言灾异的本领。《汉书·京房传》云:

> 永光、建昭间,西羌反,日蚀,又久青亡光,阴雾不精。房数上疏,先言其将然,近数月,远一岁,所言屡中,天子说之。

---

① 《汉书》卷二七《五行志下之下》又载:"京房《易传》以为桓三年日食贯中央,上下竟而黄,臣弑而不卒之形也。后楚严称王,兼地千里。"可见京房《易传》中可能也有说事应者。不过这样的例子只有一条,不是京房灾异的主要特征,此处暂时存而不论。

这是说,永光至建昭初年的几次灾异,京房都提前预言,并且料中。那么,预言灾异与灾异预言和灾异回溯之间的关系怎样,三者如何构成灾异论说的理论和实践体系,反映出京房怎样的立场与追求?这是接下来要讨论的问题。

三、京房的立场与追求

灾异预言,即通过灾异预言未来的人事,是灾异论说数术传统的一般模式。预言灾异则是根据某种迹象预测灾异的发生,乃至发生的时间、地点。如上节所述,京房之前,汉武帝时夏侯始昌就预言过灾异。他根据"大风发其屋"预言火灾,应是使用风角数术。京房预言灾异的方法也离不开数术。上引京房第二道封事说:"臣前以六月中言《遁》卦不效,法曰:'道人始去,寒,涌水为灾。'至其七月,涌水出。"通过《易传》预言水灾,推测的起点仍是卦气说。

预言灾异对预言家的前途大有帮助。《汉书·夏侯始昌传》称"自董仲舒、韩婴死后,武帝得始昌,甚重之"。夏侯始昌为汉武帝所重,除了能通五经,先言柏梁台灾日的事迹对神化他的学术水平也有帮助。至于京房,正是由于几次成功预言灾异才崭露头角的。京房于汉元帝初元四年(前45)举孝廉,成为千百郎官之一,毫不起眼[1]。此后永光元年(前43)四月,"日色青白,无景,正中时有景亡光"[2],二年三月朔日食,秋七月羌反,四年六月晦又日食。京房数次上书预测灾异,结果"所言屡中,天子说之"。他由是多次被召见,得到在元帝面前陈说主张的机会。《汉书·儒林传》称其"以明灾异得幸",所谓"明灾异"首先就是预言灾异。

得以面见元帝后,京房却不再预言灾异,而是指出灾异产生的原因,力推考功课吏法。《汉书·京房传》载:

天子说之,数召见问。房对曰:"古帝王以功举贤,则万化成,

---

[1] 据《汉书·京房传》,建昭二年,元帝以京房为魏郡太守,秩八百石。案汉太守秩二千石,京房仅八百石说明他当时仍是郎官,出任太守是越次任用,故秩仅同大县令。

[2] 《汉书》卷二七《五行志下之下》。

> 瑞应著,末世以毁誉取人,故功业废而致灾异。宜令百官各试其功,灾异可息。"

他告诉元帝,导致灾异的原因是选举不当,功业废弛,并说行用考功课吏之法可以平息灾异。此后,京房在朝中的主要活动就是与大臣辩论考功法的可行性和必要性,与反对者石显、五鹿充宗周旋斗争。他被任命为魏郡太守离开长安,以及此后连续上封事论及灾异,都是围绕推行考功法展开的。考功法是京房短暂政治生涯的重心,也是京房从政的意义所在。而预言灾异,不过是进身之阶。

京房深通数术,善于预言灾异,也似乎能够通过灾异预测人事。上引京房第二道封事引述弟子姚平之语,其中说道,水灾的预言已经实现,那么,与此相关的"道人将逐死"已经不言而喻。这里的"道人",当然是指京房。数术之士的灾异占测,用于趋吉避凶、趋利避害。既然占测结果如此,京房当迅速离开是非之地。这是数术的基本信念,弟子姚平也如此建议。京房却不愿相信。此时,他与石显、五鹿充宗之间的矛盾已经激化,但仍希望仰赖元帝的信任推行考功课吏法。可见,京房的占验技术并非用于保身求福。在他的灾异论中,数术作为技术层面,服从于他的政治信念和政治理想。京房的老师焦延寿说:"得我道以亡身者,必京生也。"① 正是因此。

京房的政治理想,不仅反映在考功课吏法上。《易传》中罗列的灾异原因,也表现出儒家的价值取向。《汉书·五行志》引京房《易传》有如下文句:

> 夫妇不严,厥妖狗与豕交。
> 逆亲亲,厥妖白黑乌群斗于国。
> 尊卑不别,厥妖女生赤毛。
> 令不修本,下不安,金毋故自动,若有音。
> 天子弱,诸侯力政,厥异水斗。
> 兴繇役,夺民时,厥妖牛生五足。

---

① 《汉书》卷七五《京房传》。

严夫妇之道,奉亲亲之义,反映出儒家的伦理思想;尊卑有别,务本修政,使民有时,均为儒家的基本政治主张;诸侯力政,也是儒家对春秋战国时期政治形势的批判性描述,表达出尊王理念。前文引过,京房《易传》云:"女子化为丈夫,兹谓阴昌,贱人为王。丈夫化为女子,兹谓阴胜,厥咎亡。"女变男、男变女两种同类而相反的灾异,被京房用不同的逻辑推导出相同的原因:阴盛。用"阴盛"理解灾异,正说明作者主张"阳尊阴卑",与董仲舒以来儒家的阴阳观念一致。

此外,儒家色彩在京房《易传》关于鼠妖的一系列传文中表现得尤为突出。《汉书·五行志中之上》引京房《易传》:

> 祭天不慎,厥妖鼷鼠啮郊牛角。
> 
> 子不子,鼠食其郊牛。
> 
> 诛不原情,厥妖鼠舞门。

同书同卷又载:"董仲舒以为鼷鼠食郊牛,皆养牲不谨也。"京房称"祭天不慎"云云,明显受到董仲舒的影响。敬慎祭祀,父父子子,是《论语》中就明白表达的思想;原情定罪,则是汉代儒家特别是《公羊》家的重要理念。

京房的此类论说,显示出深厚的儒学背景。可以说,京房《易》学重阴阳数术,但其伦理和政治主张基本上属于儒家。他借由预言灾异获取元帝的重视,通过灾异预言增强灾异说的威慑力,又用这些先人事后灾异的反序占辞,回溯导致灾异的原因,以此表达政治主张,推动政治理想的实现。这样的灾异论,可算是"儒学为体,数术为用"。

在借助数术实现儒家政治理想这点上,京房与董仲舒十分接近。《汉书·京房传》记录了京房与汉元帝之间的一段对话,其中京房说道:

> 《春秋》纪二百四十二年灾异,以视万世之君。今陛下即位已来,日月失明,星辰逆行,山崩泉涌,地震石陨,夏霜冬雷,春凋秋荣,陨霜不杀,水旱螟虫,民人饥疫,盗贼不禁,刑人满市,《春秋》所记灾异尽备。陛下视今为治邪、乱邪?

京房采用历史性的类比论证,以《春秋》灾异喻当世治乱,立场与之前的董仲舒、稍后的刘向何其相似。他和刘向一样,都处在董仲舒开创的灾异论的儒学传统之中。

日本学者多偏重于强调京房《易》阴阳灾异论的数术属性。日原利国认为《易》阴阳之学促使灾异论"预言化",导致灾异论的堕落①。武田时昌同意此说,并将京房灾异论视为灾异论向谶纬转变过程中的一环②。这样的观点很难说符合京房的本意③。在我看来,京房灾异论的追求,恰恰在于用儒家之"道"改造和发展之前已经产生的《易》阴阳灾异论,借以实现政治理想。京房《易传》是以"儒学为体,数术为用",具有与董仲舒、刘向、刘歆相一致的儒家立场和追求。正因如此,后来的刘歆才会把《易》与《春秋》《洪范》并列为灾异论儒学传统的三大支柱,具有强烈儒家认同的班固才会在《汉书·五行志》中大量地收入京房的灾异说。儒家灾异论的规模由于京房而大大地扩充了。

然而,京房《易》学在他死后的流行,主要不是因为其儒学理念。西汉元、成以后,汉朝由盛转衰,统治危机逐渐暴露,说灾异突然变得十分时髦。京房《易》成为显学,得益于说灾异者蜂起的新形势。

---

① 日原利国《汉代思想の研究》,研文出版,1986年,第70页。
② 武田时昌《京房の灾异思想》,《纬学研究论丛》,第83页。
③ 日本学者主张谶纬灾异论是预言式的,与董仲舒抑制预言性的灾异天谴论相对立。从董仲舒到谶纬,是灾异论堕落的过程。我认为,灾异论的预言性并非始于谶纬,董仲舒到谶纬之间也不存在从灾异天谴论到灾异预言论的转变过程。参看本书第三章附录《谶纬与灾异论》。

# 第三章　传统的构建与延续

西汉后期,说灾异者蜂起,董仲舒、夏侯始昌、京房等人依托经典创说的灾异论迅速传播和流行。刘向、刘歆父子先后集成儒家的灾异理论和解说,将之与儒家经典和古代圣王更加紧密地联系起来,构建了灾异论的儒学传统。他们的工作被班固纳入《汉书·五行志》,进入史书编撰的传统。另一方面,灾异论的数术传统有一部分被儒学吸收,另一部分则仍在自己的轨道上继续前进。灾异论两个传统如何在相互影响中完成构建,并保持自身的目标和特点?它们各自凭借了何种载体,以什么方式自我延续?这是本章要探讨的问题。

## 第一节　刘向、刘歆的灾异论集成

本书在讨论董仲舒灾异论的成败时曾提出,儒家灾异论影响扩大有三个条件:灾异论自身的完善,儒学权威的提升和扩张,汉朝由盛转衰。汉元帝以后,这三个条件一一满足,说灾异者蜂起,灾异理论的发展也进入新阶段。成帝时,刘向撰著《洪范五行传论》,"集合上古以来历春秋六国至秦、汉符瑞灾异之记","著其占验,比类相从"①。这是历史上第一次灾异理论、记事和解说的集成,也可视作灾异论儒学传统构建完成的标志。此后,刘向之子刘歆修订《洪范五行传》,在理论层面把灾异论与儒学的各大经典紧密地连结起来。他们的成果被班固的《汉书·五行志》继承,确立了灾异在此后的历史编纂和政治文化中的基本形态。

---

① 《汉书》卷三六《刘向传》。

本节准备做以下三个方面的工作:首先,还原历史情境,了解二刘希望通过灾异论解决的问题;其次,从父子二人间的学术继承关系出发,重新理解刘歆的灾异论;最后,利用对董仲舒、《洪范五行传》和京房灾异论的新认识,将刘向、歆置于灾异论发展的历史线索中,把握他们各自的学术取向及灾异论说的意义。

一、说灾异者蜂起

汉武帝前期,董仲舒因为写作《灾异之记》而获罪,"遂不敢复言灾异"①。此后直至汉宣帝即位,史书中儒生说灾异的记录屈指可数。武帝太初元年(前 104),夏侯始昌预言未央宫柏梁台灾日②,此事未见有政治意味。元平元年(前 74),夏侯胜据《洪范五行传》谏昌邑王刘贺,"王怒,谓胜为祅言"③。大约同时,龚遂亦与刘贺言天戒,不为所纳④。最著名者是董仲舒的再传弟子眭弘。昭帝元凤三年(前 78),泰山有大石自立,昌邑枯社木卧复生,上林苑中大柳树断枯卧地,亦自立生,有虫食树叶成文字曰"公孙病已立"。眭弘以为,这些异象表明当有从匹夫为天子者。他又称"汉家尧后,有传国之运",汉帝应求贤禅位,以顺天命。眭弘之说直接质疑汉家统治,不容于当时。他很快被辅政大将军霍光以"祅言惑众,大逆不道"的罪名诛死⑤。以上是武、宣之间五十余年中仅见的几次灾异解说,均未产生大的影响,空谷足音,更显沉寂。

不过,转机随即到来。在眭弘"伏诛"后五年,武帝曾孙刘询"兴起于民间",似乎正应了"公孙病已立""匹夫为天子"的谶言。刘询即位为宣帝,不久,征眭弘之子为郎,表示给眭弘平反,也借以宣示继承皇统的合法性。从此,天人之征开始在政治生活中频繁登场。

---

① 《汉书》卷五六《董仲舒传》。
② 见《汉书》卷二七《五行志上》。
③ 见《汉书》卷七五《夏侯胜传》。
④ 见《汉书·五行志中之上》"服妖"条、"诗妖"条。
⑤ 以上见《汉书》卷七五《眭弘传》。

宣帝"本喜符瑞",在位时"瑞应"尤多①,与祥瑞相对的灾异也作为天意的表征,趁机登上政治舞台②。眭弘平反的政治信号发出后,禁忌逐渐打破,儒生说灾异的环境宽松起来,通过说灾异影响政治的努力也重新出现。《汉书·萧望之传》载:

> 地节三年夏,京师雨雹,望之因是上疏,愿赐清闲之宴,口陈灾异之意。宣帝自在民间闻望之名,曰:"此东海萧生邪?下少府宋畸问状,无有所讳。"望之对以为:"《春秋》昭公三年大雨雹,是时季氏专权,卒逐昭公。乡(向)使鲁君察于天变,宜亡此害。今陛下以圣德居位,思政求贤,尧、舜之用心也。然而善祥未臻,阴阳不和,是大臣任政,一姓擅势之所致也。附枝大者贼本心,私家盛者公室危。唯明主躬万机,选同姓,举贤材,以为腹心,与参政谋,令公卿大臣朝见奏事,明陈其职,以考功能。如是,则庶事理,公道立,奸邪塞,私权废矣。"

萧望之比附《春秋》所载鲁昭公事解说当代灾异,是用董仲舒之法③。时霍光已死,"子禹复为大司马,兄子山领尚书,亲属皆宿卫内侍"。萧望之所谓"大臣任政,一姓擅势",无疑是指向父子相继秉政的霍氏一族。宣帝地位逐渐稳固,正想摆脱霍氏控制,启用新人,独断朝纲。望之所言正合宣帝心意,由是深得信任,"所白处奏皆可",岁中三迁,官至二千石;及霍氏败后,更"浸益任用"④。这是汉代说灾异影响政治获得成功的第一个案例。

---

① 参见赵翼《廿二史札记》卷三"两汉多凤凰"条,王树民《廿二史札记校证》,中华书局,1984年,第63—64页;松岛隆裕《前汉后期における祥瑞の一考察——〈汉书·宣帝纪〉を中心に》,《伦理思想研究》卷2,1977年;陈苏镇《〈春秋〉与"汉道":两汉政治与政治文化研究》,中华书局,2011年,第303—305页。

② 松岛隆裕认为,宣帝以灾异祥瑞文饰自己的统治,必然要用到董仲舒以来的灾异说。见氏著《前汉后期における祥瑞の一考察——〈汉书·宣帝纪〉を中心に》,《伦理思想研究》卷2,第85页。

③ 《汉书》卷二七《五行志中之下》:"昭公三年,大雨雹。是时季氏专权,胁君之象见。昭公不寤,后季氏卒逐昭公。"未著论者姓氏,可能来源于萧望之。

④ 以上事见《汉书》卷七八《萧望之传》。

从宣帝自身来说,他曾四次因灾异下诏罪己。本始四年(前 70)四月、地节三年(前 67)十月两道诏书还特别求言应变,匡所不逮①。本始元年"诏内郡国举文学高第各一人",也是为地震而发。因灾异求言,始于文帝。《汉书·文帝纪》载前元二年(前 178)十一月日食罪己诏,令执政"举贤良方正能直言极谏者,以匡朕之不逮"。皇帝的罪己求言诏多少带有表演性质,但客观上对说灾异者的劝诱也不容忽视。诏书代表着朝廷的许可和鼓励,此后,因灾异上言也逐渐成为仕宦进身之阶②。

宣帝以前,求言举士不要求由特定灾异出发批评建言。元帝时情况发生了变化。《元帝纪》载,初元二年(前 47)以地震诏"丞相、御史、中二千石举茂材异等直言极谏之士",次年六月,又以连年灾异,诏"丞相、御史举天下明阴阳灾异者各三人"③。元帝明确诏举"明阴阳灾异者"之后,说灾异几乎成为"直言极谏"不可缺少的内容。初元三年诏书下达后,"言事者众,或进擢召见,人人自以得上意"。成帝"永始、元延之间,日蚀地震尤数,吏民多上书言灾异之应"④。这一时期,说灾异不再是少数儒生的个人行为,而成了朝野吏民的流行风气。

---

① 《汉书·宣帝纪》载本始四年四月诏:"丞相、御史其与列侯、中二千石博问经学之士,有以应变,辅朕之不逮,毋有所讳。"地节三年十月诏:"乃者九月壬申地震,朕甚惧焉。有能箴朕过失,及贤良方正直言极谏之士以匡朕之不逮,毋讳有司。"另外两次灾异罪己诏,分别在元康元年八月和五凤四年四月。四诏并见《汉书》卷八《宣帝纪》,本始四年诏又见同书卷七五《夏侯胜传》。

② 劳榦指出,汉代察举之"贤良方正"科,始于汉文帝二年日食诏,此科的目的主要是开直言之路,所以常在灾异之后。此说肯定了灾异与察举之间的关系,见氏著《汉代察举制度考》,《中央研究院历史语言研究所集刊》第 17 本第 1 分,1948 年。阎步克说,"贤良方正、直言极谏"科往往施行于发生灾异等重大政治问题之时,见氏著《察举制度变迁史稿》,辽宁大学出版社,1997 年,第 4 页。陈业新也对两汉灾害与察举选士的关系作了研究,见氏著《灾害与两汉社会研究》第四章第四节之一《灾害与两汉察举选士制度》,上海人民出版社,2004 年,第 223—231 页。他认为两汉因灾举开始于宣帝时期,似乎与本书不同,但事实上仅是因为他所说的灾不包括日食之类的异象,故未及文帝。他还指出,宣帝时因灾举士是灾异论在宣、元世与政治合一的必然结果。

③ 此后西汉因灾异求言举士诏书,见于史载者还有:元帝永光二年三月,成帝建始三年十二月、元延元年七月,哀帝元寿元年正月,平帝元始元年二月等。

④ 《汉书》卷八一《张禹传》。

说灾异者蜂起的局面,是多重因素促成的。首先,自董仲舒"始推阴阳",据《春秋》说灾异后,夏侯始昌述作《洪范五行传》,建立严整的灾异分类和解释体系。元帝时,京房发展民间流行的《易》阴阳灾变之说,赋予儒家义理,并由此得幸于天子。京氏《易》立于学官,卦气说与灾异论相结合,对儒家灾异论产生了重要影响。至此,儒家灾异论的理论资源得到充分扩展和完善。

其次,董仲舒说灾异未见成效,他的"推明孔氏,抑黜百家,立学校之官,州郡举茂材孝廉"①之议,却实现了。自汉武帝立"五经"博士、开弟子员后,治经修学成为禄利之途,儒学大盛,越来越多的儒生进入政府,改变着社会风气和政治文化。武帝后期,"公卿大夫士吏彬彬多文学之士"②,到了宣帝时期,儒学之士更进一步占据中央重要官职,并成为太子、皇帝的师傅③,"循吏"与众多儒学教授、弟子则在地方传播儒学的价值观④。儒学经典的伦理和政治权威不断巩固和加强,以之为依托的儒家灾异论也获得强有力的支撑。

最后,汉朝由盛转衰。这既是造成争说灾异风气的外因,又与之同为一波思想文化运动的结果。顾颉刚分析汉末的社会思潮,敏锐地指出:"灾异说已经把汉家的地位在精神上打倒了。"⑤确切地说,从"精神"上打倒汉家地位的,包含了灾异说的这波"革命"思潮。

西汉之衰不仅在国力,也在"气运"。昭宣中兴,西汉国力臻于鼎盛,但吏治苛酷的问题未能解决。这是承秦以来的法治政策即宣帝所

---

① 《汉书》卷五六《董仲舒传》。
② 《汉书》卷八八《儒林传》。
③ 《汉书》卷八一《匡张孔马列传赞》:"自孝武兴学,公孙弘以儒相,其后蔡义、韦贤、玄成、匡衡、张禹、翟方进、孔光、平当、马宫及当于晏咸以儒宗居宰相位。"案蔡义于元平元年(前74)八月拜相,即宣帝即位之年。此后任丞相者如魏相、丙吉等,虽不在班固论内,然亦儒学之士。宣帝时大儒疏广、疏受、夏侯胜、夏侯建、萧望之等都曾为太子(后之元帝)师傅。相关讨论,参金春峰《汉代思想史》,中国社会科学出版社,1997年,第318—321页。
④ 参看余英时《汉代循吏与文化传播》,《士与中国文化》,上海人民出版社,2003年,第117—189页。
⑤ 顾颉刚《汉代学术史略》,《民国丛书》第二编影印济东印书社1948年版,上海书店,1990年,第45页。

谓"霸道"固有的弊端和弱点①。随着儒学大兴,吏治问题在儒家价值观映照下不断突显和放大。西汉儒生敢于竭力抨击社会政治现状,甚至通过昌言易姓革命,推动政治改革②。"汉家尧后,有传国之运"说的流传,就是其极端表现③。宣帝以前,儒家在这方面的言论还受到严格控制。随着眭弘平反,特别是"柔仁好儒"的元帝即位,抨击汉家制度、鼓吹改革的呼声日益高涨,以至影响到皇帝对天下形势的认识。元帝建昭年间,儒生京房问:"今陛下即位已来……《春秋》所记灾异尽备。陛下视今为治邪、乱邪?"元帝竟答曰:"亦极乱耳。尚何道!"④似乎完全相信汉朝已经进入比春秋还不如的"乱世"。此时上距国力鼎盛的宣帝朝不过十余年,"极乱"当然是儒家理想映照下才有的观感。

此后,"汉家尧后,有传国之运"之类关于汉朝气运的谶言也在不断发展和充实。《汉书·谷永传》载儒生谷永在元延元年(前12)因灾异上对云:

> 天下乃天下之天下,非一人之天下也。……夫去恶夺弱,迁命贤圣,天地之常经,百王之所同也。加以功德有厚薄,期质有修短,时世有中季,天道有盛衰。陛下承八世之功业,当阳数之标季,涉三七之节纪,遭《无妄》之卦运,直百六之灾厄。三难异科,杂焉同会。

这是说天下不专属一姓,天命无常,每个王朝都有盛衰更迭。谷永称,汉朝气运已衰,"三难同会"。所谓"三难",是对当时传言的总结。"当阳数之标季",谓汉高祖至成帝为九世,九是阳数之极,极则将穷,

---

① 参看陈苏镇《〈春秋〉与"汉道":两汉政治与政治文化研究》,第305—306页。
② 参吕思勉《吕思勉读史札记(增订本)》"西汉官天下之义"条,上海古籍出版社,2005年,第716—720页。
③ "汉家尧后"之说,见《汉书·眭弘传》载眭弘说。其文有多种读法,关系到对"汉家尧后"说提出者和提出时间的理解,可参考杨权的介绍,见氏著《新五德理论与两汉政治》,中华书局,2006年,第75—80页。我比较倾向于钱穆和杨向奎的观点,即认为此说是当时相当一部分儒家的共识,不必将发明权归于董仲舒或眭弘。
④ 《汉书》卷七五《京房传》。

穷则生变,当有灾厄,此一难。"涉三七之节纪",指汉兴以后二百一十年将有厄运,至成帝时已近两百年,即将到达其节纪①,此二难。"遭《无妄》之卦运,直百六之灾厄",为三难。当时流行的一种观念认为,据《易·无妄》之卦义,一个纪元凡四千六百一十七岁中,必有九轮灾岁,共五十七年。第一轮灾岁称"阳九",始于初入元之一百零六年后,即所谓"阳九之厄,百六之会"②。谷永意谓,自武帝太初改历至成帝元延中已九十余岁,接近百六之数,故必将有灾难③。

"三七之节纪",元帝以前就有传说。《汉书·路温舒传》云"温舒从祖父受历数天文,以为汉厄三七之间,上封事以豫戒",即是④。此后,王莽篡汉,每以"三七""阳九""百六"为说。《汉书·王莽传上》载莽奏太后曰"陛下至圣,遭家不造,遇汉十二世三七之厄,承天威命,诏臣莽居摄,受孺子之托,任天下之寄",《王莽传中》载王莽曰"深惟汉氏三七之厄,赤德气尽"云云,均以汉厄三七、气数已尽作为篡位革命的借口。《王莽传中》又载其下书曰:"予之受命即真,到于建国五年,已五载矣。阳九之厄既度,百六之会已过。"这已是"革命"成功的宣言了。⑤

---

① 《汉书》卷八五《谷永传》注引孟康曰:"至平帝乃三七二百一十岁之厄,今已涉向其节纪。"
② 此据《汉书·律历志上》所载。《汉书》"易九厄",惠栋、钱大昕以为"易无妄"之讹,王引之则说当作"阳九厄"。其说分见惠栋《后汉书补注》卷二〇,《续修四库全书》第270册,上海古籍出版社,2002年,第621页;钱大昕《廿二史考异》卷七,上海古籍出版社,2004年,第120页;王念孙《汉书杂志》卷四,《读书杂志》,江苏古籍出版社影印王氏家刻本,2000年,第215页。又可参王先谦《汉书补注》卷二一上,中华书局,1983年,第409页。案惠、钱说是,今从之,待另文详论。
③ 王先谦以为,三难分别指"三七之纪""无妄"之运""百六之厄",见《汉书补注》卷八五,第1471页下。"百六之厄"即《无妄》卦运,王说非是。今"三难"从钱穆说(见氏著《刘向歆父子年谱》,《两汉经学今古文平议》,商务印书馆,2001年,第55—56页),而阐明钱氏未详之处。
④ 《汉书·路温舒传》不载卒年,其政治活动主要在宣帝时,未见元帝以后事。
⑤ 王莽末年,群盗四起,流民饿死,《汉书》卷二四《食货志》载:"莽耻为政所致,乃下诏曰:'予遭阳九之陀,百六之会,枯旱霜蝗,饥馑荐臻,蛮夷猾夏,寇贼奸轨,百姓流离。予甚悼之,害气将究矣。'岁为此言,以至于亡。"此又翻悔前言,重以"阳九""百六"《无妄》之灾为己开脱。

上述关于汉朝气运的说法,发自元帝以前,经谷永上言成帝,最后又为王莽所用,可以推测它们在当时流传广泛、影响很大,不只是一家之言。顺此发展,又有甘忠可"汉家当更受命"之说。《汉书·李寻传》载:

> 成帝时,齐人甘忠可诈造《天官历》《包元太平经》十二卷,以言"汉家逢天地之大终,当更受命于天,天帝使真人赤精子,下教我此道"。忠可以教重平夏贺良、容丘丁广世、东郡郭昌等。……哀帝初立,司隶校尉解光亦以明经通灾异得幸,白贺良等所挟忠可书。……而李寻亦好之……寻遂白贺良等皆待诏黄门,数召见,陈说:"汉历中衰,当更受命。成帝不应天命,故绝嗣。今陛下久疾,变异屡数,天所以谴告人也。宜急改元易号,乃得延年益寿,皇子生,灾异息矣。"

时"哀帝久寝疾,几其有益",建平二年(前5)遂从其议,下诏称"汉家历运中衰,当再受命",改元太初元将,易号称"陈圣刘太平皇帝"①。传说陈氏是舜帝之后,改号"陈圣",即为应尧后传国于舜后之谶。就这样,汉哀帝亲自用行动证明了"汉家尧后,有传国之运"的谣言。这一惊人之举,有哀帝个人的健康原因、性格因素,也反映出当时汉朝君臣间已经开始弥漫衰世危乱之感。

哀帝此举没有持续多久。由于"上疾自若",而夏贺良等人的政治野心逐渐暴露,两个月后,哀帝就收回成命,将主议诸人下狱问罪②。尽管如此,十二年后,王莽仍引此以为说。《汉书·王莽传上》载初始元年(8)王莽奏太后曰:"前孝哀皇帝建平二年六月甲子下诏书,更为太初元将元年,案其本事,甘忠可、夏贺良谶书藏兰台。臣莽以为,元将元年者,大将居摄改元之文也,于今信矣。"正是借哀帝改元"元将"为自称"假皇帝"张本。哀帝维持汉朝的闹剧终成王莽篡立新室的依

---

① 事见《汉书》卷七五《李寻传》、卷一一《哀帝纪》。
② 《汉书》卷七五《李寻传》云,夏贺良等"复欲妄变政事","以解光、李寻辅政"。事又见卷一一《哀帝纪》。

据,汉家传国之运被受命的新朝肯定下来。

如果回过头来审视西汉中后期的经济、社会、政治和军事状况,水旱饥馑、豪强不法、吏治苛酷、戚宦当权,以及所谓"霸道"的弊端等等,都不同程度地存在。但从前后的历史观察,这些因素都没有发展到足以摧毁一个政权的地步,甚至就户口数、边疆形势等方面而言,汉朝仍处在相对繁荣的时期。正因如此,平帝元始五年(5),王莽执政后仅用五年时间就宣布"天下治平",而群臣亦皆曰"太平已洽"①。能如此迅速地"粉饰太平",说明汉末的状况尚未十分糟糕。

当时的儒生却不这么看。元、成以来,改制在儒臣主导和皇帝支持下陆续展开。儒生第一次获得得君行道的机会,心气很高,目标远大,唯恐时不我待。而外戚、宦官势力为保护既得利益和维持旧的统治秩序,不断阻挠改革推进。王道与汉制、理想与现实之间的差距长期不能拉近,使得儒家士大夫对汉朝的批评日益不遗余力,将现实政治的种种问题充分揭露出来,置于理想的显微镜下。另一方面,"五德终始""三统"之说与天文律历、《易》阴阳之学相结合,在西汉时期高度发达,广泛传播。"天下乃天下之天下,非一人之天下","天命所授,非独一姓"②的观念,成为时人共识。"三七之厄""百六之会""传国之运"等说也由此产生,营造出一番末世衰乱、"革命"将至之象。于是,汉家天下的文化危机先于社会危机来临,神学权威先于政治权威衰落。应该说,儒生言此,有以诫之,也有以望之,未必真有改朝换代的用意。但政治文化的危机反过来又加剧了政治和社会的现实危机,汉朝竟真的走向衰替,渐行渐远,难以逆转了。

在这样的氛围中,灾异说大获用武之地,灾异也好像多得异乎寻常。《汉书·刘向传》载向永光元年上封事,称当时"日月无光,雪霜夏陨,海水沸出,陵谷易处,列星失行",并说"初元以来六年矣,案《春秋》六年之中,灾异未有稠如今者也",认为当时灾异之频繁已超过春

---

① 见《汉书》卷九九《王莽传上》。
② 《汉书》卷三六《刘向传》载向上疏。

秋乱世。这与上引京房称元帝即位以来"《春秋》所记灾异尽备"云云,恰可印证。《汉书·谷永传》称"时灾异尤数",《张禹传》亦云"永始、元延之间,日蚀、地震尤数"。元、成时期,史书平均两年就记载有一道灾异罪己诏书,其中也屡称"灾异并臻""灾异屡发""大异重仍"。通过这些诏书,朝廷正式承认了灾异高发的衰乱之象。

根据现在的知识,天文现象发生有其规律,频率基本恒定;长期而言,自然灾害和异常也有相对稳定的频度。史料记载西汉后期灾异高发,或许有一定的客观因素,但更重要的恐怕是对灾异的主观认识发生转变。由于王朝和儒生的重视,过去不受注意的种种灾异现象被观察到并记录下来,刺激了解说者的积极性,而说灾异者又反过来促使新的灾异不断被发现和记录。两者互相推动,形成灾异频仍和说灾异者蜂起的局面。这一局面又与西汉后期的衰象互相促进:灾异愈频繁,衰象愈显著,显著的衰象又引出更多的说灾异者。

刘向之说灾异,就是在这样的政治局势和政治文化背景下进行的。作为儒者,他希望通过说灾异推动政治改革,实现理想的王道。作为宗室,他较普通儒生多了一层考虑,更希望通过说灾异挽救危机,维系汉家的统治,不愿一味以灾异唱衰汉室。这两个目的存在主次之分,理论上也不无矛盾,但在现实中有一个共同的阻碍,即保守、专权的宦官、外戚。在刘向看来,二者既阻碍改革,又危及汉统。他的灾异论说,就是在与戚宦的斗争中展开的。

二、刘向时代的政争与灾异论说

刘向字子政,本名更生,生于汉昭帝元凤二年(前79)[①],是汉高祖同父弟楚元王刘交之后。楚元王一支在宗室中地位十分重要。元王子郢客、礼先后在高后、景帝时任宗正。刘向祖父辟彊(楚元王之孙)于昭帝始元二年(前85)为宗正,父阳城侯德元凤元年为宗正,数月

---

① 刘向生年,前人有异说。清钱大昕首发"元凤二年"说,钱穆以《汉书·礼乐志》《孔光传》证成之,徐兴无又补充新证,已成定说。相关讨论参徐兴无《刘向评传》附录三《刘向生卒年考异》,南京大学出版社,2005年,第484—511页。

免。元凤三年，即刘向出生的次年，刘德复为宗正，直至宣帝五凤二年（前56）去世，在任达22年。西汉宗正是九卿之一，掌宗室亲属事。刘向对宗室身份有强烈的认同，可能与先世父祖常年担任宗正有关。

宣帝时，刘向奉诏受《穀梁春秋》，讲论《五经》于石渠阁，主要从事学术活动，未见政治上的表现。元帝即位，萧望之、周堪领尚书事辅政。二人皆名儒，看重刘向，荐其"宗室忠直，明经有行，擢为散骑、宗正，给事中，与侍中金敞拾遗于左右"①。朝臣加给事中，即可出入禁省，常在皇帝身边。萧望之的安排是，自己与周堪主持大局，掌握决策权；较年轻的刘向、金敞分别以宗室、旧宠之亲，在近侧辅助元帝，拾遗补缺②。《汉书·萧望之传》称"四人同心谋议，劝道上以古制，多所欲匡正"。所谓"古制"就是儒家的理想制度，"多所欲匡正"就是试图用儒学改革汉制③。刘向进入这个儒家改革派的阵营，从此开始了与宦官、外戚保守势力的长期斗争。

元帝支持儒学士大夫的改革④，却也离不开外戚和宦官。当时，宦官中书令弘恭、仆射石显"久典枢机，明习文法"。他们与领尚书事的外戚大司马车骑将军史高相为表里，"论议常独持故事，不从望之等"。"故事"指汉兴以来的往事成例⑤，被宦官与外戚借以反对改革。儒家改革派当然希望扫除这道障碍。萧望之提出，中书是政治的根本，任用宦官既非旧制又违古义，建议改用士人，这样一来与弘恭、石显、史高的矛盾进一步激化。儒臣和戚宦的第一回合交锋，以萧望之、刘向等免官下狱告终⑥。此后不久，初元二年（前47）春地震，夏客星见，元

---

① 事见《汉书·刘向传》，本节引文出此传者较多，不再一一出注。
② 金敞是昭帝时辅政大臣金日磾的从子，《汉书》卷六八《金敞传》称："元帝为太子时，敞为中庶子，幸有宠。"
③ 萧望之等四人，除金敞的学术未详外，均有深厚的儒学背景。
④ 《汉书》卷七八《萧望之传》称"上甚乡（向）纳之"。
⑤ 参看邢义田《从"如故事"和"便宜行事"看汉代行政中的经常与权变》，收入氏著《治国安邦：法制、行政与军事》，中华书局，2011年，第381—395页。
⑥ 关于元帝改制及其幕后的政治斗争，陈苏镇有过深入细致的研究，见氏著《〈春秋〉与"汉道"：两汉政治与政治文化研究》，第342—351页。这里仅重点讨论其中与灾异相关的环节。

帝有感于灾异,又想重新启用萧望之等,却受到宦官阻挠。在此关头,地震再度发生,《汉书·刘向传》称"时恭、显、许史子弟侍中诸曹,皆侧目于望之等"。灾异带来的政治变数,使双方关系剑拔弩张。

外戚、宦官的这种反应,说明当时灾异不仅作用于儒学士大夫和受儒学影响的元帝,而且对戚宦也有很强的威慑力。如何解释灾异代表的天意,对斗争双方都十分重要。说灾异固然是儒学士大夫之所长,但外戚和宦官及其附庸也掌握了利用灾异的能力。地震发生后,刘向"惧焉,乃使其外亲上变事"。他担心戚宦利用地震灾异再度打击儒学士大夫阵营,因为时已获罪,又是当事人,不便出面,故借外亲之名上书。上言曰:"臣闻《春秋》地震,为在位执政太盛也,不为三独夫动,亦已明矣。"所谓三独夫,即指萧望之、周堪和刘向①。从刘向的反驳语气可以推测,外戚、宦官及其党羽在此之前已经将灾异归咎于儒臣了。

刘向在上书中又说:"前弘恭奏望之等狱决,三月,地大震。恭移病出,后复视事,天阴雨雪。由是言之,地动殆为恭等。"试图将灾异之咎归于宦官弘恭。但他的申诉反被弘恭、石显识破,与前事合并问罪,"坐免为庶人"。萧望之随即遭陷害自杀。儒学士大夫一败涂地。虽然元帝于次年再度任用周堪及其弟子张猛,可仅过了三年,永光元年(前43),事态又急转直下。刘向为了帮助周堪等稳固地位,冀望自己能重新起用,再次上封事言灾异。他向元帝指出,灾异并起的原因在于"逸邪并进",陈请"放远佞邪之党,坏散险诐之聚,杜闭群枉之门,广开众正之路"。他说"今二府奏佞谄不当在位,历年而不去",即是将矛头直指元帝左右的宦官佞幸。此封事反而促成戚宦同仇敌忾。"是岁夏寒,日青无光",戚宦遂以灾异为由,"皆言堪、猛用事之咎"②。元帝信谗,左迁周堪、张猛为地方官。刘向"遂废十余年",直到元帝驾

---

① 时萧望之以关内侯奉朝请,周堪、刘向仅为中郎,位卑无权,故谓"三独夫"。《汉书·刘向传》颜师古注曰:"独夫犹言匹夫也。"

② 永光元年事,《汉书》卷三六《刘向传》云"恭、显及许、史皆言堪、猛用事之咎"。案荀悦《汉纪》及《资治通鉴》并云弘恭死于初元二年,然则不及永光时也。

崩,再也没有被起用。在刘向亲身经历的这场政治斗争中,灾异反倒帮了宦官的忙。

灾异在政治斗争中反为宦官所用,与"说灾异者蜂起"的局面有关。上面已经提到,元、成时代,灾异论已经不只为个别儒生所掌握,大量不同知识背景、不同社会阶层、不同性格和利益取向的人加入说灾异者行列。在众多因灾异言事者中,具有深厚儒学修养和坚定政治信仰的是少数。对于大多数人,说灾异首先是一条通向权力核心的捷径。他们看重直接获得天子赏识的机会,不免揣摩上意,希旨进言,或者投靠权贵,曲说求荣。

灾异解说本身可以相当灵活。董仲舒论《春秋》灾异,充满"权变",会根据具体场合选择不同的解说。他是少有的醇儒,无意于仕进,故能在灵活的灾异解说背后坚持一以贯之的"道",也就是儒家的政治理想和政治理性,与"曲学阿世"者区别开来。这样的素质,大多数人并不具备。当说灾异成为禄利之途,蜂拥而起的说者在解说上的选择,常常取决于利益权衡,很容易因利益而分化。倾巧之士可以无视道义,依违于宦官和儒臣之间。儒臣的敌人宦官,借助依附于他们的说灾异者,适应新的政治文化,掌握灾异的话语权。对于刘向来说,这不仅意味着个人政治生涯的灾难,而且预示着汉朝面临统治危机。

成帝即位后,刘向得以重新进用。这时,政治形势发生变化,宦官石显伏辜,外戚王氏专权的问题更加突显出来。成帝的舅舅王凤为大将军大司马,领尚书事。建始元年(前32)二月,封王凤弟崇为列侯,余庶弟五人俱赐爵关内侯,河平二年(前27)又同日封为列侯。于是,"王氏子弟皆卿大夫侍中诸曹,分据势官,满朝廷"。此前,外戚许、史之家仅"在位放纵"而已,并无专政之实。王氏则不然。王凤有帝舅之亲,精力未衰,诸弟正值壮年,宗族强盛。成帝甚委任之,《汉书·元后传》称"大将军凤用事,上谦让无所颛"。外戚王氏于是成为儒学士大夫推进改革的最大障碍。

不仅如此,外戚还开始对皇权构成威胁。为了独揽大权,王凤在河平四年强请罢免成帝素来敬重的丞相王商,次年又以日食灾异为借口,迫使成帝遣宠弟定陶共王之国,"上与相对涕泣而决"。经过这两次事件,成帝心不能平,对王凤产生不满。这时,京兆尹王章上封事,言日食之咎不在定陶王而在"大臣颛政者",认为"凤不可令久典事",之后又推荐冯野王代王凤辅政。成帝颇以为然,"欲以代凤"。然而,王凤手腕高强,暗中探知此事后,抢先上书引咎辞职,然后利用太后向成帝施压。元后听闻此事后,流涕绝食。成帝不忍,报书慰留,并将王章下吏罪死。此后,王凤专权日盛,公卿侧目,"郡国守相刺史皆出其门"。王凤死后,王氏子弟音、商、根、莽相继辅政,终成帝一朝,竟成垄断之势①。这样的局面让刘向感到天下易主的隐忧,他私下对陈汤说:"灾异如此,而外家日盛,其渐必危刘氏。"刘向死于成帝驾崩的前一年,这种忧患也伴随了他整个晚年。

刘向在成帝时的几次解说灾异,都针对外戚王氏而发。然而,王氏党羽中也有说灾异的高手。杜钦,少好经书,能说灾异,成帝时因灾异诏举贤良方正能直言士,钦即在举中。他以目疾不仕,长时间作为王凤的幕僚,深得信任,"国家政谋,凤常与钦虑之"。王凤主动乞骸骨应对王章,即出自杜钦的谋议,此后复起视事仍是他在幕后推动②。谷永,《汉书》本传称其"善言灾异","党于王氏"。他"前后所上四十余事",言灾异甚勤,内容却"略相反复,专攻上身与后宫(指当时的皇后许氏)而已"。这也是在为王氏开脱,将矛头引向另一家外戚许氏。如此,一般的灾异解说很难动摇王氏的地位。这就促使刘向对灾异论说进行大规模的整合与完善。

《汉书·刘向传》载:

〔成帝〕时数有大异,向以为外戚贵盛,凤兄弟用事之咎。而上方精于《诗》《书》,观古文,诏向领校中五经秘书。向见《尚书·洪范》,箕子为武王陈五行阴阳休咎之应。向乃集合上古以来历春秋六国至秦、汉符瑞灾异之记,推迹行事,连传祸福,著其

---

① 以上外戚王氏事见《汉书》卷九八《元后传》。
② 事见《汉书》卷六〇《杜钦传》。

> 占验,比类相从,各有条目,凡十一篇,号曰《洪范五行传论》,奏之。

据此,刘向奏上《洪范五行传论》应在河平三年领校中秘以后,具体时间已不可考。《尚书·洪范》篇,刘向之前一定读过,可能因为心有所想,重新从中获得启发。更重要的是,他通过校书第一次接触《洪范五行传》,找到了整合灾异论说的分类体系。这个分类体系与《春秋》灾异的历史论证相结合,正好构成以行事占验为经、五行分类为纬的灾异理论体系和解说典范。刘向试图借此重建灾异论说中的儒家之"道"。他的做法对后来的学术影响很大,但在现实中,《洪范五行传论》的作用仍然十分有限。史称"天子心知向忠精,故为凤兄弟起此论也,然终不能夺王氏权"。

随着王氏专权愈演愈烈,刘向的担忧也在不断加深。奏《洪范五行传论》未见效果之后,他又上封事称:"物盛必有非常之变先见,为其人微象。孝昭帝时,冠石立于泰山,仆柳起于上林,而孝宣帝即位。今王氏先祖坟墓在济南者,其梓柱生枝叶,扶疏上出屋,根垂地中,虽立石起柳,无以过此之明也。"这说明,他所担忧的事,已经从外戚用事导致灾异,转向王氏贵盛将代汉而立了。

刘向常常"夜观星宿,或不寐达旦",密切观察天文变动。《汉书·五行志下之上》载,元延中,星孛东井,蜀郡岷山崩,雍江,刘向以为:"周时岐山崩,三川竭,而幽王亡。岐山者,周所兴也。汉家本起于蜀、汉,今所起之地山崩川竭,星孛又及摄提、大角,从参至辰,殆必亡矣。"可见,灾变对他而言,确乎是天意的信号。刘向希望通过解说灾异,使天子悔悟,以此挽救汉家天下。在他看来,外戚、宦官曲解灾异,陷害忠臣;倾巧之士游说其间,把说灾异当作获取禄利的工具。这都是无视天诫,最终会将汉家推向覆灭。

作为汉朝宗室,刘向最关心汉家天下的维护。这种宗室情结到了成帝时期表现得更加明显。《刘向传》云:

> 向每召见,数言:"公族者国之枝叶,枝叶落则本根无所庇荫。

> 方今同姓疏远,母党专政,禄去公室,权在外家,非所以强汉宗、卑私门、保守社稷、安固后嗣也。"向自见得信于上,故常显讼宗室,讥刺王氏及在位大臣,其言多痛切,发于至诚。

因宗室身份而生的敏感和焦虑,没有在朝臣中引起共鸣。史称"上数欲用向为九卿,辄不为王氏居位者及丞相、御史所持,故终不迁"。可见,不仅外戚王氏,公卿大臣也站在刘向的对立面。

刘向忠于汉室却孤立少援,究其原因,有三个方面。首先,刘向对时局的判断与现实的表象有距离。成帝时,政治形势并不像他认为的那么糟糕。班固在《汉书·成帝纪赞》中称其时"公卿称职,奏议可述,遭世承平,上下和睦",虽不免溢美,但说尚属"承平"大体也是实情。至于《赞》中说"外家擅朝",以为开王莽篡位之渐,则是从后世反观而产生的感觉。若论当时,元后、王凤兄弟以至王莽,恐怕都未曾有过篡位之念。刘向因宗室的特殊敏感加上观察灾异所得的预见,自然很难获得理解。其次,灾异的神秘性因说灾异人数增多而减弱。在说灾异者蜂起的局面下,似乎人人都有能力解说灾异,灾异背后的天意,即使在说者看来也不那么神圣了。除去党于王氏的说灾异者,其他人也多畏惧王氏之势,不敢直道正言。《汉书·张禹传》载:

> 永始、元延之间,日蚀地震尤数,吏民多上书言灾异之应,讥切王氏专政所致。上惧变异数见,意颇然之,未有以明见,乃车驾至禹弟,辟左右,亲问禹以天变,因用吏民所言王氏事示禹。禹自见年老,子孙弱,又与曲阳侯不平,恐为所怨。禹则谓上曰:"……灾变之异深远难见,故圣人罕言命,不语怪神。性与天道,自子赣之属不得闻,何况浅见鄙儒之所言。陛下宜修政事以善应之,与下同其福喜,此经义意也。新学小生,乱道误人,宜无信用,以经术断之。"上雅信爱禹,由此不疑王氏。

曲阳侯即当时的辅政大臣王根,张禹畏其权势,称灾异不为王氏,对成帝影响很大。张禹是当世大儒,其犹如此,他人可知。至于因灾异"讥切王氏专政"者,虽不乏其人,但多数是通过说灾异投机政治,很少有刘向的同道。最后,灾异论本是抨击社会政治现状的工具,推而进之便是昌言易姓革命,在西汉后期已渐成潮流。刘向一方面希望借由说灾异推动政治改革,实现理想的王道,另一方面却竭力维护汉室正统①。这种矛盾,使他既不能与因循保守的戚宦同流,又得不到激进儒生的支持。

刘向死后十三年,王莽居摄代汉,在他生前,王氏代汉的预言却显得与现实格格不入。他被淹没在熙熙攘攘的说灾异者之中,并没有对当时的政局产生多少影响。不过,刘向的后半生都在与宦官、外戚及其同样掌握灾异论武器的党羽进行斗争,这个处境决定着刘向灾异论的走向,是不能不充分考虑的。

三、刘向灾异论集成中的学理与实用

汉武帝时,董仲舒面对的问题是如何通过灾异促使朝廷接受儒家之"道"。到了元、成时代,儒家之"道"的优越性已经无需证明,灾异论说却偏离了儒家的政治理想和政治理性。摆在刘向面前的问题变成:如何维系灾异论说中的"道"?为此,刘向尝试将灾异与儒家经典结合得更加紧密,并把不同经典与灾异论的单线联系整合成互相交叉的网络,集成为更加立体和密实的儒家灾异理论体系,以规范灾异解说。

在刘向之前或同时,综合儒家经典运用于灾异解说的理论努力已经初见端倪。据班固称,元、成时期,著名的说灾异者还有京房、翼奉、谷永。京房以《易》阴阳说灾异,已见前文。这里仅简单说说翼奉、谷永灾异论的特色。翼奉"治《齐诗》……好律历阴阳之占",主要政治活动在元帝时。初元二年(前47),元帝因灾异举直言极谏之士,翼奉上封事曰:"《易》有阴阳,《诗》有五际,《春秋》有灾异,皆列终始,推得失,考天心,以言王道之安危。"又曰:"臣奉窃学《齐诗》,闻五际之要,

---

① 关于刘向反对易姓革命的立场,可参看汤志钧等《西汉经学与政治》第七章《西汉末年的经学与政治——刘向、歆父子》(钱杭撰写),上海古籍出版社,1994年,第310—313页。

《十月之交》篇,知日蚀、地震之效,昭然可明。"①翼奉治《齐诗》,论五际,将《诗》经也引入灾异论②。他还认为《易》《春秋》在推演天人之道方面有类似的功能,并引用《春秋》宋伯姬事佐证极阴生阳将有火灾之说③。这种综合各经以言灾异的倾向,在活跃于成帝时的谷永身上更为明显。谷永说灾异,主要通过天官和京氏《易》,而《春秋》《洪范》也屡屡被他引作理论资源。谷永上对有云:"《春秋》记异,星陨最大,自鲁严以来,至今再见。"④又曰:"建始元年以来二十载间,群灾大异,交错锋起,多于《春秋》所书。"⑤是皆以《春秋》为说。建始三年(前30)冬日食、地震同日俱发,谷永对曰:

> 窃闻明王即位,正五事,建大中,以承天心,则庶征序于下,日月理于上;如人君淫溺后宫,般乐游田,五事失于躬,大中之道不立,则咎征降而六极至。……古之王者废五事之中,失夫妇之纪,妻妾得意,谒行于内,势行于外,至覆倾国家,或乱阴阳。昔褒姒用国,宗周以丧;阎妻骄扇,日以不臧。此其效也。经曰:"皇极,皇建其有极。"传曰:"皇之不极,是谓不建,时则有日月乱行。"

所引"经曰",即《尚书·洪范》经文,"五事""庶征""六极"也都是《洪范》中的概念。"传曰"云云,则是《洪范五行传》文。从谷永的灾异说可以看出,《春秋》《洪范》《周易》等经典不仅各自与灾异建立起联系,而且已经被综合起来,加以运用⑥。在这样的学术背景下,刘向展开了

---

① 以上事见《汉书》卷七五《翼奉传》。
② 所谓"五际",《汉书》卷七五《翼奉传》注孟康引《诗内传》曰:"卯、酉、午、戌、亥也。阴阳终始际会之岁,于此则有变改之政也。"大体以天道阴阳循环转化,比附人事的变革。至于其具体的理论,限于材料,目前还不十分清楚,可以参考清代陈乔枞《齐诗翼氏学疏证》对《汉书》中这段话的讨论,见王先谦编《清经解续编》卷一六二,凤凰出版社,2005年,第5867页。需要注意的是,孟康所谓"诗内传"指《诗纬》,陈氏据臧镛说以为《齐诗内传》,非是。
③ 《汉书》卷七五《翼奉传》载翼奉初元二年上封事曰:"今异至不应,灾将随之。其法大水,极阴生阳,反为大旱,甚则有火灾,春秋宋伯姬是矣。"
④ 《汉书》卷二七《五行志下之下》载成帝永始二年(前15)谷永上对。
⑤ 《汉书》卷八五《谷永传》载永成帝元延元年(前12)上对。
⑥ 不仅谷永如此,京房主《易》阴阳,而亦以《春秋》灾异说元帝,见前引《汉书·京房传》文。

自己的灾异论集成。

刘向的工作主要集中于《洪范五行传论》十一篇,《汉书·艺文志》著录为《五行传记》十一卷,《隋书·经籍志》经部有《尚书洪范五行传论》十一卷,题"汉光禄大夫刘向注",亦即其书。此书今已亡佚,但基本结构和主要内容为《汉书·五行志》所沿袭,现在仍能了解其大概①。《汉书·五行志》序文以下,分为五行和五事皇极两部分。每部分先总称"经曰",引《尚书·洪范》经文;然后按木、火、土、金、水、貌、言、视、听、思、皇极的顺序分条;各条下称"传曰",引夏侯始昌《洪范五行传》文;次称"说曰",转述汉儒关于传文的通说;最后附录相关的灾异行事及解说②。这与《汉书·刘向传》所称《洪范五行传论》"比类相从,各有条目"的体例相同,当是承袭而来。《五行志》中的"说曰"部分,也以刘向说为主。《隋书·五行志》常常引用刘向《洪范五行传》③,文字略同《汉志》"说曰",即是其证。《汉书·五行志》还大量收录刘向关于灾异行事的具体解说,有上古三代 3 条,春秋时期 100 条,战国至秦代 8 条,汉代 33 条,凡 144 条。其中除汉成帝以后的 5 条外,应都出自《洪范五行传论》。因此,据《汉书·五行志》考察刘向的灾异论说是可行的④。

从《汉志》来看,刘向集成工作的重心是以《春秋》为经、《洪范》作

---

① 刘知幾《史通·书志》云班固之"《五行》"出刘向《洪范》"(见浦起龙《史通通释》卷三,第 72 页)。当时刘向书尚在,知幾亲见,其说可信。

② 参缪凤林《〈汉书·五行志〉凡例》,南京中国史学会编《史学杂志》第一卷第二期,1929 年,第 1—4 页。

③ 《隋志》所谓刘向《洪范五行传》即《洪范五行传论》。《隋书·经籍志》著录"《尚书洪范五行传论》十一卷,汉光禄大夫刘向注",说明隋唐时期通行的《洪范五行传》是刘向"注"本,其实就是《洪范五行传论》。其中的"传"文与"论"文后人不仔细区分,因而错把《洪范五行传》与刘向的《洪范五行传论》混为一谈。《南齐书·五行志》所引"五行传"文,亦刘向《五行传论》语,可见传、说不分,梁代已然。《后汉书·杨赐传》李贤注引《洪范五行传》曰"初,郑厉公劫相祭仲而篡兄昭公,立为郑君"云云,明是刘向语。《后汉书·卢植传》注说:"《五行传》,刘向所著。"也都是混淆《洪范五行传》与刘向书的例子。《隋书·五行志》将刘向《洪范五行传论》之文误引作《洪范五行传》,并不足怪。

④ 司马彪《续汉书》以降的各正史《五行志》也零散地保留有一些刘向说,但其内容多承袭自《汉书·五行志》,故不再另行讨论。

纬,整合灾异行事与灾异理论。《汉书·五行志序》云:

> 景、武之世,董仲舒治《公羊春秋》,始推阴阳,为儒者宗。宣、元之后,刘向治《穀梁春秋》,数其祸福,傅以《洪范》,与仲舒错。至向子歆,治《左氏传》,其《春秋》意亦已乖矣,言《五行传》又颇不同。

所谓"与仲舒错",是说刘向的灾异解说与董仲舒有出入,或同或不同。不同的原因,班固认为,一是刘向用了《洪范五行传》,二是两人的《春秋》学家法不同。他特别指出董仲舒、刘向、刘歆所治的《春秋》分别为《公羊》《穀梁》和《左氏》,意在强调三传之别导致他们的灾异说相异。诚然,董仲舒与二刘父子之说《春秋》灾异都从各自所宗奉的经传入手,但《公羊》《穀梁》传文中都没有明确的灾异解说,董仲舒说灾异其实主要是自己创说,刘向也大体如此[①]。

钱穆指出,刘向的《春秋》学并不墨守家法,虽治《穀梁》而亦用《公羊》说[②]。鎌田正、池田秀三进一步从《春秋》学史的角度,对《汉书·五行志》所引刘向《春秋》说进行实证研究,认为刘向兼用《公羊》《左传》,不独说《穀梁》[③]。基于上述卓见,还可以进一步指出,这是因为《洪范五行传论》本意不在解释《春秋》,《春秋》经文和《公》《穀》《左氏》传文在其中都只取其作为灾异行事的资料意义。

刘向说春秋灾异仍以《穀梁传》为主,特别是在《穀梁》有不同于他传之说处,坚持《穀梁》说。《汉书·五行志上》:

> 釐公二十年"五月乙巳,西宫灾"。《穀梁》以为愍公宫也,以谥言之则若疏,故谓之西宫。刘向以为釐立妾母为夫人以入宗

---

[①] 《穀梁传》不说灾异,参刘家和《〈春秋〉三传的灾异观》。《公羊传》与灾异论的关系以及董仲舒在传文之外的发挥,见本书第二章第一节。
[②] 参钱穆《刘向歆父子年谱》"竟宁元年"条,《两汉经学今古文平议》,第38页。
[③] 参鎌田正《左传の成立と其の展开》第二编第一章第二节之二《刘向父子に於ける春秋学の推移》,大修馆书店,1963年,第401—413页;池田秀三《刘向の学问と思想》第三章第一节《春秋学》,《东方学报》卷50,第124—135页。池田氏文中称其研究较多地参考了鎌田氏的成果。

庙,故天灾愍宫,若曰,去其卑而亲者,将害宗庙之正礼。

以西宫为愍公(闵公)之庙,是《穀梁传》的特殊说法。《公羊》以为小寝,《左氏》以为公宫,刘向皆不取,而独用《穀梁》为说。又,《五行志中之下》:

> 文公三年"秋,雨螽于宋"。刘向以为,先是宋杀大夫而无罪,有暴虐赋敛之应。《穀梁传》曰上下皆合,言甚。董仲舒以为宋三世内取,大夫专恣,杀生不中,故螽先死而至。

此条《公》《穀》说又不同。《穀梁传》曰:"灾甚也。其甚奈何? 茅茨尽矣。著于上见于下,谓之雨。"以为虫灾太甚,上下相接如雨。《汉志》所谓"上下皆合,言甚",即概括《穀梁传》之意。《公羊传》曰:"雨螽者何? 死而坠也。"解释"雨螽"之意为虫死后下坠如雨,《志》引董仲舒以为"螽先死而至"即本此。刘向用"暴虐"说之,合乎《穀梁》"灾甚"之义。《志》前文称刘向"诸螽略皆从董仲舒说",而此条独与董不同,正因《穀梁》有异说。此外,《春秋》日食不言日不言朔者,《穀梁传》以为指夜食,刘向也从日食发生于夜晚出发解释人事。这些都是刘向主《穀梁》说的例证。

另一方面,刘向用《公羊》《左传》说处也不少。《五行志上》庄公十一年"秋,宋大水"条:

> 刘向以为时宋愍公骄慢,睹灾不改,明年与其臣宋万博戏,妇人在侧,矜而骂万,万杀公之应。

案宋愍公与宋万博戏事,仅见于《公羊传》,《穀梁》《左氏》皆无。刘向以此事说大水之灾,无疑是本诸《公羊》。这次灾异,董仲舒说与此不同,可见刘向说是自出机杼。至于刘向用《左传》,鎌田正已举出九例①,这里不再重复,只补充他遗漏的一例。《五行志中之上》:

> 《左氏传》曰,郑子臧好聚鹬冠,郑文公恶之,使盗杀之。刘向

---

① 见鎌田正《左传の成立と其の展开》第二编第一章第二节之二,第408—410页。

以为近服妖者也。

事在僖公二十四年。刘向用《左传》的原因,是其所载之事为《春秋》经及《公》《穀》传文所无。

上述事件都发生在春秋时期,刘向的讨论却不涉及《春秋》学的范畴,只是借作解说灾异之义的"行事"。正因如此,《国语》也在刘向取材的范围之内。《五行志中之下》:

> 史记鲁襄公二十三年,穀、洛水斗,将毁王宫。刘向以为近火沴水也。

鲁襄公二十三年即周灵王二十二年,事见《国语·周语下》①。采用《国语》,无关《春秋》学立场,只是因为它记载了春秋行事。由此反观刘向对《春秋》三传的取舍,固然有《春秋》学的影响,但究其旨趣,只是用为"行事"而已。参考刘向对战国至秦代灾异行事的解说,这一旨趣就更显著了。池田秀三称"《左传》之于刘向,与其说是阐发经义的'传',不如说是揭示经文背后之史实的'史'"②,诚为卓识。不仅《左传》,《公羊》《穀梁》在《洪范五行传论》中的作用大致也都是取其"行事"。对《春秋》学内部的争论,刘向在灾异论的集成中未予特别关注。

从运用《春秋》经传的方式看,与其说《洪范五行传论》解说春秋灾异衍生自《穀梁春秋》学,不如认为是刘向继承和回应了董仲舒《灾异之记》的"历史的类比论证"法。董仲舒所用的历史素材还局限于《春秋》经传,带有较重的《春秋》经学色彩;元、成时代灾异说发达,刘向不再需要像董仲舒那样依托于《春秋》经传的权威,而可将"春秋"作为一个与上古三代、战国秦汉并列的历史时期。这削弱了《春秋》的经学意义,但也使所有历史上的灾异行事都与《春秋》所载一样,具有了历史比附的价值。超越了"春秋"时代范围的灾异行事,构成刘向灾异论集成中纵向的"经线"。

---

① 《汉书·五行志》所称"史记",颜师古注以为《太史公书》,钱大昕已辨其误,见氏著《廿二史考异》卷七,第129—130页。

② 池田秀三《刘向の学问と思想》第三章第一节《春秋学》,《东方学报》卷50,第130页。

接下来，说"纬线"。刘向搜集灾异行事组建历史素材库时，必然会遇到这样的问题：用什么样的规则和秩序归纳它们？通过校中秘书接触到的《洪范五行传》，正好提供了现成的灾异分类体系。《洪范五行传》依据《尚书·洪范》中的五行、五事和皇极，建立灾异分类体系。刘向在《洪范五行传论》中使用了五行失性，即木不曲直、火不炎上、稼穑不成（土）、金不从革、水不润下，以及五事、皇极各自对应的罚、妖、孽、祸、痾、眚、祥。这个分类系统，基本能够涵盖他集录的所有灾异。为编排灾异行事，刘向还对《洪范五行传》中的灾异类型做了明确化的解释。比如，五行之"火不炎上"，他解释为"灾宗庙，烧宫馆，虽兴师众弗能救也"[1]；又如"言不从"之罚"恒阳"，《五行志》称"刘向以为《春秋》'大旱'也"。这就把含义不明的术语阐释成具体事类，以便与历史上的灾异一一对应。

通过以《洪范五行传》为框架进行整合，刘向的灾异论说在理论的综合性和事应的丰富性上大大超过了董仲舒，并表现出学理化的倾向[2]，即从儒学理论出发，制定一系列法则，据之解说具体的灾异。不过，若严格以此标准衡量，刘向的学理化又是相对的。他编撰《洪范五行传论》，对《春秋》三传主要取其历史比附之用，在解说与传文的配合中显得相当"实用主义"。

将历史上的灾异与《洪范五行传》中的灾异事类一一对应，是种理想状态，实际编排起来不免圆凿方枘，时生龃龉。对于这些情况，刘向的处理就未能完美地切合《洪范五行传》。首先，刘向解释五行与五事之灾异多有重合，同一种灾异有时被分别安排入两个不同的类别。比如《汉书·五行志上》"水不润下"传下说曰"雺水暴出，百川逆溢，坏乡邑，溺人民，及淫雨伤稼穑，是为水不润下"，以下所录《春秋》行事皆为大水。但《五行志中之上》"貌之不恭"的庶征"恒雨"，刘向又认为即《春秋》之"大水"。《汉志》在"恒雨"下从刘歆之说，全列《春秋》

---

[1] 《汉书》卷二七《五行志上》"说曰"。
[2] 参看田中麻纱巳《刘向の灾异说について——前汉灾异思想の一面》，《集刊东洋学》卷24，第34页。

之"大雨",而将"大水"都归入"水不润下"。由此可推测,刘向的做法是把一部分大水解释为貌不恭之罚,又将一部分解释为水不润下之征,否则他的《洪范五行传论》中就要缺少一"行"的行事了。其次,《洪范五行传》中有些类型的灾异并未真实发生过。五事"听不聪"之罚"恒寒"、"思心不睿"①之罚"恒风",刘向都认为"春秋无其应",没有这类灾异。更有甚者,"貌不恭"之"龟孽""下体生上之痾","言不从"之"口舌之痾","视不明"之"目痾","听不聪"之"耳痾","思心不睿"之"华(花)孽"六项,上古至秦汉均无其事,《洪范五行传论》中相应行事只能付诸阙如。又次,一些历史上有记载的灾异不能为《洪范五行传》的分类所涵盖。《汉书·五行志中之下》:

> 史记秦二世元年,天无云而雷。刘向以为雷当托于云,犹君托于臣,阴阳之合也。二世不恤天下,万民有怨畔之心。是岁陈胜起,天下畔,赵高作乱,秦遂以亡。

传曰,"听不之聪","时则有鼓妖,时则有鱼孽"。此条在"鼓妖"和"鱼孽"之间,似无所归属②。或许刘向、班固以为"无云而雷",取其声,近鼓妖。但所引刘向说并未指明为鼓妖,仅以君臣失和说之,应是《洪范五行传》无法涵盖该事而勉强附于此处。出现这些情况并不奇怪。《洪范五行传》的灾异分类,是用数术逻辑创造出来的先验系统。其中的有些灾异类型缺少经验依据,历史上不存在,甚至不可能发生,反过来,经验世界中的灾异也无法一一纳入既定的系统。

更麻烦的是,《洪范五行传》还设定了特定灾异和人事的关系。五行失性分别对应几种政治和道德缺失,五事皇极各自也有相应的罚、妖、孽、祸、痾、眚、祥。这就意味着,只有按照这些关系解释特定灾异之事应,才能真正纳入《洪范五行传》的框架。对此,刘向没有过分拘

---

① "睿"字据《汉书》。今本《尚书·洪范》作"睿",训为通。《春秋繁露·五行五事》曰"思曰容",一说"睿"乃"容"之讹。今存《汉书》原字,备考。

② 《汉书·五行志》灾异在每类下均按时代先后编排行事。此条的上一条"鼓妖"是汉哀帝时事,时间在此条后,可知《汉书》不以此事为鼓妖。

泥,常常不按传文的设定解说灾异行事。这类例子很多,如《汉书·五行志上》:

> 桓公元年"秋,大水"。董仲舒、刘向以为桓弑兄隐公,民臣痛隐而贼桓。后宋督弑其君,诸侯会,将讨之,桓受宋赂而归,又背宋。诸侯由是伐鲁,仍交兵结仇,伏尸流血,百姓愈怨,故十三年夏复大水。……刘歆以为桓易许田,不祀周公,废祭祀之罚也。

《五行志下之上》:

> 隐公五年"秋,螟"。董仲舒、刘向以为时公观渔于棠,贪利之应也。刘歆以为又逆臧釐伯之谏,贪利区霿,以生蠃虫之孽也。

这两条中的刘向说都可与后来的刘歆说相比较。第一条属"水不润下",《洪范五行传》曰:"简宗庙,不祷祠,废祭祀,逆天时,则水不润下。"刘歆据此指出本次灾异是"废祭祀之罚",紧扣传文。刘向却没有从《洪范五行传》所列的事项出发解说事应。第二条属"思心不容",其传曰"厥咎霿","时则有蠃虫之孽"(刘歆传)。刘歆明确指为"蠃虫之孽",且说是区霿之应,合于传文。刘向从董仲舒说,既不解释属何种灾异,所说事应也与"思心不容"传文毫无关系。这两条灾异解说本可以结合《洪范五行传》文,刘向都未照做,说明他的注意力不在紧扣传文,而集中在解说灾异事应上。

对刘向来说,历史行事和《洪范》灾异分类之间的参差似乎不是严重问题。他的灾异论集成在学理上不追求完美和纯粹,而是以实用主义的精神搁置、化解学理上的违碍。池田秀三就指出,刘向的学问集中在维持汉室的政治目的之下,具有实用性[①]。汪高鑫称刘向灾异论的基本旨趣是反对外戚势力,维护刘氏正统[②]。分析刘向的政治生涯

---

① 见池田秀三《刘向の学问と思想》第三章小结部分,《东方学报》卷50,第147页。
② 见汪高鑫《刘向灾异论旨趣探微——兼论刘向、刘歆灾异论旨趣的不同及其成因》,《安徽大学学报(哲学社会科学版)》2003年第2期,第109页。钱杭也从性格与时代差异讨论刘向、歆父子学术和政治道路之不同,见汤志钧等《西汉经学与政治》第七章《西汉末年的经学与政治——刘向、歆父子》,第324—326页。

和灾异论集成,可以清楚地看到,激烈的政治斗争促使他的灾异论说始终保持强烈的实用取向。由于这样的取向,《春秋》异说和《洪范五行传》与历史行事配合的缺陷都不足以成为他的阻碍或困扰,理论和行事才能最大限度地整合起来。

然而,实用取向的灾异论集成却没有在实际运用中带来胜利。前文已经清楚揭示,无论是将灾异论说运用于政治斗争,还是与当时各色说灾异者的对抗,刘向都没有占到上风。实用取向何以并不实用?对这个问题,刘向之子刘歆有近距离的观察和反思。

### 四、刘歆的回应

刘歆是刘向之少子,年少时即通《诗》《书》。河平中,刘向领校秘书,刘歆年仅20余岁就担任他的学术助手①。当时的校书处是国家图书汇聚之所,刘歆跟从其父"讲六艺传记、诸子、诗赋、数术、方技,无所不究",成长为百科全书式的学者。刘向死后,刘歆继承父业,"集六艺群书,种别为《七略》",完成了当时图书的集成与整理工作。他最初学《易》、治《穀梁春秋》,是承自家学。后来转治《左氏》,"引传文以解经,转相发明,由是章句义理备焉",在一定程度上超出了刘向学术的范围。史称"歆数以难向,向不能非间也,然犹自持其《穀梁》义",说明父子之间在学术上有分歧、有争论②。

关于刘向、歆父子的学术分歧,特别是灾异论的差异,古今学者已有不少讨论。《汉书·五行志序》指出二人《春秋》和《洪范五行传》之经学家法不同,造成灾异论的差异。然而,前文业已说明,刘向并不完全排斥《公羊》《左氏》,也不曾严格遵守《洪范五行传》的灾异分类和解说规则。刘向既未主一家,刘歆也无从以另一家破之。班固仅从经学家法角度立论,有其局限。

当代的研究,中国学者倾向于从政治思想和社会背景出发,讨论

---

① 钱穆《刘向歆父子年谱》云:"歆生年无考。成帝初即位,歆盖弱冠。"见《两汉经学今古文平议》,第40页。今从其说。

② 以上引文并见《汉书》卷三六《刘歆传》,以下引文出者,不再一一出注。

刘向、歆灾异论的差异及其成因。汪高鑫认为，刘歆没有刘向那样的政治立场，灾异解说也较少政治色彩①。日本学者则力图从经学史或思想史，特别是天人关系思想发展理路的视角，讨论两者的不同。镰田正对刘歆灾异说研究最为细致，他认为刘歆主要是用《洪范五行传》为《春秋》灾异合理分类，具体占验止于《左传》明文，而不推说汉代灾异。对比刘向灾异说的主观和随意，刘歆说表现出合理性、资料性和科学性的特征，可以窥见纯学术性的态度②。板野长八对比刘向、歆灾异解说及关于灾异应对的态度，认为刘歆灾异论代表儒家孔、孟以来的人本主义传统，与刘向代表的"咒术性"儒术相对立③。渡会显也认为，刘歆确立的灾异解释，与其说对应着天人相关的天，不如说是对应天人分离的天，因而具有人伦之学的色彩④。近年，马场理惠子研究刘歆灾异说与天文学的关系，强调其以"术数"知识体系为理论背景的特点⑤。几位研究者各自的问题意识不同导致结论有异⑥，但他们都将刘向、歆置于对立的位置。这或许也是受班固的影响。

诚然，刘向、歆的学术有差异，但承袭关系也同样清晰。刘歆少得家学，学术生涯始于辅助刘向校书中秘，二人之学都以渊综广博见长，关注的问题也高度重合。《汉书·艺文志》称，刘向每校一书已，"辄条其篇目，撮其指意，录而奏之"，总为《别录》。向死而刘歆"卒父

---

① 见汪高鑫《刘向灾异论旨趣探微——兼论刘向、刘歆灾异论旨趣的不同及其成因》，第110页。

② 见镰田正《左传の成立と其の展开》第二编第一章第三节《刘歆の春秋灾异说》，第414—435页。

③ 见板野长八《灾异说とり见た刘向と刘歆》，初载《东方学会创立二十五周年纪念东方学论集》，东方学会，1972年，收入《儒教成立史の研究》，岩波书店，1995年，第313—328页。对于孔、孟传统，板野氏用了"人道本位""人道に终始する儒家"的说法，这里姑且翻译为"人本主义"，表示与所谓"咒术性"或"神秘主义""神学目的论"一类名词或概念相对立的意思。

④ 渡会显《刘歆の灾异思想について》，《大正大学大学院研究论集》卷7，1983年，第139—149页。

⑤ 马场理惠子《刘歆の灾异解释に关する一考察》，《古代文化》卷59:3，2007年，第131—140页。

⑥ 镰田氏对《左传》学发展史的理解，板野、渡会二氏关于儒教成立或曰"国教化"问题的关注，马场氏对"术数"问题的思考，都主导了他们对刘向、刘歆之学术的理解。

业",总群书,据《别录》而作《七略》。在校雠学上,二人父子相承。《汉书·律历志上》云:"刘向总六历,列是非,作《五纪论》。向子歆究其微眇,作《三统历》及《谱》以说《春秋》。"在天文历法上,刘歆重整父业。《汉书·李寻传》载,甘忠可诈造《天官历》《包元太平经》,刘向奏其"假鬼神罔上惑众"。哀帝初重议此事,刘歆亦"以为不合《五经》,不可施行"。反对鬼神其事,维护汉统,向、歆父子也前后一致。《汉书·礼乐志二》载,刘向临终上书曰:"宜兴辟雍,设庠序,陈礼乐,隆雅颂之声,盛揖攘之容,以风化天下。"成帝下公卿议,因刘向、成帝先后去世而未成。平帝元始五年,刘歆为羲和、京兆尹,乃奉使"治明堂辟雍",终于完成刘向遗愿。刘向著《洪范五行传论》,刘歆亦有以五行说《春秋》灾异之作。可以说,刘歆很大一部分学术活动都在其父的规模之下展开,观点有异同,继承性则不可否认。

刘歆说《洪范》五行灾异,肯定研究过刘向的灾异论。对刘向所遇到的问题,刘歆比我们了解。他的灾异论说与刘向存在不少差异,有些议论很可能就是针对刘向说而发。《汉书·五行志下之上》:

> 严公十八年"秋,有蜮"。刘向以为蜮生南越。越地多妇人,男女同川,淫女为主,乱气所在,故圣人名之曰蜮。"蜮"犹"惑"也,在水旁,能射人,射人有处①,甚者至死。南方谓之短弧,近射妖,死亡之象也。时严将取齐之淫女,故蜮至。天戒若曰,勿取齐女,将生淫惑篡弑之祸。严不寤,遂取之。入后淫于二叔,二叔以死,两子见弑,夫人亦诛。刘歆以为,蜮,盛暑所生,非自越来也。

刘向认为蜮生在南越而至北方,刘歆则认为不是南越的特产。"非自越来"一句,显然有所针对,可见刘歆积极反思刘向灾异说并试图作出回应的态度。更值得注意的是,《汉书·五行志》所载刘歆灾异说远少于董仲舒、刘向,且所举刘歆说或与刘向不同,或为刘向所无。《五行志》对于董仲舒、刘向二人相同的解说,并不直接省略,而是用"董仲

---

① "射人有处",意思费解。疑"处"当作"咎",脱去所从之"口",又传写作"處"。咎,祸也。

舒、刘向以为""刘向以为……董仲舒指略同"之类的形式保存下来。照此推测,刘歆灾异说仅存与刘向异者,恐怕不是班固删并的结果,而是因为刘歆的"五行传说"本就是为完善刘向《洪范五行传论》而作,因此仅有修订和补充。

下面先对比刘向,研究刘歆灾异论说的特点,然后讨论两者学术理路上的关系。

刘歆灾异论说之独特,首先表现在班固所谓"言《五行传》又颇不同"上。《汉书·五行志中之上》:

> 孝武时,夏侯始昌通《五经》,善推《五行传》,以传族子夏侯胜,下及许商,皆以教所贤弟子。其传与刘向同,唯刘歆传独异。

班固所见《洪范五行传》有两种不同的传本。一是夏侯始昌一系《尚书》学者相传的文本,刘向《洪范五行传论》即用此本;二是刘歆的本子,其传文"独异"。《洪范五行传》传自夏侯始昌,师徒相传未有异本,所以刘向校书所见中秘藏本也与此相同。刘歆大约也不会独得异本,其传"独异"应是自行改编的结果。表3.1列出刘向、歆《五行传》的异同。

表 3.1 刘向、刘歆《五行传》异同表

| | 孽 | | 祸 | | 痾 | |
|---|---|---|---|---|---|---|
| | 刘向传 | 刘歆传 | 刘向传 | 刘歆传 | 刘向传 | 刘歆传 |
| 貌(木) | 龟 | 鳞虫 | 鸡 | 羊 | 下体生上 | 鼻 |
| 言(金) | 介虫 | 毛虫 | 犬 | | 口舌 | |
| 视(火) | 蠃虫 | 羽虫 | 羊 | 鸡 | 目 | |
| 听(水) | 鱼 | 介虫 | 豕 | | 耳 | |
| 思(土) | 华 | 蠃虫 | 牛 | | 心腹 | |
| 皇极 | 龙蛇 | | 马 | | 下人伐上 | 下体生上 |

资料来源:《汉书》卷二七《五行志》。

从表中可见,两者的差异集中在孽、祸、痾三项,尤其是五事对应之孽无一相同。

刘歆对孽和祸的改动，小林信明已经指出，是为了与《礼记·月令》保持一致①。其说得之。将动物分为五大类，称为五虫，与五行相配，最晚到战国末已经出现。《吕氏春秋·十二纪·纪首》就分别以鳞虫配春三月，羽虫配夏三月，毛虫配秋，介虫配冬，倮虫配中央土。《淮南子·时则》也有类似的配伍。同样的内容，后来又被儒家吸纳入《礼记》，成为《月令》篇。刘歆认为"庶征皆以虫为孽"②，不仅整齐，而且与《礼记·月令》统一起来。至于六畜之祸，六畜除去皇极对应的马即为五畜。在《吕氏春秋·十二纪·纪首》中，春、夏、季夏、秋、冬五个时节分别食羊、犬、牛、鸡、彘，依次对应五行之木、火、土、金、水，正与刘歆传同③。刘歆关于痾的两处调整，关键在皇极一条。《五行志下之上》："刘歆《皇极传》曰'有下体生上之痾'，说以为'下人伐上，天诛已成，不得复为痾'云。"痾是疾病的意思，刘歆认为"下人伐上"不能算"痾"，理由很充分。"下体生上"就象征着"下人伐上"之诛，用以取代后者是很合适的。言、视、听三传分别对应口舌、目、耳，都是人体相应的面部器官，因此《貌传》改配以"鼻痾"，也在情理之中。

上述改编，使《洪范五行传》形式更齐整、逻辑更合理，为紧扣传文解说灾异创造了前提。板野长八已经指出，刘向的灾异解说法则性不明确，刘歆则严格按照《五行传》设定的原则解释具体灾异，并举出不少例证④。在上文讨论刘向说灾异不紧扣传文时，我们曾举出两个对

---

① 参小林信明《中国上代阴阳五行思想的研究》第三章《洪范五行传考》，大日本雄弁会讲谈社，1951年，转引自镰田正《左传の成立と其の展开》，第415页。
② 见《汉书》卷二七《五行志中之下》。
③ 不过，刘歆并未直接以《月令》之文为说。对于五虫之孽，《汉书·五行志》引刘歆曰："于天文东方辰为龙星，故为鳞虫"；"于天文西方参为虎星，故为毛虫"；"于天文南方喙为鸟星，故为羽虫"。介虫、臝虫之说不见于《五行志》，大约也是用天文来解释的。关于鸡、羊之祸，《五行志中之下》引刘歆《视传》曰"祸亦从羽，故为鸡"，是说祸与孽一致都为羽虫，在六畜中即为鸡。因此，"貌不恭"之祸相应地也改为"羊祸"，刘歆的解释是"于《易》，'兑'为羊，木为金所病，故为羊祸"。意思是，貌不恭则金沴木，于《易》《兑》为金，又为羊，因此有羊祸。他不直接引用《月令》的原因，还有待进一步研究。
④ 见板野长八《儒教成立史の研究》第八章《灾异说とり见た刘向と刘歆》，第314—319页。

比的例子,反过来也可说明刘歆的这一特色。与刘向《洪范五行传论》相比,刘歆的"五行传说"在学理上更严谨,对刘向书中一些可以完善之处,尽可能做了处理。例如,刘向将"《春秋》大水"同时归入五行之"水不润下"和五事"貌"之罚"恒雨"。刘歆《貌传》则认为"恒雨"所对应的是《春秋》中的"大雨",以此避免与五行之"水"重复。又如,五事"听"之罚"恒寒"及"思心"之罚"恒风",刘向都认为"春秋无其应"。刘歆则说《春秋》之"大雨雪,及未当雨雪而雨雪,及大雨雹,陨霜杀叔草"都是"恒寒"之罚;又说《春秋》僖公十六年"六鹢退飞过宋都",《左传》曰"风也",即是常风之罚。这样,刘向认为"无其应"的两种灾异都在《春秋》中找到了相应的事例。

刘歆注重传文逻辑的合理化和灾异解说的规范化,对事应解说本身的重视程度则远不如刘向。《洪范五行传》的灾异体系本已设定了灾异与人事咎过之间的联系,具体灾异若无法找到相应的人事咎过,刘歆便不说事应。这样的例子很多,最为明显的是他的日食说。《左传》共记载了37次日食,除哀公十四年一次为《左传》所独有外,其余36次,董仲舒、刘向皆有事应之说。反观刘歆,他指出具体事应的,仅有桓公三年、昭公七年、昭公二十四年3次①。刘歆日食论云:"凡日所躔而有变,则分野之国失政者受之。人君能修政,共御厥罚,则灾消而福至;不能,则灾息而祸生。"②人君修政消灾之说与董仲舒、刘向并无不同,但刘歆认为日食之异必须针对当时太阳运行所在分野对应的国度,大大缩小了日食事应解说适用的范围。刘歆在具体解说中严格遵守这条规则,不合分野之事一概不取,因此绝大多数日食只注明分野所在,而无具体事应。这一做法,取自《左传》昭公七年所载晋士文伯之说。日食发生后,晋平公问士文伯:"谁将当日食?"士文伯说,"鲁、卫恶之","去卫地,如鲁地,于是有灾",当年果然都应验了。所谓"去

---

① 还有昭公十七年日食,刘歆虽引《左氏传》文为说,但未及灾异事应,见《汉书》卷二七《五行志下之上》。

② 《汉书》卷二七《五行志下之下》。

卫地,如鲁地"是指日食发生时,太阳正从卫国之分野向鲁国分野运行。此即刘歆所本。严格按照《左传》设定的原则解释日食,是灾异解说规范化的一种表现。这样做的代价,则是使绝大多数日食失去了明确的、可引以为戒的意义。

不仅如此,刘歆还将自己的灾异解说限于《春秋》,上古三代和战国秦汉的灾异都在解说范围之外。推测用意,可能是将灾异论说限定在经学范畴内,因此只有《春秋》灾异才有经典权威和借鉴意义。相比刘向,他又退回到董仲舒《灾异之记》的阶段。《洪范五行传论》中近三分之一的灾异事应随之失去历史比附价值,被排除在灾异论的视野之外。

在削减事应说的同时,刘歆更关注灾异论的理论建构。《汉书·五行志序》云:

> 《易》曰:"天垂象,见吉凶,圣人象之;河出图,雒出书,圣人则之。"刘歆以为,虙羲氏继天而王,受《河图》,则而画之,八卦是也;禹治洪水,赐《雒书》,法而陈之,《洪范》是也。……《河图》《雒书》相为经纬,八卦、九章相为表里。昔殷道弛,文王演《周易》,周道敝,孔子述《春秋》,则《乾》《坤》之阴阳,效《洪范》之咎征,天人之道粲然著矣。

刘歆将天授圣王的《河图》《洛书》具体解释为《周易》和《洪范》,与圣人所作的《春秋》并列,描述为灾异论的三大支柱。这样,董仲舒、夏侯始昌、京房、刘向等儒生依据不同,目的各异的灾异论说,就被统合为一个由儒学经典衍生和支撑的有机整体。由此,刘歆夯实了灾异论的经学基础,确立起神学权威。经他阐发,儒家灾异论的理论体系才终趋完备。班固《五行志序》全袭刘歆之说,后代《五行志》也相继沿用,深远影响。

总结刘歆的灾异论说,可以肯定鎌田正指出的"合理性、资料性和科学性"等特点。此外相比"纯学问""纯学术"之类词句,采用"学理化"一词来概括刘歆对儒家灾异论说的发展可能更为合适。因为,刘歆的灾异论说并非如鎌田正所言意在表彰《左传》①,而须从儒家灾异论发展的内在理路和外部环境中来理解。在此,学术不是独立自足的单纯的封闭体系,而是与过去和当下的种种现实联系在一起的。

  刘歆要面对的现实,首先是父亲刘向灾异说在政治上的失败。刘向为何失败,如何才能避免失败?这是必须认真考虑的问题。站在今天的立场上,我们可能会自然地认为是外戚、宦官政治势力过于强大所致。从刘歆灾异论的学理化发展来看,他还将刘向的失败归因于灾异论自身的实用取向。刘向的灾异论说在理论的综合性和事应的丰富性上大大超过了董仲舒,但实用取向也使之在灵活性或曰"随意性"上与董仲舒相去不远。西汉后期的蜂起说灾异者大多受过儒家教育,他们的灾异说也常能饰以儒术、托于经义。刘向之说灾异不能严守自己定立的法则,坚持学理上的纯粹,也就无法占据理论制高点,难免在现实中泯然众人。事实上,就服务于政争的实用目标而言,刘向与偏离儒家之道的各种灾异解说并无不同。因此,他充满儒家理想和关怀的集成之作在当时也终究难以胜过其他的灾异说。对此,刘歆进行了有意识的反思,试图扭转其实用主义趋向,以逻辑的合理化、解说的规范化和理论体系的完善化,推动儒家灾异论说向学理化方向发展。

  刘歆紧扣《洪范五行传》解说灾异,增强灾异说在技术上的规范性,但用意不是将之数术化。《汉书·艺文志·数术略》"五行家"小序云:

> 五行者,五常之形气也。《书》云"初一曰五行,次二曰羞用五事",言进用五事以顺五行也。……而小数家因此以为吉凶,而行于世,浸以相乱。

这则小序无论是刘歆所作还是述,都可见他不赞同因五行以为吉凶的"小数家",而是认为言五行旨在推动王者"进用五事以顺五行",以实

---

① 鎌田正认为刘歆本《左传》说过去的灾异而不说当代灾异,试图使为政者对《左传》抱有好感,借以表彰《左传》,见氏著《左传の成立と其の展开》,第 421 页。

现儒家的政治理想。他在构建儒家灾异理论体系的同时,将数术设定为对立的一面,塑造了数术灾异论在儒家语境中的不光彩形象。因此可以说,刘歆对灾异论说的学理化发展并不停留在技术层面。他的目的是克服董仲舒以至刘向灾异解说的随意性,在说灾异者蜂起的形势下建立更严格的解说规范,以约束"动机不纯"的说灾异者,保持灾异论说中的儒家之"道"。

刘歆能这样做,原因之一是他的政治生涯比较顺利,无需也未曾尝试借助灾异说实现具体的政治目标。也是由于这个原因,刘歆对灾异论说学理化的"负效应"认识不足。所谓"负效应",是就灾异论在政治活动中的运用而言的。刘歆的工作使灾异事应的解说重新回到经学和数术的双重束缚之下。一方面,只有儒家经典所载灾异事应的历史论证价值才被承认,由此,历史比附论证又退回到经学论证;另一方面,灾异事应的解说必须符合数术的技术化规范,丢失了灵活多变以利谏诤的特点。灾异论说从一开始就不是纯粹的学术,它始终与政治思想和政治实践紧密联系在一起,并在实际运用中不断发展变化。学理化走向极端,会抹煞灾异论说在现实政治中的实用价值,削弱灾异论的生命力。从刘歆对刘向学说的反思和回应中可以看到,灾异论面临着实用与学理之间的两难。如何在两者之间取得平衡,也是后世说灾异者的共同课题。

东汉以后的灾异论大体越过刘歆,上承董仲舒和刘向,仍是各取实用,杂说纷纭。这个问题直到宋代才得以解决。宋人认为汉儒解说灾异事应事实上启发了君主的"玩天"之心,因而釜底抽薪,彻底否认解说事应的必要性与可行性。此事关系重大,本书第五章中会另行讨论。

## 第二节 《五行志》《天文志》与灾异论的儒学传统

西汉是灾异论说最为繁荣的时期。东汉以后,灾异论儒学传统在理论构建方面趋于完成,少有创说,重心转向实践层面。除运用于实际政治活动外,它主要表现在以纪传体史书《五行志》《天文志》为主体的灾异历史编纂中。

《汉书》首创《五行志》《天文志》,记录了上古三代至秦汉以下的灾异占验和事应。此后的历代纪传体史书,几乎都继承《汉书》的传统,设立《五行志》《天文志》以编纂当代或前代灾异。这些志书一面反复引用历史上的灾异论说,一面不断积累新的灾异行事及其解说,呈现灾异理论的新进展,从而成为延续灾异论儒学传统的主要媒介。

## 一、从行事到历史:《五行志》的创立

纪传体史书中的《五行志》创自班固《汉书》。对班固创立《五行志》的目的和意图,学者已有研究①。本书要从灾异论发展的视角,看看班固何以能在当时创立《五行志》,以及此举产生了怎样的历史影响。简而言之,我认为灾异论在经学理论层面上的成熟造就了《汉书·五行志》,而后者则将灾异论从经学移植到史学传统中,使之获得新生。

前节已论,《汉书·五行志》的形式承自刘向《洪范五行传论》。在内容上,《五行志》引述刘向的灾异解说多达144条,其中除汉成帝之后的5条,大约皆出自《洪范五行传论》。不过,《汉书·五行志》也有很多增补和修改。比如董仲舒的《春秋》灾异说80余条,与刘向说或同或否,应是直接采自董仲舒的《灾异之记》。谷永、李寻等的一些论说形成于刘向著书之后,也是班固编入的。至于《五行志》中大量刘歆的灾异解说,并非袭自刘向,更不待言。此外有近60处"一曰""或曰",引用佚名的灾异解说,另有至少82处是班固自出机杼②。《五行志序》云:"揽仲舒,别向歆,傅载眭孟、夏侯胜、京房、谷永、李寻之徒所陈行事,讫于王莽,举十二世,以傅《春秋》,著于篇。"吸收众家之说,使得《五行志》与刘向书相比内容大幅增加,性质也发生了变化。

在班固以前,灾异的理论论述都属于经学范畴,相关论著也以经

---

① 参看向燕南《论匡正汉主是班固撰述〈汉书·五行志〉的政治目的》,《河北师范大学学报(社会科学版)》2000年第1期;游自勇《论班固创立〈汉书·五行志〉的意图》,《中国史研究》2007年第4期。

② 参看游自勇《论班固创立〈汉书·五行志〉的意图》第三小节《班固笃信阴阳五行灾异》。

学传记的面目出现。董仲舒创造了历史性类比论证的灾异解说范式，但他的解说范围仅限于《春秋》，所作《灾异之记》实际上是对《春秋》经传的解说。《洪范五行传》后来收入《尚书大传》，京房的灾异论说著为《易传》，两者都是经学传说。刘向汇集古今灾异行事著《洪范五行传论》，补充经传，仍属经学著作①。刘歆注重用《洪范五行传》规范灾异解说，经学立场比刘向更加鲜明。至于《汉书·五行志》，尽管经学味道还很重，但作为纪传体史书《汉书》的一部分，却已是"史著"，并随着《汉书》一起经典化，具有了史学写作范例的意义。

班固时代，史学尚未完全从经学中独立出来。最晚到西晋时期，经与史分离②，《汉书·五行志》作为史学范例的意义才得以显现。一方面，就在东汉末到西晋之间，出现了一批《汉书·五行志》的仿续之作。西晋司马彪《续汉书·五行志序》云：

> 五行传说及其占应，《汉书·五行志》录之详矣。故泰山太守应劭、给事中董巴、散骑常侍谯周并撰建武以来灾异。今合而论之，以续《前志》云。

司马彪自称写作意图是"以续前志"，表明《续汉书》有《五行志》的确是《汉书·五行志》直接影响的结果。他还提到，此前有应劭、董巴、谯周三人撰集过东汉灾异。其他几部有志的纪传体后汉史，如谢承、谢沈、袁山松《后汉书》大约也有《五行志》③。在《汉书》的影响下，此后的纪传体史书大都设立《五行志》④，作为史书体裁，延续着编纂灾异及其解说的传统。另一方面，魏晋以后，不再有汇集灾异行事和解说的经学专著，除了《搜神记》等几种小说和数术书包含一些灾异记事和

---

① 《洪范五行传论》在《汉书·艺文志》归入"六艺"，《隋书·经籍志》收在经部，足可说明其性质。
② 参胡宝国《汉唐间史学的发展（修订本）》，北京大学出版社，2014年，第29—33页。
③ 参周天游辑注《八家后汉书辑注》，上海古籍出版社，1986年。其中谢承、谢沈两书佚文辑出为《五行志》的条目较少，内容简单，是否属于《五行志》仍有一定的疑问；袁山松《后汉书》佚文中有关于灾异行事具体解说，属《五行志》应无问题。
④ 在有"志"的正史中，没有《五行志》的，仅《辽史》一书。除现存正史以外，已亡佚的纪传体史书也多有《五行志》，比如鱼豢《魏略·五行志》（见《初学记》卷二、《开元占经》卷一〇一、《太平御览》卷一二引）、晋及南齐国史（详下文）等。

解说,编纂灾异的专门著作便仅限于史书《五行志》。①《汉书·五行志》的创立,使灾异编纂从经学领域转而进入史学传统。

场合变,性质亦变。在经学取向的著作中,灾异的历史记事被称为"行事"。"行事"就是往事,近于历史,但还有经学的意味。《史记·太史公自序》述孔子作《春秋》之意曰:"我欲载之空言,不如见之于行事之深切著明也。"所谓"空言"即《春秋》大义,"行事"则是《春秋》中所记的编年史。从经学的角度看,《春秋》记载行事的目的是使大义更为"深切著明"。行事是经义的论据,依附于经义,不具独立意义。《五行志》的灾异记事仍被称为"行事",但这些行事进入《汉书》以后,本身即是史书记载的对象,不依附于经义。即便班固自己对行事的理解仍近于刘向,对经史分离时代的史家而言,记载灾异行事作为史志的内容,已经获得了经学之外的意义。

与此同时,这些历史记录仍然保留着用于灾异论的历史性类比论证的价值。史学意义上的灾异编纂,既是不断积累新的灾异解说,又在反复引用历史上的灾异论述。这是灾异论不断实践的过程,也是灾异论儒学传统延续的重要方式。汉代以后发生的灾异及其解说,通过《五行志》《天文志》保存下来,成为后来灾异解说的论据。《三国志·魏书·高堂隆传》载,明帝青龙二年四月崇华殿灾,诏问隆:"吾闻汉武帝时,柏梁灾,而大起宫殿以厌之,其义云何?"隆对曰:

> 臣闻西京柏梁既灾,越巫陈方,建章是经,以厌火祥。乃夷越之巫所为,非圣贤之明训也。《五行志》曰:"柏梁灾,其后有江充巫蛊卫太子事。"如《志》之言,越巫建章无所厌也。

---

① 北魏有高允奉敕集天文灾异八篇,见《魏书》卷四八《高允传》。其上表曰:"今谨依《洪范传》《天文志》撮其事要,略其文辞,凡为八篇。"可见取材于刘向书及历代史书,非为阐发经义而作。《隋书·经籍志》子部五行类著录《晋灾祥》一卷、《灾祥集》七十六卷,又云"梁有《秦灾异》一卷,后汉中郎郗萌撰"、《后汉灾异》十五卷、《晋灾异簿》二卷、《宋灾异簿》四卷"。《隋志》史部著录的伏无忌所作《古今注》,也有大量天文灾异记载。这些书都不是经学著作。唐宋以后编纂灾异的专门著作,还有唐代题为濮阳夏所作的《樵子五行志》、窦维鋈的《广古今五行记》和北宋仁宗所撰《洪范政鉴》。这三部书,历来书目都归入子部数术类,也不能算是经学著作。

又《魏书·崔光传》载,正始元年夏,有献四足四翼鸡者,诏问光,光表答曰:

> 臣谨按《汉书·五行志》,宣帝黄龙元年,未央殿辂軨中,雌鸡化为雄,毛变而不鸣不将,无距。元帝初元中,丞相府史家雌鸡伏子,渐化为雄,冠距鸣将。永光中,有献雄鸡生角。刘向以为鸡者小畜,主司时起居,小臣执事为政之象也。言小臣将乘君之威,以害政事,犹石显也。竟宁元年,石显伏辜,此其效也。灵帝光和元年,南宫寺雌鸡欲化为雄,一身毛皆似雄,但头冠尚未变。诏以问议郎蔡邕,邕对曰:"貌之不恭,则有鸡祸。臣窃推之,头为元首,人君之象也。今鸡一身已变,未至于头,而上知之,是将有其事,而不遂成之象也。若应之不精,政无所改,头冠或成,为患滋大。"是后张角作乱,称"黄巾贼",遂破坏四方,疲于赋役,民多叛者。上不改政,遂至天下大乱。今之鸡状虽与汉不同,而其应颇相类矣。

曹魏时期的高堂隆和北魏崔光都明引《汉书·五行志》,后者所举东汉蔡邕说也见于《续汉书·五行志》,其他据《五行志》《天文志》所载故事旧说以言当代灾异之例,更是不胜枚举。除此以外,部分在发生时没有受到重视、获得解说的灾异,也在《五行志》《天文志》中与后来的历史发展联系起来,被编纂者解说并赋予意义。纪传体史书的灾异编纂凭借史学传统的强大惯性,成为灾异论儒学传统稳定的组成部分,既是灾异政治文化的表现,又起着维系灾异论的重要作用[①]。

## 二、从占验吉凶到回溯休咎:《天文志》对星占学的改造

纪传体史书中记录灾异的还有《天文志》。《天文志》的内容包括天文经星、星占方法、灾异行事占验和当代天文学进展等,基础是古代

---

[①] 这里需要说明,纪传体史书延续灾异论儒学传统的影响力不能估计过高。多数纪传体史书中《五行志》《天文志》的设置和编撰,在这方面的作用大体上是象征性的。真正具有典范意义并被广泛阅读的主要是《汉书》中的两篇。《汉书》两志除影响史书编撰外,还通过其他径维系着灾异论的儒学传统,将来可进一步研究。

天文星占学。天文星占学的内容大概可以分为两部分:一部分占用兵,与兵阴阳家接近;一部分占邦国、君主、人民吉凶与岁之美恶,与灾异占接近。汉代以后,天文星占学的重心转向灾异占,并由单纯的吉凶占验转而被赋予人事休咎的意义。《汉书·天文志》的形成,就反映了这个过程。

《续汉书·天文志序》论述《汉书·天文志》产生的过程,列举了两位重要的奠基人物:司马迁和刘向。

司马迁作《史记·天官书》,依次记载星官占法、望气占法、候风占岁法,然后以"太史公曰"的形式概述天文星占学的发展史以及对天文人事关系的看法。从此以后,天文星占学成为史书体裁的组成部分。与后来的《天文志》相比,《天官书》有两个重要的差别。第一,司马迁列举秦始皇至汉武帝以来的重要天象及其事应,但不著年月,且仅十例,并云:"此其荦荦大者,若至委曲小变,不可胜道。由是观之,未有不先形见而应随之者也。"这说明,司马迁无意一一详述灾异行事,他列举天变事应的目的仅是证明天人之间的影响关系。第二,在他看来,天文所示的天人关系,是"先形见而应随之",先有灾异而后有事应,亦即把灾异单纯作为人事的预兆,而非失德失政的后果。可见,《史记·天官书》的思想和内容更接近战国以来的天文星占传统,与此后的《天文志》尚有距离。

在《史记》和《汉书》之间完成过渡的是刘向。《续汉书·天文志序》称刘向"广《洪范》灾条,作《五纪》《皇极》之论,以参往行之事",正说明了他的过渡作用。"五纪"一词见《尚书·洪范》,指岁、日、月、星辰、历数。《汉书·律历志上》载:"至孝成世,刘向总六历,列是非,作《五纪论》。"根据现存的少量佚文和一些转述[①],可知《五纪论》的内容是天文星占理论和历法。"皇极"之名亦出《洪范》。《洪范五行传》曰:"皇之不极……时则有日月乱行、星辰逆行。"《皇极论》可能是对

---

① 《五纪论》的内容及现存佚文,参看姚振宗《汉书艺文志拾补》,《二十五史补编》,第1506页上。

《洪范五行传》日月星辰部分的申论。《汉书·五行志下之下》中关于日月薄蚀、流陨孛星的灾异行事,很多应出自刘向的《皇极论》。《开元占经》引作《洪范五星传论》的条目,可能也出于《皇极论》。如:

> 汉惠帝二年,天开东北,广十余丈,长二十余丈。(《开元占经》卷三引刘向《洪范传》)
>
> 汉武元光中,天星尽摇。上问候星,对曰:"星摇,民劳也。"后征伐四夷,百姓劳于兵革也。(《开元占经》卷七六引《洪范天文星变占》)
>
> 汉昭帝始元元年,天锋星出西方,出天市东门,行过河鼓,入营室中。占曰:"有乱臣戮死。"后左将军上官桀、子车骑将军安,与燕王谋反,诛死。(《开元占经》卷八六引《洪范五行传》)

这与《五纪论》之讲理论不同,是《续汉志》所谓的"参往行之事",与后来《天文志》主要记灾异行事的体例一致。可能是由于这个原因,《晋书·天文志序》据《续汉志》复述刘向为《天文志》奠基的工作时,不再提《五纪论》,仅云"广《洪范》灾条,作《皇极论》"。

对比《史记·天官书》,不难看出刘向天文灾异思想的进展。他说,"人君急则晷进疾而寒,舒则晷退迟而燠"[①],阐述政治对天体运行的影响,表达了回溯人事休咎的天文灾异观。《皇极论》列举和解说天文灾异行事,著明年月和占验,也与《天官书》不同而近于《天文志》,有些文句直接为《汉书·天文志》所继承。《汉书·天文志》载:

> 孝惠二年,天开东北,广十余丈,长二十余丈。地动,阴有余。天裂,阳不足:皆下盛强将害上之变也。其后有吕氏之乱。
>
> 元光中,天星尽摇。上以问候星者,对曰:"星摇者,民劳也。"后伐四夷,百姓劳于兵革。
>
> 孝昭始元中,汉宦者梁成恢及燕王候星者吴莫如见蓬星出西方天市东门,行过河鼓,入营室中。恢曰:"蓬星出六十日,不出三

---

① 《开元占经》卷五引《洪范五行传》,实即刘向《洪范五行传论》。

年,下有乱臣戮死于市。"……其后左将军桀、票骑将军安与长公主、燕剌王谋乱,咸伏其辜。

这些条目与《开元占经》所引刘向《洪范》传说基本一致,虽然做了不同的节录和加工,仍不难看出这三条关于汉代天变事应的记载来自刘向。

刘向在回溯式的天文灾异观和行事解说两个方面为《天文志》的创立奠定了基础。《汉书·天文志》作者马续是马援兄子严之子,东汉大儒马融之兄。《后汉书·列女·班昭传》云:

> 时《汉书》始出,多未能通者,同郡马融伏于阁下,从昭受读,后又诏融兄续继昭成之。

据此,马融曾从班昭受《汉书》,马续很可能也一同受学①,后来才会被诏继成《汉书》。既然有此渊源,他编撰《汉书·天文志》的宗旨应是经班昭而与班固一脉相承。马续"七岁能通《论语》,十三明《尚书》,十六治《诗》,博观群籍,善《九章筭术》"②。善长算术是撰写《天文志》的知识条件,深明经学则保证了《天文志》的儒学底蕴。《汉书·天文志序》总论天人关系,云"政失于此,则变见于彼,犹景之象形,响之应声",将天变比喻为人事的影子和回声,认为政治之失引起天变。这已经异于司马迁,而与刘向相同。

不过,考察《汉书·天文志》的天变记录和解说,可以发现与序文所论正相反,每一条都是预言人事祸福,而非回溯政治得失。这是由天文星占学的性质决定的。天文星占学是通过天象预测人事的发展变化,然后用人事验证预测,其书多以"占验"为题③。"占"就是预测,"验"就是通过"行事"验证预测的结果。《汉书·天文志》的灾异思想

---

① 《后汉书》仅称马融受《汉书》,未及马续,应是由于后文将述马续事而安排的省文。
② 《后汉书》卷二四《马严传》。
③ 比如《汉书·艺文志》"天文家"著录的《汉五星彗客行事占验》八卷、《汉日旁气行事占验》三卷、《汉流星行事占验》八卷、《汉日旁气行事占验》(此书名"行"下疑脱"事"字)十三卷、《汉日食月晕杂变行事占验》十三卷、《海中星占验》十二卷等。参看本书第一章第二节。

已经从占验转变为回溯人事休咎,但由于天变记录的基础仍是传统的星占学,在灾异解说的形式上仍保留了占验的特色,一般格式是"天变—占辞—事验"。比如:

〔孝景〕四年七月癸未,火入东井,行阴,又以九月己未入舆鬼,戊寅出。占曰:"为诛罚,又为火灾。"后二年,有栗氏事。其后未央东阙灾。

元鼎中,荧惑守南斗。占曰:"荧惑所守,为乱贼丧兵;守之久,其国绝祀。南斗,越分也。"其后越相吕嘉杀其王及太后,汉兵诛之,灭其国。

这些灾异解说,都是先叙述天象异常,列出占辞,然后举出之后发生的祸事作为天变的应验。尽管如此,《天文志》的这些记录已经不仅仅包含天文占验的意义。董仲舒概括灾异六阶段:失道—灾—不自省—异—不知变—伤败。《汉书·天文志》中的灾异解说,就相当于其中"异—伤败"这后半段。由于在序言中指明天变是"政失于此"所致,《汉书·天文志》中的灾异解说虽未举出引起天变的政治得失,但已经在占验中暗含了对人事的批评。

从《汉书·天文志》开始,编撰《天文志》成为纪传体史书的传统,而各史《天文志》都表现出接续前史的意识。东汉末年,蔡邕撰写《汉记》"十意",有《天文意》第五①。其后,谯周删补《汉纪》,亦续作《天文志》。故《续汉书·天文志上》刘昭注引谢沈书曰:"蔡邕撰建武已后星验著明以续《前志》,谯周接继其下者。"②司马彪《续汉书·天文志序》云"今绍《汉书》作《天文志》",《宋书·天文志序》云"为《天文志》以续司马彪",《南齐书·天文志序》云"以续宋史",都是在鲜明的绍续意识下延续着史书《天文志》的传统。与《五行志》一样,《汉

---

① 见《后汉书》卷六〇《蔡邕传》注引《邕别传》。
② 《续汉书·天文志》刘昭注引蔡邕《表志》,即《上"十意"表》中关于《天文意》一段,自云"撰建武以来星变彗孛占验著明者续其后",续作的意识十分明确。

书·天文志》的创立和历代续作,将儒家的人事休咎批评传统引入史书体裁,也具有使灾异编纂从经学领域转入史学传统的意义。

《汉书·五行志》以天文占验包含人事休咎批评的精神,也为以后各史所继承。《续汉书·天文志序》云:"言其时星辰之变,表象之应,以显天戒,明王事焉。"《晋书·天文志序》云:"是故政教兆于人理,祥变应乎天文,得失虽微,罔不昭著。"追本溯源,这些都来自刘向的灾异思想。可以说,历代《天文志》通过强调灾异是政治之失所致,将人事休咎之义注入天文占验之法,改造了传统的天文星占学。此后,历代王朝的天文星占记录在编入《天文志》时,就被赋予儒学的色彩,成为灾异论儒家传统的组成部分。

### 三、经史之间:灾异编纂传统的延续

《汉书》以后,《五行志》和《天文志》沿着史学逻辑发展,与经学疏离,但灾异编纂在史书中的存在常常又需要经学理论来支撑。经史之间,关系微妙。这种关系在《五行志》结构和内容的变化中表现得尤为显著。

游自勇研究正史《五行志》的模式演变,认为从《新唐书》开始,正史《五行志》只记灾异而不再书事应。他据此说,《五行志》"示人君之戒"的基本思想一直没有改变,但宋代以后,灾异本身成为记载的目的,《五行志》也由此失去灵魂,成为灾害物异的汇编①。不书事应确实反映了《五行志》与经学关系的变化,也表现在历代《五行志》的结构和内容上。高木理久夫和游自勇分别研究过正史《五行志》结构的变化②。高木氏指出元代以后所修《五行志》以"皇极"入"水"行,游自勇指出《汉志》到《续汉志》五行与五事搭配关系的改变,都是十分重要

---

① 游自勇:《正史〈五行志〉的演变——以"序"为中心的考察》,《首都师范大学学报(哲学社会科学版)》2006年第2期。
② 见高木理久夫《正史五行志の基础的研究》,《早稻田大学大学院文学研究科纪要别册》卷17,1991年;游自勇《正史〈五行志〉的演变——以"序"为中心的考察》。

的发现。两位学者的研究偏重对各史《五行志》的结构进行分类,这里将按照撰写时代的顺序介绍正史《五行志》的结构,讨论其历史变化。

《汉书·五行志》首列《尚书·洪范》"九畴"经文,次《洪范》"五行"经文,然后按"木—火—土—金—水"的五行顺序,分列每一行的《洪范五行传》的"传""说"及灾异行事,此为第一部分。第二部分,首列《洪范》"五事"经文,然后按"貌—言—视—听—思"的五事顺序,分列每一事的"传""说"和灾异行事,最后列"皇极"的"传""说"和行事。这一结构可以归纳为:以经文统传说,以传说统咎征,以咎征统行事。《洪范》经传的体系决定了《汉志》结构①。

《续汉书·五行志》的理论部分大为缩减,其序云:"五行传说及其占应,《汉书·五行志》录之详矣。"作为续编,避免与《汉志》重复的做法不难理解,并无深意。《续汉志》最重要的变化在于五行、五事由分而合,逐一相配为纲,领起咎征行事,结构变为"木貌—金言—火视—水听—土思心",最后附以"皇极"。这就打破了《洪范》经文和《洪范五行传》中五行、五事分述的体系。《续汉志》为了使五行五事能够逐一相配,还将五行顺序调整为"木—金—火—水—土",以迁就五事。五事之下附有罚、极、妖、孽、祸、痾、祥、眚等咎征,是灾异分类的主体。以五行迁就五事,说明作者对灾异分类的重视,超过了《洪范》经传的原有体系②。对于司马彪来说,《洪范》经传的主要意义在于提供了一套灾异分类体系。

此后,南朝梁代所编的《宋书》《南齐书》都继承了这种五行、五事逐一相配的《五行志》结构。《宋志》结构同于《续汉志》,又在正文中将咎征类名提出为目,使灾异分类更为醒目。《南齐志》的不同之处则

---

① 可以附带一提的是,《汉志》的五行顺序与《洪范》经文"水—火—木—金—土"的顺序不同,而同于《洪范五行传》,与"春—夏—季夏—秋—冬"的时节变化对应,反映汉儒的学术特点。
② 《续汉书·五行志》每卷之前,列有本卷灾异咎征的类目,如《五行志一》列有"貌不恭、淫雨、服妖、鸡祸、青眚、屋自坏、讹言、旱、谣、狼食人"。如果这些类目不是后人传写时所增补,则也可佐证《续汉志》重灾异分类的特点。

在于将顺序改为"木貌—火视—土思心—金言—水听—皇极",以五事迁就五行①,还将五行传说以灾异类目为单位分解开,凡是齐代没有的灾异类别,相应的五行传说也付诸阙如。可见,在南朝正史中,《洪范》体系的地位进一步下降,灾异行事自身的类别属性成为决定《五行志》结构顺序的主导因素。

以灾异行事类别为主编排的倾向在成书稍晚的《魏书·灵征志》中更为明显。魏收《魏书》没有采用《五行志》之名,而将灾异、祥瑞合为一志,名曰《灵征》。《魏书·灵征志》的灾异分类不用五行体系,不再出现五行、五事、皇极的类别,仅使用了《洪范五行传论》中的部分解说和咎征类目。其顺序为:地震、山崩、大风、大水、涌泉、雨雹、雪、霜、无云而雷、雷震、雾、桃李花、火不炎上、黑眚黑祥、赤眚、青眚、夜妖、人痾、金沴、龙蛇之孽、马祸、牛祸、羊祸、豕祸、鸡祸、羽虫之孽、毛虫之孽,与《开元占经》的占象次第相似,完全打破《洪范》五行体系。比如马、牛、羊、豕、鸡祸,不再分属五事皇极,而是因同为六畜而组合到一起。采用这种顺序应是受流行占验书的影响,便于将王朝的灾异记录改编入史书,而离经学传统愈加遥远了。

除五行五事的灾异分类结构外,两晋南北朝时期《五行志》的另一显著变化,是日蚀彗孛等天官灾异从《五行志》或《灵征志》移出,进入《天文志》或《天象志》。

《洪范五行传》曰:"皇之不极……时则有日月乱行,星辰逆行。"《汉书》将日月薄蚀、彗孛陨星之异置于"皇极"部分,自然是依据《洪范五行传》。然而,日月星辰属于天象,就其性质而言,宜入《天文志》。在符合灾异性质和维护《洪范》五行灾异体系之间,班固选择了后者。马续作《汉书·天文志》,亦不载薄蚀彗孛,避免与《五行志》重

---

① 这可能与作者参考刘向《洪范五行传论》有关。《南齐志》领起咎征行事的"传曰",相当于《汉志》的"说"而文字稍有异同,大约直接引自《洪范五行传论》。南北朝隋唐时将刘向《洪范五行传论》称为《洪范五行传》的例子很多,参见冯浩菲《〈隋书·五行志〉正讹》,《历史文献研究》第6卷,北京燕山出版社,1995年。

复。《续汉书》在《五行志》中保留了日月薄蚀,但已经将彗孛陨星归入《天文志》。《宋书》与《续汉书》做法一致,《南齐书》则将日月薄蚀也划归了《天文志》。如何在史志中安置日食,南齐编修国史时曾有争论。《南齐书·檀超传》载,建元二年(480),"超与骠骑记室江淹掌史职,上表立条例",以为"班固五星载《天文》,日蚀载《五行》",应"改日蚀入《天文志》"。当时秘书丞袁彖和尚书左仆射王俭都表示反对。袁彖认为:"《天文志》纪纬序位度,《五行志》载当时祥沴,二篇所记,事用相悬。日蚀为灾,宜居《五行》。"①王俭则说:"《洪范》九畴,一曰五行。五行之本,先乎水火之精,是为日月五行之宗也。今宜宪章前轨,无所改革。"前者从《天文》《五行》二志的内容区分立论,后者则主张维护《洪范》五行的体系。王俭为当时著名的儒臣,深受宠信,齐高帝萧道成同意了他对国史体例的几乎所有驳议,唯独这一条例外②。最后,《天文志》还是改动了体例。萧子显《南齐书》日月薄蚀出《五行》入《天文志》,即沿袭檀超、江淹所撰国史体例。北朝方面,《魏书》将日月薄蚀、彗孛陨星归入《天象志》。魏收认为,日月五星同为"七曜",不宜分载《天文》《五行》二志,因此将"在天诸异"都归入《天象志》》③。据魏收说,西晋陆机就曾质疑过《汉书》的这一体例④,经过两晋南北朝诸史家的逐渐改易,终于扭转过来。这一转变,使《天文志》内容趋于完整,但《五行志》因此失去《皇极传》"日月乱行,星辰逆行"的部分,偏离了班固以《洪范》五行体系编撰《五行志》的初衷(表3.2)。

---

① 《南齐书》卷四八《袁彖传》。
② 《南齐书》卷五二《檀超传》载王俭议,并载诏曰:"日月灾隶《天文》,余如俭议。"
③ 《魏书》卷一〇五《天象志序》。
④ 陆机为著作郎时曾预修国史。《史通·古今正史》云:"晋史,洛京时,著作郎陆机始撰三祖纪,佐著作郎束晳又撰十志。"(《史通通释》卷一二,第349页)陆机质疑《汉书》体例,当与此有关。又,《晋书》卷九四《隐逸·郭琦传》云,琦武帝时为佐著作郎,"作《天文志》《五行传》"。此或即当时国史的《天文志》和《五行志》。

表 3.2　天变记录在《天文志》《五行志》中的分布变化

| 史书 | 《五行志》 | 《天文志》/《天象志》 |
|---|---|---|
| 《汉书》 | 日月薄蚀、彗孛陨星 | 其他天变 |
| 《续汉书》 | 日月薄蚀 | 彗孛陨星、其他天变 |
| 《宋书》 | 日月薄蚀 | 彗孛陨星、其他天变 |
| 《南齐书》 | 无 | 所有天变 |
| 《魏书》 | 无 | 所有天变 |

从《汉书·五行志》到《魏书·灵征志》，无论是灾异分类结构还是日月彗孛之异归属的调整，都反映出《五行志》由经传主导转向灾异咎征主导的变化。它符合史书记载灾异行事的需要，而偏离汉儒论说灾异和班固创立《五行志》的经学立场。

这种转变在《魏书》达到高峰后却发生了转折。唐初李淳风编撰的《晋书·五行志》和《五代史志·五行志》（即《隋书·五行志》），虽未编入日月彗孛，但灾异分类结构又回向《汉志》。《晋书·五行志》不仅将五行、五事重又拆开，而且恢复了"经—传—说—行事"的框架，其经传说几乎全录《汉志》，完全成为《汉志》的翻版。《五代史志》仅稍有不同，将五行顺序改为"木—金—火—水—土"以迁就五事，同时在每一大类前先引刘向《洪范五行传论》（原文引作《洪范五行传》）代替经、传、说。这些不同，大约只是为了避免与此前所修的《晋志》重复①。

《晋志》内容绝大部分承袭《宋书·五行志》，结构上却大异于前，显是有意为之。编者李淳风对魏晋以降的灾异占验之学深为不满，所著《乙巳占·史司篇》云：

> 汉魏之后，晋宋相承……畴人术士，俯同卜祝之流，唯辨纤芥

---

① 《晋书》修成于唐贞观二十二年（648），《五代史志》成于显庆元年（656），晚于《晋书》。

之吉凶,验事理之微末。推考术数,务在多言屡中;庶征休咎,未详关于政治。玉衡倾侧,七政所以不齐;彝伦攸叙,九畴于焉遂隐。此末代之流弊也。①

他认为近代的灾异占验流于数术,即使称说事应,也过于琐屑,偏离政治大道。同时,他对汉儒之灾异论说则大为称道,如在《乙巳占序》中就说:"托神设教,因变敦奖,亡身达节,尽理辅谏,谷永、刘向、京房、郎𫖮,之其盛也。"②他一改两晋南北朝以来的《五行志》体例,复归于刘向、班固,含有扭转近代颓风,回向汉儒之道的目的。

接下来的两部纪传体史书《旧唐书》《旧五代史》的《五行志》,都没有采用《汉志》体例,结构类似《魏书·灵征志》而更为混乱简陋。对《五行志》性质和体例的进一步反思,始于欧阳修。

欧阳修撰《新唐书·五行志序》云"著其灾异,而削其事应",主张仅编录灾异名目和发生的时间地点,不再推论灾异与人事的关系。《新唐书·五行志》正文的实际编撰者刘羲叟没有完全遵循序文,保留了一些占验事应,但此后诸正史,元修《宋史》《金史》,明修《元史》,清修《明史》,都坚持"削其事应"的原则。游自勇对这一转变已有清晰的描述,并称《五行志》的新模式为"灾害物异志模式"③。

欧阳修的灾异思想及其背景,本书第五章还将详论。这里想要探讨的是,欧阳修以后的转变,是否彻底改变了《五行志》性质,使之脱离经学而成为纯粹的历史记事。事实上,欧阳修的态度是反汉儒而尊孔子。《新唐书·五行志序》云:

> 若政失其道,用物伤夭,民被其害而愁苦,则天地之气沴,三光错行,阴阳寒暑失节,以为水旱、蝗螟、风雹、雷火、山崩、水溢、

---

① 《乙巳占》卷三,丛书集成初编本,商务印书馆,1936年,第65—66页。
② 《乙巳占》序,第3页。
③ 见游自勇《正史〈五行志〉的演变——以"序"为中心的考察》一文,他在博士论文《天道人妖:中古〈五行志〉的怪异世界》第一章第二节《〈五行志〉怪异书写的两种模式》(首都师范大学2006年)中,又充实了原有论述。

> 泉竭、雪霜不时、雨非其物，或发为氛雾、虹蜺、光怪之类，此天地灾异之大者，皆生于乱政。而考其所发，验以人事，往往近其所失，而以类至。

以此观之，欧阳修不仅认为政治失道产生灾异，而且灾异往往与失道同类，也就是一定的灾异对应一定的人事。与前人不同的是，他指出灾异与特定人事的对应关系未必是固定的，"时有推之不能合者，岂非天地之大，固有不可知者邪"，故"孔子于《春秋》记灾异而不著其事应，盖慎之也"。他赞同孔子之法，因以批评汉儒言灾异事应："自汉儒董仲舒、刘向与其子歆之徒，皆以《春秋》《洪范》为学，而失圣人之本意。"① 由此看来，欧阳修主张"削其事应"不过是纠正汉儒的错误理解，回归"圣人本意"。换言之，就是以自己的理解取代董、刘的理解，以宋儒之经学取代汉儒之经学。

越过汉儒直承经典的倾向，还在此后几部正史《五行志》的结构安排上表现出来。高木理久夫已经指出，元代以后编纂的正史《五行志》都将灾异咎征按五行分为五大类，不再出现五事、皇极的大类，五行的顺序也改为"水—火—木—金—土"②。《尚书·洪范》："五行：一曰水，二曰火，三曰木，四曰金，五曰土。"宋、元、明三史的《五行志》结构正是改遵《洪范》经文的五行排序。相应地，五事咎征也打乱次序归入五行，至于皇极咎征则入于"水"行之中。至此，汉儒的《洪范》五行之学从文字到体系都已不见踪迹。

宋、元、明三史《五行志》的序言，大体皆批评汉儒灾异之学，推崇欧阳修不书事应之法，但对《洪范》政教、《春秋》示戒之义都谨守无阙。如《宋史·五行志序》曰：

> 和气致祥，乖气致异，莫不于五行见之。《中庸》："至诚之道，可以前知。国家将兴，必有祯祥；国家将亡，必有妖孽。见乎

---

① 《新唐书》卷三四《五行志》。
② 见高木理久夫《正史五行志の基础的研究》第一小节。

著龟,动乎四体。祸福将至,善必先知之,不善必先知之。"人之一身,动作威仪,犹见休咎,人君以天地万物为体,祯祥妖孽之致,岂无所本乎?故由汉以来,作史者皆志五行,所以示人君之戒深矣。自宋儒周惇颐《太极图说》行世,儒者之言五行,原于理而究于诚。其于《洪范》五行五事之学,虽非所取,然班固、范晔志五行已推本之,及欧阳修《唐志》,亦采其说,且于庶征惟述灾害,而休祥阙焉,亦岂无所见欤!

《元史·五行志序》云:

> 汉儒不明其大要,如夏侯胜、刘向父子,竞以灾异言之,班固以来采为《五行志》,又不考求向之论著本于伏生。……昔孔子作《春秋》,所纪灾异多矣,然不著其事应;圣人之知犹天也,故不妄意天,欲人深自谨焉。乃本《洪范》,仿《春秋》之意,考次当时之灾祥,作《五行志》。

《明史·五行志序》云:

> 粤稽《洪范》,首叙五行,以其为天地万物之所莫能外。……天人相感,以类而应者,固不得谓理之所无。……然天道远,人道迩,逐事而比之,必有验有不验。至有不验,则见以为无征而怠焉。前贤之论此悉矣。孔子作《春秋》,纪异而说不书。彼刘、董诸儒之学,颇近于术数礼祥,本无足述。……故考次洪武以来,略依旧史《五行》之例,著其祥异,而事应暨旧说之前见者,并削而不载云。

经过宋学的洗礼,汉儒之学失去威信,《五行志》却仍然没有褪去经学的色彩,只是以回归原典的形式,改宗宋儒。

纪传体史书中《五行志》和《天文志》长期存在的原因之一,是史学传统的强大惯性;原因之二,则不能不说是经学的影响,即便这种影响在宋代看似已经减弱①。如上所见,元代以后诸《五行志》大都提到班固以来的史学传统,而更强调灾异论的经学依据。在古代自然科学和社会科学的发展状况下,天鸣天裂、无云而雷、流星彗孛、六畜相生、婴儿畸形之类的怪异现象,除了因与人事相关而具有示戒的意味,实在找不到写入史书的理由;而赋予灾异示戒意味的理论,只能到经学去寻找。

宋代以后,从史学体裁的角度上,《五行志》和《天文志》的存在已经遭到怀疑。欧阳修《新五代史》不立《五行志》,仅在《司天考》记载天文星变而不书事应。《辽史》不立《天文志》,其《历象志下》"官星"条云:"天象昭垂,历代不易,而汉、晋、隋、唐之书累志《天文》,近於衍矣。"然而,这两部史书仅是特例。后来史家即便赞同两书的意见,也仍然维持着《天文志》《五行志》的传统。《元史·天文志序》云:

> 玑衡之制载于《书》,日星、风雨、霜雹、雷霆之灾异载于《春秋》,慎而书之,非史氏之法当然,固所以求合于圣人之经者也。

《明史·天文志序》亦云:

---

① 从经学上彻底否定灾异说和《五行志》《天文志》的,是南宋的郑樵。他反对占候之学,认为天文学的作用是观象授时,因此《通志·天文略》仅取隋丹元子《步天歌》以明星象,其序云"欲学者垂象以授民时之意,而杜绝其妖妄之源焉"(《通志二十略》,中华书局,1995年,第450页)。关于《五行志》,他在《通志总序》中说:"《洪范五行传》者,巫瞽之学也。历代史官皆本之以作《五行志》。……董仲舒以阴阳之学倡为此说,本於《春秋》牵合附会。历世史官自愚其心目,俛首以受笼罩而欺天下。臣故削去《五行》,而作《灾祥略》。"(《通志二十略》,第9—10页)《灾祥略序》又云:"说《洪范》者,皆谓箕子本《河图》《洛书》以明五行之旨。刘向创释其传于前,诸史因之而为志于后,析天下灾祥之变而推之于金、木、水、火、土之域,乃以时事之吉凶而曲为之配,此之谓欺天之学。……今作《灾祥略》,专以纪实迹,削去五行相应之说,所以绝其妖。"(同上书,第1905页)郑樵否定《洪范》五行灾异之学,批评历代史官相袭作《五行志》是欺天之学,因此《通志》删去《五行》而作《灾祥略》。颇可玩味的是,郑樵并没有说明《灾祥略》的意义。既然如他所言,"国不可以灾祥论兴衰"(《通志·灾祥略序》,同上书,第1907页),那么纂集灾祥的意义何在呢?郑樵没有明确回答。《灾祥略序》最后补充了一句:"惟有和气致祥、乖气致异者,可以为通论。"对于《灾祥略》的存在,也只是借口,不是充分理由。我认为,《通志》中保留一"略"记灾祥,主要是出于史学传统的惯性。作为史学家,面对历代积累的灾异记事,郑樵难以决然弃之不顾。他既不能完全抛弃灾异编纂的传统,又无法解释灾异编纂的意义,《通志·灾祥略》因而成为一个自相矛盾的特例。

> 自司马迁述《天官》，而历代作史者皆志天文。惟《辽史》独否，谓天象昭垂，千古如一，日食、天变既著本纪，则天文志近于衍。其说颇当。……然因此遂废天文不志，亦非也。……彗孛飞流，晕适背抱，天之所以示儆戒者，本纪中不可尽载，安得不别志之。

元、明二史的作者，大抵赞同《辽史》不立《天文志》的观点，但为了记录"天之所以示儆戒者"，"以求合于圣人之经"，又都保留了《天文志》。不难看出，他们的理由都来自经学，只是此时的经学已经与《五行志》《天文志》创立之时相去甚远了。

## 第三节 灾异的官方记录与数术传统

纪传体史书的《五行志》《天文志》都属于历史编纂，编纂所用的原始资料主要来自官方记录①。不间断的灾异编纂背后，存在着一个同样不间断的灾异官方记录传统。

史书编纂和官方记录都记载灾异，性质却不相同。史书记载前代灾异，对灾异的解说或者"预测"，都是"事后诸葛亮"式的。这种灾异编纂，或是作为灾异论说历史性类比论证的论据，或是对历史事件表达褒贬的一种历史书写。灾异的官方记录，则代表了王朝对刚刚发生灾异的态度，一般视之为吉凶祸福的预兆。当时的官方机构除了观测和记录灾异之外，另一项重要职责就是占候，即用数术的手段预测吉凶，以供人君参考。如果说《五行志》《天文志》代表了儒家灾异论，那么灾异官方记录的背后则有灾异论的数术传统。这种传统与人君的联系更为原始，也更为切近。灾异官方记录不仅为儒家的灾异解说和历史书写提供资料，而且反映出人君对灾异所示祸福的关切。后者正是灾异政治文化存在的基础。

---

① 这里所说的"官方"，是指作为国家机构的存在，不包括作为个人的官僚士大夫。

## 一、灾异官方记录的传统

最晚到春秋时期,古代中国已有史官记录灾异的传统。《春秋》和《竹书纪年》的大部分灾异记载应是本于官方记录。《周礼·春官》所叙史官有"保章氏",其职曰"掌天星,以志星辰、日月之变动,以观天下之迁,辨其吉凶"。"星辰、日月之变动"与人事吉凶相关,即有灾异的意义。《周礼》是虚构的理想制度,但所反映的史官掌记灾异之职在现实中应该不无踪迹。《史记·天官书》也称:"自初生民以来,世主曷尝不历日月星辰?"《天官书》历数"昔之传天数者"曰:"高辛之前重、黎,于唐虞羲、和,有夏昆吾,殷商巫咸,周室史佚、苌弘,于宋子韦,郑则裨灶,在齐甘公,楚唐昧,赵尹皋,魏石申。"这份史官名单中,巫咸及其以上都是传说人物,而史佚以下部分则可印证《春秋》和《周礼》的记载。

官方灾异记录的制度在秦汉以后一直延续至清代。它的中心是史官。汉代以后,史官分为二途:一为掌天文星历的太史,二是承担纪注撰述的著作之史。金毓黻分别称之为"历官"和"史官"[①]。第一类史官有记录天文灾异的职责,又旁及其他妖祥灾异。

西汉中期以前,太史的职掌主要是天文占候,故《史记·太史公自序》称太史公"掌天官",《汉书·王莽传下》载公孙禄亦言太史令"典星历,候气变"。秦始皇时"候星气者至三百人",亦当是太史属官。史官既然职掌天文占候,一定有记录天文灾变的职责。《汉书·天文志》记载汉初以降灾异甚为详确,应本自官方档案。至于天文以外的灾异是否有史官专职记录,尚无确证。从《汉书·五行志》所述汉代灾异看,宫阙、宗庙火灾,郡国大水成灾,大旱,蝗灾,暴风成灾,地震杀人,大雨雪等从汉初开始即有记载,似已成为史官记录的固定内容。其他物异变怪,如冬季桃李花、狗生角、天雨血等,也有零星记录。东

---

[①] 参金毓黻《中国史学史》第五章《汉以后之史官制度》,商务印书馆,1999年,第102页。

汉的情况较为清楚。《后汉书·张衡传》载阳嘉元年(132),张衡造候风地动仪,称"自此以后,乃令史官记地动所从方起"。然则,此前地震已是史官记录的内容,自此又增记方位。《续汉书·百官志二》述太史令执掌云"凡国有瑞应、灾异,掌记之",表明史官记录的范围已经扩展到天文以外的灾异。魏晋南北朝时期,太史令的职掌基本保持。《宋书·百官志上》言太史令"掌三辰时日祥瑞妖灾",《隋书·百官志中》称太史"掌天文地动、云风气色、律历卜筮等事",皆隶属太常,有记灾异的职能。

隋唐以后,太史官署变动较大。隋代改隶祕书监,唐代又几经更置,最后改名为司天台,从祕书监独立出来。宋代除保留司天监外(元丰改制后复称太史局),又于翰林院设天文院,以相监督。辽亦有太史局,金称司天监,元复称太史令,后改为司天台监。明代又改称钦天监,为清代所沿袭①。隋唐以后的司天官署,追本溯源仍出自汉代太史,但职责范围更加明确并有所缩小。《唐六典》"太史局"条载其职掌云"凡日月星辰之变,风云气色之异,率其属而占候焉"②,占候范围仅限于天文。《唐六典》又云:"每季录所见灾祥送门下、中书省入起居注,岁终总录,封送史馆。"③太史局或者司天监的职责实际上只负责天文观测和占候,成为职责明确的"历官"。此后,灾异记录和保存记录的职能主要由另一类史官承担。

东汉出现了专掌纪注修史的史官。汉明帝以班固为兰台令史,诏撰《世祖本纪》。章、和以后,又命士大夫著作东观,编撰《汉记》。曹

---

① 唐以后官方天文机构的沿革,参看金毓黻《中国史学史》第五章《汉以后之史官制度》,王宝娟《唐代的天文机构》(《中国天文学史文集》第五集,科学出版社,1989年)、《宋代的天文机构》《辽、金、元时期的天文机构》(并载《中国天文学史文集》第六集,科学出版社,1994年),张嘉凤《汉唐时期的天文机构与活动、天文知识的传承与资格》(《法国汉学》第六辑"科技史专号",中华书局,2002年),史玉民《清钦天监职官制度》,史玉民、魏则云《中国古代天学机构沿革考略》(《安徽史学》2000年第4期),赵贞《唐五代星占与帝王政治》第一章《唐五代星占的管理体系及政策》,韦兵《星占历法与宋代政治文化》第八章第一节二《司天监、翰林天文院二元并立体制》等。
② 李林甫等《唐六典》卷一〇《祕书省》,中华书局,1992年,第303页。
③ 《唐六典》卷一〇《祕书省》,第303页。

魏明帝始置著作郎,隶属中书省,纪注之史遂有常制。晋承魏制,又增设著作佐郎,改隶祕书省,专掌修史。国史之外又有起居注,魏晋由著作掌之,其后皆由近侍之臣记录。北魏始设起居令史,后别置修起居注二人①,至唐代又在门下、中书分设起居郎、起居舍人对掌②。唐代在著作郎之外另立史馆,由宰相大臣领衔修史。至此,形成了天文官负责灾异观测、占候并向上呈报,由史官负责记录的分工。

唐制,太史局(或司天台、司天监)对天文变异的观测、占候结果,除奏报皇帝,还须定时交送起居郎、舍人和史馆,统一记录和保存。《唐六典》云太史局"每季录所见灾祥,送门下、中书省入起居注,岁终总录,封送史馆"③。若史官呈报不实,按律要处以徒刑④。《唐会要》卷六三"诸司应送史馆事例"条亦云:"天文祥异,太史每季并所占候祥验同报。"⑤此制规定每季报史馆,呈报频率较《唐六典》规定的岁终封送更为频繁,可能是唐后期制度。《五代会要》卷一八"诸司送史馆事例"条载后唐同光二年(924)四月史馆奏,则称"天文祥变、占候征验,司天台逐月录报"⑥。可见唐末五代时期已经改为每月呈报,频率进一步提高。后唐明宗长兴二年(931),又"诏司天台,除密奏留中外,应奏历象、云物、水旱,及十曜细行、诸州灾祥,宜并报史馆,以备编修"⑦。由此看来,此时司天台呈报灾异的范围除天文外,还包括水旱和诸州的各种灾变物异,比《唐六典》所定又有扩大。

宋代继承唐五代制度,由太史局(司天监)每月向起居院呈报灾

---

① 《史通·史官建制》,《史通通释》,第320页。
② 参《通典》卷二一《职官三》,中华书局,1988年,第555—556页。起居注官的创设与沿革,又可参看陈一梅《汉魏六朝起居注考略》,《中国史研究》,1996年第4期。陈文称其从《北堂书抄》《初学记》《艺文类聚》《事类赋注》《文选》《职官分纪》《太平御览》《世说新语》等书中辑得佚文264条,其中不见"灾异"的影子(第132页)。这与唐以后的制度规定似有矛盾,原因待考。
③ 《唐六典》卷一○《祕书省》"太史局"条,第303页。
④ 唐律云:"诸诈为瑞应者,徒二年,若灾祥之类而史官不以实对者,加二等。"见刘俊文《唐律疏议笺解》卷二五,中华书局,1996年,第1741页。
⑤ 王溥《唐会要》卷六三,中华书局,1955年,第1089页。
⑥ 王溥《五代会要》卷一八,上海古籍出版社,1978年,第293页。
⑦ 《旧五代史》卷一九《唐书·明宗纪》,第589页。

异。南宋高宗初,战乱不定。天文涉及军事和国运,属于机密,因此,建炎二年(1128)二月二日"诏天文局、太史局自今后除奏报御前外,并不许报诸处",中止向史官呈报灾异。时隔不久,绍兴三年(1133)九月十一日,又听从起居郎曾统的奏请,恢复旧制,"诏太史局依旧每月具天文祥异实封供申中书门下后省"①。《宋会要辑稿·职官》二之一七"起居院"条载曾统曰:

> 国朝以来,凡天文气祲之异必下史官谨而志之,外有太史局崇天台,内有翰林天文院,日具祥变,各以状闻,以参校异同,考验疏密,仍俾供报起居院书之,为万世法。军兴之后,史失其职,浸以隳废,而左右记注,实为阙文。望诏有司悉遵典故施行。

曾统所称宋朝旧制"供报起居院书之",即每月呈报灾异于中书门下所属的起居院。这与《唐六典》开始记载的唐五代制度一脉相承。此外,曾统所谓"日具祥变",则是每日以灾祥占候报闻皇帝。《文献通考·职官考十》载太史局之职云"凡日月、星辰、风云、气候、祥眚之事,日具所占以闻"②。《宋会要辑稿·职官》一八之八二"太史局"条载熙宁二年(1069)司马光言:"宋朝旧制,司天监天文院、翰林天文院、测验浑仪所每夜专差学生数人台上四面瞻望流星,逐次以闻,及关报史馆。"这都说明宋代天文机构对天变灾异有"以闻"和"关报史馆"两项职能,即一方面随时奏闻皇帝,另一方面每月或每季向史官呈报。

在与宋代同时的辽、金和以后的元、明、清也有类似的制度。辽、金、元都设有司天台、监,掌灾异占候奏报。《辽史·穆宗纪下》载应历十七年(967)十一月庚子,"司天台奏月当食不亏";同书《景宗纪下》载保宁九年(977)十一月丁亥朔,"司天奏日当食不亏";《圣宗纪一》载统和元年(983)冬十月癸未朔,"司天奏老人星见"。以上三条,是辽代司天台奏报天变的显例。本纪所载其他日食、星变、风云、震雪等

---

① 徐松辑《宋会要辑稿·职官》一八之八八"太史局",中华书局,1957年。
② 马端临《文献通考》卷五六,中华书局,1986年,第512页上。

灾异,不用说也是由司天台占候呈报而记入国史的。《金史·海陵亮纪》载正隆三年(1158)三月辛酉朔,"司天奏日食,候之不见"。同书《天文志》"月五星凌犯及星变"条又载:"兴定五年正月辛丑,太白昼见于牛,二百三十有二日乃伏。司天夹谷德玉等奏以为臣强之象,请致祭以禳之。"《元史·天文志序》称元代"凡日月薄食、五纬凌犯、彗孛飞流、晕珥虹霓、精祲云气等事,其系于天文占候者,具有简册存焉"。由此可略见金、元两代天变占候记录之制。

明代,《明史·职官志三》载钦天监之职曰:"掌察天文、定历数、占候、推步之事。凡日月、星辰、风云、气色,率其属而测候焉。有变异,密疏以闻。"《明会典》载钦天监之职云:"凡天文,如日月星辰、风云霾雾,本监各委官生昼夜占候,或有变异,旧例自具白本占奏,正统后始会堂上官佥书同奏。"① 这些奏报也整理收入《实录》,故《明史·天文志序》称"《实录》所载天象星变殆不胜书"。此外,《千顷堂书目》天文类著录《嘉隆天象录》一书②,或许也来自嘉靖、隆庆年间天象的官方记录。

清代钦天监始设于顺治元年(1644),康熙二年(1663)后属礼部,"掌测候推步之法,占天象以授人时"③。《清朝文献通考》卷八一《职官考》礼部条载其掌"有灾异则奏闻"④,具体即由钦天监负责。钦天监下设天文科,"掌观天象,书云物祯祥,率天文生登观象台,凡晴雨风雷云霓晕珥流星异星,汇录册簿,应奏者送监,密疏上闻"⑤。清《圣祖仁皇帝圣训》卷一〇《敬天》载:

> 康熙十六年辛巳三月己丑,上谕礼部:"帝王克谨天戒,凡有垂象,皆关治理。故设立专官,职司占候,所系甚重,一切祥异,理

---

① 李东阳等撰,申时行等重修《大明会典》卷二二三,江苏广陵古籍刻社,1989年,第2955页。
② 黄虞稷《千顷堂书目》卷一三,上海古籍出版社,2001年,第358页下。
③ 《大清会典》卷八六,第1叶a,《文渊阁四库全书》本,台湾商务印书馆,1986年。
④ 《清朝文献通考》,《十通》,浙江古籍出版社,1988年,第5598页中。
⑤ 《清史稿·职官志二》,中华书局,1977年,第3324页。

应详加推测，不时具奏。今钦天监于寻常节气尚有观验，至今岁三月霜雾及以前星辰凌犯等项应行占奏者，并未奏闻，皆由该监官员冒昧疏忽，有负职掌。"①

这道上谕说明了钦天监"职司占候"，有占测和奏报灾异的职责。清代国史根据起居注等记载灾异，钦天监观测到的灾异也要呈报翰林院国史、实录馆和起居注衙门。

以上介绍了历代中央史官的灾异观测、占候和记录情况。宋代以后史料庞杂，这里只能言其大概。

除中央史官外，其他部门和地方官员也有奏报灾异的职责。《汉书·天文志》载孝昭始元中，有"燕王候星者吴莫如"，说明诸侯国可能与中央一样设有历官。《汉书·五行志》中记载了大量郡国的灾异，无疑来自当地的奏报和记录。《续汉书·五行志六》所载日食，有一部分不是出于史官所奏。如：

〔建武〕六年九月丙寅晦，日有蚀之。史官不见，郡以闻。
章和元年八月乙未晦，日有蚀之。史官不见，他官以闻。

这样例子有十余条。又，《后汉书·刘陶传》载宦官共谮陶曰："今者四方安静，而陶疾害圣政，专言妖孽。州郡不上，陶何缘知！"这也从侧面反映出州郡有上报灾异的职责。后代继承了这样的制度。《宋书·五行志四》载晋"太康七年十二月己亥，毗陵雷电，南沙司盐都尉戴亮以闻"；《晋书·天文志中》载晋明帝太宁元年"十一月丙子，白虹贯日，史官不见，桂阳太守华包以闻"。《魏书·天象志一》载北魏太和"三年春正月癸丑，日晕，东西有珥，有佩戟一重，北有偃戟四重，后有白气贯日珥，状如车轮，京师不见，雍州以闻"；同书《天象志二》载延兴三年"十二月戊午，月蚀在七星，京师不见，统万镇以闻"。从这些记载可以推测，地方州、郡、国的水旱饥疫、山崩地震、物怪人妖等灾异应该也是由当地官员呈报的。《唐会要》卷六三"诸司应送史馆事例"

---

① 《圣祖仁皇帝圣训》卷一〇，第5叶a。

条云"有年及饥并水旱虫霜风雹及地震流水泛溢(户部及州县每有即勘其年月日及赈贷存恤同报)"①;《五代会要》卷一八"诸司送史馆事例"条载后唐同光二年史馆奏,也称"有水旱虫蝗、雷风霜雹,亦户部报录"②。可见唐代以后制度,由负责民政的户部与地方官员向史馆报录灾异。明太祖洪武元年,"敕天下有司,但遇灾异,具实奏闻",次年又"令灾异即奏,无论大小"③。这些灾异记录当然也奏闻皇帝和中央的决策和行政机关。

综上所述,汉代以后一直延续着灾异奏报和记录的制度。这套制度的目的,一方面是为了使中央政府及时了解全国的灾害情况,采取赈济措施,另一方面也是为王朝和皇帝个人的命运提供吉凶祸福的预测信息。此类事例历代多有,不可胜数,这里只举汉代和清代的两个例子。《汉书·天文志》:

> 元光中,天星尽摇,上以问候星者。对曰:"星摇者,民劳也。"后伐四夷,百姓劳于兵革。

《清史稿·仁宗本纪》:

> 〔嘉庆二十三年四月〕乙亥,风霾。丙子,诏曰:"昨日酉初三刻,暴风自东南来,尘霾四塞,燃烛始能辨色,其象甚异。朕心震惧惕,思上苍示警之因,稽诸《洪范》咎征'蒙恒风若'之义,皆朕莅事不明、用人不当之所致也。"……己卯,钦天监疏言:"谨按《天文正义》,天地四方昏濛,若下尘雨,名曰霾。故曰天地霾,君臣乖,大旱,又主米贵。"得旨:"初八日之事,正与《正义》之象相同。惟朕恪遵成宪,日日召见臣工,前席周咨,似不致于乖离。但此其迹也,其实与朕同心望治,有几人哉! 不敢面诤,退有后言,貌合而情暌,是即乖也。其于同僚,不为君子之和而为小人之同,

---

① 《唐会要》卷六三,第1089页。
② 《五代会要》卷一八,第294页。
③ 见《大明会典》卷一〇三《礼部》"祥异"条,第1572页上。

是亦乖也。我君臣其交儆焉。"①

汉武帝因天变询问候星者,得到了预测。清仁宗也因风霾下诏,钦天监上疏占为"君臣乖""大旱""米贵"之兆,其中"君臣乖"一事被颙琰引为儆戒。两事说明的具体问题有差异,但官方灾异占候的存在和基本功能,从汉朝到清代并没有改变。

## 二、数术占验书的官方修纂和使用

国家设立专门的机构负责灾异的观测、占候和记录,由此获得天意的预兆。这与儒家士大夫之说灾异休咎有明显的不同,应当归入数术传统。官方的灾异记录通常是与占候联系在一起的,而占候需要占书作为依据。因此,国家在设立专门机构负责灾异占候的同时,也注意编纂官方的数术占验书。这些书主要是天文星占,也有一部分涉及其他灾异。

《宋会要辑稿·职官》"司天监"条载仁宗天圣三年(1025)九月诏:

> 司天监自今后每详定公事,须依经据。

同书《职官》一八"太史局"条载高宗建炎元年五月六日诏:

> 今后如有太阳、太阴、五星躔度凌犯或非泛星云气候等,所主休咎灾福,令太史局、翰林天文局依经书实具闻奏。

所谓"经据""经书",就是官方认定的占验书,官方机构的占候必须谨遵其书。宋代所用官方占书可以从下面这条记载大概获知。《宋会要辑稿·职官》"太史局"条载:

> 〔建炎〕三年三月二日,诏:"《纪元历经》等文字,如人户收到并习学之家特与放罪,赴行在太史局送纳,当议优与推恩。"行在太史局言:"合要《纪元历经本立成》二册,《宣明历经本立成》二

---

① 其事详见《清朝续文献通考》卷三〇三《象纬考十》,《十通》,浙江古籍出版社,1988年,考第 10487—10488 页。

册,《崇天历经本立成》二册,《大衍历经本立成》二册,《大宋天文书》并《目录》一十六册,《景祐乾象占》三十册,《乙巳占》一十册,《乙巳略例》一十二册,《古今通占》三十册,《图本六壬遁甲太乙》一十三册,《天文总论》一十二册,《握掌占》一十册,《风角集》二册,《地里新书》一十册,《四季万年历》四册,编造下来年庚戌岁颁赐兵民庶,《历本草降》六册,《运气纂》一册,《洪范政鉴》一十三册,《祥异》三册。"故有是命。①

宋代天文占验之书本是皇家禁脔,民间不得传习。南宋初,由于东京的天文仪器和图书都为金人所掳,不得不从民间征集所需书籍。据太史局所言,当时官方所用占验书与灾异相关的有《大宋天文书》《景祐乾象占》《乙巳占》《乙巳略例》《古今通占》《天文总论》《风角集》《运气纂》《洪范政鉴》《祥异》等,其中有私人所修,但大多为前代和北宋官修。下面略考历代官修占验书的事迹,以见历代王朝对灾异数术占验的重视。

汉代天文占验之学散在民间。司马谈学天官于唐都,唐都即是民间的方士②。当时士大夫多学天文星历,民间占验之书众家纷纭,官方占验是否有指定的占书,现在不得而知。《汉书·艺文志·数术略》天文家有《汉五星彗客行事占验》八卷、《汉日旁气行事占验》三卷、《汉流星行事占验》八卷、《汉日旁气行占验》十三卷、《汉日食月晕杂变行事占验》十三卷,都以"汉"为题,或许是成帝河平中太史令尹咸校数术书时所编定。东汉有郗萌编撰《春秋灾异》,《隋书·经籍志》经部"异说"类著录十五卷,其小序云:"汉末,郎中郗萌集图纬谶杂占为五十篇,谓之《春秋灾异》。"案《文选》班固《典引》序,郗萌永平十七年(74)与班固等受召诣云龙门,则郗萌之编书当在东汉中前期,不会晚至末年。《晋书·天文志一》又云郗萌为汉秘书郎,他的灾异书或许也

---

① 此条又略见《玉海》卷三"国朝天文书"条,第62—63页。
② 《汉书》卷二一《律历志上》载"民间治历者,凡二十余人,方士唐都、巴郡落下闳与焉"。

是奉敕所编。

魏晋以后,国家控制民间灾异占验之学的流传。晋武帝泰始三年(267)"禁星气谶纬之学"①,此后历朝历代一再重申关于谶纬、天文占验之学的禁令。国家一方面试图阻绝民间的觊觎,另一方面又大力加强官方的占验力量,官修数术占验书从此层出不穷。

西晋有太史令陈卓所撰的《天文集占》。《隋书·经籍志》子部五行类有《天文集占》十卷,题"晋太史令陈卓定"。《晋书·天文志一》载:"武帝时,太史令陈卓总甘、石、巫咸三家所著星图,大凡二百八十三官,一千四百六十四星,以为定纪。"所谓"集占",应该就是集甘、石、巫咸三家之占编成一书,作为晋朝的官方占书②。此外又有韩杨。《隋书·经籍志》子部天文类著录《天文要集》四十卷,题"晋太史令韩杨撰"。韩杨生卒不详,《晋书·礼志上》载挚虞议云"前太医令韩杨上书",疑即此人,事约在太康十年(289)。

南朝梁祖暅撰《天文录》,《隋书·经籍志》天文类著录三十卷,题"梁奉朝请祖暅撰"。《隋书·天文志中》亦云:"梁奉朝请祖暅,天监中,受诏集古天官及图纬旧说,撰《天文录》三十卷。"北朝有北魏末孙僧化等所撰《星占》。《魏书·术艺传》载:"永熙中,诏通直散骑常侍孙僧化与太史令胡世荣、张龙、赵洪庆及中书舍人孙子良等,在门下外省校比天文书。集甘、石二家《星经》及汉魏以来二十三家经占,集为五十五卷。后集诸家撮要,前后所上杂占,以类相从,日月五星、二十八宿、中外官图,合为七十五卷。"③两书均为奉诏所撰,亦属官修。北周武帝时,"诏撰《灵台秘苑》",书成凡一百二十卷,负责人是太史中

---

① 《晋书》卷三《武帝纪》,第56页。
② 《隋书》卷一九《天文志上》云:"三国时,吴太史令陈卓,始列甘氏、石氏、巫咸三家星官,著于图录。"以陈卓著三家星官图在孙吴时。《晋书》卷一一《天文志一》又云"魏太史令陈卓"(第307页)。二志皆李淳风所作,而自相矛盾。今据《隋书·经籍志》著录以为晋太史令,陈卓当是由吴入晋者也。
③ 《隋书·经籍志》著录《星占》二十八卷,题"孙僧化等撰",新、旧《唐书》并题三十三卷,与《魏书》所载相较,知此书隋唐时或有缺佚合并。

大夫庾季才①。隋开皇中,又"令季才与其子质撰《垂象》《地形》等志"②。《垂象志》,本传云一百四十二卷,《隋书·经籍志》天文类著录一百四十八卷,书名盖取《易传》"天垂象"之义,也是讲天文占验的书。《地形志》,本传云八十七卷,《隋书·经籍志》"五行类"重出。一者八十七卷,在《晋灾祥》《灾祥集》之下,《海中仙人占灾祥书》之上;一者八十卷,在《云气占》《望气相山川宝藏秘记》《仙宝剑经》之下,《宅吉凶论》《相宅图》之上。前者以之属灾祥书,后者以之相当于《汉书·艺文志》的"形法家"。据此推测,《地形志》应是讲天文之外的灾异物怪。

唐代官修的《开元占经》,约编撰于玄宗开元二年(714)至十二年间③,《新唐书·艺文志》著录一百一十卷,《玉海》卷三所载同,今本一百二十卷,题"银青光禄大夫太史监事门下同三品瞿昙悉达等撰"。《开元占经》是瞿昙悉达领衔太史监官员共同编撰而成,当然也是奉诏官修。《开元占经》在唐代的使用情况不得而知,但到宋代已经不存于官方天文机构。宋《国史志》仅著录《开元占经》四卷,《崇文总目》中更只有三卷,亡佚殆尽,可见已不行用。今本《开元占经》是明万历四十五年(1617)才重新发现的④。

宋代帝王非常重视天文灾异,前后三次编撰本朝的御用占书。《宋史·方技·王熙元传》载其真拜司天监少监后,"奉诏于后苑缵阴阳事十卷上之,真宗为制序,赐名《灵台秘要》"。案本传,王熙元真拜少监在真宗东封之次年祠汾阴后土,即大中祥符四年(1011)后,《灵台秘要》即他在此后以司天少监的身份,奉诏所撰。仅过了二十余年,仁宗景祐元年(1034),司天监又奉诏撰成《景祐乾象新书》三十卷。前

---

① 见《隋书》卷七八《艺术·庾季才传》。其书,《隋书·天文志中》及《庾季才传》、新旧《唐书》均称一百二十卷,唯《隋书·经籍志》著录一百十五卷。
② 《隋书》卷七八《艺术·庾季才传》。
③ 参薄树人《〈开元占经〉——中国文化史上的一部奇书》,《唐开元占经》前言,中国书店,1989年。
④ 参江晓原《〈开元占经〉:三百八十年前的出土文物》,《中国典籍与文化》,1998年第3期。

文曾引仁宗天圣三年诏,诏书要求司天监依据经书进行占验,编撰《景祐乾象新书》的目的就是为司天监的占验提供"经据"。其书采撷"历代占书及春秋至五代诸史",内容包括"周天星宿度分及占测之术"。书成之后,仁宗"御崇政殿召近臣观"书,亲为赐名作序,并擢升与修官员①。五十年后,司天监又修成《大宋天文书》。《续资治通鉴长编》元丰六年(1083)六月戊午条载:"编修天文书所上所修《天文书》十六卷,乞本监收掌外,仍颁降翰林天文院、测验、浑仪、刻漏所。从之。"②《直斋书录解题》云此书"不著名氏,《馆阁书目》亦无之",《宋史·艺文志五》著录"王安礼《天文书》十六卷",则以为王安礼所撰。《四库全书》子部术数类占候之属有王安礼等重修《灵台秘苑》十五卷,提要称原本目录后题"编修官司天监丞管勾测验浑仪刻漏于大吉、司天中官正权判司天监丁洵、同看详官奉议郎轻车都尉欧阳发、看详官翰林学士承议郎知制诰权判尚书吏部判集贤院提举司天监公事上骑都尉王安礼诸臣衔名"③。钱大昕疑即《宋志》所载王安礼《天文书》,其说是也④。钱氏云"惟卷数稍异",案陈振孙《书录解题》著录《大宋天文书》十五卷,正与此《灵台秘苑》同,《宋会要》云"《大宋天文书》并《目录》一十六册",盖以目录单独成卷为一册,故得十六卷。据《长编》,为撰此书,专门由司天监成立"编修天文书所"负责。时王安礼提举司

---

① 参见李焘《续资治通鉴长编》卷一一五,景祐元年七月乙未条,中华书局,2004年,第2689页;陈振孙《直斋书录解题》卷一二"景祐乾象新书"条,第364页。关于《景祐乾象新书》的研究,有冯锦荣《北宋仁宗景祐朝星历、五行书》一文,载张其凡主编《宋代历史文化研究》,人民出版社,2000年。

② 《续资治通鉴长编》卷三三五,第8083页。

③ 见《四库全书总目》卷一〇八《灵台秘要》提要,第919—920页。四库本已删去衔名,提要所载亦有删略,国家图书馆藏清内府钞本目录后衔名尚全,参看王重民《中国善本书提要》,上海古籍出版社,1983年,第283页。

④ 钱大昕云《灵台秘苑》十五卷本,有宋诸臣衔名"而不言季才撰","第一卷用丹元子《步天歌》,丹元子系唐人,其非季才书明矣";又云"《宋志》载王安礼《天文书》十六卷,疑即此书,唯卷数稍异。或谓删庾季才之书,恐未然"。见《竹汀先生日记钞》卷一,《嘉定钱大昕先生全集》第八册,江苏古籍出版社,1997年,第4、15页。"庾季才之书","书"原讹作"事",据《竹汀先生日记钞》中国美术学院出版社2000年版改。

天监公事，总其事，后遂题王安礼修①。其书为官修，无可怀疑。陈振孙云："意其为太史局见今施行之书，盖供报占验，大抵出此。"②从《宋会要》记载的太史局书目看，这个推测是正确的。

　　辽、金、元三代官修及官方所用占验书无考。明朝建立不久，明太祖朱元璋即敕撰《大明清类天文分野之书》。书成奏进于洪武十七年（1384），以十二星次分野分配天下郡县，"以一州一县推测躔度，剖析毫厘"，虽不著占验之法，但无疑是服务于占验之用③。此后，又有敕撰《大统通占》一书，原题"承德郎钦天监副刘哲等奉敕编"，据王重民考证，当成于洪武十七年至正统之间。《大统通占》即用《清类天文分野书》的分野划分，并编辑整理唐宋以来天文星占书中的占验法④。此书不见诸家著录，今仅存残本十五卷，藏国家图书馆。残本有第五十七卷，可知原书篇幅不小，盖以官方御用，未行于民间，故流传不广，以至亡佚。另外，朱元璋还命回回大师马哈麻等"出所藏书，择其言天文阴阳历象者，次第译之"⑤，至洪武十六年，译成阿拉伯星占书《天文书》四卷。此书仅有内府刊本，亦朝廷御用⑥。专门命人翻译域外占书，可见朱元璋对数术占候的重视。

　　清代乾隆年间编撰了《钦定天文正义》。乾隆《国朝宫史》载："《钦定天文正义》一部。皇上以天文家推占旧说率多附会，特简儒臣编纂正义，亲定成书。自天体日月星辰象占推步之道皆备，各系以图，

---

① 《玉海》卷三"元丰天文书"条自注云"时陈襄总其事"（第62页下）。按《续资治通鉴长编》卷三〇三（第7367页），陈襄卒于元丰三年三月，在书成前。《玉海》盖误。
② 陈振孙《直斋书录解题》，第364页。
③ 参见《四库全书总目》卷一一〇子部术数类存目《清类天文分野之书》提要，第938页上。提要云："特其不载占验，为差胜术家附会之说。然既不占验，何用更测分野，于理均属难通。"案天文占验必详分野，明一统之后，郡县多有置置，故需据新的行政区划厘定分野，以备占验之用。四库馆臣以其书不载占验，而误以为与星占无关，故觉"于理难通"。
④ 参见王重民《中国善本书提要》，第285页。
⑤ 吴伯宗《译天文书序》，《明译天文书》，《涵芬楼秘笈》第三集，商务印书馆，1917年，序第2叶a。
⑥ 关于此书的介绍，参看王重民《中国善本书提要》子部术数类《象宗书》条，第285页；陈美东《中国科学技术史·天文学卷》，科学出版社，2003年，第562—566页。

凡八十卷。"①《国朝宫史》撰于乾隆七年(1742),二十六年增修完成②,《天文正义》之修当在此前。由于天文科学的进展,《天文正义》注重推步,对数术占验之学多有批评。但《天文正义》的占验体系基本延续唐宋以来之旧,内容也是抄合《史记·天官书》、诸史《天文志》以及《开元占经》《天文会通》《观象玩占》等旧占书之说,性质仍是数术占验书。此后,清代钦天监便以《天文正义》为占验依据,前引嘉庆二十三年事即是其例。(参表3.3)

表 3.3 魏晋以后官修数术占验书一览表

| 朝代 | 书名 | 卷数 | 撰者 | 备考 |
|---|---|---|---|---|
| 晋 | 《天文集占》 | 10 | 太史令陈卓 | |
| | 《天文要集》 | 40 | 太史令韩杨 | |
| 梁 | 《天文录》 | 30 | 奉朝请祖暅 | |
| 北魏 | 《星占》 | 75 | 通直散骑常侍孙僧化、太史令胡世荣等 | 初集55卷,合后所集凡75卷,《隋书·经籍志》著录28卷,新旧《唐书》并33卷。 |
| 北周 | 《灵台秘苑》 | 120 | 太史中大夫庾季才等 | 《隋书·天文志中》《庾季才传》《北史·庾季才传》、新旧《唐书》均称120卷,唯《隋书·经籍志》著录115卷。 |
| 隋 | 《垂象志》 | 142 | 太史令庾季才及其子质 | 《隋书》《北史》本传并作142卷,《隋书·经籍志》作148卷。 |
| | 《地形志》 | 87 | 同上 | 《隋书》《北史》本传并作87卷,《隋书·经籍志》重出,一作87卷,一作80卷。 |

---

① 《国朝宫史》卷二九《书籍八·仪象》,《文渊阁四库全书》本,第11叶b。
② 见《四库全书总目》史部政书类《国朝宫史》提要,第707页上。

（续表）

| 朝代 | 书名 | 卷数 | 撰者 | 备　考 |
|---|---|---|---|---|
| 唐 | 《开元占经》 | 120 | 太史监事瞿昙悉达等 | 《新唐书·艺文志》《玉海》并作110卷,今本120卷。 |
| 宋 | 《灵台秘要》 | 10 | 司天监少监王熙元 | |
| 宋 | 《景祐乾象新书》 | 30 | 司天监 | |
| 宋 | 《天文书》 | 16 | 提举司天监公事王安礼等 | |
| 明 | 《清类天文分野之书》 | 24 | 不详 | |
| 明 | 《天文书》 | 4 | 回回大师马哈麻等 | 译书。 |
| 明 | 《大统通占》 | 57+ | 承德郎钦天监副刘哲等 | 今仅存残本15卷,最大卷数为57。 |
| 清 | 《钦定天文正义》 | 80 | 儒臣 | |

　　以上简要介绍了历代的官修数术占验书。这些占验书有几个共同的特点：它们由于得到国家支持，经费充足，因而大都卷帙繁重，能够钞合众书，集其大成；又因为往往是奉敕而作，成于众手，所以不下判断，无所审订，缺乏个性。比较一下唐代官修的《开元占经》和私撰的《乙巳占》，对此会有更深的印象。

　　《乙巳占》今本十卷，题"朝议郎行秘阁郎中护军昌乐县开国男李淳风撰"。据《旧唐书·李淳风传》，李为秘阁郎中在龙朔二年（662），是书之成似当在其后。此前李淳风造《乙巳元历》，起算上元乙巳，故占亦名"乙巳"①。李淳风自序云"赐名《乙巳》"，则书名或是唐高宗所赐。然又云："每于篇首，各陈体例，书云尽意，岂及多陈！文外幽情，寄于轮邓，后之同好，幸悉余心。"从语气看，应是私人著述，并非奉诏所撰。李淳风对前代的占验家有明确的评判，是非优劣了然于胸。因

---

①　参陈振孙《直斋书录解题》卷一二"乙巳占"条，第364页；陆心源《重刻〈乙巳占〉序》，《乙巳占》，第1页。

此,《乙巳占》于前人之说多不具引,而是"采撷英华,删除繁伪,小大之间,折衷而已"①,全书浑然一体,个人色彩很强。官修的《开元占经》则大不一样。它集合前代天文谶纬占验之说,以类相从,摘抄于各个门类条目之下,注明占家姓氏、书名,差不多相当于占验专业的类书。编撰者的工作仅是集合并偶尔串连诸说,但不加入自己的评判案断。如果说《乙巳占》折中众说,成一家之言,《开元占经》则是收录各家之说的资料集。《开元占经》的这种性质,大体上是此前南北朝几种官修占书共有的。据统计,《开元占经》引书150种以上②,却不包括祖暅《天文录》、孙僧化《星占》和庾季才的《灵台秘苑》《垂象志》等书。这或许正是因为上述诸书与《开元占经》一样,也是集合众说,不下己意。

宋代官修占验书卷帙大幅减少。不过,当时官方使用的并不只是这几部官修占验书。仅据前引建炎三年太史局所言,其中关于天文星占的就有《大宋天文书》《景祐乾象占》《乙巳占》《乙巳略例》《古今通占》《天文总论》等,除前两种外都是前代或当代私修。明清时期,官修占验书的篇幅又有所增加,集成旧说的资料汇编性质也较为明显。

官修占验书和官方使用的占书呈现集成汇编、杂采诸家的特点,是由官方星占学的性质决定的。天文星占的预兆关乎国家和皇帝的命运,属于高级机密。皇帝为防止臣下随意解说,要求官方机构必须依据经书作出占验,因而有官修占书的必要。但如果官方占验由一家之说垄断,占测结果单一,政治风险也将增大,这是皇帝不愿意看到的。因此,官修占验书集成众说,便于检索,使用时可以据之给出多种占测结果。通过降低占验书编撰者和使用者的主观性,可以达到既为国家和皇帝提供行动参考,又分散政治风险的目的。魏晋以后,历代多在禁中设立与正式天文机构并立的"内灵台";宋代在司天监、太史局之外,在翰林院中设立天文院,各自独立运作,互相比对占测结果,

---

① 以上均见李淳风《乙巳占》自序,第3页。
② 参薄树人《〈开元占经〉——中国文化史上的一部奇书》。

彼此监督①。这些措施与官修占验书采取集成汇编的编纂方式，用意是一致的。

除了官修占验书，中国古代国家对灾异占验的控制还包括很多方面，如禁止民间私习天文图谶占验之学，官办天文教学，对官方占验机构人员进行严格管理等②。这种控制正说明皇帝多少相信数术占验之说，对灾异预兆心存畏惧。在这个前提下，儒生士大夫称说天人感应和灾异天谴才可能有效力。

官方灾异占候和记录的存在，数术占验书的修纂和使用，以及对灾异占验的严格控制，表明灾异的数术传统是中国古代国家运作机制的一部分。汉代以后，儒家逐渐建立起系统的灾异论，其说虽有别于数术占验，却是利用了早已与国家结合起来的数术传统，而为皇帝所信从，为国家所承认。可以说，国家运作机制中的数术占验传统，是灾异政治文化存在不可缺少的基础。

## 附录　谶纬与灾异论

考察灾异论的学说史，不能忽略谶纬。谶纬，又称纬书、纬候、图纬、图谶等，语义本来有所偏重，但在实际使用时指涉对象基本一致③。本书所说的谶纬，是指兴起于西汉后期、定型和尊崇于东汉的一类依

---

① 参见史玉民《论中国古代天学机构的基本特征》一文第三节《中国古代天学机构的并置性》，《中国文化研究》，2001年第4期。

② 历代私学图谶之禁，参见蒋清翊《纬学原流兴废考》卷上《燔禁》，《纬史论微》附，第418—419页；姜忠奎《纬史论微》卷一〇，第324—328页。历代私学天文之禁，参看江晓原《谈历朝"私习天文"之厉禁》（《中国典籍与文化》1993年第1期），唐、宋时代的具体情况，分见赵贞《唐五代星占与帝王政治》第一章第三节，韦兵《星占历法与宋代政治文化》第八章第一节。赵贞和韦兵的论文中也分别介绍了唐宋时期的官办天文教学和占验人员管理制度。此外，宋代的情况可参董煜宇《宋代天文机构人事管理制度略探》（《广西民族学院学报（自然科学版）》2005年第2期）、冯锦荣《宋代皇家天文学与民间天文学》（《法国汉学》第六辑，中华书局，2002年），清代的情况见史玉法《清钦天监管理探赜》（《自然辩证法通讯》2002年第4期）。

③ 参见姜忠奎《纬史论微》卷一，上海书店出版社，2005年，第8—12页；陈槃《谶纬命名及其相关之诸问题》（增订本），《古谶纬研讨及其书录解题》，上海古籍出版社，2010年，第141—178页。

附经书、托名圣人、神化儒学的著作①。谶纬中包含大量灾异论说,它们的性质和影响仍有待正确认识。

一般认为,谶纬灾异论的主导思想和理论基础,是董仲舒的天人感应论或曰《春秋公羊》学②。然而,重泽俊郎指出,在董仲舒和谶纬说之间,灾异论发生了"预言性转向",从抑制君权的"宪法"性质,变得带有预测未来的迷信色彩③。户川芳郎也认为,谶纬灾异论主要是预言式的,与此前董仲舒抑制预言性的天谴灾异论不同,并因此改变了灾异论的使命④。对此,板野长八提出了更为个性化的见解。他将汉代儒家灾异论划分为"董仲舒—刘向"和"刘歆"两个对立的流派,认为后者代表孔、孟以来的人本主义传统,前者则代表"咒术性"的儒学传统,并导向谶纬⑤。尽管有上述不同,研究者都将谶纬灾异论视为儒家传统的一部分,讨论其与董仲舒和刘向、歆等人之灾异论的继承关系。那么,谶纬有没有为儒家的灾异论传统带来新的思想内容?对此前人并没有给出清晰、一致的结论。

另一个问题是谶纬与数术的关系。"纬书"有"辅经"之义,但究其内容来源,却有相当一部分与诸子之说、数术之学有关⑥。谶纬中的占验一项,与数术之学关系尤为密切,无法从儒学内部充分理解⑦。无论户川氏指出的预言式特征,还是板野氏所谓"咒术性"传统,都有必要从数术的视角来认识。因此我们还需要研究,谶纬灾异论的预言式

---

① 关于谶纬兴起的时间,说法很多,钟肇鹏分析比较众家之说,论证"谶纬出于西汉之末"。这一观点现在被多数学者所接受,本书即采此说。不过,谶纬中的很多思想和内容起源要早得多,这也是研究者所公认的。参见钟肇鹏《谶纬论略》第一章第一节《谶纬的名义和起源》,第11—26页。

② 参见安居香山《纬书与中国神秘思想》(中译本)第一章第二节《祥瑞和灾异》,河北人民出版社,1991年,第18—23页;钟肇鹏《谶纬论略》第三章第二、三节,第77—98页。

③ 重泽俊郎《周汉思想研究》,第198页。

④ 参见户川芳郎《古代中国的思想》(中译本)第十一章,北京大学出版社,1994年版,第112—116页。董仲舒的灾异论是否完全"抑制预言",从他到谶纬之间是否发生了"预言性转向",学界尚有争议。对此,我们将在第四章第一节中予以讨论。

⑤ 见板野长八《儒教成立史の研究》第八章《灾异说とり見た刘向と刘歆》。

⑥ 参见徐兴无《谶纬文献与汉代文化构建》第一章第二节《谶纬文献中的非儒学思想》,中华书局,2003年,第21—44页。

⑦ 参见钟肇鹏《谶纬论略》第三章第一节《谶纬与数术占卜的关系》,第74—77页。

特征和"咒术",是否有超出以往数术学知识体系之处。

讨论谶纬灾异说,还应重视谶纬的历史性。纬书兴起于西汉后期特定的历史情境中,在东汉定型和得到尊崇,魏晋以后不仅失去了原有的崇高地位,而且屡遭禁毁,终于亡佚。谶纬造作者的知识背景、政治思想和现实目的决定了所包含灾异论的内容和性质,谶纬的政治和学术地位变化也势必影响时人对其中灾异论的认识和运用。这里希望能够通过历史的考察,探讨谶纬给灾异论的数术传统和儒学传统分别带来了什么新东西,历经兴衰之后又留下了怎样的遗产。

## 一、从张衡《禁绝图谶疏》看谶纬灾异论的占验技术

《后汉书·张衡传》载《禁绝图谶疏》是研究谶纬最重要的史料之一,历来备受重视。学者多借此疏推说谶纬出现的时间及其篇目[1],对疏中关于谶纬性质及与数术占验关系的论说不大注意。下面要讨论的,就是这部分常被忽略的内容。

张衡主张禁绝谶纬,提出了三条理由:一、谶纬成于西汉末年,不是"圣人"之言;二、后出谶纬多是伪造,预言不验,欺世罔俗;三、谶纬是"不占之书"[2],预言效用不如律历、风角等数术占候。关于第一条,前人已多有研究,大致赞同张衡之说,已成定论;第二条事实清楚,可暂且不论;较难理解的是第三条。

张衡说:"且律历、卦候、九宫、风角,数有征效,世莫肯学,而竞称不占之书。譬犹画工恶图犬马而好作鬼魅,诚以实事难形,而虚伪不穷也。"他将谶纬称为"不占之书",与律历、卦候、九宫、风角等占术相对立。然而,如果对谶纬的内容有所了解,不会不知道上述占候之术正是谶纬的主要内容之一。律历,律指钟律,历是历法,古人有"以律起历"之法,两者关系密切,属于同一门学科[3]。律历可以预卜吉凶,

---

[1] 对此疏内容的研究可以参看陈苏镇《两汉之际的谶纬与〈公羊〉学》,《文史》,2006年第3辑,又见《〈春秋〉与"汉道"——两汉政治与政治文化研究》,第414—421页。
[2] 《后汉书》卷五九《张衡传》此疏"而竞称不占之书"句下,注云"谓竞称谶书也"。
[3] 参见陈美东《中国古代天文学思想》第六章第一节,中国科学技术出版社,2007年,第551—561页。

解释灾异,纬书中有不少这样的内容。《乐纬》云:"玄戈,宫也,以戊子候之。宫乱则荒,其君骄,不听谏,佞臣在侧。宫和则致凤凰,颂声作。"又云:"春气和则角声调,夏气和则徵声调,季夏气和则宫声调,秋气和则商声调,冬气和则羽声调。"①都是钟律占候之说。谶纬中关于历法的内容更多,以致东汉有历法必须合于谶纬之说②。《汉书·路温舒传》云"温舒从祖父受历数天文,以为汉厄三七之间",张衡上疏中也提到宋景"以历纪推言水灾"。《易乾凿度》颇载其术,如云:"欲求水旱之厄,以位入轨年数,除轨筭(算)尽,则厄所遭也。甲乙为饥,丙丁为旱,戊己为中兴,庚辛为兵,壬癸为水。"或近于宋景所本。卦候,指卦气占候,即京房等所传之《易》阴阳灾变之术。《易乾凿度》《稽览图》《通卦验》等纬书几乎全篇贯穿此说。九宫,可能是指九宫式占或以九宫格为基础的一类占术,具体方法不见于现存纬书。不过,《后汉书》李贤注在此疏"九宫"下引《易乾凿度》曰"太一取其数以行九宫",并附有郑玄的注释。这说明,纬书中确有与九宫占术相关的内容。风角,在汉代以后主要是占"八方风"③,存世谶纬中未见风角占候的具体方法,但八风之名经常出现,用以表示时令和阴阳之气的运行。除此之外,张衡所说的占术还包括"观星辰逆顺",即天文星占,纬书中与此相关的内容更为丰富,尤以《春秋元命包》《文曜钩》《运斗枢》《感精符》及《尚书考灵曜》《璇玑钤》等篇最为集中和系统。如《春秋元命包》有五星失行之占,并列举天官星象分布,说其占应;《文曜钩》更系统地记载二十八宿及各天星之所主,详述五星运行所预兆的灾异人事,堪称星占大全。对于谶纬中的这些占候之术,张衡当然十分清楚,他所谓"不占之书"是指谶纬的另一部分内容,即托名圣人的预言。

天文、律历、卦候、九宫、风角等占术都有共同的特点,即依据一定

---

① 《开元占经》卷六五、《五行大义》卷三引,参安居香山、中村璋八辑《纬书集成》,河北人民出版社,1994年,第567、568页。
② 参见陈美东《中国古代天文学思想》,第561—565页。
③ 关于风角之术,参看李零《中国方术正考》第一章《占卜体系与有关发现》,中华书局2006年,第39—42页。

的理论和方法,以自然或人为现象为出发点进行推算,这个过程叫作"占"。占术作出的预言都是经过"占"而得到的。谶纬中却有大量不经过"占"得出的预言。比如:

> 卯金出轸,握命孔符。(《初学记》卷二七引《尚书考灵曜》)
> 刘氏复兴,李氏为辅。(《后汉书·李通传》引谶)

这些预言假托孔子,都不是占卜所得。类似例子还有很多,《续汉书·祭祀志上》载建武三十二年(中元元年,56)泰山刻石文就连引谶纬中的"不占"之辞:

> 《河图赤伏符》曰:"刘秀发兵捕不道,四夷云集龙斗野,四七之际火为主。"《河图会昌符》曰:"赤帝九世,巡省得中,治平则封,诚合帝道孔矩,则天文灵出,地祇瑞兴。帝刘之九,会命岱宗,诚善用之,奸伪不萌。赤汉德兴,九世会昌,巡岱皆当。天地扶九,崇经之常。汉大兴之,道在九世之王。封于泰山,刻石著纪,禅于梁父,退省考五。"《河图合古篇》曰:"帝刘之秀,九名之世,帝行德,封刻政。"《河图提刘予》曰:"九世之帝,方明圣,持衡拒,九州平,天下予。"《洛书甄曜度》曰:"赤三德,昌九世,会修符,合帝际,勉刻封。"《孝经钩命决》曰:"予谁行,赤刘用帝,三建孝,九会修,专兹竭行封岱青。"

这些谶纬预言光武中兴和封禅,被刘秀用作称帝和封禅的天命依据。《张衡传》所称"光武善谶,及显宗、肃宗因祖述焉",正是因此。谶纬的总体思想有利于汉朝刘氏,刘秀及其后人也重视利用谶纬中的预言统一天下,建立和巩固统治①。但是,谶纬预言假托天意或圣人之言,

---

① 安居香山认为,"如果说《公羊》家说提供了汉王朝成立的基础理论,纬书思想就提供了刘汉王朝拥护确立的理论",见《纬书的基础的研究》,国书刊行会,1977年,第142—143页。陈苏镇也认为谶纬主要是《公羊》家说,其"主体思想和基本主张是为汉朝服务的,是站在汉朝立场上试图扭转其衰颓之势以维持其统治的",见《〈春秋〉与"汉道"——两汉政治与政治文化研究》,第449页。光武及东汉诸帝利用谶纬的史实,可以参看姜忠奎《纬史论微》卷六,第193—201页,以及安居香山《纬书的基础的研究·思想篇》第二章《图谶的形成とその运用——光武革命前后を中心として》,第100—127页。

却不经过数术推算,随意性很大。时人还经常篡改此前流行的预言,或者"复附以訞言"。这些恣意编造、修改和增益,往往有功利目的。比如上引"刘氏复兴,李氏为辅"之谶及《河图赤伏符》,学者已经指出其产生演变与王莽末年的政治形势发展直接相关①。总之,谶纬中的很多内容都是不占之辞,有别于数术。

东汉建立以后,校定图谶,宣布于天下,一方面是昭示自己的天命,另一方面也是删去不利的内容,并有禁止新图谶的意图。但朝廷尊崇不能改变谶纬不占之辞的性质,当时有识学者多不认可谶纬所预言的"天意"。名儒桓谭、郑兴都对谶纬不以为然,在刘秀面前自称"不读谶""不为谶"②。尹敏的例子更生动地说明学者对谶纬性质的看法。《后汉书·尹敏传》载:

> [光武帝]令校图谶……敏对曰:"谶书非圣人所作,其中多近鄙别字,颇类世俗之辞,恐疑误后生。"帝不纳。敏因其阙文增之曰:"君无口,为汉辅。"帝见而怪之,召敏问其故。敏对曰:"臣见前人增损图书,敢不自量,窃幸万一。"

尹敏采取恶作剧的办法,在所校谶纬阙文之处加上自己的姓氏,目的是向光武帝证明:谶纬乃后人伪托之作,前人增删改易谶纬之文,也如此简单。

张衡要求禁绝图谶的理由是"不占"。他的意思,用今天的话来说就是:占术是"科学",谶纬是"伪科学"。张衡本人"尤致思于天文、阴阳、历算",不反对数术占卜,预言吉凶。疏中举出宋景的例子,承认了"以历纪推言水灾"的合理性,而重在揭穿其"伪称洞视玉版"的伪装。谶纬流行之风,导致数术推算得出的结果也要伪托神谕、假传天意。所谓"实事难形,而虚伪不穷","真科学"难而"伪科学"易,"伪科学"

---

① 见黄复山《东汉谶纬学新探》第二章《东汉图谶〈赤伏符〉本事考》,台湾学生书局,2000年,第21—68页。陈苏镇指出"帝刘之秀,九名之世"只有在王莽末年刘秀兴起之时才可能产生,并提出此类谶纬可能最初指刘邦(字季),后人改"季"作"秀",才转移到刘秀身上,见《〈春秋〉与"汉道"——两汉政治与政治文化研究》,第429—436页。

② 见《后汉书》卷二八《桓谭传》、卷三六《郑兴传》。

大行其道，数术占验之"真科学"当然不受重视。

这里姑且不论张衡对数术占验的看法是否准确，他将谶纬与数术对立起来的用意是十分清楚的。问题是，张衡为何无视谶纬中存在大量数术占验之学，仅因其"不占"的内容，就提出要全部禁绝呢？我认为，一方面当然是因为"不占之辞"流毒甚广，危害很大；另一方面，也由于谶纬中的数术占验之学不是"独门绝技"，禁绝谶纬不会导致占验技术失传。

汉代纬书大多亡佚，数术占验之书也早已不存于世，两者之间的异同现在已经无法一一比对。不过，根据我们对汉代数术发展的了解，纬书中的相关技术恐怕都是承袭而来的。现存纬书中的占验术以天文星占为多，不妨以此为例稍作分析。《汉书·艺文志》"天文家"所载之书有22家419卷之多①，总篇幅恐怕超过所有纬书之和。其中日食月晕、五星运行、彗星客星、霓虹云雨等等都有相应的专书说其占验，可谓包罗万象、巨细无遗，很难想象纬书中的相关事项能超出其外。至于《易纬》所载卦气说，已知是来自孟、京《易》学。《汉志》"易家"有《易》传《孟氏京房》十一篇、《灾异孟氏京房》六十六篇，又有《杂灾异》三十五篇。京房之学传自焦延寿，焦延寿之前又有孟喜"得《易》家候阴阳灾变书"，可见其学流传很早，最初与数术学不分。这类书见于《汉志》"五行""蓍龟"等家，篇帙繁多，应是《易纬》所自出。可以相信，以张衡对数术占验的重视，是不会无视纬书中独有的占验技术而要求一概禁绝的。由此看来，谶纬灾异论在占验技术层面应该没有多少创新。

二、谶纬与儒家灾异论

谶纬中的灾异论说，主要是关于具体占验法则的先验性论断，具体表现为灾异预言术。此外，也有少部分涉及灾异理论，特别是灾异与政治关系的内容，从中可看出儒家政治、伦理思想的影响。比如：

---

① 这是据今本《汉书》统计实得数字，与其自称不同，参见本书第一章第二节。

> 昭明蔽塞,政在臣下,亲戚干朝,君不觉悟,即杂气失,以星奔日蚀为咎。(《开元占经》卷九引《易萌气枢》)
>
> 逆天地,绝人伦,则天汉灭见。(《太平御览》卷三七五引《诗推度灾》)

此类语句先描述政治上的过失,然后说明由此引发的灾异,语序与一般先描述现象后说明人事之应的占辞相反,可称为"反序占辞"。它们虽然仍是先验的并似乎保留预言占卜形式,但实际则用于回溯导致灾异的政治人事过咎,与京房《易传》颇为相似。

对于灾异与人事的关系,谶纬中偶有理论化的表述,但并无创见。如:

> 凡异所生,灾所起,各以其政,变之则除,其不可变,则施之亦除。(《后汉书·郎𫖮传》注引《易稽览图》)

灾异所生,各以其政,即《洪范五行传》灾异人事相配之意,京房《易传》也描述了类似关系。修政消灾亦汉儒通说,董仲舒对策云"强勉学习""强勉行道","此皆可使还至而有效者也"①,都是此意。代表东汉官方经学的《白虎通》多用谶纬之说,其"灾变"章所引纬书之文,涉及灾异理论者仅如下两条:②

> 行有点缺,气逆于天,情感变出,以戒人主。(引《援神契》)
>
> 灾之为言伤也,随事而诛。异之为言怪也,先发感动之也。(引《春秋潜潭巴》)

《孝经援神契》一条下陈立疏证引《汉书·李寻传》"臣闻人气内逆,则感动天地"云云,可知这类观点是西汉儒者共识。"灾异示戒"之意自不必说,似乎较为特别的"气"生变异的观念,在董仲舒对策中也已有表现:"刑罚不中,则生邪气。邪气积于下,怨恶畜于上,上下不和,则

---

① 《汉书》卷五六《董仲舒传》,第 2498 页。
② 见陈立《白虎通疏证》卷六,第 268 页。《白虎通》"灾变"章又引《乐稽耀嘉》一条,曰:"禹将受位,天意大变,迅风靡木,雷雨昼冥。"(《白虎通疏证》卷六,第 269 页)未及灾异理论。

阴阳缪戾而妖孽生矣。此灾异所缘而起也。"①《春秋繁露·天地阴阳》亦云:"世乱而民乖,志僻而气逆,则天地之化伤,气生灾害起。"②所谓"气生灾害"与《援神契》所云正相符合。《春秋潜潭巴》的"灾""异"定义,也是《春秋公羊》家的通说。董仲舒对策云:"国家将有失道之败,而天乃先出灾害以谴告之,不知自省,又出怪异以警惧之,尚不知变,而伤败乃至。"其中灾害、怪异均是同义连用,害又与伤同义,即是《潜潭巴》中"灾言伤""异言怪"之训释的来源。董仲舒称灾害在前紧随"失道",怪异在后继之以"伤败",也与《潜潭巴》灾"随事而诛"、异"先发感动"之说相近。何休《公羊解诂》云"灾者,有害于人物随事而至者","异者,非常可怪先事而至者"③,应是本自西汉《公羊》旧说,未必出于纬书。

通过观察,我们认为谶纬中的灾异理论论说大致继承西汉儒家的通义,未见显著新意。谶纬的确包含大量数术占验之法,给人以灾异预言为主的印象,但在理论上没有越出更未扭转董仲舒以来儒家灾异论的传统。谶纬中不多的灾异理论论说,其主旨仍是灾异由失德失政引发并可以通过修德修政消除。至于预言式的解说与数术占验或曰"咒术性"内容,本就存在于儒家灾异论的传统之中④,只不过谶纬中成系统的数术内容是此前儒家著述所没有的。谶纬对后来灾异论传统的影响,主要也来自这些内容。

### 三、出儒入数

东汉尊崇谶纬,从政治到学术,各个领域无不受其影响,灾异论说也不例外。东汉人引用谶纬说灾异的例子屡见不鲜。比如《续汉书·五行志五》载:

> 灵帝光和元年六月丁丑,有黑气堕北宫温明殿东庭中,黑如

---

① 《汉书》卷五六《董仲舒传》,第 2500 页。
② 苏舆《春秋繁露义证》卷一七,第 466 页。
③ 分见《公羊传》隐公五年"记灾也"、三年"记异也"下,《春秋公羊注疏》,第 36、26 页。
④ 参看本书第四章第一节。

车盖,起奋讯,身五色,有头,体长十余丈,形貌似龙。上问蔡邕,对曰:"所谓天投蜺者也。不见足尾,不得称龙。《易传》曰:'蜺之比无德,以色亲也。'《潜潭巴》曰:'虹出,后妃阴胁王者。'又曰:'五色迭至,照于宫殿,有兵革之事。'《演孔图》曰:'天子外苦兵,威内夺,臣无忠,则天投蜺。'变不空生,占不空言。"

东汉末名儒蔡邕解说投蜺之异,不仅明引《春秋潜潭巴》《演孔图》,所谓《易传》"蜺之比无德,以色亲也"云云,也是《易纬稽览图》之文。《后汉书·杨赐传》载赐同说此异,也引用了《易纬稽览图》的这段文字,称为《中孚经》。杨赐又引《春秋谶》曰"天投蜺,天下怨,海内乱",即《春秋演孔图》文。东汉时期,以谶纬说灾异最为著名的是郎𫖮。《后汉书·郎𫖮传》载其顺帝时上书言灾异,屡屡引用《易传》《易内传》《易中孚传》《易天人应》。据李贤注,这些其实都是纬书。谶纬中有大量关于灾异的内容,东汉善谶纬者往往也善说灾异。《后汉书·杨厚传》载广汉杨统、杨厚父子善图谶。统"推阴阳消伏","朝廷灾异,多以访之"。杨统死后,"每有灾异,厚辄上消救之法"。《后汉书·方术列传》又云:"博士勃海郭凤亦好图谶,善说灾异吉凶占应。"谶纬和灾异论说之间的密切关系,由此可见一斑。

不过,谶纬虽经过东汉一朝的鼓吹,并没有在灾异论的儒家传统中留下深远影响。班固撰《汉书·五行志》,丝毫未及谶纬。《续汉书·五行志》虽然收录了一些东汉人借助谶纬说灾异的论例,但理论框架完全袭自《汉书》,看不到谶纬的影响。此后《宋书》《南齐书》《晋书》《隋书》之《五行志》也都沿袭以《洪范五行传》为纲的框架,未见将谶纬用作理论依据。前文已经指出,灾异论儒学传统的构建完成于刘向、歆父子。他们以《春秋》《洪范》《周易》作为三大理论支柱,所构筑的理论框架已经十分完整。班固撰《汉书·五行志》仅是整合刘向、歆的体系,加入董仲舒等汉儒之灾异解说,无须也无法将谶纬硬塞入既有的理论框架之中。后来的史传,写作于谶纬地位下降、屡遭禁绝的时代,自然沿袭班固成例,不用谶纬。

谶纬勃兴于两汉之际,在东汉一朝得到自上而下的尊崇,是有特殊历史原因的。与其说是因为谶纬在儒学上的创新，不如说是凭借所谓"不占之书"的特色。除去那些预言汉室复兴的"不占之辞"，谶纬大体上只是继承西汉儒家旧说和数术占验之学，鲜有新意。随着东汉的衰亡，谶纬在儒学中的地位和影响也逐渐下降。

东汉末年，郑玄遍注群经及纬书，以经、纬互证，是谶纬之学的回光返照。孔颖达《礼记正义》引《郑志》记载了郑玄与弟子的一段问答，值得注意：

> 张逸问《礼》："注曰'书说'，'书说'何书也？"答曰："《尚书纬》也。当为注时，时在文网中，嫌引秘书，故诸所牵图谶，皆谓之说。"①

"在文网中"指郑玄遭党锢，时在建宁四年(171)至中平元年(184)②。从这条史料可以推知，郑玄注经时引用纬书，已经需要避嫌。当时，谶纬中关于汉朝气运终结的一些说法被重新提出来。《后汉书·杨厚传》："永建二年，顺帝特征，诏告郡县督促发遣。厚不得已，行到长安，以病自上，因陈汉三百五十年之厄。"所谓"三百五十年之厄"，见注引《春秋命历序》："四百年之间，闭四门，听外难，群异并贼，官有孽臣，州有兵乱，五七弱，暴渐之效也。"其中的"五七弱"，宋均注云"五七三百五十岁"，指汉朝建立以后三百五十年，约当顺帝时，即是谶纬预言汉家走向衰亡的时候。此外，谶纬中更有汉朝四百年而亡的说法。上引《春秋命历序》云"四百年之间，闭四门"。《后汉书·翟酺传》注引《益部耆旧传》载顺帝时"酺上奏陈图书之意曰：'汉四百年将有弱主闭门听难之祸，数在三百年之间。斗历改宪，宜行先王至德要道，奉率时禁，抑损奢侈，宣明质朴，以延四百年之难。'"所谓"四百年之难"即因《春秋命历序》而发。又《后汉书·献帝纪》注引《春秋演孔图》曰："刘四百岁之际，褒汉王辅，皇王以期，有名不就。"《后汉书·杨赐传》载光和元年(178)上对云："加四百之期，亦复垂及。"谶纬中这些关于

---

① 《礼记·檀弓下》正义引《郑志》，《礼记注疏》卷一〇，第193页上。
② 据王利器《郑康成年谱》，齐鲁书社，1983年，第72—73页。

汉家灭亡的预言在中兴之初尚不足虑,刘秀甚至曾在与公孙述书中引用"代汉者当涂高"①。然而,在东汉末年内忧外患,危机四伏,王朝真的面临覆灭时,谶纬的现实意义便由宣示中兴转而预言覆亡。王朝对谶纬的态度由尊崇变为忌讳,也在情理之中。此后,虽然郑学大兴,谶纬在儒学中的地位却不可逆转地不断下降。谶纬再也没有在灾异论的儒学传统中占到一席之地。

大约在东汉末到魏晋以后,时人对于谶纬性质的看法也在发生变化。试举几例:

> 肱博通《五经》,兼明星纬。(《后汉书·姜肱传》)

> 瑜少好经学,尤善图谶、天文、历算之术。(《后汉书·刘瑜传》)

> 稚少为诸生,学严氏《春秋》、京氏《易》、欧阳《尚书》,兼综风角、星官、算历、《河图》、七纬、推步、变易。(《后汉书·徐穉传》注引谢承书)

> [李固]负笈追师三辅,学《五经》,积十余年。博览古今,明于风角、星算、《河图》、谶纬,仰察俯占,窃神知变。(《后汉书·李固传》注引谢承书)

> 黄香知古今记,群书无不涉猎,兼明图谶、天官、星气、钟律、历算,穷极道术。(《初学记》卷一一、《太平御览》卷二一五并引《东观汉记》)

> 王远字方平,东海人也。……博学《五经》,尤明天文、图谶、《河》《洛》之要。(《太平广记》卷七引葛洪《神仙传》)

通过这些对东汉人知识结构的描述可以看到,在东汉末至刘宋时期的撰述者看来,谶纬一方面与经学相对,成为有别于经学的学问,一方面又与天文星历、风角占候并列,属于数术之学的一部分。这种观念在范晔《后汉书·方术列传序》中有明确的表达:

---

① 《后汉书》卷一三《公孙述传》。"代汉者当涂高"之说出自《春秋谶》,见《三国志》卷四二《蜀书·周群传》。

> 至乃《河》《洛》之文，龟龙之图，箕子之术，师旷之书，纬候之部，钤决之符，皆所以探抽冥赜、参验人区，时有可闻者焉。其流又有风角、遁甲、七政、元气、六日七分、逢占、日者、挺专、须臾、孤虚之术，及望云省气，推处祥妖，时亦有以效于事也。

其中"《河》《洛》之文""龟龙之图""纬候之部"都指谶纬。范晔将之与五行（箕子之术）、钟律灾异（师旷之书）、兵阴阳书（钤决之符）连称，又与风角、遁甲等术并列为《方术列传》的内容。这是把谶纬视为数术的表现。《方术列传序》又云：

> 及光武尤信谶言，士之赴趣时宜者皆骋驰穿凿，争谈之也。……自是习为内学，尚奇文，贵异数，不乏于时矣。是以通儒硕生，忿其奸妄不经，奏议慷慨，以为宜见藏摈。

在范晔的描述中，谶纬内学属于方术，而遭到"通儒硕生"的反对。他紧接着说："子长亦云：'观阴阳之书，使人拘而多忌。'盖为此也。"可见已将谶纬归属于"阴阳之书"。《方术列传》记载了许多谶纬学者的事迹，文中对于谶纬性质的归类，大致也是与《五经》相对而与其他数术并列。比如：

> 李郃字孟节……通《五经》，善《河》《洛》风星。
> 廖扶字文起……专精经典，尤明天文、谶纬、风角、推步之术。
> 樊英字季齐……习《京氏易》，兼明《五经》，又善风角、星算，《河》《洛》七纬，推步灾异。
> 公沙穆字文乂……长习《韩诗》《公羊春秋》，尤锐思《河》《洛》推步之术。
> 韩说字叔儒……博通五经，尤善图纬之学。……光和元年十月，说言于灵帝，云其晦日必食，乞百官严装。帝从之，果如所言。中平二年二月，又上封事，克期宫中有灾。至日南宫大火。

其中，韩说的事例尤为清楚地表明，他的"图纬之学"就是预测日食、火灾的历算占候数术。从《东观汉记》到《后汉书》等史籍对谶纬学科归属的表述,不一定符合传主本人的观念,但至少可以说明东汉末叶至刘宋时期史传作者对谶纬的认识。

谶纬以儒学的面目产生,但究其渊源,是吸收西汉数术之学而成。随着谶纬逐渐淡出儒学,它作为数术占验之学的形象日益鲜明。东汉以后,西汉数术之学的一部分遂以谶纬的名义保存和流传下来。无论从名称还是实质上说,谶纬都回到了数术的传统之中。

魏晋以后,谶纬之流行大减于东汉。谶纬的传习,凡见于史书者,也都与数术并称。《晋书·张华传》:"华学业优博……图纬方伎之书莫不详览。"同书《杜夷传》:"夷……博览经籍百家之书,算历图纬靡不毕究。"《苻生载记附王堕传》:"王堕字安生……博学有雄才,明天文图纬。"《艺术·台产传》:"少专京氏《易》,善图谶、秘纬、天文、洛书、风角、星算、六日七分之学,尤善望气、占候、推步之术。"《魏书·许谦传》:"少有文才,善天文图谶之学。"皆是其例。不仅如此,谶纬在此后的数术占验书中屡屡出现。唐代李淳风所撰《乙巳占》折中前代数术占验之学,在卷一《天占第三》"录古占书目"中列出《易纬》《春秋〔纬〕》《尚书纬》《诗纬》《礼纬》,作为重要参考书。此后,瞿昙悉达编《开元占经》一百二十卷,汇集数术百家之说,辑录前代占书近百种。其中卷三《天占》引纬书9次,卷三〇《荧惑占一》引纬书达24次,其他各卷之引纬频率大致与此相当。如此之高的引用频率,反映出谶纬在数术传统中的地位。

纬书在西汉后期的兴起和东汉一朝之尊崇有特定的历史背景。当历史背景发生转变,东汉走向衰亡,谶纬也逐渐褪去"圣人之书"的光环,回归其原始的构成:一是西汉儒家解经的旧说,一是数术占验之学,而后者占了主要地位。谶纬中的灾异论正属于后一部分。它在魏晋以后"出儒入数",脱离儒家传统,成为灾异论数术传统的资源。这是我们考察谶纬灾异论历史发展得出的结论。

# 第四章　灾异政治文化的基本问题

灾异论有儒学与数术两个传统,它们与政治制度、政治活动之间的互动,塑造了灾异政治文化的面貌。对此还有待系统的论述。本章选取三个基本问题,涉及灾异论儒学和数术传统的冲突与融合,灾异政治文化如何在政治、学术变革中调整变化。这些问题,都包含着本书绪论中提出的"儒学与数术""数术与政治""儒学与政治"三对关系。希望以下的考察,能使我们对灾异政治文化的认识立体、丰满起来。

## 第一节　预言与回溯:灾异论的模式

灾异论的数术和儒学两个传统在灾异解说的模式、价值取向等方面有诸多不同,最为显著的差别是前者致力于预测吉凶,后者倾向于回溯咎责。本节要研究的是,这两种灾异观和灾异解说模式如何长期并存、互相影响,它们的消长起伏又怎样塑造了灾异论和灾异政治文化面貌。

### 一、两种灾异观念和解说模式

古人对于灾异有两种观念,一种认为灾异是人事的凶兆,一种把灾异看作人事不善导致的天意表征(咎征)。相应地,解说灾异的模式也可分为预言和回溯两种。如果将灾异解说归纳为"失道—灾异—伤败"亦即"咎—征—应"的三段结构,那么,预言式灾异论注重通过灾异占测伤败,往往采用"征—应"后二段结构,回溯式灾异论注重通过灾异反推此前的人事失道,多用"咎—征"前二段结构。同时包含预言和回溯的"咎—征—应"三段结构的灾异解说也大量存在。这意味着预言和回溯两种模式并非简单对立,而是可以互补共存的。

预言式的灾异解说产生较早,回溯灾异起因的思想则兴起较晚,且与前者有密切联系。第一章第一节中曾引述过的《左传》昭公七年载士文伯之说,首先根据日食,对卫国的国君、鲁国的上卿将遭灾祸作出预言,然后又回溯灾异发生的人事原因,说是"国无政,不用善"所致。由此推测,最早的回溯式灾异论者产生于预言家中。在他们那里,把灾异视为凶兆或咎征的两种观念,回溯与预言两种灾异解说是可以同时并存的。不仅如此,两者还时常混淆。"咎征"一词,在《尚书·洪范》中本来表示人事过失导致的征兆,是回溯式的,但古人有时也把它当做凶兆的同义词来用。本书为明确概念,将严格地区分这两个术语,请读者留意。

顺便说明,《尚书·洪范》有"庶征",过去以为它表明早期的灾异观是回溯式的。《四库全书总目》术数类阴阳五行之属小序云:"五行休咎见于《洪范》,盖以征人事之得失,而反求其本,非推测祸福,预为趋避计也。后世浸失其初,遂为术数之所托。"这段话就从《洪范》到《洪范五行传》的过程而言是有道理的,但就预言和回溯两种灾异论出现的先后顺序而言,则是颠倒了过来。四库馆臣的话意在崇儒,并不符合历史。

两种灾异观念和解说模式出现以后长期并存,可以举出很多例证。西汉吕后七年(前181)正月和文帝二年(前178)十一月,先后发生了两次日食。《史记》和《汉书》各自记载了当时最高统治者的不同反应。《史记·吕太后本纪》:"己丑,日食,昼晦。太后恶之,心不乐,乃谓左右曰:'此为我也。'"《汉书·五行志下之下》亦载其事云:"七年正月己丑晦,日有食之,既,在营室九度,为宫室中。时高后恶之,曰:'此为我也。'明年应。""为宫室中"的意思是这次日食预示着宫室之中将有凶祸,"明年应"指吕后于次年驾崩。史载太后"恶之",说明吕后将这次日食看作了自己的凶兆。她没有政治上的行动,只是将不祥的预感告诉了身边的亲信。同样面对日食,汉文帝却下了一道罪己诏书。《史记·孝文本纪》:

十一月晦,日有食之。十二月望,日(当作"月")又食。上曰:"朕闻之,天生蒸民,为之置君以养治之。人主不德,布政不均,则天示之以灾,以诫不治。乃十一月晦,日有食之,適见于天,灾孰大焉!朕获保宗庙,以微眇之身托于兆民君王之上,天下治乱,在朕一人,唯二三执政犹吾股肱也。朕下不能理育群生,上以累三光之明,其不德大矣。"①

这道著名的诏书,称日食为上天对人君政治不善的警示和劝诫,主动引咎自责。下文还提出一系列政策措施应对日食,这里不再引述。在文帝的诏书中,灾异是人事的后果,相反,吕后认为是预兆;文帝诏为此公开承担政治责任,吕后则私下与左右分享预感。两次日食相隔不到三年,史书中两位统治者对灾异的反应却迥然不同。这里当然有吕后与文帝及其臣僚有思想差别的因素,但也反映出两种灾异观在最高统治阶层中是并存的。

　　西汉还有一个著名的事件,说明一位皇帝的灾异观同时包含两个方面。《汉书·天文志》载:汉成帝绥和"二年春,荧惑守心。二月乙丑,丞相翟方进欲塞灾异,自杀"。荧惑守心是严重的天文灾异,按照《汉志》,翟方进自杀似乎是为了承担灾异的咎责。考诸史实,这个说法疑云重重。

　　根据现代天文学的推算,绥和二年(前7)并未出现荧惑守心的天象②。刘次沅、吴立旻发现,这一年二月廿四日(西历3月25日)凌晨,火星(即荧惑)犯太微垣中的东上相星,此后在其周围徘徊一个多月,并一度几乎掩盖了它。他们认为,《汉志》中的"荧惑守心"是将两年

---

① 《汉书·文帝纪》略同,唯无"十二月望,日又食"。案日食无在望日者,汉人已习知,此句"日"字当作"月"。《史记集解》云一本作月食,是。当时应是以日月相继而食,为异尤甚,故下诏罪己。

② 根据张嘉凤、黄一农的推算,《天文志》所谓"荧惑守心"在绥和二年并未发生,他们因此认为翟方进之死是出于一次政治阴谋的构陷。见氏著《汉成帝与丞相翟方进死亡之谜》及《中国星占学上最凶的天象:"荧惑守心"》两篇文章,都收入黄一农《社会天文学史十讲》,复旦大学出版社,2004年。不过,《汉书·翟方进传》称他好天文星历,在这方面还是后来的灾异名家田终术的老师,应该具备观象的能力,恐怕不至于被虚构的"荧惑守心"蒙骗。

后的天象误记于此,实际上翟方进是因为荧惑守、掩东上相而被逼死的①。这个分析似乎较为合理,但却无法解释成帝在此事件中的暧昧态度。翟方进自杀前,成帝下了一道问责册书,详列灾异,归咎于丞相翟方进,却唯独没有提到荧惑守心的天变。这是为什么?翟方进自杀究竟是因为汉代宰相有燮理阴阳的职责,故而承担引发灾异的政治责任,还是另有隐情?

当时发生的天象在星占学中具有双关意义。太微垣,是天空中的三座宫垣之一,象征皇宫,其中的东上相对应人间的宰辅。荧惑守太微、犯东上相代表的凶兆,既可以是宰相的,也可认为是天子的。《春秋纬》曰"荧惑守太微,王者恶之"②,说明了其星占学上的意义。《史记·孝景本纪》载:

> 后三年十月,日月皆食赤五日。十二月晦,雷,日如紫,五星逆行守太微,月贯天廷中。正月甲寅,皇太子冠,甲子,孝景皇帝崩。

司马迁在景帝驾崩前不厌其烦地记录日月食、日如紫、五星守太微、月贯天庭等天象,说明在他看来这些都是关于天子的凶兆。荧惑守太微,无疑有同样的意义。绥和二年的这次天变,到底会应验在谁的身上?这个悬念造成了一场博弈,结果是翟方进做了牺牲品。

当时的天子汉成帝"湛于酒色"③,而"无继嗣,体常不平"④,在翟方进死后不到两个月便驾崩。多病的体质可能加深了成帝对大凶天象的敏感和恐惧,极度担心天变会应验在自己身上。此时有人提出了另一种可能。据《汉书·翟方进传》,天变发生后,擅长星占的郎官贲

---

① 刘次沅、吴立旻《古代"荧惑守心"记录再探》,《自然科学史研究》2008 年第 4 期。
② 《开元占经》卷三六《荧惑占七》引,第 9 叶 b,《文渊阁四库全书》本,台湾商务印书馆,1986 年。
③ 《汉书》卷一〇《成帝纪赞》。
④ 《汉书》卷九八《元后传》。

丽进言"大臣宜当之"①。于是，成帝召见了朝臣中地位最高的丞相翟方进。这次召见中，君臣之间有何谈话，我们不得而知②。不过《汉书》称翟方进"还归，未及引决，上遂赐册"，可知班固认为翟方进在这次召见中就已经决定自杀以应天变。册文对翟方进政治上种种失职的指责，恐怕只是成帝进一步施加压力罢了。

翟方进自杀，当时公开的消息却说他是病死。杜业上书说："今闻方进卒病死，不以慰示天下，反复赏赐厚葬，唯陛下深思往事，以戒来今。"③上面提到的册文，要求翟方进强食慎职，并使尚书赐上尊酒十石、养牛一。赐上尊酒、养牛是天子对丞相的养老问病之礼，"强食"云云也暗指方进有疾④。这段话不过是为后来宣称翟方进"病死"埋下伏笔。翟方进即日自杀，"上秘之"，"礼赐异于它相故事"。所谓"秘之"就是对真实死因保密。西汉大臣引咎自杀并不少见，如宣帝时盖宽饶、元帝时萧望之等，皆死非其罪，而并不隐瞒死因。成帝对翟方进之死作特殊处理，更说明另有隐情。

翟方进愿意代成帝当天变，也有其不得不然的原因。他被召以前，深通天文的幕僚兼好友李寻已向他提议"尽节转凶"：

> 应变之权，君侯所自明。……今提扬眉，矢贯中，狼奋角，弓且张，金历库，土逆度，辅湛没，火守舍，万岁之期，近慎朝暮。上无恻怛济世之功，下无推让避贤之效，欲当大位，为具臣以全身，难矣！大责日加，安得但保斥逐之戮？阁府三百余人，唯君侯择其中，与尽节转凶。

---

① 本小节以下引文多出自《汉书》卷八四《翟方进传》，不再一一详注。
② 《后汉书》卷四六《陈忠传》载忠上书曰："昔孝成皇帝以妖星守心，移咎丞相，使贲丽纳说方进，方进自引。"如所言属实，则郎官贲丽为成帝做过说客。
③ 《汉书》卷六〇《杜业传》。
④ 汉成帝时丞相匡衡、哀帝丞相平当都受过赐上尊酒、养牛，见《汉书·匡衡传》《平当传》。《通典》卷二一《职官三》叙西汉宰相之制云："丞相有病……及瘳视事，尚书令若光禄大夫赐以养牛、上尊酒。"（第536页）然则，赐养牛、上尊酒也有请丞相起视事的含义。此语《太平御览》卷二〇四引出《汉书》，案《汉书》无此文，唯《翟方进传》注引《汉旧仪》有此语。疑《御览》误以注文为正文。

所谓"万岁之期"就是天子的死期①。李寻历数近期种种灾异,认为这些凶兆预示着天子的死期已经不远。翟方进长于天文星历②,对此当然十分清楚。同时,他们都相信,如果翟方进先死,则可以将同一天象解释为荧惑犯东上相,凶兆在他身上应验,有可能化解成帝的危险。这就是所谓"尽节转凶"。翟方进甘做替死鬼,还有别的原因。他为人精明强干,深得成帝信任,但"搏击豪强""持法刻深","如陈咸、朱博、萧育、逢信、孙闳之属,皆京师世家,以材能少历牧守列卿,知名当世",而方进"据法以弹咸等,皆罢退之",在朝野广结仇怨。翟方进又与淳于长交结,淳于长得罪诛死后,仅仅由于成帝的包庇才免于获罪。如果成帝驾崩,仇家势门必然求其过失,更相攻击,如李寻所说,"大责日加",将遭诛灭之罪。翟方进当然知道自己的处境取决于成帝,不如采纳李寻的建议,名义上尽人臣之节,转受天子的凶祸,实则可以长保子孙爵禄。正在犹豫之间,成帝召见,"尽节转凶"一事就此敲定。

在翟方进自杀事件中,成帝的灾异观展现出两个面相:公开用册文责成翟方进承担引发灾异的政治责任,私下里却请他转受灾异预兆的死亡大祸。翟方进死后,成帝没有继续追究,反而厚加礼赐,"异于它相故事",同时对天变讳莫如深。可见,将灾异视为凶兆的态度似乎更近于成帝的本心。成帝在位期间频繁下诏罪己,《汉书》本纪所载就有九次之多,说明他公开承认灾异是由失德失政引发,主动表示承担相应的政治责任。但这并不意味着他不把灾异看成凶兆。咎征和凶兆两种灾异观共同影响着成帝的行为。

两种灾异观并存,在学术上也有表现。视灾异为预兆,据以占卜吉凶,历史悠久,其术《汉书·艺文志》著录于"数术略",因而我们将之归入灾异的数术传统。将灾异视为政治不善之后果的思想,虽然兴

---

① 《汉书》卷八四《翟方进传》"万岁之期,近慎朝暮",颜师古注云"谓死也",于义未明。顾炎武《日知录》卷二七"汉书注"条云"谓宫车晏驾",《日知录集释》,上海古籍出版社,2006年,第1544页。其说是。

② 《汉书》卷八四《翟方进传》称其好天文星历,"星历则长安令田终术师也"。田终术是星历专家,《汉书》卷七五《眭两夏侯京翼李传赞》列举汉代"推阴阳言灾异者"云"哀、平则李寻、田终术",可见其术冠绝当时。翟方进能够当他的老师,在天文星历上的造诣绝非寻常。

起较晚,但至迟在战国时期已经萌芽。这样的思想后来多出现于儒家文献,或由儒学之士鼓吹,因此,我们将之归入灾异的儒学传统。相应地,预言式和回溯式的灾异论说大体上也分别属于这两个传统。不过,这种划分不是绝对的,预言和回溯在灾异论的儒学和数术传统中都有所表现,反映出儒学和数术的互相影响和消长。

## 二、儒家灾异论中的"预言"

将灾异视为咎征的思想在《尚书·洪范》中已经出现,而回溯式的灾异解说模式至董仲舒才确立起来。本书在第二章第一节中指出,如果把灾异说的基本结构设定为"咎(失道)—征(灾异)—应(伤败)"三段,董仲舒说灾异的重心就已经转移到前两段,即推"征"求"咎",回溯引发灾异的人事这一环节上。正是因此,重泽俊郎认为董仲舒以后的灾异论与他背离,发生了预言性的转向,户川芳郎更指出董仲舒的灾异论是抑制预言性的①。

然而,董仲舒的灾异论说中并非没有预言的成分。岩本宪司逐一分析《汉书·五行志》所载的83条董仲舒灾异说,指出其中包括大量预言性的论说②,很有说服力。除了灾异说的实例,董仲舒在关于灾异理论的阐述中也承认灾异的预言意味。《汉书·董仲舒传》载其对策云:

> 国家将有失道之败,而天乃先出灾害以谴告之,不知自省,又出怪异以警惧之,尚不知变,而伤败乃至。③

他将灾异的全过程概括为"失道—灾—不自省—异—不知变—伤败"六个阶段,在实际解说中,往往简化为"失道—灾异—伤败",即"咎—

---

① 参看本书第三章附录《谶纬与灾异论》。
② 参见岩本宪司《灾异说的构造解析——董仲舒の场合》一文。
③ 类似的论点,亦见于《春秋繁露·必仁且智》:"凡灾异之本,尽生于国家之失。国家之失乃始萌芽,而天出灾害以谴告之,谴告之而不知变,乃见怪异以惊骇之,惊骇之尚不知畏恐,其殃咎乃至。"见苏舆《春秋繁露义证》卷八,第259页。

征—应"三阶段。灾异作为对"失道"的谴告,也具有预示伤败的意味。特别是其中的"异",作用是"警惧之",即针对将要发生的伤败予以警示。

"灾""异"二字可以连言,表示同一个意思,但析言之,意义又有差别①。《春秋公羊传》有"记灾""记异"的区分,汉代《公羊》学者则在区别"灾""异"的基础上,用"异"容纳了占验预言的观念。《春秋繁露·必仁且智》:

> 天地之物有不常之变者,谓之异,小者谓之灾。灾常先至而异乃随之。灾者,天之谴也;异者,天之威也。②

董仲舒用"小""大"、"先""后"区别"灾"和"异",又说"异"为天威,人主受天威之警惧惊骇仍不知畏恐改变,于是而有伤败。因此,"异"与伤败之间的因果关系更为直接,"预言"的意味已经隐含其中。

董仲舒以后,预言式的灾异论在儒家文献中有更明确的表述。《白虎通·灾变》引《春秋潜潭巴》云:

> 灾之为言伤也,随事而诛;异之为言怪也,先发感动之也。③

这就是说,"灾"发生在人事之后,侧重于谴责,"异"则发生在人事之前,侧重于感化耸动。"异"的预兆意味已经十分明显。东汉何休更明确地说灾"随事而至",异"先事而至"④。所谓"先事"就是指在人事伤败发生之前。他在"先事而至"下解说隐公三年二月日食的意义说:"是后,卫州吁弑其君完,诸侯初僭,鲁隐系获,公子翚进谄谋。"⑤这些事分别发生在此后的隐公四年、五年、六年,何休认为都是隐公二年日食之异所预兆的。可见,儒家灾异论中吸收容纳了数术占验因素,也

---

① 参看陈业新《灾害与两汉社会研究》第三章第一节《灾、异辨析》,第146页。
② 苏舆《春秋繁露义证》卷八,第259页。
③ 陈立《白虎通疏证》卷六,第268页。
④ 分见何休《春秋公羊解诂》隐公五年、三年条,《春秋公羊注疏》卷三、卷二,第36、26页。
⑤ 何休《春秋公羊解诂》隐公三年二月条,《春秋公羊注疏》卷二,第26页。

有灾异预言的成分。从董仲舒到何休,程度有异,而本质相同①。

儒家灾异论说在实践中常常含有占验。这一点除岩本氏分析过的董仲舒外,在刘向身上也有体现。刘向撰《洪范五行传论》以谏成帝,史称其书"推迹行事,连传祸福,著其占验",可见同时包括灾异预兆的祸福及其应验②。《汉书·五行志》载录了不少董仲舒、刘向说灾异的实例,在此仅举其二:

> 严公二十九年"有蜚"。……刘向以为蜚……淫风所生,为虫臭恶。是时严公取齐淫女为夫人,既入,淫于两叔,故蜚至。天戒若曰,今诛绝之尚及,不将生臭恶,闻于四方。严不寤,其后夫人与两叔作乱,二嗣以杀,卒皆被辜。董仲舒指略同。(《五行志中之下》)

> 严公十八年"三月,日有食之"。刘向以为……象周天子不明,齐桓将夺其威,专会诸侯而行伯道。其后遂九合诸侯,天子使世子会之,此其效也。……董仲舒以为宿在东壁,鲁象也。后公子庆父、叔牙果通于夫人以劫公。(《五行志下之下》)

第一例,董仲舒、刘向之说略同。他们认为,鲁庄公(《汉书》避明帝讳作"严公")取淫女是"失道",故天出"有蜚"之异以为谴告。蜚是"淫风所生,为虫臭恶",因而预兆"将生臭恶,闻于四方"的后果。庄公未能理解天谴,以致死后弟弟庆父、叔牙作乱,两位嗣子先后被杀,是为"伤败"。丑事暴露,为天下笑,"有蜚"之异的预兆也成为现实。在这个例子中,推"征"求"咎"的回溯和推"征"占"应"的预言并行不悖。第二例中,刘向与董仲舒观点不同。刘向说仍是三段结构,董仲舒则运用星占学中的分野理论,将日食谴告的对象确定为鲁国,接着用"其后……果然"的句式,表明占辞的应验。在此,董仲舒采用了"征—

---

① 岩本宪司在《灾异说の构造解析——董仲舒の场合》一文中主张,从董仲舒到何休,灾异论的本质并未改变,这就否定了重泽俊郎所谓的"预言化转向"。我们同意岩本氏的观点,同时也要指出,将历史上的灾异解释为人事的"前征",不同于数术占卜的灾异预言。详后。

② 以上见《汉书》卷三六《刘向传》。

应"的后二段结构,即预言式灾异说。类似例子在他的日食解说中还有很多①。

根据董仲舒对策,儒家的灾异论结构本就包括"咎""征""应"三部分。虽然儒家重在推"征"求"咎",董仲舒、刘向等人的灾异说也多为"咎—征"的前二段式,但包含占验的三段式乃至仅有"征—应"的后二段式灾异说仍相当常见。这些灾异说中的占验部分,强调天谴背后有预先设定的惩罚,具有强制性,因而在解说结构中发挥着不容忽视的作用。前文所述帝王在灾异问题上的双重立场,令灾异说中的占验一环显得尤为重要。不仅董仲舒、刘向有灾异占验之说,历史上的儒者率多如此。

值得再次一提的是,前文已经论及《洪范五行传》五事皇极部分前后有两段文字,不见于《汉志》。它们相当于序言和结语,前者交代背景事件,后者主要讲六沴所预兆后果的占测和救禳之法。这些内容为《汉书·五行志》所舍弃,后世鲜有称述,但其中包含的占验救禳之术恰恰反映出汉初儒家与灾异论数术传统之间的密切关系。②

以上简略考察了儒家灾异论中的预言成分和数术因素。必须指出,它们和数术灾异论中的预言占验是不同的。儒者的灾异占验之说大体采用历史性的类比论证,基本方法是"述往事,思来者",推"征"求"应"一般只用于过去的历史事件。也就是说,他们的"预言"和"应验"实际上只是在过去的灾异和已经发生的人事间人为地建立起联系,而不是参照占书成说推占当下的灾异预兆。这一点清晰地区别于巫史数术之士,说明儒者的真正兴趣不在预言。班固在《汉书·叙传》中说明述《五行志》之意云"告往知来,王事之表",正体现出儒家灾异说历史性的论证逻辑。此后正史的《五行志》都是编纂前代灾异,加以"事后诸葛亮"式的解说,早已不具备预言作用。它们的现实目的在于"告往知来",即借助已经"应验"的"预言",证明所谓"天人之道",促

---

① 董仲舒的日食解说俱见《汉书·五行志下之下》。
② 见陈寿祺《尚书大传》辑本,本书第二章第二节已有引用和讨论,这里不再重复。

使帝王省己改过。

儒学产生、发展于数术发达的文化和社会环境中,技术层面上有不少相通之处,但终因其独特的价值取向而区别于数术,与之同途而殊归。据传孔子曾说:"赞而不达于数,则其为之巫;数而不达于德,则其为之史。……吾求其德而已。吾与史巫同途而殊归者也。"①此语原是就《易》而论,但对于灾异论同样有效。这段话意在指明"儒""史"不同。儒家与数术家对《易》的理解都包括其"数",也就是占验以明天数的层面。数术家停留于此,儒家则进而达于"德"。所谓"德",就是《易》中的义理②。推而论之,儒家的灾异论亦与数术相出入,旨归则是借助数术占验而阐明修德修政之义,于"天人之际"求为政之理。

"儒""史"异同是儒家的一个传统命题,扬雄对此也有发明。《法言·五百》:

> 或问:"圣人占天乎?"曰:"占天地。""若此则史也,何异?"曰:"史以天占人,圣人以人占天。"③

扬雄认为,"儒"在用占这一点上与"史"相同,区别在于"史"根据天象占测人事吉凶,而儒家的代表"圣人"则通过人事推知天意④。这个说法用于解释灾异论儒学传统中的占验预言,尤为贴切。儒家灾异论"事后诸葛亮"式的预言,正是"以人占天",用以往人事的"预言"和"应验"推说"天意",以为当世镜鉴。数术家的预言是手段也是目的,儒家的预言是手段而不是目的。

---

① 马王堆帛书《易传》中的《要》篇载孔子语,见裘锡圭主编《长沙马王堆汉墓简帛集成》第三册,第118页。

② 在《要》篇中,孔子还说"我观其德义耳",上引文中的"德"是"德义"之省。李学勤认为,这里的"德义"当即《易·系辞上》中所说的蓍、卦之德,六爻之义,也就是神、智和变易,用现在的术语说即《易》中的哲学。说见《从〈要〉篇看孔子与〈易〉》,《简帛佚籍与学术史》,第263页。本书称之为"义理"。

③ 汪荣宝《法言义疏》卷一一,第264页。

④ 唐吴祕《法言》注云:"以天占人者,观天以见人事也;以人占天者,因人以知天意也。"(见《法言义疏》卷一一,第264—265页)其说是也。

## 三、由"史"入儒

上面讨论了儒家灾异论中的预言和数术因素,接下来谈谈数术灾异论如何受到儒学的影响。

本书第一章第二节已经论述过灾异论数术传统的形成。古代通达数术之学者,运用阴阳五行等数术原理,由天文星象和自然、社会的异常现象占卜人事的吉凶,其形式一般是推"征"说"应"。他们的占测经验经过总结和系统化,就形成灾异占验之书。据此进行的灾异论说采用演绎论证,将灾异与人事之间的固定关系,套用于每一个具体的灾异占测,无论形式和内容,都与儒家有十分明显的区别。

儒家灾异论兴起之后,灾异论的数术传统并未中断。上一章中描述的官方灾异记录和占验书修纂传统,以及前文所举汉成帝与翟方进的例子,都说明了这一点。帝王相信灾异预兆的表现常常不会公开,但史书中仍不乏其例。《三国志·魏书·明帝纪》载景初二年八月"癸丑,有彗星见张宿",注引《汉晋春秋》曰:"史官言于帝曰:'此周之分野也,洛邑恶之。'于是大修禳祷之术以厌焉。"这正是因为魏明帝相信彗星预示着凶丧。《晋书·李势载记》云李势政荒,"史官屡陈灾谴,乃加董皎太师,以名位优之,实欲与分灾眚"。史官陈说灾谴,意在敦促改善政治,而李势关心的则是如何分散灾异预兆的凶祸。北魏崔浩擅长说灾异,为明元帝所重。《魏书·崔浩传》:

> 太宗好阴阳术数,闻浩说《易》及《洪范》五行,善之,因命浩筮吉凶,参观天文,考定疑惑。浩综核天人之际,举其纲纪,诸所处决,多有应验,恒与军国大谋,甚为宠密。是时,有兔在后宫,验问门官,无从得入。太宗怪之,命浩推其咎征。浩以为当有邻国贡嫔嫱者,善应也。明年,姚兴果献女。

从中可见,明元帝关心的是根据灾异、天象对军国大事做出准确的预测。《洪范》五行灾异之说的功能跟《周易》占卜一致。崔浩除了预测了姚兴献女为妃外,此后还根据天文灾异准确地预言了后秦亡国和刘宋代晋，深得明元帝信重。就当时的效果而言，崔浩并未借灾异劝诫人主，而是将灾异预示的祸败转而指向同时并立的其他政权，缓解了北魏朝廷面对灾异的紧张气氛和由此产生的政治压力。

数术传统中的灾异预言和趋吉避凶手段由来已久，但它同个人的利害关系太过密切，不是涉及隐私，就是"损人利己"，因而缺乏道德上的正当性。儒学兴起以后，批判数术占验和移祸尤为激烈。随着儒学价值观获得越来越多的认同，帝王与大臣在公开场合更愿意采取回溯式的立场，数术灾异论也不能不受影响而有所转变。

在儒学大兴之前，大约汉初或稍早，灾异占验之书中已经出现不同于占测预言的内容。《汉书·天文志》：

> 《星传》曰："日者德也，月者刑也，故曰日食修德，月食修刑。"

《星传》是对《星经》的解说，应成书于战国末到汉初。《史记·天官书》亦云：

> 日变修德，月变省刑，星变结和。凡天变，过度乃占。国君强大有德者昌，弱小饰诈者亡。太上修德，其次修政，其次修救，其次修禳，正下无之。

其义与班固所引《星传》相近，大约也出于类似古书，是司马迁以前即已存在的说法。《星传》提出以"修德""修刑"应对灾异，说明它已经包含政治影响灾异的观念，与失德失政引发灾异的思想相去不远了。在银雀山汉墓出土的阴阳书中，有一篇灾异之说，整理者暂名为《人君不善之应》，其中有语曰：

> 人君好驰骋田猎，则野草□，田畴秽，国多冲风，折树木，坏大墙，为政者不易死……【1937】[①]

即是讲人君失政导致灾异，整篇大抵都是类似之说。同出的还有一篇

---

[①] 《银雀山汉墓竹简〔二〕》，第229页。本书改用宽式释文，下同。

整理者名为《五令》的数术书,其文云:

> 故德令失则羽虫为灾,义令失则毛虫为灾,惠令失则蠃虫为灾,威令【1910】失则界虫为灾,罚〔令失则鳞虫为灾〕。【1911】①

是讲五种政令失当,分别招致五虫的灾异。篇中还论述了五虫之灾分别应通过哪种政令来应对②。这些阴阳书形成的时代,均不晚于汉武帝初年③。它们保留了数术占验的形式,无疑是顺着数术书的逻辑发展而来,但认为政治问题引发灾异,已经具有回溯式的特征。

汉元帝时,京房以说灾异著名,其说多预言。然而,《汉书·五行志》引用京房《易传》之文,却有不少是回溯灾异的起因。比如:

> 君不思道,厥妖火烧宫。(《五行志上》引)
> 诛不原情,厥妖鼠舞门。(《五行志中之上》《下之上》引)
> 人君暴虐,鸟焚其舍。(《五行志中之下》引)

这些灾异论说虽然是为演绎推理准备的,却重在说"咎"与"征"之间的关系。京房曾在上对中说"末世以毁誉取人,故功业废而致灾异"④,亦以为灾异起于人事。我们已经指出,京房《易》学虽重于阴阳数术,但他的政治主张基本上属于儒家,可算是"儒学为体,数术为用"。京房《易传》多有回溯式的灾异占辞,是因为其儒家立场。

京房对后来灾异占验之学影响极大。《隋书·经籍志》子部之天文、五行类中,题为"京房撰"或"京氏"的占验之书就有 22 种之多。即使其中大部分不可能是京房所著甚至可以肯定与京房无关,仍能反映出京房在这一领域中的地位。儒家的回溯式灾异论说也通过京房

---

① 《银雀山汉墓竹简〔二〕》,第 226 页。
② 关于《人君不善之应》《五令》两篇的介绍,参见李零《读银雀山汉简〈三十时〉》,《中国方术续考》附录一,第 302—303 页,以及叶山《论银雀山阴阳文献的复原及其与道家黄老学派的关系》,《简帛研究译丛》第二辑,湖南人民出版社,1998 年,第 111、113、114 页。
③ 银雀山汉墓是武帝初年的墓葬,其中竹简的抄写年代应不晚于此时。参见山东省博物馆、临沂文物组《山东临沂西汉墓发现〈孙子兵法〉和〈孙膑兵法〉等竹简的简报》,《文物》1974 年第 2 期。
④ 《汉书》卷七五《京房传》。

的影响,渗透到灾异论的数术传统之中。

汉唐之间的灾异占验之书现在仅存佚文,它们并不都是预言术:

《京房占》曰:"人君无施泽惠利于下,则致旱也。不救,必螟虫害谷。其救也,贳谪罚,行宽大,惠兆民,劳功吏,赐鳏寡,稟不足。"(《续汉书·五行志一》注引)

《海中占》曰:"主好听谗言,废置大臣,女子为政,刑法诛杀不以道理,则地坼。"(《开元占经》卷四引)

《太公阴秘》曰:"君不明,臣不忠,故日无光。"(《开元占经》卷五引)

《荆州占》曰:"日出又还,不出三年,天下大乱。所谓反者,君不秉其柄,舍法度,用私意,不任官职而好自治,则日反。日还者,为日出而复下,下而复高。无救,当为大乱,不轨皆叛,不从其敕。正心固一,修古道,守法正,无忒业,则日还不为伤也。"(《开元占经》卷六引)

这些反序占辞不是预言吉凶,而是倒推灾异的起因,第一和第四条还列出了修政救灾之法。可见,上述数术占验之书都或多或少地引入了回溯式的灾异说。

唐初天文星占家李淳风,将儒家对数术占验之学的影响进一步扩大,推向了新的阶段。史称李淳风"每占候吉凶,合若符契,当时术者疑其别有役使,不因学习所致"[1],后世说占验者更奉之若神。然而他自己却说,"多言屡中,非余所尊,唯尔学徒,幸勿胶柱"[2],并不以擅长预言自负。在他看来,史官术士务求预言吉凶,是末世流弊,毫不足取。他所撰《乙巳占》有《史司》篇,云:

至若汉魏之后,晋宋相承,夷狄乱华,官失其守……畴人术

---

[1] 《旧唐书》卷七九《李淳风传》,中华书局,1975年。案"当时术者疑其别有役使"《新唐书》卷二〇四《方技·李淳风传》作"当世术家意有鬼神相之","别有役使"谓役使鬼神也。

[2] 《乙巳占》卷三《史司》,第66页。

士,俯同卜祝之流,唯辨纤芥之吉凶,验事理之微末。推考术数,务在多言屡中;庶征休咎,未详关于政治。……此末代之流弊也。①

篇中,李淳风划分三个历史时期追述史官的职能和表现。上古尧舜之世,史官位居重任,能"观天示变,察人成化";中古之史能"验人事之是非,托神道以设教",是为"贤史";汉魏以降则为末世。他认为,汉魏以后的史官务在占验而不从分析政治入手,是末代流弊。显然,李淳风以古之史官为楷模,近则欲追中世,远则期同上古,其说灾异占候,意在神道设教,改良政化。这就自然要将灾异视为谴告,故《乙巳占序》云:"至于天道神教,福善祸淫,谴告多方,鉴戒非一。"②他也认为人君应修德修政以应灾变,所以又在《乙巳占》中特意撰写《修德》一篇,云:"夫修德者,变恶从善,改乱为治之谓也。上天垂象,见其吉凶谴告之义。人君见机变,斋戒洗心,修政以道,顺天之教也。"③

李淳风关于灾异与人事关系的论说,对比汉儒本无太多新义,置于《乙巳占》中却意义非凡。《乙巳占》是星占书,揆其著述之意,是要写成后世天文史官的教科书。《史司》篇云:"唯尔史官后学,余之所志,可不鉴哉!"由此可知李淳风设想中读者的身份。《乙巳占》为后代史官奉为占验的"经据",书中将回溯灾异谴告的重要性置于预言灾异吉凶之上,使灾异论的儒家传统深入到畴人史官的数术传统之中。

数术占验有其自身的特点,不可能完全接受儒家观念,彻底用回溯代替预言。但在儒家的规训下,唐宋以后的数术占验之书一般都承认修德修政可以禳灾致福,以此作为预测吉凶的前提和目的,灾异占验在政治中的运用往往也离不开回溯人事、修德禳灾这一儒家导向。借用上引孔子的术语,可以把这种趋势称为由"史"入儒。这种趋势进一步发展,是消解"咎""征""应"之间的对应。宋人抨击汉儒灾异事应

---

① 《乙巳占》卷三,第65—66页。
② 《乙巳占》,序第1页。
③ 《乙巳占》卷三,第64页。这些思想在他所编纂的《晋书·天文志》的序言中还有更完整和清晰的表达,此不赘引。

之说,认为见"征"知"咎"即可,强调不管碰到什么灾异都应全面地省己修德,而不是根据具体的现象猜测过失。对此,留待下一章再展开论述。

现代人比较容易同情儒家的回溯式灾异论,但预言式灾异论长期存在的原因更值得深思。无论回溯还是预言,都游辞于人与天、天与人之间,依赖"天人相关"的理论基础。只有预言存在,只有相信天人之间某种神秘而危险的联系,才能维持人与天之间的紧张感。一切消解这种紧张感的努力都可能导致天人纽带的断裂,对灾异原因的回溯也会因而失效。灾异预言与回溯之间这种依存关系,应是预言式灾异论长期存在的原因之一。

唐代以后,灾异预言和回溯之间的矛盾愈加淡化。随着天道运行的自然规律逐渐为人们所掌握,天人之间的紧张感也面临消退,预言和追溯遇到了共同的危机。灾异论如何应对天人相分的挑战,儒学和数术、预言与回溯之间又将发展出怎样的关系?本章接下来还将继续探讨。

## 第二节 罪己与问责:灾异咎责与汉唐间的政治变革

回溯式灾异论主张灾异起于人事,修德修政可以消灾致福。修德修政自然地应包括追究引发灾异的责任。是否追究灾异责任,向谁追究,如何追究,不仅是灾异理论的问题,还关涉政治行为主体间的责任分配,涉及实际的政治活动。不少学者从政治运作或政治功能角度研究过灾异咎责问题,注意到既有君主罪己,也有问责大臣[①]。影山辉国

---

[①] 相关研究有:李汉三《阴阳五行对两汉政治的影响(中篇)》,《大陆杂志》第 27 卷第 8、9 期,后收入《大陆杂志史学丛书》第 2 辑第 1 册《三代秦汉魏晋史研究论集》,大陆杂志社,1967 年;孙广德《先秦两汉阴阳五行说的政治思想》第五章第三节,台湾商务印书馆,1993 年,第 263—283 页;影山辉国《汉代における灾异と政治——宰相の灾异责任を中心に》,《史学杂志》卷 90,1981 年;陈业新《灾害与两汉社会》,上海人民出版社,2004 年,第 196—204 页;金霞《两汉魏晋南北朝祥瑞灾异研究》第二章《两汉魏晋南北朝祥瑞灾异的政治功能》,北京师范大学博士学位论文,2004 年;李军《灾害危机与唐代政治》第四至六章,首都师范大学博士学位论文,2004 年,又见阎守诚主编《危机与应对:自然灾害与唐代社会》第五、六章,人民出版社,2008 年;韦兵《星占历法与宋代政治文化》第二章《徽宗朝异常天象与政治》,四川大学博士学位论文,2006 年。

在《汉代的灾异与政治——以宰相的灾异责任为中心》一文中还独具慧眼地指出,灾异咎责在汉代发生了从罪己到问责的历史变化。由此便引申出另一个问题:灾异咎责的方式为什么会发生变化?本节将从汉唐之间政治结构的变化以及灾异论与政治体制关系的调整中去寻找个中缘由。

一、从移祸到罪己:汉文帝的灾异应对及其意义

上一节已经提到,西汉吕后七年(前181)正月和文帝二年(前178)十一月,先后发生了两次日食。吕后将这次日食看作凶祸的预兆,汉文帝却下了一道罪己诏书,这是史书所见首次天子因灾异罪己,成为灾异应对方式转变中的标志性事件。

文帝以后,宣、元、成、哀诸帝也都有灾异罪己求言诏,将灾异责任归咎于自己。《史记·孝文本纪》载文帝诏云"天下治乱,在朕一人",《汉书·文帝纪》作"在予一人"。相似的措辞在同类诏书中反复出现:

元帝初元三年(前46)诏:"乃者,火灾降于孝武园馆,朕战栗恐惧。不烛变异,咎在朕躬。"(《汉书·元帝纪》)

成帝河平元年(前28)诏:"天著厥异,辜在朕躬。"(《汉书·成帝纪》)

东汉光武帝建武七年(31)诏:"比阴阳错谬,日月薄食。百姓有过,在予一人。"(《后汉书·光武帝纪》)

东汉明帝永平八年(65)诏:"日食之变,其灾尤大,《春秋》、图谶所为至谴。永思厥咎,在予一人。"(《后汉书·明帝纪》)

"在予一人"和"罪在朕躬"都是出自经典的成语。《论语·尧曰》引古书云"朕躬有罪,无以万方,万方有罪,罪在朕躬",又云"虽有周亲,不如仁人,百姓有过,在予一人"。汉元帝永光元年(前43)诏引经曰:"万方有罪,罪在朕躬。"①建昭五年(前34)又有诏曰:"传不云乎:'百

---

① 《汉书》卷七一《于定国传》。

姓有过,在予一人。'"①都是引用《论语》。元帝以后罪己诏中出现的类似语句,可以看作儒家影响的结果。不过,这类成语所代表的思想原非儒家所独有。"万方有罪,罪在朕躬"出自古《汤说》,据称是成汤告天禳旱之语,见于《墨子·兼爱下》《国语·周语上》等书所引②。"百姓有过,在予一人"应出自古《周书》,在《墨子·兼爱中》《尚书大传》《淮南子·主术》《韩诗外传》中都有称引。这两个典故在战国时代已经形成,很早就成为诸子著书立说的学术资源。《墨子》《吕氏春秋》《淮南子》都正面征引,说明其中承载的思想在诸子各家中有广泛流传和认同。诸子对两个典故的理解和阐发大体相同,都借以陈说天子应主动承担天下的罪过。他们认为,天子这样做可以取悦于上帝和生民,从而消灾致治。《论语》引述的两个故事,主角成汤和周公都是古代圣王。诸子生于周室衰微、诸侯力政之时,鼓吹"在予一人"和"罪在朕躬"的圣王德音,大概可以理解为对新王者的呼唤。汉文帝罪己诏正是其回应。

与吕后相比,汉文帝将灾异说成天诫,作出调整政策的姿态,积极应对。这种差异反映出,两代统治者与当时社会思潮的关系有所不同,文帝时期政治文化发生了变动。《史》《汉》所载汉初诏令,大都就事论事,质木无文。文帝以后则开始援引古今,或称道禅让故事,或采用阴阳家说,文辞可观。文帝又开亲耕藉田之法,废妖言诽谤之罪,皆标榜圣王,以学术缘饰政治。③ 这些新气象与此前"萧规曹随"、务求无为明显不同。

文帝前期政治上的这些变化与贾谊和张苍有关。贾谊于文帝元

---

① 《汉书》卷九《元帝纪》。
② 按《墨子》引作《汤说》,《国语》引作《汤誓》,今据《墨子》作《汤说》。说,祭名。参看刘宝楠《论语正义》卷二三,中华书局,1990年,第758—760页;孙诒让《墨子间诂》卷四,中华书局,2001年,第122页。此事的"增订版"还见于《吕氏春秋·顺民》:"昔者汤克夏而正天下,天大旱,五年不收。汤乃以身祷于桑林,曰:'余一人有罪,无及万夫。万夫有罪,在余一人。无以一人之不敏,使上帝鬼神伤民之命。'于是翦其发,磨其手,以身为牺牲,用祈福于上帝。民乃甚说,雨乃大至。则汤达乎鬼神之化,人事之传也。"许维遹《吕氏春秋集释》卷九,中华书局,2009年,第200—201页。
③ 分见《汉书》卷四《文帝纪》载元年正月、三月,二年正月、五月诏。

年至长安,为博士,一岁中至太中大夫,当时"诸律令所更定,及列侯悉就国,其说皆自贾生发之"①。他还要求改正朔、易服色、法制度、定官名、兴礼乐,悉更秦法,大规模地改革政治。文帝起初准备重用贾谊,后来由于功臣集团联合反对才"不用其议"。张苍在吕后死后即由淮南相迁任御史大夫,文帝四年(前176)十二月代灌婴为丞相,于文帝在位的大部分时期担任最重要的行政职务,至后元二年(前162)乃免。张苍不如贾谊激进,其定律历,因秦旧而不革,不主张改正朔、易服色,但他也有浓厚的学术背景。史称张苍于书"无所不观,无所不通"②,而尤长于阴阳,又与贾谊"皆修《春秋左氏传》"③,其学近于杂家。他的学术倾向当然会反映在文帝时期的政治上。以文帝之好学,加上贾谊、张苍的影响,文帝时期政治与学术的关系较前朝显著加强。文帝日食罪己诏,可以看作当时学术思潮影响的结果。

贾谊遭功臣集团排挤远谪长沙后,大规模的改革没有展开,但局部的制度建设和修订不断进行,文帝十三年(前167)夏废秘祝就是其一。《史记·孝文本纪》载诏曰:

> 盖闻天道,祸自怨起,而福繇德兴。百官之非,宜由朕躬。今秘祝之官移过于下,以彰吾之不德,朕甚不取。其除之。

由此可知,西汉初宫中仍有秘祝官,至文帝时才废除。《史记·封禅书》云:"祝官有秘祝,即有灾祥,辄祝祠移过于下。"秘祝的职守,是在发生灾异征祥时,通过巫术手段"移过"于臣下。这种做法传统悠久。《左传》哀公六年载:

> 是岁也,有云如众赤鸟,夹日以飞三日。楚子使问诸周大史。周大史曰:"其当王身乎!若禜之,可移于令尹、司马。"王曰:"除腹心之疾,而置诸股肱,何益?不穀不有大过,天其夭诸?有罪受罚,又焉移之?"遂弗禜。……孔子曰:"楚昭王知大道矣,其不失

---

① 《史记》卷八四《屈原贾生列传》。
② 《史记》卷九六《张丞相列传》。
③ 《汉书》卷八八《儒林传》。

国也,宜哉!"

《吕氏春秋·制乐》云:

> 宋景公之时,荧惑在心。公惧,召子韦而问焉,曰:"荧惑在心,何也?"子韦曰:"荧惑者,天罚也。心者,宋之分野也。祸当于君,虽然,可移于宰相。"公曰:"宰相所与治国家也,而移死焉,不祥。"子韦曰:"可移于民。"公曰:"民死,寡人将谁为君乎! 宁独死。"子韦曰:"可移于岁。"公曰:"岁害则民饥,民饥必死,为人君而杀其民以自活也,其谁以我为君乎! 是寡人之命固尽已,子无复言矣!"子韦还走,北面载拜曰:"臣敢贺君。天之处高而听卑,君有至德之言三,天必三赏君。今昔荧惑其徙三舍,君延年二十一岁。"①

两则故事中,云夹日、荧惑在心都是灾异。灾异发生后,执掌祝卜的史官预言将随之而来的祸难②,同时指出可以移祸于大臣。无论这两个故事是否真实,所反映的灾异移祸,应是春秋以来的常事。不过,两个故事都有后续内容,表明反对立场。楚昭王拒绝移祸,得到孔子赞许;宋景公因"至德之言",获得天赏,消灾延寿。作者借圣人或上天鼓励人君放弃巫术移祸,事天以诚,爱人如己。故事中塑造的人君形象,与春秋战国以来思想家主张的"兼爱""忠恕"和"民本"理念相通。汉文帝废除秘祝,也是受这股思潮的影响。

废除秘祝意义深远。移祸巫术服务于君主个人,损人利己,向来是隐秘活动。应劭曰:"秘祝之官移过于下,国家讳之,故曰秘。"③即是此意。废除秘密的移祸而通过公开颁布罪己诏以应对灾异,是将灾

---

① 《吕氏春秋集释》卷六,第145—147页。
② 子韦是宋国的司星官,也是史官。《汉书·艺文志》"阴阳家"有《宋司星子韦》三篇,班固自注云"景公之史"。宋景公此事,又见《史记·宋世家》《淮南子·道应》《新序·杂事》诸篇。《论衡·变虚篇》称:"《子韦书录序奏》亦言:'君出三善言,荧惑宜有动,于是候之,果徙舍。'"(黄晖《论衡校释》卷四,中华书局,1990年,第211页)《子韦书录序奏》即刘向所作的书录,推测宋景公荧惑守心事亦见《宋司星子韦》一书。《宋司星子韦》在《汉志》"阴阳家"之首,成书在战国时,当即《吕氏春秋》以下诸书之所本。
③ 《史记》卷一〇《孝文本纪》集解、《汉书》卷四《文帝纪》注引。

异从君主的私人领域转移到国家的公共领域。君主放弃转移个人凶祸的应对方式,表示把自己的命运与国家政治捆绑在一起。废秘祝诏曰"百官之非,宜由朕躬",与所谓"万方有罪,罪在朕躬"和"百姓有过,在予一人"如出一辙,都是说由天子承担天下百姓百官每一人的罪过。

从移祸到罪己的变化,还隐含着另一层含义,即灾异应对不再是逃避凶祸,而是追究责任。楚昭、宋景两个例子,都是"移祸"①,文帝诏书则称"移过",这一字之差含义却有"凶祸"与"咎责"的不同②。文帝将责任揽到天子一人头上,不代表群臣百僚与灾异无关。二年罪己诏中说"天下治乱,在朕一人,唯二三执政犹吾股肱也",即是说执政大臣有辅佐之责。废秘祝诏中所谓"百官之非,宜由朕躬",更明白表示群臣并非无过,只是文帝愿由"朕躬"一人代受咎责。在这层意义上,文帝变移祸为罪己,又可看作后来以灾异问责大臣的伏笔。

二、改制运动:问责三公的缘起

因灾异问责大臣,典型表现是策免三公。汉代以灾异免三公之制,是汉唐间灾异咎责方式变化中的关键一环,它的确立与废除都有标志性意义。范晔《后汉书》已经指出东汉有灾异策免三公制度③,清代学者赵翼的《廿二史札记》专立"灾异策免三公"条讨论这一制度,并将其建立时间提前到西汉④。赵翼之说存在不确之处,但汉代因灾异问责大臣确实由来有渐。

从汉元帝时期开始,罪己诏有时会包含督促乃至斥责臣下的内

---

① 宋景公事,子韦已有"移祸"之明文。楚昭王事,见《史记》卷四〇《楚世家》:"昭王曰:'将相,孤之股肱也,今移祸,庸去是身乎。'"
② 王引之《经义述闻》卷七《诗》"勿以祸适"条引之按曰"祸读为过"(江苏古籍出版社,2000年,第176页),王念孙《广雅疏证补正》"过,责也"条亦云"祸与过古字通"(江苏古籍出版社,1983年,第419页上)。"过""祸"古字虽通,然《史》《汉》载文帝诏书并作"过",又有"百官之非"云云,"非"与"过"同义相对,知此"过"字不读为"祸"。
③ 《后汉书》卷四四《徐防传》。
④ 赵翼《廿二史札记》卷二,见王树民《廿二史札记校证》,第47—48页。

容。《汉书·元帝纪》载永光二年(前42)三月日食罪己诏曰:

> 朕战战栗栗,夙夜思过失,不敢荒宁。惟阴阳不调,未烛其咎,娄(屡)敕公卿,日望有效。至今有司执政,未得其中,施与禁切,未合民心,暴猛之俗弥长,和睦之道日衰,百姓愁苦,靡所错躬。是以氛邪岁增,侵犯太阳,正气湛掩,日久夺光。乃壬戌,日有蚀之,天见大异,以戒朕躬,朕甚悼焉。

诏书指出日食与"有司执政,未得其中"有关,但最后仍说"天见大异,以戒朕躬",承认灾异是谴告天子,当然也应由天子负责。诏书中所见君臣与灾异的关系,大致可以描述为:天子对灾异负责,大臣向天子负责。灾异发生后,天子问责有司本身即是修德修政的措施,并非认为大臣对灾异负有直接政治责任。此前一年,元帝慰留丞相于定国时曾说:

> 阴阳不调,灾咎之发,不为一端而作,自圣人推类以记,不敢专也,况于非圣者乎!日夜惟思所以,未能尽明。经曰:"万方有罪,罪在朕躬。"君虽任职,何必颛焉?

于定国因为灾异后的诏书条责而请辞,元帝则说引发的灾异具体原因并不清楚,要之只应由"朕躬"总负责,丞相无需直接承担咎责。

元帝时期,萧望之、周堪、刘向等士大夫与弘恭、石显为首的宦官斗争激烈。刘向奏言:"前弘恭奏望之等狱决,三月,地大震。恭移病出,后复视事,天阴雨雪。由是言之,地动殆为恭等。"认为灾异因弘恭等而起。但他随后又说:"臣愚以为宜退恭、显以章蔽善之罚,进望之等以通贤者之路。如此,太平之门开,灾异之原塞矣。"①在刘向的观念中,弘恭、石显之进用正如罢退萧望之等人一样,是灾异的原因,但当事人并非灾异的直接责任人;责任仍在于天子,应改正用人不当之过,以塞灾异。这与元帝诏中体现的观念基本一致。至汉成帝时期为

---

① 《汉书》卷三六《刘向传》。当时政争的详情,请参看本书第三章第一节。

止,还未见三公大臣直接为灾异负责的实例①。

西汉以灾异为由策免三公,始于哀帝时的大司空师丹。《汉书·师丹传》载建平元年(前6)策免诏书云:

> 间者阴阳不调,寒暑失常,变异屡臻,山崩地震,河决泉涌,流杀人民,百姓流连,无所归心,司空之职尤废焉。

诏书所谓"司空之职"与《韩诗外传》中关于三公分职的论述相近。《韩诗外传》卷八:

> 三公者何?曰:司马、司空、司徒也。司马主天,司空主土,司徒主人。故阴阳不和,四时不节,星辰失度,灾变非常,则责之司马。山陵崩竭,川谷不流,五谷不植,草木不茂,则责之司空。君臣不正,人道不和,国多盗贼,下怨其上,则责之司徒。②

在这一理论中,阴阳不和主要由"主天"的司马负责。山崩地震、农业灾害以及人事失和导致的社会异象等,也属于广义灾异范畴,责任分别由司空和司徒承担。此后,建平二年策免丞相孔光,元寿二年(前1)策免大司马董贤,诏书都以阴阳不调、灾异并臻为三公之责。建平元年之免司空可以看作汉代以灾异免三公制度的滥觞,直接问责大臣由此成为正式的灾异应对方式。

---

① 孙广德列举汉代因灾异罢免三公大臣的事例,在绥和以前的有文帝丞相周勃,宣帝清河太守何武,成帝丞相王商、薛宣四人,见《先秦两汉阴阳五行说的政治思想》,第275页。今案《汉书》卷四《文帝纪》,前元"三年冬十月丁酉晦,日有食之。十一月丁卯晦,日有蚀之。诏曰:'前日诏遣列侯之国,辞未行。丞相朕之所重,其为朕率列侯之国。'遂免丞相勃,遣就国"。文帝遣诸侯就国,遂免周勃,使其就国,以为表率。这一诏书,不一定与之前的日食有关,更没有要求周勃承担灾异咎责。汉成帝时张匡上书以为周勃怨恨而日为之蚀,遂遭罢免(见《汉书》卷八二《王商传》),是后人别有用心的附会,并非当时实情。《汉书》卷八六《何武传》云武"出为清河太守,数岁,坐郡中被灾害什四以上免"。这是官事不治,救灾不力,也不是因为引发灾异的咎责而免。王商罢相动议于张匡陈日蚀之咎,但史丹等的罢免奏议和成帝诏书中都未提及灾异,成帝更以"匡言多险",未之信也(见《汉书》卷八二《王商传》)。至于薛宣,本传所载策免诏书中提到了"变异数见",只是皇帝的自责,免相的直接原因如《翟方进传》所云,是"坐广汉盗贼群起及太皇太后丧时三辅吏并征发为奸"。此四人的罢免,都不是由于承担灾异责任。

② 许维遹《韩诗外传集释》卷八,中华书局,1980年,第290—291页。

影山辉国已经注意到灾异责任承担方式的转变与绥和改制有关①。汉成帝绥和元年(前8),廷尉何武建言:"古者民朴事约,国之辅佐必得贤圣,然犹则天三光,备三公官,各有分职。今末俗之弊,政事烦多,宰相之材不能及古,而丞相独兼三公之事,所以久废而不治也。"②通过古今对比,主张法古而立三公。事实上,在此之前,三司分职的三公制度从来都不是现实的政治制度,究竟是哪三公也说法不一③。三公分职,为灾异负责,来自于儒家称述的所谓"古制"。除上文引述的《韩诗外传》外,《尚书大传》中亦有三公分职说,曰:"天子三公,一曰司徒公,二曰司马公,三曰司空公。"④又曰:"百姓不亲,五品不训,则责之司徒。蛮夷猾夏,寇贼奸宄,则责之司马。沟渎壅遏,水为民害,田广不垦,则责之司空。"⑤《论衡·顺鼓》引《尚书大传》亦曰:"烟氛郊社不修,山川不祝,风雨不时,霜雪不降,责于天公。臣多弑主,孽多杀宗,五品不训,责于人公。城郭不缮,沟池不修,水泉不隆,水为民害,责于地公。"⑥天公、人公、地公分别就是指司马、司徒、司空⑦。三公分职来自于儒家"天""地""人"三分的宇宙观。《白虎通》总结西汉以来儒家之说云:"王者受命为天、地、人之职,故分职以置三公,各主其一,以效其功。"基本上可以代表两汉之际儒生的主流观点。

---

①　参见影山辉国《汉代における灾异と政治》第五节,第55页。
②　《汉书》卷八三《朱博传》。
③　关于"三公"的不同说法,参见《汉书·百官公卿表序》及王先谦补注。卜宪群《秦汉三公制度渊源论》(《安徽史学》1994年第4期)一文,也论证了先秦无三公。案司空、司马、司徒的官名在传世和出土的先秦文献中均有发现,但其设置与职责都与《韩诗外传》所述有别。汉承秦制,以丞相、太尉、御史大夫统政令,地位和职掌与当时文献中设计的三公大不相同,当时经常称为"三公"不过是出于附会。祝总斌举出汉初"三公"制度与成帝改制后的四点不同,参见氏著《两汉魏晋南北朝宰相制度研究》,中国社会科学出版社,1998年,第20—23页。这四点其实也是西汉绥和以前实际制度与文献中理想设计的差别。
④　《周礼·地官·序官》贾公彦疏引《书传》,《周礼注疏》卷九,第139页上。
⑤　分见李昉等编《太平御览》卷二〇七、二〇九、二〇八引,中华书局,1960年,第995页下、第1002页下、第999页上。
⑥　《论衡校释》卷一五,第685页。
⑦　皮锡瑞以为此与《太平御览》引《书传》"似殊而其义实不异",说见《尚书大传疏证》卷七,第26叶a,清光绪二十二年(1896)长沙师伏堂刊本。这两段话或许是《尚书大传》同一段文字摘录,所据传本和删节方式的不同都可能造成字句上的差异。

何武的主张得到帝师大儒张禹支持。同年四月,依议建三公官,废除大司马所冠的骠骑将军官,而使大司马从加官改为具有辅政职能的独立官职;又以御史大夫为大司空,皆增奉如丞相,丞相、大司马、大司空三公鼎立。

三公分立前,西汉也有宰相燮理阴阳之说,陈平对文帝,丙吉问牛喘的故事,读史者耳熟能详①。陈、丙二人的言行被记录下来,恰好说明类似说法在当时还比较特殊,并非人所共知。直到绥和改制完成,现实中的三公与文献对应起来,并且因其职掌确立与灾异的责任关系,灾异问责三公才具备理论依据和制度基础。因此,我们讨论灾异免三公制度的缘起,不能不结合当时建立三公分职制度的用意。

过去学者关于绥和改制的讨论,多集中在君相关系与行政运作的维度②。阎步克则从政治文化视角,将建立三公之议看做"故事"与"古制",也就是战国变法以来形成的现实官僚制度与儒家政治理想之间的纠葛③。渡边信一郎等日本学者也探讨了西汉后期"古制派儒家"与"故事派官僚"的论争,并将设置三公看作西汉末至王莽时代一系列"国制改革"的组成部分④。这些研究,为我们重新认识绥和改制的意图拓宽了视野。西汉承秦立国,继承了战国以至秦代制度中法治和专制的种种因素。随着儒学复兴,儒生和儒臣要求"复古更化",用儒家理想中的周制取代汉家制度。这样的呼声不断高涨,终于在元、成时代掀起了一波改制运动的浪潮。宗庙、郊祀和官僚行政制度都是

---

① 陈平、丙吉事分见《史记》卷五六《陈丞相世家》及《汉书》卷七四《丙吉传》。
② 祝总斌认为建立三公不是为了削弱、分散相权,而是调整政治制度以保证统治质量,摆脱统治危机的尝试。参见《两汉魏晋南北朝宰相制度研究》第三章第一节《绥和元年的改制——三公鼎立制度的建立》,第 52—57 页。
③ 参见阎步克《士大夫政治演生史稿》,北京大学出版社,1996 年,第 382—383 页。鲁惟一最早将汉代政治中坚持现实制度和倡导复古改制的两种倾向区分看来,分别称为是 modernist 和 reformist,见 Michael Loewe, *Crisis and Conflict in Han China: 104 BC to AD 9*, London: George Allen & Unwin Ltd., 1974, "Preface", p. 11。阎步克将之翻译为现世派与改革派,并大致赞同其观点。下文引用的渡边信一郎的政治派别划分,也受到鲁惟一的影响。
④ 参见渡边信一郎《中国古代的王权与天下秩序》第三章第二节,中华书局,2008 年,第 83—85 页。

这一时期改革的主要对象①。绥和元年,何武建言分立三公,同年,又与丞相翟方进一起奏请"罢刺史,更置州牧,以应古制"②,获准施行。建立三公、十二牧制度的动议都举出改善行政为理由,但根本动力是复兴古制,以儒家的理想制度代替现实中的官僚制度。

理想制度运作起来未必真的适用。不出三年,哀帝建平二年(前5),又依据朱博之议恢复了汉家旧制,原因就是"古制"不符合国家行政的需要。然而,改制的方向并不因此扭转。四年之后的元寿二年,不仅再度设立三公,而且将丞相改称大司徒,进一步牵合古制,还准备根据儒家经典规范司直和司隶的职责,创设司寇官③。虽然后一项因哀帝驾崩未能完成,这次官制厘定仍预示着改制的高潮即将来临。平帝即位,王莽辅政,改制运动迎来大刀阔斧、一往无前的新领袖,三公制度也在他手中进一步精致化和复杂化。

改制运动就行政需要而言存在盲目性,但从实践儒家政治理想的角度说,其步骤和目标又是明确而坚定的。钱穆指出,秦至西汉的丞相、御史大夫、太尉以及九卿,论性质都"近于王室之家务官,而非国家之政务官,非政府正式之官吏"④。这样的政府在某种程度上只是一个放大的贵族家庭,极易家长专制。三公分职以"天""地""人"三个范畴划分三公的职能和责任,意义不仅在于实现明确的政务分工,而且使三公越过天子,直接成为宇宙中这三部分的对应物。由此,三公领导的官僚系统,理论上获得独立于皇室的公共性,具有了"政府"的性质。

---

① 关于改制运动,除了上述阎步克和渡边信一郎的研究,还应参看陈苏镇《〈春秋〉与"汉道"》第四章第二节《西汉后期的改制运动》,第329—359页。
② 《汉书》卷八三《朱博传》。
③ 《汉书》卷一一《哀帝纪》载元寿二年五月"正司直、司隶,造司寇职,事未定"。案《汉书·百官公卿表》,汉制,司直"掌佐丞相举不法",司隶初名司隶校尉,掌巡察三辅、三河、弘农。在儒家经典中,司直见《诗·郑风·羔裘》:"羔裘豹饰,孔武有力,彼其之子,邦之司直。"司隶见《周礼·秋官》,云"掌五隶之法,辨其物而掌其政令"。所谓"正司直、司隶",就是改变其现有职掌,使之符合经典的记载。司寇,汉无此官,《周礼·秋官》云司寇"掌建邦之三典,以佐王刑邦国,诘四方",盖即"造司寇职"的依据。
④ 参见钱穆《国史大纲》上册,商务印书馆,1996年,第163—165页。

从灾异咎责的角度看,"在予一人""罪在朕躬"等成语要求天子罪己,三公分职说则以三公为灾异负责,似乎有利于君主推脱责任。然而在皇帝制度下,天子对灾异负责只能停留于下诏罪己、避正殿、罢乐、不举等象征性措施,修政的行为仍需通过官僚系统完成,君主负责制往往缺乏实质意义。同时,天子独揽灾异责任,也意味着垄断天的赏罚,成为唯一秉承天意的神权统治者,将专制神圣化。按照三公分职说,三公在分担天子责任的同时,也打破了天子对天赏天罚的垄断。他们又与天子不同,可以因灾异责任而罢退。就制度设计而言,灾异免三公既由政府对灾异作出了实质性回应,又符合选贤任能的原则。

用意虽好,但改制不切实际当然会影响目标的达成。《尚书大传》和《韩诗外传》中所见三公分职制度,不过是对"古制"的理想化构拟,而现实的行政事务很难均衡地据此划分成三块,汉代长期形成的中外朝制度和相应的行政惯例也不可能在短时间内改变。改制后,丞相、司空仍与过去的丞相、御史二府一样主管行政事务,大司马也照旧掌居中"辅政"之任。当时议者所谓"职事难分明"的情况确实存在[①]。

三公之职既不能分明,相应的灾异责任当然也无从谈起。结果,西汉末年以灾异策免三公,不像理论设计的那样出于追究灾异责任,而往往是为了实现其他意图。师丹被外戚丁、傅子弟所陷,诏书称述灾异,不过是重其罪责,提供罢免的借口。孔光也是受朱博和外戚傅氏谮毁,利用灾异排挤出朝廷。至于董贤,则因保护人哀帝驾崩,被当权者斥退,罢免诏书中所谓"阴阳不调,灾异并臻"和"非所以折冲绥远"云云,无非是套话[②]。此三人的策免,名义上由于灾异,事实上都别有原因。另一方面,三公在现实中也并不都被诿以灾异之责。王莽天凤二年(15)二月,地震,大司空王邑上书引咎辞职,自称"视事八

---

① 《汉书》卷八三《朱博传》云:"议者多以为古今异制,汉自天子之号下至佐史皆不同于古,而独改三公,职事难分明,无益于治乱。"关于汉末三公分职不明的问题,参见祝总斌《两汉魏晋南北朝宰相制度研究》,第61—62页。

② 正如祝总斌所说:"实际上董贤常给事宫中,哪里谈得上'折冲绥远'呢!"(《两汉魏晋南北朝宰相制度研究》,第62页)诏书中引述此语,只是因为大司马名义上有这样的职责,故而借以为说辞罢了。

年,功业不效,司空之职尤独废顿,至乃有地震之变"。王莽却加以慰留,说:"灾异之变,各有云为。天地动威,以戒予躬。公何辜焉,而乞骸骨,非所以助予者也。"于是不了了之①。当时,王莽正倚重王邑,因而帮他开脱责任,不仅未予策免,还一唱一和,演成了一出好戏。即使改制运动的领袖,也不能真正奉行灾异分责三公之说。

西汉的灾异问责乃至罢免三公,最终只实现了理论设计中分担天子责任的功能。由于外戚集团强势操控,"天""地""人"分职的安排没有使三公获得更高的地位,反而令其在与外戚的政治斗争中暴露出软肋。经过西汉末和王莽时期的实践,灾异免三公也逐渐成为制度性的政治惯例。王莽天凤元年(14)到三年,先后以日食策免了两位大司马,此外还有一位因"日中见星"之异左迁②,都与"司马主天"之职相应。灾异与三公政治责任的关系得到朝廷公认,灾异问责成为策免三公的合法依据。东汉灾异免三公制度就是在此基础上建立的。

三、汉魏革命:灾异免三公制度的建立与终结

新莽灭亡,宣告了元、成以来改制运动的失败。此后,从王朝到儒生,都在制度理性和儒家理想之间寻找新的平衡。东汉沿用三公鼎立制度,有调节政治权力分配的实用目的,理想色彩大为淡化③。光武帝建武二十七年(51),改大司马为太尉,即离开经典记载的三司"古制",采用早在武帝时就已废除的"秦官"④。秦代和汉初太尉掌武事,建武改制后太尉仍"掌四方兵事功课"⑤,又与早先儒家所谓"司马主

---

① 事见《汉书》卷九九《王莽传中》。
② 见《汉书》卷九九《王莽传中》。
③ 参见祝总斌《两汉魏晋南北朝宰相制度研究》第二章第二节《东汉三公鼎立制度采用、坚持的原因》,第58—70页。
④ 《汉书》卷一九《百官公卿表上》:"太尉,秦官……武帝建元二年省。"建武二十七年改太尉的同时,还去掉了司徒、司空官号前面的"大"字。《后汉书》卷一《光武纪》注云:"朱祐奏宜令三公并去'大'名,以法经典,帝从其议。"案本传,祐卒于建武二十四年,光武于数年之后乃改三公官名,或因朱祐之奏而发议,但用意未必相同。这次改制,事实上也是出于削弱三公威权的目的。
⑤ 司马彪《续汉书·百官志一》。

"天"之义不同。章帝时亲自称制临决的《白虎通义》遂改曰"司马主兵",正体现了王朝意志和制度实际对学术的影响。相应地,三公分职近乎成为单纯的行政分工,与宇宙论范畴"天""地""人"的对应关系松动。东汉安帝以前,没有再出现以灾异策免三公的事例。

安帝永初元年(107),太尉徐防"以灾异、寇贼策免",《后汉书·徐防传》云:"凡三公以灾异策免,始自防也。"据范晔称,这是东汉第一位以灾异策免的三公[1]。安帝一朝是东汉政治的重要转折时期。光武、明、章三朝,皇帝大权独揽,绝不旁落。和帝即位(章和二年,88),窦太后临朝,诸兄擅权,但维持不过数年,至永元四年(92)即被诛灭。此后,定谋有功的宦官郑众等开始与政,但尚未凌驾于士大夫。和帝驾崩(元兴元年,105),邓后称制,至永宁二年(121,同年改元建光)崩,凡十六年,外戚宦官交替专政之势乃成。其间,殇帝短祚,不及一岁而安帝即位。以灾异罢免徐防的永初元年,正是安帝即位后的第二年。影山辉国敏锐地指出,灾异免三公制度复活与外戚和宦官专政有关,其说甚是。东汉中后期,灾异思想用于士大夫与戚宦之间的权力斗争,最后成为外戚、宦官打压和控制士大夫的手段。灾异责任本身逐渐形式化,变得有名无实。对此,影山氏已有充分论证,这里无需赘述[2]。

不过,如果回到徐防策免事件,可以发现,灾异策免三公的开始并非由外戚、宦官发起,而是徐防主动要求的。《后汉书·徐防传》注引《东观汉记》云:"防比上书自陈过咎,遂策免。"大臣主动承担灾异责任的情况,此前亦有先例。明帝永平十三年(70)十月,日食,"三公免冠自劾"。明帝却没有追究,反而下制曰"灾异屡见,咎在朕躬"[3]。上文提到过,王莽时大司空王邑因地震引咎辞职,也得到慰留。东汉的

---

[1] 《太平御览》卷九一引《典略》曰:"安帝永初元年,以灾故免司空尹勤。凡以灾寇故,辄免三公,多以卿为之,或再三退而还复其故,桓灵又甚,自此始也。"然则以司空尹勤为灾异免三公之第一人,与范晔不同。案徐防、尹勤之免相差仅一日,或《典略》有异说,或《御览》有删节,要之俱以灾异免三公始于安帝永初元年,殆无疑问。

[2] 参见影山辉国《汉代における灾异と政治》第七、八节,第57—62页。

[3] 见《后汉书》卷二《明帝纪》。

三公权责与绥和改制依据的三公分职说已有距离,但经过儒家改制运动,执政大臣对灾异负有责任已成为朝廷的共识。对此,士大夫并无异见。

以灾异策免三公本有其正当性,但在东汉中期以后,这种正当性在戚宦政治中逐渐销蚀。亲揽政权的天子可以根据"罪己"原则不追究大臣,同时亦不损害自己的权威。对于外戚和宦官来说,"罪己"则可能危及他们权力的合法性。在戚宦(特别是外戚)专政时期,不管以谁的名义下诏罪己,舆论的矛头都将会指向皇帝身边的当权者。西汉后期的灾异论说大部分是针对当政戚宦,到了东汉,灾异论说仍威胁着他们的权位。因此,他们很需要利用灾异问责三公的共识来分散咎责。东汉殇帝延平元年(106)六、七月,邓太后各有一道诏书涉及灾异,虽都声称"忧惶",但含糊其辞,未见罪己之意。翌年九月庚午,遂因太尉徐防"自陈过咎",以灾异策免之,次日又用同样的理由策免司空尹勤。外戚和宦官不仅借以分散咎责,还利用它来排斥异己。延光三年(124)春,太尉杨震以地震之异弹劾"中臣近官",结果反因"天变"被策免①。这样围绕灾异的政治斗争在东汉后期反复出现,结果总是戚宦获胜。

灾异策免三公制度在安帝以后确立,用意已与三公分职的初衷完全相悖。外戚和宦官滥用这一制度,更使灾异问责三公丧失正当性,遭到大臣的质疑。《后汉书·陈忠传》载:

> 时三府任轻,机事专委尚书,而灾眚变咎,辄切免公台。忠以为非国旧体,上疏谏曰:"……今之三公,虽当其名而无其实,选举诛赏,一由尚书,尚书见任,重于三公,陵迟以来,其渐久矣。……近以地震策免司空陈褒,今者灾异,复欲切让三公。昔孝成皇帝以妖星守心,移咎丞相,使贲丽纳说方进,方进自引,卒不蒙上天之福,徒乖宋景之诚。故知是非之分,较然有归矣。"

案《后汉书·安帝纪》,策免陈褒在延光元年(122)四月。同年秋七

---

① 见《后汉书》卷五四《杨震传》。

月,京师及郡国十三地震;八月,阳陵园寝火;九月,郡国二十七地震。陈忠所谓"今者灾异,复欲切让三公",盖在此时。按照范晔之说,当时机事专委尚书,遇到灾异却问责甚至策免三公,这就形成了权力与责任的不对称。陈忠上书的论旨即是批评尚书权重不合旧制,反对三公任轻而责重。

结合当时的政治形势和制度运作,可以发现,陈忠所批评的尚书主要不是尚书省的官员,而是实际掌握尚书权力的最高统治者。东汉光武帝发展尚书机构,是利用近臣将事权集中到自己手中,本无意取代三公和外朝大臣。章帝以后,皇帝本人控制权力的欲望和能力都迅速下降,尚书以及集中于此的权力事实上为皇帝身边外戚、宦官和少数亲信大臣所控制。祝总斌指出,章帝以后尚书制度的发展,"适合东汉外戚与宦官几度专权的需要";外戚与宦官基本控制了尚书,以皇帝、太后的名义,通过尚书贯彻自己的意志①。陈忠所批评的正是外戚、宦官通过尚书专权,外朝三公不得其任而代受其过的制度现实。

陈忠上奏时,灾异策免三公之制尚在初设。东汉末年,此制施行日久,仲长统的批判就更为直白和痛切。《后汉书·仲长统传》引《昌言·法诫篇》曰:

> 光武皇帝愠数世之失权,忿强臣之窃命,矫枉过直,政不任下,虽置三公,事归台阁。自此以来,三公之职,备员而已,然政有不理,犹加谴责。而权移外戚之家,宠被近习之竖……怨气并作,阴阳失和,三光亏缺,怪异数至,虫螟食稼,水旱为灾,此皆戚宦之臣所致然也。反以策让三公,至于死免,乃足为叫呼苍天,号咷泣血者也。

所谓"事归台阁",在光武帝时期是乾纲独断,至安帝以后则"权移外戚之家,宠被近习之竖",变为戚宦专权之局。仲长统认为,东汉后期的灾异"皆戚宦之臣所致",却反而策免三公,是极大的冤屈。三公承担本属于戚宦的灾异责任,灾异免三公也就明确地与戚宦政治联系在

---

① 参见祝总斌《两汉魏晋南北朝宰相制度研究》,第108—109页。

一起,被视为东汉政治的弊病。

与陈忠相比,仲长统生长于东汉政治最为黑暗的时代,对戚宦持彻底的批判立场。他由荀彧举为献帝尚书郎,后参丞相曹操军事,死于"献帝逊位之岁"①,政治活动适逢新旧交替的关口。他的意见可以代表汉魏之际士大夫除旧布新的决心,不能不影响到曹魏的政治取向。

《三国志·魏书·文帝纪》载,黄初二年(221)六月条戊辰晦,日有食之,有司奏免太尉,文帝诏曰:

> 灾异之作,以谴元首,而归过股肱,岂禹、汤罪己之义乎?其令百官各虔厥职,后有天地之眚,勿复劾三公。

诏书废除了东汉以来施行一百多年的灾异免三公制度。此后,中国历史上再也没有出现过以灾异的名义问责和策免大臣的事例,勿劾三公"遂为永制"②。可见,此诏不仅是魏文帝个人的决定,也不止规定了曹魏一代的灾异政策,它代表着灾异应对方式的转折:即由"问责"转向并固定于"罪己"。

黄初诏书不是一次偶然的制度变更,只有在更长时段的政治变革中才能充分理解其意义。"汉魏革命"论为此提供了很好的视角。魏文帝曾有一系列调整国家权力结构和君臣关系的改革措施,通过否定东汉相应的政策和制度,塑造新王朝的统治基础和合法性。《三国志·魏书·文帝纪》载,在废除灾异免三公制度的次年,即黄初三年九月甲午,魏文帝又颁布了这样一道诏书:

> 夫妇人与政,乱之本也。自今以后,群臣不得奏事太后,后族之家不得当辅政之任,又不得横受茅土之爵。以此诏传后世,若有背违,天下共诛之。

诏书从制度上否决外戚参与政治的可能,态度坚决而且严厉。徐冲将

---

① 《后汉书》卷五四《仲长统传》。
② 《太平御览》卷二〇七引《齐职仪》云:"魏文黄初二年日蚀,奏免太尉贾诩。诏:'天地灾害,责在朕躬,勿贬三公。'遂为永制。"(第994页下)

之视为"曹魏王朝的统治群体有意识地重构新型皇帝权力的重大举措"①。在此之前,曹魏继承东汉末诛灭宦官后士人入仕内廷的制度。新制度下,由士大夫构成的"侍臣"取代原先外戚宦官在中央政府运作中的位置,汉代封闭的内廷遂向士大夫开放,在形式上结束了"内廷""外朝"长期二元对立的权力构造。徐冲认为,这与否定外戚权力的诏书一起,按照儒学理想实现对皇帝权力的重构,成为"汉魏革命"的重要组成部分②。

"汉魏革命"论对皇帝权力构造变革的揭示,在很多方面都具有启发意义。官僚士大夫集团构成的外朝,是国家行使公权力的机关,即政府。外戚、宦官和宠臣组成的内廷,虽有政府的形式,实质上则是皇帝私人权力的延伸。在"汉魏革命"中,二元对立的国家权力构造以士大夫进入内廷的方式终结,也就是将皇帝的私权力从政府中剔除,实现了由士大夫组成、向士大夫开放的统一政府③。皇帝不再处于士大夫政府之外,而是进入这个政府,成为它的首脑。正是在这种统一的士人政府中,东晋的"王与马共天下"、两宋的"与士大夫治天下"才成为可能。

回到灾异免三公制度终结的话题。经过"汉魏革命",统一士人政府的成立和皇帝与政府关系的改变,消除了宰相作为政府首脑承担灾异责任的制度基础。灾异免三公制度也就失去了生存的土壤。

与西汉后期的改制运动相比,"汉魏革命"之重构皇权是改造既有制度,而非建立理想制度。"汉魏革命"将皇权与士大夫政府统一起来,同时放弃了儒家理想中的三公九卿十二牧等"古制"。曹魏以后,三公不仅不再与分职"天""地""人"有任何关系,而且由于新制度下尚书权力的不断扩张,逐渐失去实权。至曹魏后期和西晋,三公只在

---

① 徐冲《中古时代的历史书写与皇帝权力起源》,上海古籍出版社,2012年,第143页。
② 徐冲《"汉魏革命"再研究:君臣关系与历史书写》第四章第三节,北京大学博士学位论文,2008年,第141—146页。
③ 二元对立结构的终结,并不意味着内、外朝的并立和矛盾从此消失,而是说此后的内、外朝都由官僚士大夫组成,在士人政府的意义上完成了统一。

名义上保留宰相地位,东晋南朝甚至不常设也不再称为宰相①。三公分别为"天""地""人"三方面灾异承担责任的制度基础不复存在。可以说,魏文帝诏书是"汉魏革命"的步骤之一,灾异免三公制度之终结则是"汉魏革命"的成果。

值得一提的是,魏文帝诏书称"灾异之作,以谴元首",与汉代皇帝诏中的"在予一人"和"罪在朕躬"均有罪己之义,但内涵已经有所不同。汉代皇帝以汉家宗子身份承受百姓和百官的罪过,考虑到回溯责任和预言凶祸两种灾异观的并存,这些罪过本身隐含着人身凶祸的危险。天子罪己,也就是以一人承担了百姓和百官作为个人的责任和凶祸。东汉以灾异策免三公制度长期实行,强化了灾异与政治责任相关的属性,也削弱了其凶兆意味。"汉魏革命"之后,皇帝的罪己,已经是以士人政府首脑的名义,代表政府承担公共行政上的责任。换言之,罪己由天子的个人行为转变为皇帝所代表的政府的公务行为。

四、君臣合谋:魏晋隋唐的咎责分担

"汉魏革命"革除了灾异免三公制度的基础,因此,魏文帝"勿复劾三公"的黄初诏书被影山辉国看作灾异论政治生命终结的标志。在影山氏看来,灾异论由于被种种现实目的所利用,成为政治斗争的工具,无法达到预期的"抑制君权"的目标,从这个意义上说,它的政治生命随着汉体制的崩溃而丧失了。但事实上,灾异论并没有从历史中消失,它的目标和政治功能也不能简单地理解为"抑制君权"。灾异免三公制度废除以后,宰相燮理阴阳、与天子分担灾异责任的观念和习惯,仍作为政治文化的一部分保留下来。只是灾异咎责主要不再用作政争工具,而获得了新的政治功能。

魏晋以后,一方面,皇帝通常以罪己的方式应对灾异。《册府元龟·帝王部·弭灾门》载历代罪己诏书甚多,学者对此也有研究,此处

---

① 关于曹魏至东晋南朝的三公职权和宰相名实问题,参看祝总斌《两汉魏晋南北朝宰相制度研究》第六、七章,第135—238页。西晋以后,尚书台长官成为事实上的宰相,至东晋,录尚书事已获得宰相的称呼。

不再赘述①。另一方面，公卿大臣也多有主动承担灾异责任的表示。《晋书·卫瓘传》载瓘"太康初，迁司空"，后"以日蚀，瓘与太尉汝南王亮、司徒魏舒俱逊位，帝不听"。《北堂书钞》卷五〇引《晋八王故事》载此事曰：

> 太康七年，正旦日蚀，诏公卿大臣各上封事，其咎安在。汝南王亮与司徒舒、司空瓘上言："三公之任，天地人也。……乃者荆州之域，妖灾仍兴；任城国都，水流变赤。延三朝之始，日有蚀之；孟阳节过，坚冰未消。臣等琐才，叨扰高位，可谓小人而乘君子之器，宜就显戮，以答天意。谨免冠徒跣，上所假章绶。"诏曰："夫阴阳失度，朕干天道，刑政失中之所致也。其使冠履，勿复道。"②

西晋太康七年（286）日食发生后，太尉司马亮、司徒魏舒、司空卫瓘以三公的身份引咎乞退，仍援三公对应天、地、人的旧说。在当时，这种对应已经毫无制度依据，仅是灾异政治文化影响下的套话。三人的辞职未获批准。诏书原本要求群臣上言灾异之咎安在，三公自劾后，武帝却随之引咎罪己。两相谦让，不仅化解了日蚀危机，而且营造出君臣和谐励精图治的氛围。汉人的正统王朝如此，在汉人史官的描述中，羌人建国之后也浸染此风。《晋书·姚兴载记》载："时客星入东井，所在地震前后一百五十六。兴公卿有司抗表请罪。"然而姚兴却说："灾谴之来，咎在元首。近代或归罪三公，甚无谓也。公等其悉冠履复位。"史官所记，恐多粉饰，但这种王朝认可的粉饰，恰是政治文化浸染的表现。

当然，也有宰臣因灾异求退而获准的例子。《宋书·王弘传》载元嘉五年（428）春大旱，侍中、司徒、扬州刺史、录尚书王弘引咎逊位，表曰：

---

① 金霞在博士论文《两汉魏晋南北朝祥瑞灾异研究》第二章第一节中对魏晋南北朝时期的罪己诏有统计和论述。李军对唐代因灾罪己的研究见其博士论文《灾害危机与唐代政治》第二章《灾害危机与皇帝自谴》，相关内容后收入阎守诚主编《危机与应对：自然灾害与唐代社会》第五章第一节，第183—188页。

② 虞世南《北堂书钞》卷五〇，天津古籍出版社，1988年，第178页下。

> 臣闻三才虽殊,其致则一。故世道休明,五福攸应;政有失德,咎征必显。臣抑又闻之,台辅之职,论道赞契,上佐人主,燮理阴阳。……而顷阴阳隔并,亢旱成灾,秋无严霜,冬无积雪,疾厉之气,弥历四时。此岂非任失其人,覆𫗧之咎。……今履端惟始,朝庆礼毕,辄还私门,思愆家巷,庶微塞天谴,少弭谤谪。伏愿鉴其所守,即而许之。临启愧塞,不自宣尽。

是年六月,王弘降为卫将军、开府仪同三司。这个貌似因灾异免三公的事件并没有成为惯例,相反,无论王弘上表还是宋文帝批准,都是出于灾异之外的政治考虑。元嘉三年,文帝以废弑二兄少帝义符和庐陵王义真之罪,先后诛杀大臣徐羡之、傅亮、谢晦。王弘虽未参与废弑之谋,但位极人臣,心不自安。此时,平陆令成粲与弘书,劝其让位于文帝之弟彭城王义康。史称"弘本有退志,挟粲言,由是固自陈请"①。文帝也希望由宗室掌握枢机,便同意了王弘的请求,又于元嘉六年征刘义康为侍中、司徒、南徐州刺史,与王弘分录尚书事。在此,因灾求退服务于酝酿中的人事变动,与其说是执行了灾异罢免制度,不如说体现了这种被废除的制度在政治文化中还保持着影响,可资利用。

魏晋南北朝时期关于灾异责任分担情况的资料较少,还不足以充分显示与汉代的区别。唐代的相关史料则相当丰富,并已有学者作了整理和研究。李军指出,唐代从天子、宰臣到一般官吏和普通百姓都认为宰相有"燮理阴阳"之责。因此,宰相因灾异乞退仍屡屡发生②。永徽三年(652)正月丙寅,"太尉赵国公长孙无忌以旱请逊位,不许"。四年,"自三月不雨至五月",尚书左仆射张行成"抗表请致仕"。高宗手制答曰"密云不雨,遂淹旬月,此朕之寡德,非宰臣咎",不许。神龙元年(705)秋大水,尚书右仆射唐休璟"两上表自咎,请免官甚切"。中宗答以"阴阳乖爽,事属在予",亦不允。虽然唐代宰相多因灾请求

---

① 《宋书》卷四二《王弘传》。
② 参看李军《灾害危机与唐代政治》第六章《灾害危机与唐代宰相》,后收入阎守诚主编《危机与应对:自然灾害与唐代社会》第六章第二节,第 229—243 页。本节以下关于唐代的资料多参考该书。

避位,但因此罢免者却几乎没有①。相反,皇帝还主动表示承担责任,以挽留宰相。

综上所述,魏晋隋唐间,灾异策免三公的制度已不复存在,"宰臣引咎乞退—皇帝罪己慰留"的故事则仍不断上演,几乎成为固定的模式。在这种模式中,无论是乞退或者慰留,都深受汉代传统影响。比如唐休璟乞退表云"昔汉家故事,丞相以天灾免职"②,《牛僧孺神道碑》亦称仇家"举两汉故事,坐灾异策免"③。皇帝慰留时常常批评汉家故事,云"古者策免,乖罪己之义"④,而所谓"罪己"同样也是汉代的传统。君臣间的这种互动,与前面提到过的王莽与王邑颇为近似。可见,汉代灾异免三公制度废除之后,它的政治文化遗产仍在以后的历史时期发挥着作用。

"宰臣引咎—皇帝罪己"的灾异应对模式有何政治意义?下面通过一份唐代的灾异乞退表试作推论。《文苑英华》卷五八〇载唐中宗时苏颋所作《太阳亏为宰臣乞退表》云:

> 臣某等言,伏见今月朔旦太阳亏。陛下启辍朝之典,有司尊伐社之义。臣等伏自寻绎,无任惭恐。……顷者论道任重,衮章犹缺,端揆位隆,鼎台是亚,所以熙帝之载,代天之工,调六气之和,法三光之度,则大化为本,非小才所宜。崇替率由咎征,斯属

---

① 以上事分见《旧唐书》卷四《高宗纪上》、卷七八《张行成传》、卷九三《唐休璟传》。一些以灾异为口实罢相的事例,都有明确的政治斗争原因。比如景云二年十月睿宗御承天门引宰臣韦安石等,制责之曰:"自顷以来,政教尤阙,时或水旱,人多困毙,府库益竭,寮吏日滋,俛俛政途,罔然如失。虽繇朕之薄德,固亦辅佐非才。安石可尚书左仆射、东都留守,元振可吏部尚书,怀贞可左御史大夫,说可尚书左丞,并停知政事。"(见王钦若等编《册府元龟》卷三三三、三三四,中华书局,1960年,第3930、3950页)罢相的真正原因,如司马光所说,"皆太平公主之志也"(司马光《资治通鉴》卷二一〇景云二年十月条,中华书局,1956年,第6667页)。至于水旱之灾,即便在制书中也仅仅是诸多借口中的一个而已。又如《文苑英华》卷八八八载李珏《故丞相太子少师赠太尉牛公神道碑》称"属大水坏居人庐舍,公以实上闻。仇家得以逞志,举两汉故事,坐灾异策免"(李昉等编《文苑英华》,中华书局,1966年,第4679页上,"坐"原讹作"生")。可见牛僧孺之坐灾异免,是党争的结果。

② 见《旧唐书》卷三七《五行志》。

③ 《文苑英华》卷八八八载李珏《故丞相太子少师赠太尉牛公神道碑》,第4679页上。

④ 《新唐书》卷一〇四《张行成传》载高宗制语。

伏惟应天。……光阴久驰,年礼俱逮,自应屏黜,以清彝序,而徘徊圣恩,万一希效,俛俛残岁,甲子空多,遂超总领之司,愈失具瞻之望;将何以匡翼庶政,仪刑师属。且视事而老,才愧千秋之贤,待罪安归,忧深万石之裔,久知尘秽,宁虞负乘。所以素飱加责,聚喧于下,薄蚀生灾,见昭于上。天之所戒,臣不可逃。陛下矜而宥之,未致于理。伏乞收其印绶,赐以骸骨,则知胡广罢位,抑有前闻,徐防免官,复自兹始。臣窃其幸,物谁不宜。恳倒所祈,惶怖交集,无任切迫之至。①

《旧唐书·苏颋传》云苏颋"神龙中,累迁给事中,加修文馆学士,俄拜中书舍人"。据考证,此表应作于神龙三年(707,是年九月改元景龙)六月,是苏颋为中书舍人时为当时宰臣所作②。表中数称"臣某等""臣等",当是以宰臣集体名义所上。表文称当时不设三公,三省长官代替三公有燮理阴阳之责,因此"崇替率由咎征",需要因灾异而决定进退。然而,表文的自责之词却用得很轻。"智能素薄,经术殊陋","视事而老,才愧千秋之贤,待罪安归,忧深万石之裔"云云,无非是说才浅望轻,不如古代名相,难以胜任。最后称"素飱加责,聚喧于下,薄蚀生灾,见昭于上",也仅将灾异的原因归于无所作为而已。从中很难看出宰臣有真心乞退之意,反而令人感觉流于形式。

耐人寻味的是,宋初编修《文苑英华》将之选入,作为表文的范本。由此看来,类似乞退表并非个例,流于形式也不影响表文的价值。上表的宰臣无须表现出乞退的诚意,阅表的皇帝也不会当真。神龙三年这次宰臣集体上表乞退,在两《唐书》中没有留下任何记载,也未见有任何宰臣遭到罢黜。不用说,乞退表一定未获批准,而皇帝在答复中或许又用"罪己"的方式表示慰留。这样的乞退大约时有发生,因此史册也就"常事不书"了。

---

① 《文苑英华》卷五八〇,第 2999 页。
② 参见赵贞《唐五代星占与帝王政治》第三章第二节之四《太阳亏为宰臣乞退表》,首都师范大学博士学位论文,2004 年。

在"宰臣引咎—皇帝罪己"的模式中,君臣双方都不会受到负面的影响。相反,通过表文和制答的公示,他们不仅共同表现出敬畏天戒的勤慎,而且向官僚集团和天下万民展示了君相之间的和谐互信。宰臣通过引咎表达忠诚和恭顺,皇帝则以罪己向宰臣表示信任。君臣往复之间,实际上履行了确认彼此地位的仪式。如果这一仪式出现问题,宰臣不愿引咎,或者皇帝归咎于宰臣,就等于公开君臣之间的裂隙,预示着新一轮的人事调整和政策变动。在这个意义上,引咎和罪己相互配合,行礼如仪,事实上成为君臣之间表现互信和宣示权力正当性的合谋①,发挥着维系和调整士人政府内部关系的政治功能。

汉唐间灾异责任分配方式的变化,反映出灾异论如何影响并最终融入政治体制。最初,灾异论作为体制外的学术,试图从外部干预政治运作,设计出三公分职的理想政治构架。随着儒学意识形态化,灾异论逐渐进入体制,先后建立起三公分职和因灾异策免三公的制度。然而,进入体制的灾异论显然有些难以适应,往往被政治斗争利用,成为政治运作中的不稳定因素。直到魏晋以后,因灾异罢免三公制度废除,"宰臣引咎—皇帝罪己"的灾异应对模式则作为惯例保留下来,较为温和地在政治运作中发挥作用。经过长期磨合,灾异论终于融入到政治体制之中,成为一种建制性因素,它的政治批判性和对君权的约束力也不可避免地削弱了。

## 第三节 天行有常与休咎之变:日食灾异中的学术和政治

灾异论讲"休咎之变",人类对自然认识的发展则是逐渐揭示规律,导向"天行有常"。天行有常与休咎之变存在矛盾,古人早有认识。《论衡·治期》曰:

> 在天之变,日月薄蚀。四十二月,日一食;五月六月,月亦一

---

① 关于罪己诏与帝王权力正当性的关系,参看刘泽华主编《中国政治思想史(秦汉魏晋南北朝卷)》第五章第四节《罪己诏中的政治调节观念》,浙江人民出版社,1996年,第239—247页。

食。食有常数,不在政治。百变千灾,皆同一状,未必人君政教所致。①

王充从日食月食的周期性规律出发,推演至一切灾异,质疑政教之失导致灾变的观点,在逻辑上是合理的。虽然王充本人并不真正了解日月食原理,但对东汉末年的天文学家而言,日食可大致预报已是常识。至于五星运行的规律,则最晚在秦汉之际已经成为天文知识的重要组成部分②。这些知识,都可能对灾异论构成挑战。

然而,学者已经指出,天文推步技术不断发展,未能阻止古人从天人感应的角度看待日食③。灾异论没有被自然规律的发现所终结,而是迟至清末西方文化和政治思潮涌入之后,才归于消亡。那么,是什么力量在维持着"天行有常"和"休咎之变"之间的平衡?本节即以日食推步技术的发展与灾异政治文化对此的反应为中心,来探讨这个问题,考察天行有常与休咎之变的矛盾,如何在儒学、历法、礼制和政治活动等方面表现出来。

## 一、日食推步与经学中灾异论述的变化

早在周代,日食已被认为与人事相关。《诗·小雅·十月之交》云"十月之交,朔月辛卯,日有食之,亦孔之丑",又云"日月告凶,不用其行",表明周人认为日食是天体违背正常运动规律造成的,是重大凶兆。《春秋》经文和《左传》共记载春秋时代的日食 37 次,《左传》还描写了当时人对日食凶兆的预测和解说④。到了汉代,日食在天文星占

---

① "五月六月",通津草堂本作"五十六月",黄晖据胡适说,以"十"为衍字,刘盼遂说同。案据黄校,宋残卷、朱校元本并作"五月六月",今从之。参见黄晖《论衡校释(附刘盼遂集解)》,中华书局,1990 年,第 773 页。

② 参看席泽宗《马王堆汉墓帛书中的〈五星占〉》,中国社会科学院考古研究所编《中国古代天文文物论集》,文物出版社,1989 年,第 46—58 页。

③ 见陈美东《中国古代天文学思想》第七章第三节第一小节《日月失行说和日食的天人感应式解说》(徐凤先执笔),中国科学技术出版社,2007 年,第 706—716 页。

④ 其说俱见《汉书·五行志下之下》,又可参看刘瑛《〈左传〉、〈国语〉方术研究》第一章第四节《日食之占》,人民文学出版社,2006 年,第 42—47 页。

中仍是大凶之兆。占书和谶纬中或者说"日蚀之后,必有亡国弑君",或者说"日蚀之,主见贼"等等,都以日食为天变大异,危及人主①。前引《史记·吕后本纪》七年(前181)正月条载:"己丑,日食,昼晦。太后恶之,心不乐,乃谓左右曰:'此为我也。'"第二年,吕后就死去了。《汉书·五行志》记载这次日食,在吕后之语后面加上了"明年应"三字②,认为她的死是日食灾异预兆的应验。在惠帝七年(前188)、元凤元年(前80)的日食后,《汉书·五行志》也都书以"宫车晏驾",暗示皇帝驾崩与日食的关系。除了凶兆以外,日食还被看成对天子的遣告。《史记·孝文本纪》载,汉文帝二年(前178)曾因日食下诏罪己,称:"日有食之,適见于天,灾孰大焉!"

以上将日食视为灾异的观念,基于一个共同认识,即认为日食是由日月"失行"引起,属于非正常的天变。《汉书·天文志》引古人之言曰,天下太平则"日不食朔,月不食望",说明古人认为,在太平之世,日月正常运行,便不会发生日食。日食发生的原理和规律一旦揭示出来,必将动摇日食灾异观的这个理论基础。

古代天文学,特别是历算推步的演进,恰恰在逐渐获得日食的预报方法。早在秦汉之际,人们对日食的原理和发生规律已经有所了解。《史记·天官书》即载有月食周期:

> 月食始日,五月者六,六月者五,五月复六,六月者一,而五月者五,凡百一十三月而复始。故月蚀,常也。

司马迁不仅说明月食发生具有周期性③,而且明确指出月食是"常",

---

① 上引日食占辞分见《开元占经》卷九引《春秋潜潭巴》《春秋合诚图》,类似占辞很多,兹不备引。
② 《汉书·五行志》"明年应",颜师古注曰:"谓高后崩也。"
③ 司马贞《史记索隐》已经指出,按《史记》所述,合计121月为一个月食周期,与原文"凡百一十三月而复始"不合,传写必有讹误。陈振先、钱宝琮都尝试校改《史记》的这段文字,认为司马迁所记月食周期与《三统历》一样,为135月。见钱宝琮《汉人月行研究》,初载《燕京学报》第17期,后收入《钱宝琮科学史论文选集》,科学出版社,1983年,第187页。但他们的校改都没有文献学上的依据,只是个人的猜测。《史记》此文,唐代写本已经产生同于今本的讹误,司马迁所述的月食周期究竟如何,现已无法确知。

即有规律的正常现象。《汉书·律历志》载刘歆《三统历》以 135 个月为交食周期,并给出了月食算法。这个算法应是本于汉武帝时期制定的《太初历》①。至于发生交食是由于日月相掩的原理,在汉代亦已有认识,东汉王充还在《论衡》中专门对之作了批评②。根据现代天文学的经验,日食周期的基础与月食周期相同,古人发现月食周期的同时,应该也能发现日食周期③。《论衡·说日篇》云:"大率四十一二月,日一食;百八十日,月一食。蚀之皆有时。"④可以代表东汉时期普通士人对日食周期的知识。

据《后汉书·方术列传下》载,灵帝光和元年(178),侍中韩说曾成功预报过日食。这是史载最早的日食预报实例。可惜史书没有言明韩说是否已有一套比较系统的日食推步方法。目前所知历法中最早的日食推步,始于同时期刘洪所造《乾象历》⑤。刘洪不仅推算出更精确的交食周期,引进食限概念,而且利用自己发明的方法准确预报过日食。据《晋书·律历志中》载,刘洪弟子徐岳在曹魏黄初年间的历法讨论中说:

> 效历之要,要在日蚀。熹平之际,时洪为郎,欲改《四分》,先上验日蚀。日蚀在晏,加时在辰,蚀从下上,三分侵二。事御之后如洪言,海内识真,莫不闻见。

---

① 参陈美东《中国科学技术史·天文学卷》第三章第五节《太初历的制定及其贡献》,科学出版社,2003 年,第 126 页。
② 参陈美东《中国古代天文学思想》第四章第三节《日月食理论》,第 440 页。
③ 参陈遵妫《中国天文学史》第四编第四章《日月交食》,上海人民出版社,2006 年,第 542 页。古代历家其实已经明白这个道理,并且推测了汉代人不明说日食周期的原因。《新唐书》卷二七《历志三下》载僧一行《大衍历议·日蚀议》曰:"交而有蚀,则天道之常。如刘歆、贾逵,皆近古大儒,岂不知轨道所交朔望同术哉!以日蚀非常,故阙而不论。"其说近之。
④ 黄晖《论衡校释》卷一一,第 506 页。
⑤ 陈遵妫在《中国天文学史》(第 542 页)中说日食推步始于刘洪造《乾象历》,似嫌武断,但我们确实无法证明在刘洪之前还有谁记述过日食推步的系统方法。孔颖达在《春秋左传注疏》(卷三,阮刻《十三经注疏》本,艺文印书馆,2001 年,第 49 页上)中称,"刘歆《三统》以为五月二十三分月之二十而日一食",似乎刘歆已在《三统历》中阐明了日食周期。但《汉书·律历志》所载三统术中并未推日食一项,前注所引僧一行之语也表明他不认为刘歆论述过推步日食之法。事实上,《三统历》只是给出了 135 月的交食周期("朔望之会"),认为在一个周期内会发生 23 次月食。孔颖达所谓"五月二十三分月之二十",即是 135 除以 23 得出的《三统历》月食频率的平均值。以之为刘歆的日食推步,纯属孔氏的误解,本文不予采信。

刘洪用预报日食来证明《乾象历》的准确性。当时采取了救禳仪式,但日食仍然发生,情况与刘洪的预测一致。《乾象历》在东汉没有施行①,但推步日食之术既已提出,不能不引起朝廷的重视。东汉末年,太史已经开始推算和预报日食。献帝初平四年(193):

> 春正月甲寅朔,日有蚀之。未晡八刻,太史令王立奏曰:"日暴过度,无有变色。"于是朝臣皆贺。②

太史预测未晡八刻以前太阳会发生亏蚀。时刻已过而预想中的灾变没有发生,按照天人感应的理论,这就是圣德动天,消灾致福,所以"朝臣皆贺"。这时候的日食推步技术尚欠精密,未能精确得出交食时间。最后,日食发生于未晡一刻,比预报稍晚③。曹魏时,尚书郎杨伟制订《景初历》,在完善刘洪食限概念和数值的基础上,又明确给出交食食分和初亏方位的计算法④。在魏晋时期,日食可以推步预测,应已成为历算专家的共识。

此后,后秦姜岌、南朝宋何承天等先后有新的探索。到了北齐,张子信"始悟日月交道,有表里迟速"⑤,终于实现了日食推步的重大突破。张子信的三大天文学发现中,有两项对日食推步有划时代的影响。一是太阳视运动的不均匀性。东汉贾逵、刘洪已经发现并描述了月球运动的"迟疾"⑥,而太阳视运动的不均匀幅度远小于月球,且由于天体测量方法上的原因,往往被其他因素掩盖,前人有所猜测,却找

---

① 《乾象历》后为孙吴所用,见《宋书·律历志中》。
② 袁宏《后汉纪》卷二七,中华书局,2002 年,第 523 页。
③ 同上书,第 523 页。
④ 参陈美东《中国科学技术史·天文学卷》第四章第一节《曹魏早期历法之争和杨伟景初历》,第 223—224 页;张培瑜等《中国古代历法》第六章第二节《景初历》,北京:中国科学技术出版社,2007 年,第 601—603 页。
⑤ 《隋书》卷二〇《天文志中》。
⑥ 《续汉书·律历志中》载贾逵论曰:"今史官推合朔、弦、望、月食加时,率多不中,在于不知月行迟疾意。……〔李〕梵、〔苏〕统以史官候注考校,月行当有迟疾,不必在牵牛、东井、娄、角之间,又非所谓朓、侧匿,乃由月所行道有远近出入所生,率一月移故所疾处三度,九岁九道一复。"《宋书·律历志中》载何承天曰刘洪"制迟疾历以步月行","定月行迟疾"。参陈美东《中国科学技术史·天文学卷》第三章第十二节《贾逵、傅安、李梵、苏统等人的天文工作》,第 182—183 页;第三章第十七节《刘洪及其乾象历的重大进展》,第 214—215 页。

不到证据。张子信通过长期观测研究,指出"日行在春分后则迟,秋分后则速"①,由此得知交食推步必须加入与所在节气相关的修正值。另一项是月球视差对日食的影响。针对前代推步入食限而不发生日食、不入食限却发生日食的现象,张子信指出"合朔在日道里则日食,若在日道外,虽交不亏"的规律②。不仅如此,他还提出了计算月球视差对日食食分影响的方法③。众所周知,日食是由太阳、月球、地球三者的特定位置关系造成的。既了解日、月对地球相对运动的规律,又发现从地球观测日食受到月球视差影响,可以说已经基本掌握了日食推步的正确原理。

张子信本人没有制订历法,但隋代刘焯的《皇极历》、张胄玄的《大业历》,都吸收了他的成果,明确列出日食时刻、食分和起亏角等的详细推算方法④。此后,唐代《麟德历》《大衍历》《宣明历》以及各代的历法都只是不断改进推算方法,提高精确度而已。可以说,到了唐代,中国古代的日食推步已经达到极点⑤。

日食推步技术的发展对经学深有影响。汉唐时代的经学家,往往也是天文历法专家,经学著作吸收天文学成果的效率很高,能迅速与日食推算技术的发展接轨。跟日食关系最为密切的经书,首先是《春秋》。两汉训诂和南北朝义疏今多不存,这里主要根据西晋杜预的《春秋经传集解》和唐初孔颖达的《左传正义》,讨论经学场合中灾异论受日食推步技术发展影响而产生的变化。

如上所说,魏晋时期的历算家已经相信日食可以推步预测。杜预精通历数,著有《春秋长历》,上推春秋朔闰、日食,⑥本身就是这方面的专家。他在《左传》庄公二十五年六月条下注云:

---

① 《隋书》卷二〇《天文志中》。
② 同上。
③ 以上参陈美东《中国科学技术史·天文学卷》第四章第十三节《张子信的三大发现》,第298—303页。
④ 张胄玄术见《隋书》卷一八《律历志中》;刘焯术见同书《律历志下》。
⑤ 参看陈遵妫《中国天文学史》第四编第四章《日月交食》,第551页。
⑥ 见《晋书·律历志下》。

>日食,历之常也。①

已经明确指出日食是天体运行的自然常理。当时历法尚疏,日食推步难以精确。因此《左传》隐公三年经"二月己巳日有食之"杜注又云:

>日行迟,一岁一周天,月行疾,一月一周天,一岁凡十二交会。然日月动物,虽行度有大量,不能不小有盈缩,故有虽交会而不食者,或有频交而食者。②

这里对"历之常也"的判断有所保留。他说太阳、月球都是能动之物,运动大致规律,但又免不了小幅变化。在当时的条件下,这是天文推步还不能完全把握日月运行规律而不能不说的托辞。他所谓"有频交而食者",是根据《春秋》的记载,其实不合于自然③。杜预的经说吸收天文学最新成果,发前人所未发,同时也受当时天文学水平所限,对日食是"历之常"的观点不能准确解释,更难完全贯彻。

唐初,经过张子信和刘焯等人的发展,日食推步技术获得关键性突破,预测水平大幅提高。孔颖达的《五经正义》撰写于这一背景之下,继承了大量刘焯、刘炫的新说④,对日食的解说也比杜预大胆和透彻。

《左传》隐公三年日食条正义首先疏解杜预的上述注文,然后说"此注大判言耳",认为杜注并不精确。随后,正义对杜预所谓"有频交而食者"提出了质疑:

>战国及秦,历纪全差,汉来渐候天时,始造其术。刘歆《三统》

---

① 《春秋左传注疏》卷一〇,阮元刻《十三经注疏》本,艺文印书馆,2001年,第174页上。
② 《春秋左传注疏》卷三,第49页上。
③ 《晋书》卷一八《律历志下》载杜预《春秋长历》云"《春秋》日有频月而蚀者"。案《春秋》襄公二十一年、二十四年各有连续两个月发生日食的记载,详见下文。对于整个地球而言,比月而食是可能的,但必须是两个日偏食,而且一在南极,一在北极。也就是说,在地球上任一地点,都不可能连续两个月看到日食。古人谈论的都是中国范围内的可见日食,在这个前提下,则频月食不合自然,事实上是不可能发生的。关于这个问题,可参看刘次沅、马莉萍《中国历史日食典》第一章,世界图书出版公司,2006年,第6—7页。
④ 参看乔秀岩《义疏学衰亡史论》第二章第一节,生活·读书·新知三联书店,2017年,第40—61页。

以为五月二十三分月之二十而日一食,空得食日而不得加时。汉末,会稽都尉刘洪作《乾象历》,始推月行迟疾,求日食加时。后代修之,渐益详密。今为历者,推步日食,莫不符合,但无频月食法。故汉朝以来殆将千岁,为历者皆一百七十三日有余而始一交会,未有频月食者。今频月而食,乃是正经,不可谓之错误也。考之历术,事无不验,不可谓之疏失。由是注不能定,故未言之也。又《汉书·高祖本纪》,高祖即位三年十月、十一月晦日频食,则自有频食之理。其解在襄二十四年。①

"频月食"指连续两个月发生日食。正义指出,当时历算专家预测日食已经十分准确,知道这种情况不可能发生。汉代以来,造历法者也都认为173天有余日月才有一次交会,没有频月而食的道理。《春秋》经文却记载了襄公二十一年九、十月和二十四年七、八月两次频月食,跟历法推算形成了矛盾。正义说"注不能定,故未言之"。事实上,杜预没有质疑频月食的可能性,只是孔疏自身由于天文学的进展才有此疑问。正义在这里比较保守,又引用《汉书》记载的汉初频月食,表示据此则似乎又有频食之理,然后请读者翻到襄公二十四年,看最终的解释。

选择在襄公二十四年疏中给出解释,是有原因的。《春秋》记载这一年七月、八月连续两次日食,而七月"日有食之既",是日全食。根据当时的历算知识,日全食之后绝无次月日食之理,正义云:

> 若前月在交初一度日食,则至后月之朔日犹在交之末度,未出食竟,月行天既匝,来及于日,或可更食。若前月日在交初二度以后,则后月复食无理。今七月日食既,而八月又食,于推步之术,必无此理。盖古书磨灭,致有错误。②

《左传》关于频月食的记载,这一条错误最明显,所以正义在此处给出解释。据此,如果前一个月发生极小幅度(一度)的日偏食,则后一个

---

① 《春秋左传注疏》卷三,第49页。
② 《春秋左传注疏》卷三五,第608页上。

月的朔日,太阳运行可能还未离开月球的阴影("食竟",即食境),理论上尚有再次日食的可能。但这一条经文记载七月发生的是日全食,根据日食推算的方法,八月份绝无再次发生日食的可能。在经书和历算之间,正义选择相信后者。当然,这里怀疑的不是经书本身,而是古书传抄中可能出现的错误。现在我们已经知道,《汉书》高祖三年的频月食,应是将前一年十一月的日食误入此年,而《春秋》襄公的两次频月食也是记载有误①。这是因为,我们掌握了日食的发生规律,相信自然规律超过了相信古书。同样,《左传正义》得出古书错误的结论,也正是由于作者相信推步之术。考虑到经书在当时的权威,不难想见他对历算学的接受和信仰已经到了何种程度。

孔颖达正义改变杜预的经说,是有所本的。此前,隋代两位更为激进的大儒刘焯和刘炫已经为他做好充分的准备。二刘是经学大师,又都深通天文历算,同学至交,意旨相近。刘炫有《春秋左氏传述议》《毛诗述议》各四十卷,刘焯亦著有《五经述议》。孔颖达奉敕撰《左传正义》,即以刘炫书为蓝本,《毛诗正义》也本之二刘《述议》②。在上引襄公二十四年疏后,孔颖达入段引述刘炫之说,表明了观点的来源:

> 刘炫云:"汉末以来,八百余载,考其注记,莫不皆尔,都无频月日食之事。计天道转运,古今一也。后世既无其事,前世理亦当然。而今有频食,于术不得。……此与二十一年频月日食,理必不然。但其字则变古为篆,改篆为隶,书则缣以代简,纸以代缣,多历世代年数,遥远丧乱,或转写误失其本真。先儒因循,莫敢改易,执文求义,理必不通。后之学者,宜知此意也。"③

刘炫指出经文频食,不符合历术,并且勇于疑经,改易求通。孔颖达虽

---

① 据刘次沅、马莉萍《中国历史日食典》,公元前205年1月有一次日偏食,即在汉高祖二年十一月晦。关于《春秋》襄公日食,参见张培瑜《〈春秋〉、〈诗经〉日食有关问题》,《中国天文学史文集》第三集,科学出版社,1984年,第13页。

② 见孔颖达《左传正义序》(《春秋左传注疏》,第4页)、《毛诗正义序》(《毛诗注疏》,第3页)。只是孔疏之中哪些文句为二刘原文,哪些是孔颖达自己的意见,已难完全分清。凡是不明确称引二刘之处,本书皆只称正义或孔疏。

③ 《春秋左传注疏》卷三五,第608页。

曾批评刘炫"意在矜伐,性好非毁"①,在此也不得不明引其说,无所辩驳。

刘炫深信历术,当有至交好友刘焯的影响。刘焯撰《皇极历》,认为日食可以通过周密的历法准确预报②。他将张子信的发现具体落实到历法中,革新交食推算法,开启了交食研究的新时代③。在发现日食规律的基础上,刘焯指出,日食与人事绝无相关。他说:"日轮所照,日光所临,何关大地!近验应符,乃华言之饰辨,非忘私之至公。"④这一观点,事实上也为孔颖达《五经正义》所继承。《左传》昭公七年"夏四月甲辰朔日有食之"条正义曰:

> 日月之会,自有常数。每于一百七十三日有余则日月之道一交,交则日月必食,虽千岁之日食,豫筭而尽知,宁复由教不修而政不善也!⑤

这是说日食是天体运行的常理,可以预测,与政教无关。《左传》昭公二十一年"秋七月壬午朔日有食之"条正义又有:"日月之行,交则相食,自然之理。但日为君象,月为臣象,阴既侵阳,如臣掩君,圣人因之设教,制为轻重。……足明此是先贤寓言,非实事也。""足知是贤圣假托日食,以为戒耳。"正义明确指出,日食为阴侵阳的说法,是圣人借日食而设教劝诫,并非实有其事。

通过以上叙述可以看出,唐代的官方经学在很大程度上吸收了天文历算学的最新成果。由于日食推步技术的发展,从魏晋到隋唐,儒家在经学的场合已经将日食看成有规律的自然现象,突破汉儒天人感应、灾异天谴之说,不再真的以为日食关乎人事政教了。

---

① 孔颖达《左传正义序》,《春秋左传注疏》,第4页。
② 《新唐书》卷二七《历志三下》载《大衍历议·日蚀议》云:"黄初已来,治历者始课日蚀疏密,及张子信而益详。刘焯、张胄玄之徒自负其术,谓日月皆可以密率求,是专于历纪者也。"
③ 参陈美东《中国科学技术史·天文学卷》第五章第三节《刘焯皇极历的成就及其他》,第319—322页。
④ 《开元占经》卷一引《皇极历》,第40叶b。
⑤ 《春秋左传注疏》卷四四,第761页。

不过也要注意到,正义仍然不断提到"圣人因之设教","假托日食以为戒",并未放弃日食灾异说的劝诫功能。这种灾异说不是建立在迷信的基础上,而是深明天道物理之后的理性选择。儒家称之为"神道设教"。

早在西晋时期,杜预就对《春秋》通过记灾异设教的做法有过阐述。《左传》僖公十五年六月条云:"震夷伯之庙,罪之也。于是展氏有隐慝焉。"杜预注曰:

> 隐恶非法所得,尊贵罪所不加,是以圣人因天地之变、自然之妖以感动之。知达之主,则识先圣之情以自厉,中下之主,亦信妖祥以不妄。神道助教,唯此为深。①

他说,对于不能绳之以法、加之以罪的人,圣人便通过灾异感化耸动之,即借助"神道",进行教化。

正义十分赞同杜预之说,并加以阐发。《左传》昭公七年四月日食,晋平公询问谁将承当日食的凶兆。士文伯预言卫君、鲁卿将受其祸,趁势劝诫晋君说:"国无政,不用善,则自取谪于日月之灾。"孔疏首先以日食是常数,否定与人事政教的关系,其文已略见上引。其后,孔疏又说了一段非常值得注意的话:

> 人君者位贵居尊,志移心溢,或淫恣情欲,坏乱天下。圣人假之神灵,作为鉴戒。夫以昭昭大明,照临下土,忽尔歼亡,俾昼作夜,其为怪异,莫斯之甚。故鸣之以鼓柝,射之以弓矢,庶人奔走以相从,啬夫驰骋以告众,降物辟寝以哀之,祝币史辞以礼之,立贬食去乐之数,制入门废朝之典,示之以罪己之宜,教之以修德之法,所以重天变,警人君也。天道深远,有时而验,或亦人之祸衅,偶与相逢。故圣人得因其变常,假为劝戒。知达之士,识先圣之幽情,中下之主,信妖祥以自惧。②

---

① 《春秋左传注疏》卷一四,第234页下。
② 《春秋左传注疏》卷四四,第761页下。

类似的论述还见于《左传》庄二十五年、《诗·十月之交》正义中。《十月之交》正义说完这层意思之后,云"杜预论之当矣"①,可见是从杜说引申而来。这段话有三个层次。首先,人君至尊,权力和欲望无所制约将坏乱天下,因而需要借助神灵以为劝诫。其次,怪异之大莫过于日食,因此尤可借以警诫人君。最后,人间的祸难有时正好与天变时间相接,故可将灾异与人事联系起来,以劝诫人主。在此,正义指出了灾异设诫的必要性与可能性,阐明圣人之意。正义随后又说:

> 神道可以助教,不可专以为教。神之则惑众,去之则害宜。故其言若有若无,其事若信若不信,期于大通而已。世之学者,宜知其趣焉。②

认为灾异设诫只是教化的辅助手段,不可舍弃,亦不可专任。因此,圣人讲灾异只言其大概而不说得十分直白,说人事应验也若有若无,并不指实。这一观念已与汉儒之极言灾异、称说事应不同。《诗·十月之交》正义批评汉儒说:

> 经典之文,不明言咎恶,而《公》家董仲舒、何休及刘歆等,以为发无不应,是知言征祥之义,未悟劝沮之方。③

《春秋》经文只记灾异,不明说引起灾异的失政、恶行,《公羊》家董仲舒、何休以及刘歆等汉儒则认为有灾必有应。正义指出,这是知圣人称说灾异之义,却不明白劝诫人君的方法。

汉儒说灾异时常采取实用主义的灵活态度,但他们对"神道"之事一般是相信的,至少也是将信将疑。隋唐时代的经学则在日食推步技术进步的影响下十分明确地阐明,灾异与人事之间并无天然的联系,圣人之说灾异是制约人主的手段,是有意地借助"神道"推行教化。因此,《五经正义》告诉"世之学者",心里不要相信天人感应,但嘴上必须坚持。这是"揣着明白装糊涂",站在"外面"说"里面"。

---

① 《毛诗注疏》卷一二之二,第406页下。
② 《春秋左传注疏》卷四四,第761页下。
③ 《毛诗注疏》卷一二之二,第406页下。

由于儒家的神道设教思想,"天变有常"的发现只能影响经学层面的学理讨论。儒学的意识形态层面并没有因之改变。灾异政治文化就是在这种意识形态的支撑下长期存在,使"休咎之变"的影响持续作用于历法、礼制和政治活动中。

二、历数与政教

以上讨论了日食推步技术对经学灾异论述的影响。下面要变换角度,反过来研究灾异论在历法,特别是日食推步中的表现。

上文指出,经学家在历算推步技术发展的推动下,已经认识到天体运动的规律性,在经学注疏的场合承认日食是"历之常也"。然而,对于专业的历算家、历法的实际制订者来说,问题却复杂得多。他们必须用固定的数学模型来把握天体运动,往往测不准,算不对,要说"历之常也",谈何容易!天体运动本身的复杂性,加上观测技术和数学水平的制约,使得古代历法在常与变之间游移不定。历法本身难以解决变与常的矛盾,便很容易受"休咎之变"思想影响,产生"历数"与"政教"并存的理念。

天体运动,比如太阳、月球、地球自身的运动都有大致稳定的速度和规律,但仍存在微小的变化。古人已经先后了解月球、太阳视运动的不均匀性。现代天文学发现,人类用作时间标准的地球自转也是不均匀的,除了周期性变化,还有不规则变化和长期变化,其规律现代科学也尚未完全掌握。即便采用最先进的技术手段,预测千年以后或回溯千年以前的日食仍会存在误差。天行有常的"常",是相对的。孔颖达说"虽千岁之日食,预算而尽知",是对天文学了解不够充分所致。根据古代历法,日食可以预测,但不能分秒不差。对于历法专业人员,最困扰的还不是食时、食分测不准,就连预测是否一定发生可见日食都存在困难。

月球视差对日食的影响,是古代日食推步的关键难题。历代天文学家为解决这个问题煞费苦心,却一直得不到完满的结果,因此预报经常失准①。这种失准在唐以后多是食时不准,此前则经常表现为"当食不食""不当食而食"。东汉建安十七年正旦和曹魏正元二年三月朔,就先后发生过两次太史预奏日蚀而不蚀的事件②。张子信发现月球视差对日食的影响后,隋代刘焯还在《皇极历》中专门设立"推应食不食""推不应食而食"两术③。经过唐人的发展,情况有所好转,但预报失准的问题始终无法根本解决。因此,历算家对日食的态度也颇为矛盾。

一方面,历算家相信日食是常数,有一定的规律。最明显的证据是,他们普遍认为日食预报是否准确是验证历法精确度最好的标准④。刘洪弟子徐岳在曹魏黄初年间的历法讨论中说"效历之要,要在日蚀",已见前引。杜预也说:"日蚀于朔,此乃天验。"⑤后秦姜岌同样认为:"自皇羲以降,暨于汉魏,各自制历,以求厥中。考其疏密,惟交会薄蚀可以验之。"⑥基于这一理念,日食预报失准经常成为历法改革的动因。这种日食验历思想,预设的前提就是:好的历法可以准确地预报日食。

另一方面,历算家多认为历法不能通于古今,必须定期修改⑦。具体到日食预报,古人也提出了很多测不准的理由。《宋书·礼志一》载

---

① 参看陈遵妫《中国天文学史》第四编第四章《日月交食》,第547—551页。
② 建安十七年日食发生在公元212年2月20日,中心点南纬43°,东经115°;正元二年日食发生在公元255年4月23日,中心点北纬25°,西经172°,对中国而言已在夜日。两次日食前者在南半球,后者在中国的深夜,在中国都观测不到。参看刘次沅、马莉萍《中国历史日食典》附录三《4500年全球日食总表》,第294—295页。建元十七年太史奏日蚀不效见《三国志·魏书·刘劭传》,传文云时在建安中,未云何年,据日食表推断只可能在十七年。
③ 见《隋书》卷一八《律历志下》。
④ 参看陈美东《中国古代天文学思想》第六章第三节《历法检验论》之二《交食之验》,第628—639页。
⑤ 《晋书》卷一八《律历志下》载杜预《春秋长历》。
⑥ 《晋书》卷一八《律历志下》载姜岌《三纪甲子元历》。
⑦ 《续汉书·律历志中》载贾逵论曰:"天道参差不齐,必有余,余又有长短,不可以等齐。……故求度数,取合日月星辰,有异世之术。《太初历》不能下通于今,新历不能上得汉元。一家法必在三百年之间。故谶文曰'三百年斗历改宪'。"同卷载蔡邕曰:"历数精微,去圣久远,得失更迭,术无常是。……且三光之行,迟速进退,不必若一。术家以筹追而求之,取合于当时而已。故有古今之术。今术之不能上通于古,亦犹古术之不能下通于今也。"

魏高贵乡公正元二年三月朔,太史奏日蚀而不蚀,司马昭追究其责,史官答曰:

> 合朔之时,或有日掩月,或有月掩日。月掩日,则蔽障日体,使光景有亏,故谓之日蚀。日掩月,则日于月上过,谓之阴不侵阳,虽交无变。日月相掩必食之理,无术以知。

史官辩称,日月交会合朔的时间可以推测,但交会的过程有时是月亮遮住太阳,有时是太阳挡在月亮之前,究竟是"日掩月"还是"月掩日"没有办法预先获悉。因此,日月交会是不是将造成日食,也就不得而知了。"或有日掩月"可能是为了逃避责任的借口,以当时史官的天文知识,不应连日月孰远孰近都分不清①。不过,能够推知交会而不能确定交会时是否发生可见的日食,确是当时历算学的实情。南朝宋戴法兴说"夫交会之元,则食既可求,迟疾之际,非凡夫所测"②,可以代表粗知历算者的一般认识③。

从曹魏《景初历》到南北朝各代历法,都列有"推合朔交会月蚀术",指出凡朔望入交限者,"朔则交会,望则月蚀"④。所谓"交会"其实就是"日食",只是这个"日食"在全球范围一定发生,在国境内却不一定能够观测得到。从推交会到推可见日食,中间还有差距。又因为日食为"大异",历法制定者不敢径称,甚至出现了"推交会起角术"这样的说法⑤。所谓"交会起角"其实就是日食的起亏角。

---

① 对于非天文历算专家而言,日月远近问题确实并非常识,南宋朱熹还以为"合朔之时……日在内,月在外,则不蚀"(《晦庵先生朱文公文集》卷四五《答廖子晦》,《朱子全书》,上海古籍出版社、安徽教育出版社,2002 年,第 2105—2105 页),司马昭被蒙骗过去也是可以理解的。
② 《宋书》卷一三《律历志下》载大明六年戴法兴议。
③ 戴法兴入《宋书·恩倖传》,史称其"颇တ古今",但未云其精于历法。他参加历议,主要是由于政治地位,故其说能代表对历法略有所知者的认识。
④ 北魏历法还指出了交会月食与日月"交道"关系的规律。《魏书》卷一〇七《律历志上》载《壬子元历》:"交在望前者,其月朔则交会,望则月蚀;交在望后者,亦其月月蚀,后月朔则交会;交正在望者,其月月蚀既,前后朔皆交会;交正在朔者,日蚀既,前后望皆月蚀。"《律历志下》载《甲子元历》略同。
⑤ 见《魏书》卷一〇七《律历志》所载《壬子元历》《甲子元历》。

到了南北朝末期,张子信的三大天文学发现带来历法制订尤其是日食推算上的重大突破。隋代的张胄玄历、刘焯《皇极历》都出现了推日食术,不再只称"推交会"。由于技术上的突破,历法制定者对天体运行之"常"以及自己把握"常"的能力,都信心倍增。刘焯对他的历法极为自负,称"秦汉以来,无所与让……测七曜之行,得三光之度,正诸气朔,成一历象,会通今古,符允经传,稽于庶类,信而有征"①。在这种认识突破带来的信心中,他大言"日轮所照,日光所临,何关大地",反对天人感应说对天文历算之学的干扰,极具胆识。但刘焯自己也不能准确预报日食,完满地证明天人相分。《新唐书·历志三上》载,唐玄宗开元年间,"《麟德历》署日蚀比不效"。《麟德历》即唐初李淳风在《皇极历》基础上修正而成。它的失准,促使后来的历法制定者从技术突破的兴奋中冷静下来,重新反省天道和历法中变与常的关系。

史官据《麟德历》预测日蚀屡屡失误之后,开元九年(721),唐玄宗"诏僧一行作新历",所成新历就是著名的《大衍历》。一行的天文学成就很高,《大衍历》以大量实测工作为基础,从历法形式、结构到内容、方法,都取得了重大进步,在中国历法史上具有里程碑式的崇高地位②。这些成就广为人知,此处不再赘述。这里要关注一行《大衍历》的另一个特色,即其中儒学意识形态的影响和"休咎之变"思想的表现。

《大衍历》在历术之外还附有《略例》一篇,《历议》十篇。《新唐书·历志三》云"《略例》所以明述作本旨也,《历议》所以考古今得失也,其说皆足以为将来折衷",评价甚高,并将《略例》按内容散入《历议》之中,删略其文,改编为十二篇③。《新唐志》所载的这十二篇《大

---

① 《隋书》卷一八《律历志下》。
② 参看陈美东《中国科学技术史·天文学卷》第五章第十节《一行大衍历的成就》,第376—390页。
③ 《历议》原有篇目次序及《新唐志》的改编情况,参看陈振孙《直斋书录解题》卷一二子部历象类"唐大衍历议"条,上海古籍出版社,1987年,第366页。

衍历议》和《略例》,讨论与历法相关的基本概念和制历方法,能够集中反映一行的历法思想。其中第十一篇,就是专门讨论日食的[①]。

开元九年,一行奉命修历,有条不紊地开展了一系列准备工作,包括翻译印度天文学著作、制作仪器、采集天文观测数据等。他组织发起全国范围内的天文测量,为制定历法准备了重要的数据,也加深了他对日食规律的认识。一行在《日蚀议》中说:

> 自开元治历,史官每岁较节气中晷,因检加时小余,虽大数有常,然亦与时推移,每岁不等。晷变而长,则日行黄道南;晷变而短,则日行黄道北。行而南,则阴历之交也或失;行而北,则阳历之交也或失。日在黄道之中,且犹有变,况月行九道乎!杜预云:"日月动物,虽行度有大量,不能不小有盈缩。故有虽交会而不蚀者,或有频交而蚀者。"是也。

在此,一行肯定了杜预"日月动物"的说法,并加以论证。他总结开元九年以来的观测结果,指出每年同一时刻的日影("晷")长度大致是常数,但也随时变动,每年都有不同。这说明,太阳不是严格沿着黄道运动,而是有时偏南,有时偏北。他认为,这种变动导致有时日月交会而不发生日食。一行随后沿用了"月行九道"的旧说,并不正确,但日月运动的不均匀性通过观测被进一步证实,天体运动"大数有常"和"与时推移"之间的辩证关系重新获得重视。一行随后说:

> 故较历必稽古史,亏蚀深浅、加时朓朒阴阳,其数相叶者,反覆相求。由历数之中,以合辰象之变,观辰象之变,反求历数之中。类其所同,而中可知矣,辨其所异,而变可知矣。

他认为,天文研究有两个方面。一方面必须根据历代的天文观测记录反复比较推求,寻找共同点,取其"中"值,获得"常数";一方面也要辨析观测记录的差异,了解其变动。历法以数学模型模拟天体运动,必须借助"常数"。而天体运动不均匀的特性,又决定了历法的"常数"

---

[①] 以下引一行说皆出自《新唐书·历志三》,不再一一注明。

不能涵盖一切天文现象。因此,必须在历法之"常"外,辨所异、知其变。在一行看来,这就需要引入"占",作为"历"的补充。他接着就说:

> 其循度则合于历,失行则合于占。占道顺成,常执中以追变;历道逆数,常执中以俟变。知此之说者,天道如视诸掌。

这里的"占",当然就是天文星占之术。一行认为,历与占分别负责天文的常与变,将两者相互配合,即能掌握天道。

若以现代天文学标准评价一行的观点,当然很容易指出他的错误,为他保留天人感应的一席之地而深感惋惜。但如果回到一行的时代检查他的工作,不难发现他确以实测验天为先,已经做到了尽可能地揭示天体运行的规律。在他那里,"占"的作用范围已经缩小到少数当时实在无法用历数之常来解释和反映的不均匀、不规则运动上,所占的"变"也已经不同于传统星占学的占象了。

在一行的时代,真理的最高标准是经典。天文中的"变"正可以在经典中找到依据。《日蚀议》的开头就讨论了一个经学问题:

> 《小雅》"十月之交,朔日辛卯",虞𠚺以历推之,在幽王六年。《开元历》定交分四万三千四百二十九,入蚀限,加时在昼,交会而蚀,数之常也。《诗》云:"彼月而食,则维其常。此日而食,于何不臧!"日,君道也,无朏魄之变。月,臣道也,远日益明,近日益亏。望与日轨相会,则徙而浸远,远极又徙而近交,所以著臣人之象也。望而正于黄道,是谓臣干君明,则阳斯蚀之矣。朔而正于黄道,是谓臣壅君明,则阳为之蚀矣。且十月之交,于历当蚀,君子犹以为变,诗人悼之。然则古之太平,日不蚀,星不孛,盖有之矣。

《诗经·小雅·十月之交》是因日食批评政治的诗篇。梁武帝后期的太史令虞𠚺通过历法推算出,《诗经》十月辛卯朔的这次日食发生在周幽王六年。根据《开元历》(即《大衍历》),这是一次可以推算的日食,也就是说,按照天体运行的规律,这次日食本应发生,是历数之常。然而,一行紧接着引用了经学家的解释,认为日食是阴侵阳、臣壅君的后果。他还指出,这次日食根据现有历法是应当发生的,古代君子却仍然视之为天变,可以推断在上古太平之世,太阳确实不会发生亏蚀。这里又有一个矛盾,日食既然是天体运动造成的经常现象,太平世"日不蚀"又如何可能呢?一行解释说:

> 若过至未分,月或变行而避之;或五星潜在日下,御侮而救之;或涉交数浅,或在阳历,阳盛阴微则不蚀;或德之休明,而有小眚焉,则天为之隐,虽交而不蚀。此四者,皆德教之所由生也。

他举出四种天体运动的变化,可消除本将发生的日食。这四种变化,都是由"德教"产生的。这样的解释当然不符合自然,但却合乎经学的逻辑。

不仅如此,一行还找到了现实中的证据:

> 开元十二年七月戊午朔,于历当蚀半强,自交趾至于朔方,候之不蚀。十三年十二月庚戌朔,于历当蚀太半,时东封泰山,还次梁、宋间,皇帝彻膳,不举乐,不盖,素服,日亦不蚀。时群臣与八荒君长之来助祭者,降物以需,不可胜数,皆奉寿称庆,肃然神服。虽算术乖舛,不宜如此,然后知德之动天,不俟终日矣。若因开元二蚀,曲变交限而从之,则差者益多。

开元十二、十三年连续发生了两次推算当食而不食。一行都归因于唐玄宗圣德动天,导致天体没有按照常数运动,而出现了"变"。根据现代天文推算,这两次日食在中国境内都几乎观测不到①,当食不食是由于很小的计算误差。一行称"若因开元二蚀,曲变交限而从之,则差者益多",在当时的条件下是不无道理的。既不宜更改历数,当然只能归因于政教了。一行在《略例》中说:

---

① 据刘次沅、马莉萍《中国历史日食典》,开元十二年日食发生在724年7月25日,中心点北纬66°,西经142°,西安不可见,北京只能在清晨见不及一分的微食;开元十三年日食发生在726年1月8日,中心点北纬18°,东经36°,于西安而言,发生在日落后,中国也观测不到。见第80、301页。

> 使日蚀皆不可以常数求,则无以稽历数之疏密。若皆可以常数求,则无以知政教之休咎。

在他看来,"常"与"变"同时存在于天道之中。"历数"和"政教"结合起来,正好可以解释这对矛盾。

一行这样说的目的,是不是为了给唐玄宗歌功颂德呢?清初历算家王锡阐就是这么认为的,他说:"开元甲子当食不食,一行乃为谀词以自解。"①归因于圣德动天,一方面掩饰历数粗疏,一方面取媚于天子。作为后人,很容易这样理解一行。但如前所述,一行在历法修订工作上未有任何懈怠,《大衍历》的精度也超过了刘焯、张胄玄。他重新认识天道,承认"常"与"变"共同存在,不是因为技术倒退,而是反思和超越张、刘的结果。一行说:

> 黄初已来,治历者始课日蚀疏密,及张子信而益详。刘焯、张胄玄之徒自负其术,谓日月皆可以密率求,是专于历纪者也。

由于张子信的突破,张胄玄、刘焯自信可以精确预测日食。摆在一行面前的事实则是张、刘的推步也不能够做到精确。在尽可能地提高精确度之后,一行批评前人的自负,再度承认了天的变数。王锡阐经历明末西方天文学的传入,身处新一轮天文学发展高潮之中,境况与刘焯相似,反观一行,自然多有不满。但就当时的条件而言,一行不过是尽最大努力给出最合理的解释而已。后世学者用自己所处时代的知识水平和真理标准衡量古人,恐怕难以得其本心。

那么,如何理解一行引入"政教"因素的动机呢?这需要从了解古代历法的性质和功能出发。中国古代的历法本来就是为政教服务、与政教相通。江晓原指出,古代所谓"观象授时""敬授人时",本义是指依据历法安排重大政治事务的日程②。《礼记·月令》之说以及后代国家祭祀、朝会仪式所用时令等,前人也多有讨论,此处不再赘述,仅

---

① 王锡阐《晓庵新法》自序,《丛书集成初编》本,商务印书馆,1936年,第1页。
② 参见江晓原《天学真原》,辽宁教育出版社,1991年,第145—151页。我同意作者的这一观点,但江氏又认为历法的主要用途是服务于星占,对此,愚意有所保留。

举一例说明其意。《续汉书·律历志中》载蔡邕引东汉章帝元和二年（85）二月甲寅制书曰：

> 史官用《太初》邓平术……先立春一日，则《四分》数之立春也，而以折狱断大刑，于气已迕，用望平和，盖亦远矣。

意思是，原本所用的《太初历》立春前一天，根据《四分历》已经立春。汉人以冬季决狱行刑，如果在《太初历》的立春前一天行刑，则实际已经到了春季，违迕时气。因此而废《太初历》改行《四分历》，目的就是使政治活动符合天道运行的节律。可见古代历法的意义就依附于这种天人合一的政教观。在这一背景下，理解一行的历法思想就比较容易了。

一行批评刘焯、张胄玄之徒"专于历纪"，说明他心目中还有与历数相互配合的"政教"。这一政教思想，正与儒家的灾异论相合。对此，一行在《大衍历议·五星议》中表达得更为明确：

> 夫五事感于中，而五行之祥应于下，五纬之变彰于上，若声发而响和，形动而影随。故王者失典刑之正，则星辰为之乱行，汨彝伦之叙，则天事为之无象。当其乱行无象，又可以历纪齐乎！

五事、五行、五纬感应之说见于《汉书·五行志》《天文志》，正是儒家灾异论的内容。他又说：

> 故五星留逆伏见之效，表里盈缩之行，皆系之于时，而象之于政。政小失则小变，事微而象微，事章而象章。已示吉凶之象，则又变行，袭其常度。不然，则皇天何以阴骘下民、警悟人主哉！

由此看来，一行认为天用天文灾异吉凶之象"阴骘下民""警悟人主"，相比《五经正义》中的"神道设教"之说，反而更相信天人感应。毫无疑问，一行肯定更懂"科学"，但他的"科学"和天人感应信仰之间并非截然对立。正因为一行是天文历算专家，是历法的制定者，所以对天体运行中的规律和不规律有更深切的了解。他和孔疏对"历之常"的理解也因而有所不同。一行所说的"常"是数学上可以定量推算的，孔疏所理解的"常"则只是大致的特性。孔疏认为历数之常即说明了天道之常，一行则认为历数之常只能代表天道中"常"的一面，除此之外还有"变"的一面。

这里又出现一个有意思的问题：一行读过孔疏关于神道设教的官方经学论述吗？《旧唐书·一行传》称其"少聪敏，博览经史"，晚年入京，玄宗"数就之，访以安国抚人之道，言皆切直，无有所隐"。可见他虽出家为僧，论学行则不失为儒者。唐初所修《五经正义》中关于日食灾异的论述，他即使没有系统阅读，也应有所了解。那么，他撰写《历议》陈说政教休咎，是不是神道设教呢？从上面的分析来看，似乎不全是。一行采用天人感应之说，一定深受儒家灾异论的影响，但他又不接受经学灾异思想的最新官方解释。这正如孔疏的日食灾异说受天文历算学发展的影响，却仍对天道运行未达一间一样。天文历算学与经学彼此的相互作用也是古代学术史中饶有趣味的现象。

无论如何，唐代经学和历法有一点是相通的，即都主张天人感应、灾异天谴之说。经学以神道设教为目的，在意识形态领域坚持灾异论。在这样的政治文化环境中，历法制定者通过研究天体运行，发现天道中存在历数之常无法解释的变数，便自然地引入政教观念，用儒家灾异论解释天道中的"变"。"天行有常"与"休咎之变"相互配合，正好完整地解释了天道变、常并存的矛盾。因此，在历法的层面，灾异论与日食推步得以共生不悖。

根据小岛毅的研究，到了宋代，学者也没有因日食是周期性规律现象，而得出日食与政治无关的结论[1]。这种情形在意识形态领域一直维持至清代。在此期间，天行有常与休咎之变的矛盾，不仅表现在经学和历法这些"纸面上"的场合，而且在古代礼仪、制度和有关政治活动中引起了新的实际问题。这是下面要讨论的内容。

---

[1] 参见小岛毅《宋代天谴论的政治理念》，沟口雄三、小岛毅主编《中国的思维世界》，江苏人民出版社，2006年，第301—305页。

## 三、关于日食祥瑞的争论

自从日食可以推步,便出现了预报日食而观测不食或食分小于预测的情况,有时日食还会由于天气因素观测不到,古人通常称之为"当食不食"或"阴云不见"。儒家灾异论认为,人君修德则灾消福至。那么,"当食不食"或"阴云不见"是否可以看作圣德动天,消灾致福,因而属于祥瑞呢?古人对如何理解这些情况有不小的争议,并且在政治制度和政治活动中表现出来。这是唐宋以后日食推步给灾异政治文化带来的新动向。

### (一) 日食祥瑞说及相关制度的形成

当食不食、阴云不见情况的出现,是以日食预报为前提的。古代官方的日食预报始于东汉末年,但直到唐代以前,几乎没有这两种情况的记载[①]。当食不食和阴云不见的意义发生变化,始于唐玄宗时期。

上文已经提到,一行将开元十二、十三年两次推算当食而不食归

---

[①] 上文引袁宏《后汉纪》记载献帝初平四年正月朔日事,是史书中关于官方日食预报的最早记载。由于当时推步尚疏,预报失准,结果过时而不食,"朝臣皆贺"。不过,献帝密令尚书占候,发现日食终于还是发生了。有过这次预报不准的先例,此后凡有当食不食的情况,古人通常首先怀疑历术推步有误。如汉献帝建安十七年,太史上言正旦当日蚀,众臣考虑预废朝会,刘劭反对,理由之一就是有可能"推术谬误"(见《三国志》卷二一《魏书·刘劭传》)。曹魏高贵乡公正元二年三月朔,"太史奏日蚀而不蚀",大将军司马昭大推史官之过,也认为是历术推步之失(见《宋书》卷一四《礼志一》)。因此,当食不食而群臣称贺在汉末到魏晋南北朝时期并没有形成惯例。北周大象元年(579)"夏四月壬戌朔,有司奏言日蚀,不视事,过时不食,乃临轩",未见有何庆祝活动(见《周书》卷七《宣帝纪》)。隋大业四年(608),太史奏曰日食无效,隋炀帝想到的也是召唤历算家刘焯,更改历法(见《隋书》卷一八《律历志下》)。可见在当时,当食不食是历法准确性的问题,而与皇帝的德无关。西汉时偶有关于阴云不见日食的讨论,但只是将之视为日食的一种特殊情况。《汉书》卷二七《五行志下之下》载京房《易传》曰:"同姓上侵,兹谓诬君,厥食四方有云,中央无云,其日大寒。……冢宰专政,兹谓因,厥食先大风,食时日居中,四方亡云。"同书同卷载成帝时谷永又引申其义曰:"独使京师知之,四国不见者,若曰,湛湎于酒,君臣不别,祸在内也。……所以使四方皆见,京师阴蔽者,若曰,人君好治宫室,大营坟墓,赋敛兹重,而百姓屈竭,祸在外也。"可见,在汉人看来日食阴云不见仍是灾异,产生于失政,预示着祸患。此后日食,多有"史官不见"而郡国上报者,也作为灾异记载下来。还有很多日食,今天可以逆推而知,却不见于当时记载。虽然汉末以后日食预报已经开始,实测未见的日食却不被载入史册,说明在当时看来这些未发生的"日食"并不具有特殊的意义。

因于唐玄宗圣德动天,不过他还不是始作俑者。《资治通鉴》卷二一一开元二年条载:

> 二月庚寅朔,太史奏太阳应亏不亏。姚崇表贺,请书之史册。从之。

开元年间,太史按照《麟德历》预报日食屡次失准,导致开元九年诏一行改作新历,当食不食或预报失准仍是历法问题。然而,姚崇表贺并请书之史册的举动赋予它新的含义。《唐会要》载:"仪制令:诸祥瑞若麟凤龟龙之类依图书大瑞者,即随表奏。……告庙颁下后,百官表贺。"①《唐六典》载郎中、员外郎之职亦云:"若大瑞随即表奏,文武百僚诣阙奉贺。"②可知唐代有群臣表贺祥瑞之制。姚崇表贺"太阳应亏不亏",无疑是将之视为祥瑞。又,《唐六典》载史馆所掌曰:"凡天地日月之祥、山川封域之分、昭穆继代之序、礼乐师旅之事、诛赏废兴之政,皆本于起居注以为实录。"③"太阳应亏不亏",从观测的角度而言等于不食。未曾发生的日食本无可记载,而姚崇请书之史册,当是根据史馆掌"天地日月之祥"这一条,将之视为祥瑞了。

将日当食而不食视为祥瑞本无先例,据当时的政治情势推测,姚崇此举或许有特定的政治目的④。然而,这一出于特殊考虑的个人行为,此后逐渐形成朝廷惯例。开元十三年十二月当食不食,一行称"时群臣与八荒君长","皆奉寿称庆,肃然神服"⑤。此时,因日当食不食称贺已是大臣的群体行为。这一次仅见于《历议》,而未入国史。《旧

---

① 《唐会要》卷二八《祥瑞上》,中华书局,1955年,第531页。
② 《唐六典》卷四《礼部》,中华书局,1992年,第115页。
③ 《唐六典》卷九《史馆》,第281页。
④ 按唐玄宗以诛韦后、安乐公主之功方得立为太子,即位之后帝位并不巩固,直到开元元年七月诛夷太平公主,皇位才开始安定(参陈寅恪《唐代政治史述论稿》中篇《政治革命及党派分野》,生活·读书·新知三联书店,2001年,第252—253页)。次年二月,得到圣德动天的祥瑞,对巩固玄宗的帝位当然有利。《资治通鉴》同年八月乙酉条又载:"太子宾客薛谦光献此后所制《豫州鼎铭》,其末云'上玄降鉴,方建隆基',以为上受命之符。姚崇表贺,且请宣示史官颁告。"这与表贺当食不食一样,都是借祥瑞巩固皇位之举。玄宗对于这样的"利好",自是欣然从之。
⑤ 《新唐书》卷二七《历志三下》引《大衍历议》。

唐书·天文志》载唐代宗广德二年(764)"五月丁酉朔日当蚀不蚀,群臣贺",则当本于唐代国史。《唐会要》卷四二"日蚀"条记载了唐德宗贞元年间三次当食不食或阴云不见,均有百官表贺之事,已成惯例。此外,《唐会要》还有一次贞元八年日食不及分的记载,司天监认为食分小于预测是人君圣明所致,请求向大臣宣示并写入国史。德宗欣然同意。君臣将食不及分也当成了稍次于当食不食的祥瑞①。

唐后期至五代,当食不食和阴云不见的记载屡见于史籍。《册府元龟·帝王部·符瑞第四》载:

〔唐文宗〕太和三年十一月丁丑朔,己卯,司天台上言太阳当蚀不蚀,宰臣率百官表贺。②

《唐会要》载:

〔文宗开成〕二年十二月庚寅朔。司天奏是日太阳亏,至时,阴雪不见。③

《五代会要》载:

〔后唐明宗天成〕三年二月丁丑朔。其日阴云不见,百官称贺。

〔明宗〕长兴元年六月癸巳朔。其日阴冥不见,至夕大雨。

〔晋高祖天福〕三年正月戊申朔。司天先奏其日日蚀,至日不蚀,内外称贺。

〔天福〕七年四月甲寅朔。是日百官守司,太阳不食,上表称贺。④

以上各条大多记载君臣称贺,不书者也很可能是史笔省文。唐中叶以后,群臣贺太阳不亏的表状多有存世。《文苑英华》卷五六二《贺祥瑞

---

① 以上贞元年间日食事,均见《唐会要》卷四二,第760页。《旧唐书·天文志》亦载其事,而文稍略。
② 《册府元龟》卷二五,中华书局,1960年,第270页。
③ 《唐会要》卷四二"日蚀"条,第761页。
④ 以上四条均见《五代会要》卷一〇"日蚀"条,上海古籍出版社,1978年,第173页。

二》记载了三篇贺太阳应亏不亏的表文,前两篇为唐代宗大历十三年独孤及、常衮所上,后一篇年代不详,也是常衮所作①。此外,还有韩愈长庆三年《贺太阳不亏状》②和前蜀杜光庭的《贺太阳合亏不亏表》③。这些表文都是称颂皇帝德以感天,表达不胜欢欣雀跃之情。

唐代开始,由于日食推步的运用,日食从灾异之大者转而具备了变为祥瑞的可能性。从《册府元龟》和《文苑英华》的分类来看,唐宋之际,古人确实将当食不食、阴云不见的现象归入祥瑞。《唐六典》将祥瑞分为大瑞、上瑞、中瑞、下瑞四等,大瑞随时表奏,其余则年终以闻,百官表贺④。上文提及的贺日食表都作于当月或当日,可知日食祥瑞地位很高,等同于大瑞。它所象征的君主之德,不仅由百官表贺加以确认,而且记入史册,传之后世。通过日食祥瑞,皇帝减少遭受"天谴"的危险,增加获得"天眷"的机会,成为最大的受益者。

从历法角度看,当食不食和食不及分都是推步失准所致。日食祥瑞说将之归因于帝王圣德,无疑减轻了天文历算官员的责任。从僧一行到徐承嗣,都主动申说日食祥瑞,与唐代天文推步技术的迅速发展形成鲜明对比。日食祥瑞说附会人君"圣德",容易流于阿谀取媚。唐、五代士大夫不仅未曾反对,而且竞相表贺,献媚求宠。这种情况,到宋代才有所改变。

(二)宋代日食祥瑞的反对意见

司马光在《资治通鉴》卷二一一开元二年八月乙酉条下,评论唐玄宗、姚崇称说祥瑞之事,曰:

> 日食不验,太史之过也,而君臣相贺,是诬天也。采偶然之文以为符命,小臣之谄也,而宰相因而实之,是侮其君也。上诬于天,下侮其君,以明皇之明,姚崇之贤,犹不免于是,岂不惜哉!

---

① 见《文苑英华》卷五六二,中华书局,1966 年,第 2876 页。
② 马其昶《韩昌黎文集校注》卷八,上海古籍出版社,1987 年,第 634—635 页。
③ 杜光庭《广成集》卷二,第 9—10 页,《文渊阁四库全书》本,台湾商务印书馆,1986 年。
④ 见《唐六典》卷四《礼部》,第 114—115 页。

司马光不会不解姚崇用意,但仍对明君贤相的"诬天"之举深表惋惜。在他看来,当食不食是历官推步之失,跟皇帝的德无关。欧阳修对这一事件的书法也颇可玩味。《新唐书·玄宗纪》开元二年条载:

  二月壬辰,避正殿,减膳,彻乐。

此条《旧唐书》无,是欧史之笔。单看史文,绝不知"避正殿,减膳,彻乐"所为何事,但作者深意也正在于此。欧阳修没有写当食不食以及姚崇表贺之事,而记载日食发生之前玄宗的修省救日举动。如此,不仅暗示当时预测将有日食,而且表明修省救日的合理性以及当食不食说不足为法,包含着反对日食祥瑞说、要求人君修德自省的微言大义①。

  宋初继承了唐末五代制度的遗产。据《续资治通鉴长编》载,宋太祖乾德三年(965)二月壬寅朔司天监奏日食而"验天不食"②。这一次虽书于史,而未见大臣称贺。太宗淳化五年(994)又发生日食不见的事件:

  十二月一日,司天监言:"日当日食,云阴不见,占与不食同。"宰臣上表称贺,诏付史馆。③

据李焘称,宋代"贺日不食盖始此"④。此后从真宗朝到仁宗至和元年(1054)间共有10次日食祥瑞,君臣表贺也屡见于史载,大约已经形成制度⑤。但到嘉祐六年(1061),这一制度却遭受质疑。《续资治通鉴

---

① 赵贞比对新、旧《唐书·天文志》的日食记录,发现《新志》完全删去了"合蚀不蚀""阴云不见"等材料,见氏著《两唐书〈天文志〉日食记录初探》,《史学史研究》2010年第1期,第95页。《新唐书·天文志》虽非欧阳修亲笔,但这一删削可能同样体现了反对日食祥瑞说的主张。
② 《续资治通鉴长编》卷六,乾德三年二月壬寅条,中华书局,2004年,第148页。
③ 《宋会辑稿·瑞异》二之一。
④ 《续资治通鉴长编》卷三六,淳化五年十二月戊寅条,第802页。
⑤ 这十次日食祥瑞,据《文献通考·象纬考六》载,有真宗景德三年五月壬寅朔、四年十月甲午朔、大中祥符二年三月丙辰朔、七年十二月癸丑朔、天禧五年七月甲戌朔,仁宗天圣二年五月丁亥朔、景祐三年四月己酉朔、庆历四年十一月戊申朔、五年四月丁亥朔,凡九次,据《续资治通鉴长编》又有至和元年六月朔一次。其中一次食不及分,还援引唐德宗贞元八年故事,以为祥瑞,百官表贺,书于史册。《续资治通鉴长编》:"天禧五年七月一日,司天监言:'按《仪天历》,日当食之。既帝避正殿,命中使诣宫观、寺院及坊市道场祈祷,其日测验,及四分止。按唐贞元八年十一月朔,历算官徐承嗣言食八分,测之及三分,宣示朝堂,编在史册。此盖圣德广大,阳盛阴潜之庆。'翌日宰臣率百官诣阁门拜表称贺,请付史馆。"

长编》载：

> 六月壬子朔，日有食之。初，司天言当食六分之半，是日未初从西食四分，而云阴雷电，顷之雨。浑仪所言不为灾。权御史中丞王畴言："顷岁日食于正阳之月，陛下避殿彻食，奉天抑己。方其食时，实亦阴晦，然于云气之间，尚有见者，固不得同不食。当时有司乃称食不及分，而宰臣集班表贺，甚失陛下祗畏奉天之意。今日食之初，殊为晴彻，既为阴云所掩，方遂不见，亦不得与日不食同也。虽陛下至诚修德，答变感天，必不欲徽异为祥，然恐有司或援近例乞班贺者，臣故得以先事而言也。"同判尚书礼部司马光言："近世以来，每有日食之变，历官皆先奏月日时刻及所食之分数，至或为阴云所蔽，或食不满分，公卿百官奉表称贺。臣以为日之所照，周遍华夷，云之所蔽，至为近狭，虽京师不见，四方必有见者。此乃天戒至深，不可不察。汉成帝永始元年九月日食，四方不见京师见，谷永以为百姓屈遏，祸在外也。臣愚以为，永之所言，似未协天意。夫四方不见京师见者，祸尚浅也，四方见京师不见者，祸变深也。日者，人君之象。天意若曰，人君为阴邪所蔽，灾厄甚明，天下皆知其忧危，而朝廷独不知也。由是言之，君人者尤宜侧身戒惧，忧念社稷，而群臣欲相率称贺，岂得不谓之上下相蒙，诬罔天谴哉！又所食不满分者，乃历官术数之不精，当治其罪，亦非所以为贺也。臣职在礼部，掌群臣庆贺表章，不敢不言。"于是诏百官毋得称贺。①

这次日食发生时，忽降雷雨，太阳仅食四分即为云层掩盖不见。负责观测天象的浑仪所认为，食分不及预测的六分半，故不算灾异，反是祥瑞②。按照惯例，群臣将上表称贺。然而，王畴和司马光分别提出了反对意见。王畴认为日食发生之初，看得非常清楚，后为云所掩而不见，并不能说日食没有发生。他说，皇帝至诚，一定不愿掩耳盗铃，明明是

---

① 《续资治通鉴长编》卷一九三，嘉祐六年六月壬子条，第 4672 页。
② 《宋会要辑稿·瑞异》二之二，载嘉祐六年六月日食，"浑仪所言云掩日食不见，不为灾"；《文献通考·象纬考六》云"食四分，入云不见"，第 2250 页下。

灾异而称之为祥瑞,自己唯恐臣下援引近来的事例,请求表贺,因此提前上奏。言下之意是请仁宗阻止群臣表贺。司马光也批评表贺日食祥瑞之风,认为虽然京师阴云笼罩而不见日食,但四方必有见者。这象征人君为阴邪所蒙蔽,天下皆知其危险而唯独自己不知,比一般的日食为祸尤深。由于二人的劝诫,仁宗下诏令百官不得称贺,改变唐代以来惯例。士大夫成功地迫使皇帝放弃了日食祥瑞说带来的权益。

宋代士大夫的地位大幅度提高,产生"以天下为己任"的政治主体意识,士风与唐末五代不可同日而语。宋代君主也深受儒学教育影响,思想上进一步与士大夫同化。在此基础上,形成了天子与士大夫"共治天下"的政治文化①。仁宗朝是"共治天下"最为典型的时期,日食祥瑞之说此时受到挑战,正在情理之中。

值得注意的是,司马光和王畴的意见都以天人感应说为基础,通过强调日食的灾异性质来反对日食祥瑞说。王畴所谓"祇畏奉天""答变感天",司马光直接称说"天意若曰",与汉儒之说灾异如出一辙。在今天看来,"当食不食"是一个伪命题,不过是日食可以预报而又预报失准的结果;同样,阴云不见并不表示日食没有发生,只是局部地区由于云层遮挡而观测不到罢了。因此,反驳日食祥瑞说的最佳理由,是将当食不食归因于历术不精,将阴云不见解释为局地现象。司马光和王畴之说,可谓舍近求远。

当时人并非没有意识到这一点。司马光说"虽京师不见,四方必有见者",已近于近代科学的解释,又说"所食不满分者,乃历官术数之不精",也指出食分不及预测是历官推步疏误。他相信日食可推步而知,但仍坚持日食灾异说并据此陈说天意。这样看似矛盾的做法,只能用"神道设教"来解释。司马光大概已经认识到,灾异论和祥瑞说建立在共同的理论基础上,一味强调"天行有常",用自然规律来解释,无疑会削弱"休咎之变"的影响力,在打击祥瑞说的同时也摧毁灾异论。

---

① 关于宋代士大夫地位和"共治天下"的讨论,参考余英时《朱熹的历史世界:宋代士大夫政治文化的研究》上篇第二、三章,生活·读书·新知三联书店,2004年,第199—230页;邓小南《祖宗之法:北宋前期政治述略》第五章第三节,生活·读书·新知三联书店,2006年,第398—421页。

投鼠忌器,在坚持神道设教的前提下,对日食祥瑞说的反对意见终究难以彻底和有效。

(三) 宋至清代的日食祥瑞

对日食祥瑞说的反对意见难以彻底,仁宗朝的改变也没有维持下去。神宗即位不久,便有表贺日食祥瑞事①。《宋史全文》卷一一:

〔熙宁二年〕秋七月乙丑朔,司天监言日食辰巳间,有阴雾遮蔽,所食不及元奏分数。宰臣富弼等拜表贺。②

《续资治通鉴长编》又载:

〔熙宁六年〕夏四月甲戌朔,上不御殿,百司守局,云阴日不见。……翌日,宰臣王安石等贺曰:"陛下祗畏修省,夙宵靡宁,方日食时,阴晦不见,此陛下圣德所感。"③

熙宁二年、六年两次日食阴云不见,先后担任宰相的富弼、王安石带头称贺,恢复了仁宗废止的旧制。据《文献通考·象纬考六》,神宗一朝共有9次日食记载,其中阴云不见、当食不食或食不及分者竟有7次,占了绝大多数,比率较真宗、仁宗朝的约30%大幅度提高,也是宋代历朝的顶点(参见表4.1)。这种变化很难用历法、天气等因素解释,它与表贺日食祥瑞的恢复一样,有其政治原因。

表 4.1 宋代历朝日食祥瑞表

| | 当蚀不蚀 | 阴云/云阴/阴雨/夜食不见 | 食不及分 | 日食祥瑞合计 | 日食记载总数 | 日食祥瑞占记载总数的百分比 |
|---|---|---|---|---|---|---|
| 太祖 | 1 | 0 | 0 | 1 | 10 | 10% |
| 太宗 | 0 | 1 | 0 | 1 | 10 | 10% |

---

① 英宗在位时间较短,未见日食祥瑞的记录。
② 《宋史全文》卷一一,第19叶b,《文渊阁四库全书》本,台湾商务印书馆,1986年。《续资治通鉴长编拾补》卷五熙宁二年七月乙丑条(中华书局,2004年,第207页)据毕沅《续资治通鉴》所补略同,唯云"群臣表贺",不言富弼,今据《宋史全文》。
③ 《续资治通鉴长编》卷二四四,第5930页。

（续表）

| | 当蚀不蚀 | 阴云/云阴/阴雨/夜食不见 | 食不及分 | 日食祥瑞合计 | 日食记载总数 | 日食祥瑞占记载总数的百分比 |
|---|---|---|---|---|---|---|
| 真宗 | 1 | 3 | 1 | 5 | 16 | 31% |
| 仁宗 | 3 | 2 | 1 | 6 | 21 | 29% |
| 英宗 | — | — | — | — | — | — |
| 神宗 | 2 | 3 | 2 | 7 | 9 | 78% |
| 哲宗 | 1 | 3 | 0 | 4 | 6 | 67% |
| 徽宗 | 0 | 2 | 0 | 2 | 9 | 22% |
| 钦宗 | — | — | — | — | — | — |
| 高宗 | 1 | 6 | 0 | 7 | 14 | 50% |
| 孝宗 | 0 | 4 | 0 | 4 | 10 | 40% |
| 光宗 | — | — | — | — | — | — |
| 宁宗 | 5 | 2 | 0 | 7 | 14 | 50% |
| 理宗 | 1 | 1 | 0 | 2 | 14 | 14% |
| 度宗 | 0 | 0 | 0 | 0 | 6 | 0% |
| 恭帝 | 0 | 0 | 0 | 0 | 1 | 0% |

资料来源：宁宗以前据《文献通考·象纬考六》，理宗以后据《宋史·天文志五》，仁宗朝据《续资治通鉴长编》增至和元年三月"食不及分"1次。

神宗朝的政局相比仁宗时期发生了重大变化。神宗锐意革新，任用王安石进行变法。新法遭到元老重臣的激烈反对，王安石则绕开旧臣，另组人马推行新法。改革派和保守派共处朝堂，激化了士大夫群体内部的矛盾，形成尖锐的党争。两派都力图获得神宗支持，击倒对方，制约君权的需要也因此让位于党派斗争。神宗主张改革，而保守派借天变抨击新法。变法派为冲破阻力，一面主张不要被灾异束缚手脚，一面鼓吹祥瑞，通过颂扬帝王之德，维护变法。神宗朝日食祥瑞激增，与新党的这一策略不无关系。哲宗朝，新旧两党斗争仍然十分激烈，日食祥瑞的比例也很高。在激烈的政治斗争中，两派大臣谁都不愿意冒违忤皇帝的风险否定日食祥瑞。

神宗元丰以后,日食祥瑞很多,但都未有群臣表贺的记载。至徽宗政和三年(1113)三月一日,太史局奏日当食不食,"五日,太师鲁国公蔡京率文武百官拜表称贺"①。此时,表贺日食已成权奸献媚的伎俩。

南宋高宗绍兴年间,表贺日食祥瑞遂成常制,更与秦桧有直接关系。《宋会要》载:

> 绍兴十三年十二月一日,太阳交食,皇帝不视事,减常膳,百司守职,过时乃罢。是日,阴云不见。……宰臣率百僚拜表称贺。②

此宰臣正是秦桧。当时"绍兴和议"签订,南宋刚刚以称臣的代价,换来暂时安定,秦桧与高宗便一唱一和,演绎起日食祥瑞的闹剧。《宋会要辑稿·仪制》称:

> [绍兴十三年]十二月二日,以是月朔太阳交食阴云不见,宰臣率百僚拜表称贺。自后日食阴云不见皆拜表贺,至二十八年诏毋得称贺。③

《建炎以来系年要录》所言更为明白:

> [绍兴十三年]十有二月癸未朔,日有食之,诏避殿减膳。是日,阴雨不见。太师秦桧率百官上表称贺。自是如之,逮桧薨乃止。④

这两条史料足以说明秦桧是表贺日食祥瑞的发起人和主事者。《文献通考》载,"绍兴十八年四月戊子朔、十九年三月癸未朔、二十四年五月癸丑朔、二十五年五月丁未朔,日皆当食,露云不见"⑤。连续四次日

---

① 《宋会要辑稿·瑞异》二之四。
② 《宋会要辑稿·瑞异》二之五。
③ 《宋会要辑稿·仪制》七之六,原误系在绍兴十二年。
④ 《建炎以来系年要录》卷一五〇,第15叶a,《文渊阁四库全书》本,台湾商务印书馆,1986年。
⑤ 《文献通考·象纬考六》,中华书局,1986年,第2251页中。

食都碰上阴天,与其信为巧合,不如说是秦桧"一手遮天"的结果。绍兴二十五年十月秦桧卒后,宋高宗号称要实施"更化"之政,对秦桧的政治遗产有所取舍,其中就包括停止表贺日食祥瑞。《中兴礼书》载:

> 〔绍兴〕二十八年三月一日,太阳交食,百司守职,不视朝,是日阴云不见。翼日,宰臣奏欲集班表贺。上曰:"日月薄食,皆上穹垂象,朕德薄不足以格天,云阴蔽日,盖偶然耳。当寅天戒,其令百官毋得称贺。"自后太阳交食阴云不见,并仍此制。①

高宗主动要求百官不再称贺,除了表示谦虚,主要目的还是与秦桧时代划清界限。此后,日食阴云不见延续了不称贺的制度,却"犹宣付史馆",通过国史宣示其祥瑞的意义。孝宗、宁宗两朝,日食祥瑞仍维持了较高的比例,但根据日食典的逆推,并考虑到江南的气候,还在正常范围,应该不是伪造②。理宗以后,日食祥瑞比例大幅度下降,从嘉熙元年(1237)到宋亡的近四十年间,竟无一见。究其原因,应是元代修《宋史》的曲笔,意图削其"祥瑞",以见南宋覆亡之迹③。

辽、金两代关于日食祥瑞的记载比较模糊。《辽史·穆宗纪下》载应历十七年(967)十一月庚子,"司天台奏月当食不亏,上以为祥,欢饮达旦"。这是以月当食不食为祥瑞,至于日食则未见记载。金代不见日食祥瑞之事,《金史·天文志》载世宗大定九年(1169)八月甲申朔,"有司奏日当食,以雨不见,为近奉安太社,乃伐鼓于社,用币于应天门内"。因为这次情况特殊,虽日食因雨不见,仍视为灾异,施行救护之礼。由此推测,其他日食当食不食或不见的情况,即使不为灾,也不会

---

① 徐松辑《中兴礼书》卷一一八《吉礼》,《续修四库全书》第822册,上海古籍出版社,2002年,第448页上。

② 据刘次沅、马莉萍《中国历史日食典》,宋宁宗庆元六年(1200)六月日食发生在凌晨日出前,开禧二年(1206)二月日食在日落后,嘉泰三年(1203)四月、嘉定四年(1211)十一月、十一年(1218)七月日食在杭州均不可见,见第86页。

③ 据刘次沅、马莉萍《中国历史日食典》,《宋史·天文志》记载的淳祐十二年(1252)二月乙卯朔、宝祐元年(1253)二月己酉朔、景定二年(1261)三月壬戌朔、咸淳三年(1267)五月丁亥朔、六年(1270)三月庚子朔日食,在杭州观测均为夜食或不食,见第87页。《宋史》的上述日食记录,若非本于后世逆推,则必是删改了宋代旧史档案所记,故意制造出灾异迭起、南宋将亡的征象。

被视为祥瑞。

元代绝无日食祥瑞之说。《元史·齐履谦传》载：

> 〔大德〕三年八月朔,时加巳,依历,日蚀二分有奇,至其时,不蚀,众皆惧,履谦曰:"当蚀不蚀,在古有之,矧时近午,阳盛阴微,宜当蚀不蚀。"遂考唐开元以来当蚀不蚀者凡十事以闻。①

齐履谦时任保章正,负责天文祥异。日当食不食而历官"皆惧",说明当时将之视为历法推算失误所致,可能会追究历官的责任。日食祥瑞在当时已经知者不多,所以齐履谦才有必要考唐开元以来当食不食事以闻。

日食祥瑞传统在元代中断,至明初仍未恢复。明洪武六年奏定,凡日月食"若遇雨雪云翳则免行礼"②,即不需行救护礼仪。由此可见,明初与元代一样,日月食阴云不见既非灾异,也不以为祥瑞。

明成祖即位,有朝臣提出以月食不见为祥瑞。《明太宗实录》卷一六载永乐元年(1403):

> 〔正月甲午〕夜月食,阴雨不见。乙未,礼部尚书李至刚奏月当蚀不蚀,请率百官贺。上曰:"王者能修德行政,任贤去邪,然后日月当蚀不蚀。适以阴雨不见耳,岂果不蚀耶!"不许。③

李至刚之为人,同僚解缙评曰"诞而附势,虽才不端"④,《明史》本传称其"善傅会","既得上心,务为佞谀","山东野蚕成茧,至刚请贺,陕西进瑞麦,至刚率百官贺"。他对贺祥瑞十分积极,以图谄媚人主。此次因月食不见请贺,也是"务为佞谀"的表现。然而,成祖并不昏聩,史称"帝皆不听"⑤。

---

① 《元史》卷一七二,第 4029 页。
② 《明太祖实录》卷七九,洪武六年二月丙戌条,《明实录》,"中研院"历史语言研究所校印,1962 年,第 1440—1441 页;又见《大明会典》卷一○三《礼部》"祥异"条,江苏广陵古籍刻印社,1989 年,第 1572 页下。
③ 《明太宗实录》卷一六,第 295 页。
④ 《明史》卷一四七《解缙传》。
⑤ 《明史》第一五一《李至刚传》。

此后不久,便有日食不见之事。《明太宗实录》卷五五:

> 永乐四年六月乙未朔,日有食之,时阴云不见。礼部尚书郑赐等言:"此圣德所感召,请明日率百官表贺。"上曰:"正朕恐惧修省之际,何可贺!"对曰:"宋盛时有行之者矣。"上曰:"于此一方,阴云不见,天下至大,他处见者多矣。且阴阳家言,日食而阴云不见者,水将为灾。以此言之,可贺乎!"乃止。①

即使大臣引用宋代故事,成祖仍拒绝表贺,将日食视为灾异。他引数术占验之说,固非儒家意,但称"他处见者多矣",与司马光所论正同,不失明智。明宣宗宣德五年(1430)八月己巳朔,日当食,阴雨不见,大臣又请表贺,不许。《实录》载宣宗因敕群臣曰:

> 古者人君所谨,莫大于天戒,日食又天戒之大者,惟能修德行政,用贤去邪,而后当食不食。……今以阴雨不见,得非朕昧于省过而然欤?况离明照四方,阴云所蔽有限,京师不见,四方必有见者,比之不食,天可欺欤!朕尚图修省,以仰答天意,尚赖尔群臣,匡其不逮。其止勿贺。②

敕书不但称"四方必有见者",以日食祥瑞之说为"欺天",而且提出阴雨不见,可能是天子不知省过所致。文中表达修省之意,语气较成祖更为谦虚敬慎。这样的敕书当然出于词臣之手,未必皇帝本意,但仍能反映宣宗对儒家意识形态的顺从。论者将宣宗时期比于周之成康、汉之文景,看来不是没有原因的。

元代不重日食灾异,也不见日食祥瑞之说。明代日食祥瑞说的提出,却反而激起灾异论的反弹。从明成祖到宣宗,不再把日当食不食或阴云不见等同于不食,而认为在这种情况下日食实际已经发生,仍属于灾异。这种情况在英宗以后有所改变。

《明英宗实录》载正统六年(1441)正月日当食不食,礼部尚书上

---

① 《明太宗实录》,第813页。文字原有讹误,据《礼部志稿》(《文渊阁四库全书》本,台湾商务印书馆,1986年)卷二圣谕"修省之训"条(第4页)改。

② 《明宣宗实录》卷六九,第1615页。

言请贺,英宗的回答是:"上天垂眷,君臣当益加敬慎,不可怠忽。庆贺礼免行。"①他虽婉拒庆贺,却欣然承认"上天垂眷",不再把日当食不食视作灾异。此后又更进一步。《明世宗实录》载:"嘉靖十九年三月癸巳朔日食……既而礼部以测候不食闻。上喜曰:'上天示眷,朕知仰承。'"②这次当食不食,皇帝已经喜形于色,以之为祥瑞了。明世宗刚愎自用,坚僻怙过,好听谀辞,日食则诿过于下③,不食则引为己瑞。嘉靖末年,权相严嵩看准了这一点,终于重演表贺日食祥瑞的闹剧。《明世宗实录》载:"嘉靖四十年二月辛卯朔日食,是日微阴,钦天监官言日食不见,即同不食。上悦以为天眷。已而礼部尚书吴山以救护礼毕报,忤旨。"④日食救护是礼典所定,吴山行礼救护不过是遵守礼典而已。世宗不便直接发作,于是斥责谏官,讽令弹劾吴山,既而又不满谏官所奏,亲自出马,斥吴山"不敬天意,卖直沽名",罚俸半年。此时,大学士严嵩称"日食云阴,即同不食,不当救护,人所共知"。世宗听后十分受用,说:"卿此言,敬天慎礼,正法之谓。"⑤严嵩遂请以当食不食行谢礼,三日后礼成而群臣表贺⑥。对吴山,世宗并未善罢甘休,不久便将他免官⑦。与之相映成趣的是,礼部右侍郎袁炜因主张不行救护而大得上意,在吴山罢后即晋为礼部尚书,不数日入阁辅政⑧。在嘉靖皇帝看来,守礼持正是不敬天意,以日食不见为祥瑞倒是敬天慎礼,完全以己意解释天意。严嵩也无视儒家灾异之说,只求迎合上意。这种对待天人关系的态度,古人称为"玩天",已经远离神道设教之意。

---

① 《明英宗实录》卷七五,第1453页。
② 《明世宗实录》卷二三五,第4803页。
③ 王圻《续文献通考》卷二一六《象纬考》"日食"条载:"〔嘉靖二十一年〕秋七月己酉朔,日有食之。上敕曰:'天心下眷,累及太阳,臣子欺君父,外阴欺内阳之象也。夏言以臣欺君,罪不下郭勋,姑念供事久劳,特宥死,去,用承天戒。台谏为朝廷耳目,而结合欺妄,命吏部考核以闻。'时劾去台谏七十三人,夺级外补有差。"现代出版社,1986年,第3244页上。
④ 《明世宗实录》卷四九三,第8183页。
⑤ 同上。
⑥ 见《明世宗实录》及王圻《续文献通考》卷二一七《象纬考》"日食"条,第3244页。
⑦ 见何乔远《名山藏》卷七五《臣林记·吴山》,福建人民出版社,2010年,第2244—2245页。
⑧ 参见《礼部志稿》卷五四《尚书袁炜》,第8—9页。

明代天文学发展迟滞,历法久不更改,日食预报失准尤多。随着明末西方天文学的传入,清代钦天监兼用中西历法,日食推算水平有较大的提高。清代帝王对科学技术的兴趣和了解程度,也远过前代。尤其是清圣祖玄烨,好学善思,富有科学精神,在天文历算学上颇具造诣。《清朝文献通考》载:

> 〔康熙〕四十三年十一月丁酉朔,日食,在心宿一度二十六分,食四分三十七秒。先期,钦天监预推午正三刻十一分初亏,未正一刻食甚,申初一刻七分复圆。至期,上以仪器测验,午正一刻十一分初亏,未初三刻一分食甚,申初一刻复圆,谕询钦天监。监臣以推算未协请罪,免之。①

钦天监作出日食预报后,玄烨亲自观测,得到的日食时刻与预报不合,竟以推算失准免去钦天监官员的职务。可见,他对于天变灾异说的虚实十分清楚。

然而在实际政治活动中,玄烨始终遵奉儒家灾异论,不仅不作"玩天"之态,而且善于利用天变,常以日食灾异督责臣工。清《圣祖仁皇帝圣训·敬天》和《清文献通考·象纬考》载此类上谕甚多,此不赘录。至于日食阴云不见,玄烨也强调其灾异的意义。康熙五十八年(1719)正月,谕大学士、九卿曰:

> 元旦日食,以阴云微雪未见,别省无云之处必有见者。况日值三始,人事不可不谨。政或有阙失,诸臣确议以闻。②

要求大臣讨论政事缺失上闻,绝无以为祥瑞之意。清帝以日食灾异督责臣工的传统长期保持,直到同治十一年(1872)仍有类似诏书③。大臣以日食祥瑞之说求宠者,多无功而返。雍正八年(1730)六月日食,山

---

① 《清朝文献通考》卷二六三《象纬考》,《十通》本,浙江古籍出版社,1988年,考第7218页上。
② 《清朝文献通考》卷二六三《象纬考》,《十通》本,浙江古籍出版社,1988年,考第7218页中。
③ 见刘锦藻等《清朝续文献通考》卷三〇一《象纬考八》,《十通》本,浙江古籍出版社,1988年,考第10478页。

西巡抚石麟以至期阴雨不见食称贺,江宁织造隋赫德以是日阴雨,过午晴明,日光无亏称贺,都受到"切责"。世宗胤禛还因此谕大学士等曰:

> 天象之灾祥,由于人事之得失。若上天嘉佑而示以休征,欲人之知所黾勉,永保令善于勿替也。若上天谴责而示以咎征,欲人之知所恐惧,痛加修省也。日食乃上天垂象示儆,所当敬畏,讵可以偶尔观瞻之不显,而遂夸张以称贺乎?山西偶值阴雨,不可以概天下。江南日光不亏,朕推求其故,盖日光外向,过午之后,已是渐次复圆之时,所亏止二三分,是以不显亏缺之象。昔年遇日食四五分之时,日光照曜,难以仰视。皇考亲率朕同诸兄弟,在乾清宫用千里镜测验,四周以纸遮蔽日光,然后看出。又岂可因此而怠忽天戒,稍存纵肆之心乎?庆贺之奏,甚属非理,大违朕心。宣谕中外知之。①

他不仅用儒家灾异修省之说驳斥称贺者,而且通过亲身观测经验说明观测失误的可能,痛斥"怠忽天戒"的大臣。

以上我们略述了日食祥瑞在唐宋至明清时代政治制度与活动中的表现。日食祥瑞说的前提是承认日食是历数之常,正常情况下可以预测。它始于唐代,与当时历算技术进步有密切关系。然而,这些现象被视为祥瑞又是历算技术不够发达造成的。理论上说,天文历算的发展动摇了天人感应论,但在实践中,却往往由于知识技术本身的局限和政治的各种实际需要而生成新的灾异说和祥瑞说。无论是日食祥瑞说在唐宋的盛行,还是在元明清的消歇,知识和技术都不起决定性的作用②。在历代日食是否祥瑞的争论中,焦点问题始终是天人感应。王畴、司马光以日食天戒要求人君修德自省,而明世宗、严嵩一唱

---

① 《清朝文献通考》卷二六三《象纬考》,考第7218页下。
② 明末天文学家邢云路认为宋代出现大量"当食不食"是由于步历不精,记载不实,并用历算推步纠正了相关记载。但他也同样承认"在天原有当食不食,日月失行之致也",可见当时的历算水平还难以完全排除"失行"的解释。见邢云路《古今律历考》卷二十五《历代日食》,《丛书集成初编》本,商务印书馆,1936年,第410—411页。

一和也是围绕"敬天慎礼"。颇具近代天文学知识的清圣祖、世宗,在关于日食的上谕中,反复强调的也仍是天变与人事休咎的关系。

无论是日食灾异论还是日食祥瑞说,都以"休咎之变"为理论基础,都是儒家意识形态的组成部分。一般来说,儒家重灾异而轻祥瑞。但从历史上的情况来看,同是当食不食、阴云不见,政治反响大不相同。宋仁宗朝臣敢谏、君善纳,故能诏止表贺;高宗朝臣善媚、君好谀,因而五番连贺。嘉靖帝退守礼而进佞幸,雍正帝则斥称贺而谨天戒。人臣是否坚持天人感应说以制约君权,人君是否接受这种制约甚或反过来用以戒饬大臣,简言之,君臣之间的权力关系决定了"神道设教"的意愿和贯彻能力,决定了意识形态的实际影响。

## 四、日食救护礼仪的变化

古代日食救护礼仪大致可以分为救禳和修省两个方面①。救禳是通过厌劾或祈禳的方式,救护太阳和消除日食的灾难性后果。这类礼仪起源于古代巫术。修省是人君通过暂停一般政治活动,降低服装和饮食规格,行凶丧礼节,表示自省悔过,以求平息神怒。具体而言,前者主要是伐鼓、用牲,后者则包括素服、避正殿、减膳、撤乐、不视事等。

理论上,古人一旦发现日食规律,就应该明白救禳和修省不能阻止日食发生,也无法缩短其持续时间,至于所要平息的天怒、消除的凶兆实际上并不存在。然而实际情况是,历代礼典大都包括日食救护礼仪,直到清代亦未废止。日食规律发现前后,日食救护的礼仪及其施行情况发生了哪些变化,它长期存在的原因是什么?这是下面要研究的问题。

(一)日食预报与救日礼仪的儒家化

历代救日礼仪的来源不外乎前代传统和经典记载,而后者尤为重要,不能不先作一简介。

---

① 这里所说的"礼仪",主要指官方性的,特别是皇帝和中央政府制定和实施的国家礼仪。民间和地方的救日礼仪,限于篇幅和本书主旨,此处暂不讨论。

《春秋》庄公二十五年(前669):

> 六月辛未朔,日有食之,鼓,用牲于社。

这是春秋时鲁国伐鼓并用牺牲祀社以救护日食的记载。日食而"鼓,用牲于社"还见于庄公三十年九月、文公十五年(前612)六月,可知鲁国在这一时期存在相关的礼制。此后,儒家学者对古史记载的制度作了阐发。《穀梁传》庄二十五年曰:

> 鼓,礼也。用牲,非礼也。天子救日,置五麾,陈五兵、五鼓,诸侯置三麾、陈三鼓、三兵。大夫击门,士击柝。言充其阳也。

伐鼓是厌胜,用牲则是祈禳取媚,两者对待神明的态度存在矛盾,故《穀梁传》将"用牲"解释为"非礼"。对于伐鼓,《穀梁传》补充说明了天子、诸侯、大夫、士的礼仪等差,其中天子"置五麾,陈五兵、五鼓"的说法,为后代国家礼制所遵用。《左传》则提供了救日礼仪的另一种说法。《左传》昭公十七年:

> 夏六月甲戌朔,日有食之。祝史请所用币。昭子曰:"日有食之,天子不举,伐鼓于社;诸侯用币于社,伐鼓于朝。礼也。"平子御之,曰:"止也。唯正月朔,慝未作,日有食之,于是乎有伐鼓用币,礼也。其余则否。"大史曰:"在此月也。日过分而未至,三辰有灾。于是乎百官降物,君不举,辟移时,乐奏鼓,祝用币,史用辞。故《夏书》曰'辰不集于房,瞽奏鼓,啬夫驰,庶人走',此月朔之谓也。当夏四月,是谓孟夏。"平子弗从。

根据鲁国大贵族叔孙昭子所说,救日礼仪在天子、诸侯之间亦有等差,其表现则在于是否祭社以及伐鼓的场合上,与《穀梁传》不同。在战国时人建构的理想制度《周礼》中,也包含伐鼓救日仪式。《周礼·地官·鼓人职》:"救日月,则诏王鼓。"郑玄注曰:"救日月食,王必亲击鼓者,声大异。"《周礼·夏官》又载,救日月时太仆之职为"赞王鼓"。可见作者主张伐鼓救日,并认为应该由王亲自动手。

汉代以后,受经学影响,人们多认为经典所载即周代制度。杜佑

《通典》即糅合经典之说，标目为"周制"①。后代制定礼典也多以儒家经典为蓝本。我们现在应该清楚，《穀梁传》《周礼》所载是古人的理想设计，《左传》引述叔孙昭子的说法当时没有被采用，与现实也是有差距的。从文献记载来看，春秋鲁国实行过"鼓，用牲于社"救日，但是否国家常制仍有疑问。据上引《左传》昭公十七年，祀社不是用牲而是用币，且只有在正阳之月即夏四月才用救日之礼。

《左传》中叔孙昭子所谓"百官降物，君不举，辟移时，乐奏鼓，祝用币，史用辞"之礼，是当时应对灾异的一般礼仪。《左传》成公五年，晋梁山崩，其国之重人曰："国主山川，故山崩川竭，君为之不举、降服、乘缦、彻乐、出次、祝币，史辞以礼焉。"礼仪与昭子所说基本相同。《左传》昭公十八年郑大火，火作之明日，子产"使郊人助祝史除于国北，禳火于玄冥回禄，祈于四鄘"。是年七月，子产又因灾之故"大为社，祓禳于四方"，传云"除火灾礼也"。这也是因灾而令祝史祈禳祓除。这些礼仪都用在灾异发生之后。《左传》昭公十七年云"日有食之，祝史请所用币"，当然也是日食发生以后，祝史才临时请示举行救日仪式。日食持续时间一般不超过两个小时，而救日仪式需要一系列请示和准备的过程，可能常常要到日食结束后才能举行，就像山崩、火灾发生之后才进行祈禳一样。

西汉时，有因灾异素服避正殿的例子。据《汉书·鲍宣传》，哀帝曾因元寿元年（前2）正旦日食避正殿。东汉沿袭此制。《后汉书·光武帝纪下》载建武七年（31）三月"癸亥晦，日有食之，避正殿，寝兵，不听事五日"。又，十七年二月乙未晦日食，注引《东观汉记》曰"上以日食避正殿"。此后以日食避正殿的记载甚多，可见已为常制。《续汉书·礼仪志上》又载：

> 礼威仪……朔前后各二日，皆牵羊酒至社下以祭日。日有变，割羊以祠社，用救日变。

说明东汉已有用牲于社以救日变的制度。从其制在"朔前后各二日"

---

① 见杜佑《通典》卷七八，第2114—2115页。

可知，这里所说的"日变"就是指"日食"。当时人们已经知道日食必然发生在日月合朔之时，但实用历法中的朔日常于天不合。日食有时并不发生在历法的朔日，而可能在前后二日。因此，礼制只能规定在可能发生日食的几天中，每天都做好救日的准备，随时行礼。在这种条件下，日食救护仪式只能较为简单。此处只用牲而不伐鼓，也没有刻意遵用经典。

救日礼仪在日食预报制度形成之后，发生了重大变化。西晋的相关规定较之汉代复杂得多，规格也大幅度提高。《晋书·礼志上》：

> 自晋受命，日月将交会，太史乃上合朔，尚书先事三日，宣摄内外戒严。挚虞《决疑》曰："凡救日蚀者，著赤帻，以助阳也。日将蚀，天子素服避正殿，内外严警。太史登灵台，伺候日变，便伐鼓于门。闻鼓音，侍臣皆著赤帻，带剑入侍。三台令史以上皆各持剑，立其户前。卫尉卿驱驰绕宫，伺察守备，周而复始。亦伐鼓于社，用周礼也。又以赤丝为绳以系社，祝史陈辞以责之。社，勾龙之神，天子之上公，故陈辞以责之。日复常，乃罢。"

挚虞《决疑要注》的这段话，刘昭注《续汉志》引用于东汉救日仪式之下，《通典》遂引以为汉制①，是错误的。因为，《决疑要注》中"日将蚀，天子素服避正殿，内外严警"云云，都以日食预报为前提，在汉代是做不到的。如《晋志》所言，西晋以后，太史预报日食成为制度，才有可能预先戒严准备。挚虞《决疑》所载也应是晋代制度②。晋代的救日礼仪不仅补充了伐鼓于社于门，还据《春秋公羊传》增加朱丝营社③。侍

---

① 《通典》卷七八，第2115页。
② 挚虞，西晋时曾参与制定礼仪。《隋书·经籍志》有挚虞撰《决疑要注》一卷，《晋志》所引，即出此书。《续汉书·礼仪志上》注引《决疑要注》略同。《晋书》卷一九《礼志序》曰，及晋国建，文帝命荀颉定新礼，成一百六十五篇。太康初，尚书仆射朱整奏付尚书郎挚虞讨论之。虞表所宜增损，以太康元年上之，凡十五篇。有诏可。虞之《决疑注》是其遗事也。由此可知《决疑注》所述是晋制。
③ 《春秋》庄公二十五年"六月辛未朔，日有食之，鼓用牲于社"，《公羊传》曰："日食则曷为鼓用牲于社？求乎阴之道也。以朱丝营社，或曰胁之，或曰为暗，恐人犯之，故营之。"（《春秋公羊注疏》卷八，阮刻《十三经注疏》本，第103页上）

臣、三台令史以上、卫尉卿都参加到救日仪式中,从动员的人数看,规格相当高。《宋书·礼志一》所载与晋制同,则南朝之制大体袭晋。至于北朝,《隋书·礼仪志三》载北齐救日礼制云:

> 后齐制,日蚀,则太极殿西厢东向,东堂东厢西向,各设御座。群官公服。昼漏上水一刻,内外皆严。三门者闭中门,单门者掩之。蚀前三刻,皇帝服通天冠,即御座,直卫如常,不省事。有变,闻鼓音,则避正殿,就东堂,服白袷单衣。侍臣皆赤帻,带剑,升殿侍。诸司各于其所,赤帻,持剑,出户向日立。有司各率官属,并行宫内诸门、掖门、屯卫太社。邺令以官属围社,守四门,以朱丝绳绕系社坛三匝。太祝令陈辞责社。太史令二人,走马露版上尚书,门司疾上之。又告清都尹鸣鼓,如严鼓法。日光复,乃止,奏解严。

此当是齐后主武平年间所定礼仪,根据太和所修改定,渊源实出两晋南朝①。因此,北齐救日礼仪也承袭晋制,除因官制、宫城制度变化而有所改动外,大同小异。唐代前期制度已不可考,中期以后制度,据《大唐开元礼》卷九〇《军礼》"合朔伐鼓"条载:

> 其日合朔前三刻,郊社令及门仆各服赤帻绛衣,守四门令、巡门监察、鼓吹令平巾帻袴褶,帅工人以方色执麾旗分置四门屋下。龙蛇鼓随设于左东门者立于北塾,南面;南门者立于东塾,西面;西门者立于南塾,北面;北门者立于西塾,东面。队正一人,着平巾帻袴褶,执刀,帅卫士五人,执五兵立于鼓外。矛处东,戟在南,斧钺在西,稍在北。郊社令立攒于社坛四隅,以朱丝绳萦之。太史官一人,著赤帻赤衣,立于社坛,北向日观变。黄麾次之,龙鼓一面次之,在北弓一张、矢四镞次之,诸工鼓静立候。日有变,史官曰祥有变,工人齐举麾,龙鼓齐发声如雷。史官称止,工人罢鼓。其日废务,百官守本司。日有变,皇帝素服避正殿,百官以下

---

① 参看陈寅恪《隋唐制度渊源略论稿》之二《礼仪》,生活·读书·新知三联书店,2001年,第13页。

府史以上皆素服，各于听事之前重行，每等异位，向日立。明复而止。①

《开元礼》虽然将日食伐鼓列入《军礼》，但实际取消内外戒严等军事措施，而增加仪式性的内容，特别是陈设五麾、五鼓、五兵于社坛及四门，完全遵照了《穀梁传》描述的天子救日仪式。

通过上面的介绍，不难看出，日食预报制度建立后，救日礼仪不但没有取消，而且变得日益细致、隆重。究其原因，大致有二。一是通过预报日食，救日仪式的准备时间大幅度增加。二是儒学对礼制的影响扩大，促使国家按照经典的论述而非现实传统安排仪式。日食能够预报之后，儒家经典关于救日礼仪的理想化描述才得以在国家礼制中实现。

（二）唐代对救日礼仪的质疑和维护

以上所述晋唐礼仪都是纸面上的制度，没有足够材料可以证明这些礼仪在实际政治活动中严格施行了。这些制度都过于复杂，动员人数众多，皇帝不视事的礼仪又与处理日益繁忙的政务所需的理性行政倾向背离，它们是否能够执行是很值得怀疑的②。救日礼仪反映了儒家敬畏天命、因灾异修德政的思想，但人君本身更关心日食的凶兆意义。随着日食推步技术的发展，后一种意义不断削弱，救日礼仪也难免遭到皇帝的怀疑和抵制。

首先是伐鼓救日礼仪的破坏。《新唐书·礼乐志六》云：

> 贞元三年八月，日有食之，有司将伐鼓，德宗不许。太常卿董晋言："伐鼓所以责阴而助阳也，请听有司依经伐鼓。"不报。由是其礼遂废。

---

① 《大唐开元礼》卷九〇，民族出版社，2000年，第423页上。
② 中古时代的国家礼仪制度，存在规定与施行两个层面。学者对此有过不少讨论，可参看吴丽娱《礼用之辨：〈大唐开元礼〉的行用释疑》，《文史》2005年第2期。吴氏指出，《开元礼》未达到皇帝诏令实际下达那样的效果，它的行用从来都只是"礼典"意义上的遵循。我认为，《大唐开元礼》的情况在中古国家礼制的施行问题上是具有代表性的，正史《礼志》中记载的类似制度规定大体也可作如是观。

唐德宗阻止有司伐鼓救日,即便太常指出伐鼓有经书依据,亦未能打动上意。既不信日食凶兆,又不尊重儒家经义,伐鼓救日之仪也就没有存在的必要了。德宗以后,终唐之世,再没有举行伐鼓救日礼仪的记录①。

其次,在修省仪式方面,汉代日食发生后,皇帝必须素服避正殿,不听事时间长达五日②。到隋代,皇帝不视事的时间已经缩短为一天③。唐《开元礼》也规定皇帝仅日食当天避正殿不视事④。隋唐之际日食推步技术的发展,对修省礼仪产生了影响。唐德宗废止伐鼓救日仪式后,素服避正殿的礼仪虽保留下来,却也不免遭到质疑。《唐会要》载:

> 元和三年七月癸巳,上谓宰臣曰:"昨太史奏太阳亏,及朔日上瞻,如言皆验。其故何也? 又,素服救日之仪有何所凭?"⑤

唐宪宗已经察觉到日食预报与救日礼仪之间的矛盾。他的话虽对日食预报的应验表示感兴趣,更主要的则是质疑素服救日的必要性。

对救日仪式的轻视和质疑,潜藏着人君否定灾异论、突破天道约束的危险。宰相李吉甫对唐宪宗的回答值得深加注意,他说:

> 日月运行,迟速不齐。凡周天三百六十五度有余,日行一度,月行十三度有余,率二十九日半而与日会。又月行有南北九道之异,或进或退。若晦朔之交,又南北同道,即日为月之所掩,故有薄蚀之变。虽自然常数,可以推步,然日为阳精,人君之象,若君

---

① 《唐会要》卷四二"日蚀"条载哀宗天祐三年四月日食,太常礼院奏准故事伐鼓于社。这也仅是太常奏事,未见批准。
② 《后汉书》卷一《光武帝纪》:"〔建武七年三月〕癸亥晦,日有食之,避正殿,寝兵,不听事五日。"同书卷三《章帝纪》:"〔永平十八年十一月〕甲辰晦,日有食之,于是避正殿,寝兵,不听事五日。"同书卷九《献帝纪》:"〔兴平元年六月〕乙巳晦,日有食之,帝避正殿,寝兵,不听事五日。"
③ 《隋书》卷八《礼仪志三》:"太阳亏,国忌日,皇帝本服小功缌麻亲、百官三品已上丧,皇帝皆不视事一日。"
④ 《大唐开元礼》卷三"杂制"条,第33页上。
⑤ 《唐会要》卷四二"日蚀"条,第760页。

行有缓急,即日为之迟速。稍逾常制,为月所掩,即阴侵于阳,亦犹人君行或失中,应感所致。故《礼记》云:"男教不修,阳事不得,谪见于天,日为之蚀。妇顺不修,阴事不得,谪见于天,月为之蚀。"古者,日蚀则天子素服而修六官之职,月蚀则后素服而修六官之职,所以惧天戒,自省惕也。君人者,居物之上,易为骄盈,故圣人制礼,务乾恭兢惕,以奉顺天道。苟德大备,则天人合应,百福来臻。陛下恭己向明,日慎一日,又顾忧天谴,则圣德益固,升平何远!伏望长保睿志,以永无疆之休,臣等不胜欢幸之至![①]

李吉甫首先简单解说了日食原理,肯定其为自然常数,可以推步而知。随后话锋一转,仍将日食解释为阴侵阳,人君过失感应而生,并引经据典,说明圣人制修省礼仪的用意。对比一行所说,论证方法大体一致。可见,承认"天行有常"和坚持"休咎之变"在当时已经完全可以结合起来,融入同一套话语之中。支撑前者的是历算知识,维护后者的是儒家经典。李吉甫最后将宪宗的质疑说成"顾忧天谴",并鼓励他"长保睿志"。宪宗很配合地说:"书传皆言天人交感,妖祥应德,盖如卿说。且素服救日,乃自贬之旨。朕自惟不德,实惧有以致谴咎,载深兢惕。卿等当悉心务理,匡我不逮也。"[②]承认天人感应之事本于经典,在尊奉经典和励精图治的基础上与士大夫保持一致,搁置了对救日礼仪的怀疑。在此,以"圣人"为象征的儒学意识形态对皇权表现出约束力。

(三)唐以后救日礼仪的制度与实际

唐宪宗以后,素服避殿救日的修省礼仪保存下来,为宋朝所继承。据《宋会要》,太祖建隆元年五月即因日食避正殿、素服,命文武百官各守本司,次年四月日食,又诏"如元年之制"。自此,宋代修省救日之制基本确定。

---

① 《唐会要》卷四二"日蚀"条,第760—761页。
② 《唐会要》卷四二"日蚀"条,第761页。"天人交感"原讹作"天之交感",据《旧唐书》卷三六《天文志下》改。

北宋救日修省在执行上有一些变化。一方面,修省仪式改到日食发生之前,持续时间也大幅度增加。宋太祖建隆元年、二年日食,仍于当日避正殿,与唐代相同。但到仁宗时,据嘉祐四年刘敞议,已有"先期避殿"之制。① 《宋会要》载治平四年十二月十七日神宗诏:"来岁正旦太阳当蚀,避正殿,减常膳,自此月二十一日为始。"② 然则日食修省已提前至食前十天开始。此后,熙宁六年四月、元丰元年四月日食修省都从司天监预奏日食之次日开始,提前量都在十天以上。另一方面,日食修省救护仅限于正月和正阳之月。《续资治通鉴长编》绍圣四年五月辛巳条:

> 上谕曾布,以太史言日食,欲避殿。布曰:"近例正阳月乃避。"上曰:"天变所当警惧。"布曰:"若出自圣意,欲祗畏天戒,亦不必故事也。"上悦,退而语三省,而三省实不闻之。章惇曰:"须正阳月乃避,莫不须如此?"布顾黄履曰:"圣意如此。寅畏天变,虽过不妨。"履亦然之。既而诏书出,莫不称诵。③

正阳之月即夏历四月。古人认为此月纯阳用事,若发生日食,即阴侵阳,则为异尤大,故须行救护。依据是《左传》昭公十七年六月条,已见上文所引。曾布指出,按照近来的惯例,正阳之月日食才行避正殿修省之礼。从记载来看,仁宗以后日食救护的确只见于四月和正月这两个特殊的月份,可以印证曾布所言。因此,每次日食修省的持续时间虽然增加,但次数却大幅度减少。

由于日食可以提前预报,在知道日食将要发生后,尽早开始修省,当然是出于敬畏天变的考虑。修省时间过长难免影响政事处理,减少修省次数也不失为理性化的表现。然而,这种行政上的理性化并不能得到一致认可。当时学者对正阳之月以外的日食不行救护一事,已经提出质疑。刘敞(卒于熙宁元年)认为:

---

① 《续资治通鉴长编》卷一八九,嘉祐四年正月丙申条,第4546页。
② 《宋会要辑稿·瑞异》二之二。
③ 《续资治通鉴长编》卷四八八,第11592页。

> 日有食之鼓用牲于社,《左氏》曰"非常也,唯正月之朔慝未作,于是用币于社,伐鼓于朝",非也。《夏书》记日食之变,季秋月朔亦有伐鼓之事,岂必正阳之月哉!傥夏礼与周不同乎?然日有食之,变之大者,人君当恐惧修省,以答天意。岂但非正阳之月则安而视之哉!《左氏》之说缪矣。①

据古文《尚书·胤征》,夏代日食于季秋亦行伐鼓,与《左传》所谓正阳之月乃救日不同。唐代经学家一般用夏周异制解释,刘敞不满于此,认为日食既然是天变,即使非正阳之月也当恐惧修省。时代相近的孙觉在《春秋经解》中也有类似观点,他说:"凡日食之灾,皆为阴盛而胜阳,人君当警戒恐惧以消复之,何独正阳之月乎!"②刘敞、孙觉都主张人君敬天,代表当时士大夫的思潮。在上述绍圣四年日食事中,哲宗为了表示敬畏天变而不从故事,受到士大夫的普遍拥护,宰相章惇虽有异议也无法坚持。因为儒学意识形态中,灾异修省具有优越的政治合法性,在当时超过了理性行政的需求。

南宋恢复每次日食均行修省的礼仪,同时将修省时间缩短为日食当天。建炎三年九月、绍兴十三年十二月日食,不在正阳之月,但都实行了救日修省仪式③。《中兴礼书》还载入绍兴十三年的故事,厘定为典制④。

与此相应,救日祈禳仪式在唐亡以后也逐步恢复。据《五代会要》载,后晋天福四年(939)曾按"旧礼"举行过一次救日仪式⑤。宋代在

---

① 刘敞《春秋权衡》卷三"庄公二十五年"条,《通志堂经解》第8册,江苏广陵古籍刻印社,1996年,第394页。刘敞认为凡日食皆为灾,无论是否发生在正阳之月、二分二至都应救护,其说详见《公是集》卷三九《救日论》,《丛书集成初编》本,商务印书馆,1935年,第459页。
② 孙觉《春秋经解》卷六,《丛书集成初编》本,商务印书馆,1935年,第173页。
③ 《宋会要辑稿·瑞异》二之五。
④ 《中兴礼书》卷一一八《吉礼》"太阳交食告太社"条,《续修四库全书》第822册,第448页上。
⑤ 见《五代会要》卷一〇"日蚀"条,第173页。

救日祈禳礼仪上继承唐制。宋太祖时所修《开宝礼》多本《开元礼》①，徽宗时修《政和五礼新仪》，其中卷一六四即合朔伐鼓礼。成于南宋孝宗淳熙十二年的《中兴礼书》载：

> 淳熙四年八月二十八日，礼部太常寺言："勘会今年九月朔，太阳交食，告太社一位合行事件已降指挥外，今检照《政和五礼新仪》止载合朔伐鼓，唯《开宝通礼》合朔伐鼓。（原注：二分二至即不伐。）所有今来九月朔太阳交食，不系二分二至之月，欲依《开宝通礼》，至日依仪礼伐鼓。所有合排办工人鼓物，乞令太常寺关报所属排办，并合用祭告祝文一首，亦乞从学士院照应。前项伐鼓典故修撰进书，讫降付供应。"诏依。②

其中提到开宝、政和礼典中有合朔伐鼓之仪。可见宋代礼典都记载了救日礼仪，孝宗时也确曾遵照施行。

宋代祈禳救日的最早记录见于真宗天禧五年（1021）。是年七月日食，"命中使诣宫观、寺院及坊市道场祈祷"。至和元年（1054）四月日食，"遣官祀社以救日"，此后祈禳的对象遂改为太社。嘉祐四年（1059）、元祐六年（1091）、绍圣元年（1094）、元符三年（1100）、建中靖国元年（1101）均有以日食祭祀太社的记载③。可以说，唐德宗废止的救日仪式，在制度和实践两方面都大致恢复了。

北宋实行的救日祈禳仪式与前代不同，重心从伐鼓转移到了祀社。真宗崇信佛道，因此日食救禳恢复之初，祈祷于道教和佛教的宫观寺院中。仁宗朝才将救日仪式转移到儒家承认的国家宗教场所太社，但却沿用此前祭祀祈祷的救禳方式，而取消了伐鼓攻社的厌劾之制。嘉祐四年，刘敞即以经义驳斥现行制度：

---

① 《朱子语类》卷八四载朱熹云："本朝修《开宝礼》，多本《开元》，而颇加详备。"又云："《开宝礼》全体是《开元礼》，但略改动。"中华书局，1986年，第2182页。

② 《中兴礼书》卷一一八《吉礼》"太阳交食奏告"条，《续修四库全书》第822册，第449页上。原本"伐"讹"代"等，并随文改正。

③ 以上并见《宋会要辑稿·瑞异》二之一至四。

> 臣前论先期避殿不中古典,未蒙省察。今又闻遣官祭社,稽之于经,亦未见此礼。盖社者,上公之神、群阴之长,故曰日食则伐鼓于社,所以责上公、退群阴。今反祠而请之,是屈天子之礼,从诸侯之制。抑阳扶阴,降尊贬重,此乃日之所由改变,非承天戒、尊朝廷之意也。且礼者,先王训民事君,不可不谨。前事之失,习俗未久,苟为因循,则宪章废矣。惟陛下稽古正名,审所施为,毋以礼假人也。①

他认为,根据经典,社是上公之神、群阴之长,低于天子。日食属阴侵阳,天子应伐鼓于社以责上公,斥退群阴。现在反用祈禳而不用厌胜,不合于礼。他希望用"礼"变"俗"。这个意见当时未被采纳。不过,据前引《中兴礼书》,最晚至淳熙四年之后,伐鼓于社的礼仪还是恢复了。

唐宋救日礼仪的废兴沿革,过程十分曲折。德宗时期一度废止救日伐鼓之仪,宋代却重新恢复,并逐步接近儒家经典的记载。推步技术的发展能够逐步消解日食的灾异意义,但儒家经典对维持国家制度和实践中的救日礼仪仍具有决定性的作用。

与宋同时,金朝也实行了日食救护仪式。据《金史·天文志》载,世宗大定二年(1162)、七年、九年均有伐鼓救日之事。元代制度中,儒学的影响力衰落,未闻有救日礼仪。到了明太祖时,又迅速恢复。明修《礼部志稿》卷八八"救日月食行礼"条载:

> 洪武初,定其日皇帝常服,不御正殿,中书省设香案,百官朝服行礼,鼓人伐鼓,复圆乃止。……二十六年三月,更定救日食仪。礼部设香案于露台上,向日设金鼓于仪门内,设乐于露台下,设拜位于露台上下。至期,百官朝服入班。乐作,四拜,兴,乐止,跪。执事者捧鼓班首,击鼓三声,众鼓齐鸣。候复圆,四拜,兴,乐止,礼毕。②

---

① 《续资治通鉴长编》卷一八九,嘉祐四年正月丙申条,第4546页。
② 《礼部志稿》卷八八,第37—38页。

这一礼制在明代确有实行,上文提及嘉靖四十年日食,礼部尚书吴山行救护之礼,便是其例。其日阴云不见食分,嘉靖因而对吴山行救护礼极为不满,可见对日食已没有多少敬畏。宋代以后,日食预报行之既久,知识阶层大体都认识到日食的规律性,难免产生"玩天"之心。明人谢肇淛云:

> 使日食不预占,令人主卒然遇之,犹有戒惧之心。今则时刻秒分已预定之矣,不独人主玩之,即天下亦共玩之矣。予观官府之救护者,既蚀而后往,一拜而退,栖酌相命,俟其复也。复,一拜而讫事。夫百官若此,何以责人主之畏天哉![1]

这段话反映出明代救日礼仪的实际执行情况。日食预报制度形成之后,官员执行救日仪式也极为懈怠,不仅迟到,甚至在过程中以饮酒消遣,毫无虔敬之心。可以说,明代的救日礼仪已经名存实亡了。

清代救日礼仪的制度大致与明代相仿[2],但对礼仪执行十分重视,高宗弘历时曾数次要求百官严肃从事。《大清会典则例》卷九二《礼部》载:

> 乾隆二年奏准:日月薄蚀,官员齐集祗跪救护,所以谨天戒、严对越也。但自初亏以迄复圆,为时久暂不等,每见应齐集各官多有因不能久跪,推托事故,不能齐集者,或有年老衰病,跪久委顿,不能支持者,又或徒倚蹲踞,有碍观瞻。事关典礼,岂容亵越。请将吏、户、兵、刑、工五部分为五班,及文武各衙门亦各分配班

---

[1] 谢肇淛:《五杂组》卷一《天部》,上海书店出版社,2001年,第8页。
[2] 《大清会典则例》卷九二《礼部》载:"〔康熙〕十四年定,日月食归钦天监职掌。前期,钦天监推分秒时刻奏闻,科钞到部,仍用勘合,分行直省各官。均于本衙门(案:指礼部衙门。)救护,至期由部遣司官一人前往观象台,督同钦天监官测验所食分秒,仍令钦天监奏覆。凡遇日食,结采于礼部仪门及大堂,设香案于露台上,銮仪卫设金二鼓二十四于仪门内两旁,教坊司设乐于露台下,设各官拜位于露台上,皆向日。钦天监官报日初亏,鸿胪寺鸣赞官赞,排班各官咸朝服立。鸣赞官赞进,赞跪叩兴,乐作。各官行三跪九叩礼。毕,乐止。礼部堂官上香,毕,鸣赞官赞跪,各官皆跪。教坊司官奉鼓及枹进,赞击鼓救护,礼部堂官击鼓三声,众鼓齐鸣。赞上香,乐作。赞起立上香毕,各官起立,班首官上香。赞跪,各官仍跪。钦天监官报复圆,金鼓止鸣。赞官赞跪叩兴,各官复行三跪九叩礼,乐作,礼毕,乐止。各官皆退。"(第1—2叶)《文渊阁四库全书》本,台湾商务印书馆,1986年。

次,附于五部。每班令礼部堂官一人领班祗跪。礼部都察院监礼等官及鸿胪寺赞礼等官,亦轮流更换。初亏复圆行礼时,五班官员咸就班行礼。初亏行礼后,五班官员内除年老不能久跪者退立外,余均轮替。其更替之人,暂退祗候,勿许欢哗笑语。其祗跪官员务必整齐严肃,敬谨从事。倘有托故不到及息玩失仪者,监礼官即纠参,照例议处。庶齐集各官,无不祗畏恪恭,始终无怠。①

弘历要求举行救日仪式时,京师各部衙门众官都齐集到场行礼,且须个个严肃认真,始终不能懈怠。所作新规,一方面与谢肇淛所说一样,反映出官员的懈怠情绪,另一方面也显示出弘历严肃执行救日礼仪的决心,生动地再现了当时京师官员齐集救日的壮观场面。日食初亏、复圆时大臣齐行三跪九叩大礼,其间则轮番长跪等候日食结束,甚至有人坚持不住倒下或"徙倚蹲踞",千姿百态。让人发笑之余,也有些同情各部官员们。看来清代的救日仪式在皇帝的亲自过问下,是动真格的。同书同卷又载:

〔乾隆〕十一年谕:月朔之期,朝臣例具补服。若值日食仍具补服,殊非敬畏之意。嗣后月朔如遇日食,皆常服,永著为例。②

清代以补服为朝服,根据经典所谓日食"百官降物",穿着高等级的朝服就显得不合时宜了。因此,弘历规定凡遇日食,皆降服而着常服。这也是根据儒家经义,表示敬畏天戒的态度。

对多大食分的日食应举行救护仪式,在清代也有变化。明制,"如食不及一分与《回回历》虽食一分以上俱不行救护"③。清代前期规定"食不及一分不救护"④,与明代相同。康熙六十年改定,日食不及三分者皆不救护、不颁行。这或许是轻视日食救护的表现。然而到了乾隆十三年,为了防止"观者致生骇异",重新规定日食无论食分大小一

---

① 《大清会典则例》卷九二《礼部》,第3—4叶。
② 《大清会典则例》卷九二《礼部》,第4叶b。
③ 《大明会典》卷二二三《钦天监》,第2955页下。
④ 《大清会典》卷八六,第4叶b。

概颁行,三分以上则行救护。次年,又降旨:

> 凡日月交食,授时者原可推算而得,而《春秋》之例,又纪日而不纪月。朕惟悬象著明,人所共仰,虽为暑运之常有,自不若光朗之恒度,无事于讳,不可不谨。故祭社奏鼓,自古重之。……夫不先期行知,则二三分者原可见食,将致反生疑骇,不以为灵台失占,即为有司怠事,非所以克谨天戒也。嗣后仍循囊制,一分以上者即令救护。前期五月具题请旨,无论见食不见食省分皆颁行。其不见食省分不必救护。①

这道上谕,恢复了日食一分以上即行救护礼仪的制度。上谕首先承认日食可以推算而知,但仍强调"克谨天戒",并以此为由恢复旧制。在此,"天行有常"与"休咎之变"可以共存无碍。

需要补充的是,皇帝的修省救日礼仪在明清时代大幅度削弱,并最后取消。明代仪式中虽然保留了当日"皇帝常服,不御正殿"的规定,"不视事"一条则已经废除。《明史》中多见皇帝因灾异修身素服避正殿,但并未废务,只是把听政地点改至别处。比如《明史·宪宗纪一》载成化六年(1470)十二月壬午,"彗星入紫微垣,避正殿,撤乐,御奉天门听政";《穆宗纪》载隆庆元年(1567)六月戊戌,"以霪雨修省,素服避殿,御皇极门视事"。因修省而不视事则未见其例。至清代,连日食避正殿减膳的制度也一并废除。《大清会典》中找不到任何日食时皇帝的义务。每逢日食,百官被驱使至礼部衙门救日,皇帝则照常起居听政,仿佛日食与他全然无关。在明清时代高度专制集权的制度下,皇帝不听事对政事影响巨大。这时废除皇帝的日食修省义务,不因此耽误政事,一方面确实是行政理性的表现,另一方面也与"神道设教"主客体的转换有关。对于后者,下一章还将详论。

以上略述了历代救日礼仪的变化,从中大致可以归纳出两点认识。第一,历代救日礼仪实际受重视的程度趋于下降;第二,这些变化都不是单向推进,而呈现不断的波动和反复。日食规律的发现和日食

---

① 《大清会典则例》卷九二《礼部》,第4—5页。

预报,确实对救日礼仪产生了重大影响,但还不足以将之完全取消。即使在承认日食为天道常数的前提下,救日仪式也往往因为儒学意识形态中"敬畏天戒"的诉求而得以保存甚至强化。

综合本节所述,可以得到如下结论。随着日食推步技术的发展,唐代官方经学已经承认日食是历数之常,但仍强调圣人神道设教之意,要求在意识形态领域坚持灾异休咎说。与此同时,天文历算由于自身的有限性,也需要引入政教休咎的因素,与"历数"配合,完整地解释"天道"。因此,灾异论与日食推步亦得以在历法层面共生不悖。同样,日食预报的展开没有终止天人感应论,反而在唐代造成日食祥瑞说以及相关的表贺、入史等制度。与此相应,日食救护礼仪的实际作用不再为人们所坚信,但作为一种仪式性的存在,它仍具有"敬畏天戒"的象征意义,得以长期保留。

隋唐以后,日食推步技术的发展和日食预报制度的完善,改变了经学解释和思想观念,却没有从根本上动摇儒家意识形态。儒家意识形态中的"神道设教"之意,很大程度上抵消了"天行有常"的认识在政治制度和政治活动中的影响。日食如此,其他灾异的情况也大体类似。清末经学家皮锡瑞说:"近西法入中国,日食、星变皆可预测,信之者以为不应附会灾祥。然则孔子《春秋》所书日食、星变,岂无意乎?言非一端,义各有当,不得以今人之所见轻议古人也。"①孔子的微言大义是经学的根基所在。在儒家意识形态下,只要举出这一不容否认的前提,灾异论就能找到正当性的来源。

如果再对此稍作引申,可以推论,现代所谓的"科学知识"与"传统性知识"是能够共存的,两者之间并非简单的取代与被取代关系。不妨与欧洲的情况做一比较。欧洲 16、17 世纪第一流的天文学家第谷(Tycho Brahe,1546—1601)、开普勒(Johannes Kepler,1571—1630),同时也是第一流的星占学家。而星占学的衰亡,也并非科学发展的直

---

① 皮锡瑞《经学历史》,中华书局,2004 年,第 69 页。

接结果。英国学者基思·托马斯(Keith Thomas)在《巫术的兴衰》(Religion and the Decline of Magic)一书中说,星占学"这一学科的大部分都是自然死亡的。教士和讽刺文字的作者一直把它追打进了坟墓,但是科学家却没有出现在它的葬礼上"①。

就中国而言,灾异论的根本性衰亡晚至清末民初。究其原因,不是"科学知识"的积累,而是从西方传来的"科学"观念在意识形态层面战胜了包括儒学在内的本土传统观念②。由于"赛先生"(作为意识形态的科学)的到来,灾异论才被视为"反科学"的知识体系而名誉扫地③。

---

① 基思·托马斯《巫术的兴衰》,芮传明译,上海人民出版社,1992年,第197页。
② 胡适在1923年写道,"这三十年来","科学"这个名词"在国内几乎做到了无上尊严的地位;无论懂与不懂的人,无论守旧维新的人,都不敢公然对他表示轻视或戏侮的态度"。胡适《科学与人生观序》,《科学与人生观》,亚东图书馆,1923年,第2页。作为当时人,胡适的感受应是可信的。研究者还指出,科学是带着伦理色彩作为一种价值体系进入中国。从清末到五四时期,它的功能"愈益泛化、愈益享有文化以及政治意识形态的权威意义"。参看严搏非《论新文化运动时期的科学主义思潮》,许纪霖编《二十世纪中国思想史论(上)》,东方出版中心,2006年,第180—222页。
③ 梁启超于1923年发表论文《阴阳五行说之来历》(《东方杂志》第20卷第20号,商务印书馆,1923年),明确而彻底地否定了灾异论,全文第一句话便开宗明义,指出"阴阳五行说为二千年来迷信之大本营"。他的看法在当时的知识界极具代表性。在这一看法中,灾异论属于"阴阳五行",进而属于"科学"的反面——"迷信"。有趣的是,在略早的"科学与人生观"论战中,代表"科学"一方的丁文江以"阴阳五行"加诸论敌张君劢,张氏则急忙撇清,并指责丁"乱人视听"。有关争论可参看罗志田《从科学与人生观之争看后五四时期对五四基本理念的反思》,《历史研究》1999年第3期,第5—23页。

# 第五章 转　变

　　魏晋至隋唐,灾异政治文化的影响时有起伏,但没有发生根本性的变化。宋代以后,情况就不同了。概括言之,主要有三个方面的转变:首先,天人感应论遭到士大夫的有力质疑;其次,机械的灾异事应说从理论上被基本否定;最后,运用灾异论进行"神道设教"的主客体发生转换。

　　对于上述转变,特别是其中的前两个方面,学者已经从不同角度做过出色的研究。沟口雄三和小岛毅着眼于理学发展史,指出宋儒的"天理观"将天人相关转变为"天人合一",即在否定汉儒灾异事应说的同时,维护天谴论的思想基础,通过天的"内在化"(内在于人心)将天人关系的主体转换为"人"①。韦兵则从政治文化的视角讨论了宋代的天人论。他认为,宋儒通过区分"敬天"和"玩天",消解汉唐天人观中的机械论、决定论,代之以理气本体论、道德生成论的新天人观,并突出人的主观因素,加强皇帝对天文灾异的道义承担感和道德责任感。这种新的天人相关论为宋代政治的"共治"格局提供了观念平台②。游自勇对正史《五行志》变化的研究,也以北宋欧阳修《新唐书·五行志序》中提出不载灾异事应为转折点,揭示宋儒天人论在事应说上与前代的差别③。他们不约而同地以宋代为研究中心,强调宋代思想的原创性和独特性,揭示出天人观、灾异论在宋代的转折性变化,为本书接下来的讨论奠定了基础。

　　经由前文的论述,可以了解到,汉唐乃至更早的天人观、灾异论已

---

　　① 见沟口雄三《论天理观的形成》、小岛毅《宋代天谴论的政治理念》,都收入他们主编的《中国的思维世界》一书。
　　② 见韦兵《星占历法与宋代政治文化》第六章《士大夫天文灾异观念的政治意义》。
　　③ 见游自勇《正史〈五行志〉的演变——以"序"为中心的考察》一文。

经相当精致和多元,宋人灾异论的基本观点几乎都能在前代找到渊源。因此,讨论宋代的转折,不仅要看思想的创造,更要关注其影响的扩大。通过宋儒的阐发和宣扬,晏子、荀卿的思想,杜预、二刘、孔颖达的经说,在原创性思想家和少数知识精英以外的广大知识阶层得到普遍接受,成为士大夫群体的一般性知识。简言之,原有的"新观念"在宋代得以普及,从少数人的思想转化为意识形态,改变了灾异政治文化。这一改变,须从宏观学术背景、一般政治文化乃至政治史具体情况等多方面来认识。

## 第一节 质疑灾异论

本书前文讨论的多是灾异论的内部问题。本节将目光投向来自外部的质疑,研究它们给灾异论带来了怎样的挑战。

### 一、"天人不相与":新观念的产生与演进

先秦时代的天人关系思想,已经包含否定灾异论部分内容乃至否定作为灾异论基础的"天人感应论"的因素。本书第一章介绍过《左传》中晏子反对灾异祈禳的言论,以及周内史叔兴的"吉凶由人"说等,都是其表现①。从根本上否定天人相关、倡导"明天人之分"的是荀子。《荀子·天论篇》云:"天行有常,不为尧存,不为桀亡。……故明于天人之分,则可谓至人矣。"又云:"夫星之坠、木之鸣,是天地之变,阴阳之化,物之罕至者也。怪之可也,而畏之,非也。"他拒绝将"天"人格化,认为"天"和"人"各自运行,互不相关,灾异变怪也非天意,不足畏惧。他的观点近于今人,但在当时影响有限。一方面是由于在他的时代,从平民到天子无不对天心存畏惧,天人相关思想根深蒂固,不可能轻易革除;另一方面也因为天人之分说消解天的威慑力,不合限制君权之需。尽管如此,荀子的思想仍作为一股暗流影响着后代学者。

---

① 分见《左传》昭公二十六年、僖公十六年。

荀子之后,又有王充。王充逐一批判当时流行的择日、卜筮、感应、瑞异思想①,深得近世学者之心,被树为古代"疾虚妄""反迷信"的楷模。但他批判天人感应之说的立场,一是命定论,一是幸偶论。他说"命,吉凶之主也,自然之道,适偶之数,非有他气旁物厌胜感动使之然也"②,主张吉凶是由"命"决定,而"命"不以其他事物为转移。"天道当然,人事不能却也"③,因此"修身正行,不能来福,战栗戒慎,不能避祸"④。另一方面,他认为灾异与人事的关系是"各自发生,偶然相会",并无联系感应之理。他以黄老之学反驳儒家的灾异谴告论,称:"夫天道,自然也,无为。如谴告人,是有为,非自然也。"⑤并用类比法论证说:

> 夫国之有灾异也,犹家人之有变怪也。有灾异,谓天谴人君,有变怪,天复谴告家人乎?家人既明,人之身中,亦将可以喻。身中病,犹天有灾异也。血脉不调,人生疾病;风气不和,岁生灾异。灾异谓天谴告国政,疾病天复谴告人乎?酿酒于罂,烹肉于鼎,皆欲其气味调得也。时或咸苦酸淡不应口者,犹人勺药失其和也。夫政治之有灾异也,犹烹酿之有恶味也。苟谓灾异为天谴告,是其烹酿之误,得见谴告也。占大以小,明物事之喻,足以审天。⑥

所谓"占大以小",是王充最常用的论证方法。在此,他将灾异与变怪、疾病、烹酿之误相类比,以后者不含谴告来论证灾异也不包含谴告。

王充的论述从方法到结论,都似乎更接近今人理解的科学。然而,灾异终究是政治问题。说灾异者关心如何规范天子、影响政治,王充则终身"身处乡曲,沉沦下僚,没有机会接触到政治的中心"⑦。职

---

① 《论衡》涉及天人感应说的有《变虚》《异虚》《感虚》《福虚》《祸虚》《寒温》《谴告》《变动》《招致》《感类》《自然》等十余篇。
② 《论衡·偶会篇》,《论衡校释》卷三,第99页。
③ 《论衡·变虚篇》,《论衡校释》卷四,第208页。
④ 《论衡·累害篇》,《论衡校释》卷一,第10页。
⑤ 《论衡·谴告篇》,《论衡校释》卷一四,第636页。
⑥ 同上书,第635—636页。
⑦ 徐复观《两汉思想史》第二卷,第344页。《后汉书》卷四九《王充传》载其曾入京师"受业太学,师事扶风班彪"(第1629页),经徐复观考证,已说明其误,见《两汉思想史》第二卷,第345—351页。

是之故,王充否定天人感应并不考虑政治影响。在他看来,灾异可以类同于变怪,国君可以类同于家人,政治与个人生活之间可以无差别地类比。不仅如此,在他的命定论下,"教之行废,国之安危,皆在命时,非人力也","世之治乱,在时不在政,国之安危,在数不在教"①。如果是这样,国家的治乱兴亡都取决于命数,儒学的中心问题"政"和"教"便丧失意义,政治本身也变成虚无。徐复观说"他以最大的自信力所开陈的意见,事实上许多直可称为乡曲之见"②,话虽刻薄,但以儒家的标准,如此评价王充的政治思想也不算过分。由于远离灾异论试图解决的政治问题,王充反对天人感应的学说并不能对灾异论构成严重威胁。

真正有力的反思,来自深谙经学并了解政治的大儒。在前面关于日食推步与经学灾异论述变化的讨论中,我们介绍了杜预、二刘(焯、炫)和孔颖达的灾异新解。他们已经清楚地意识到,天人之间本无感应关系,天人感应的灾异说是圣人用以神道设教、警诫人主的手段。这样的论断,在意识形态上坚持灾异论,在经学内部则扬弃了天人感应论。在此以后,部分士大夫对"天人之分"已有清醒认识。荀子思想的暗流,逐渐浮现。

唐代关于"天人之分"最著名的论述,是柳宗元《天说》和刘禹锡《天论》。柳宗元将天解释为与瓜果草木同质的自然之物,绝无赏功罚祸的能力③。刘禹锡认为柳氏观点是"有激而云,非所以尽天人之际",故作《天论》加以申说。近人研究《天论》,都为其"天与人交相胜"的观点所吸引,但我认为刘禹锡较柳宗元深刻之处,在于揭示了天人关系思想的社会根源。刘禹锡认为"人能胜乎天者,法也",因此"法"的施行情况决定了天人之间的关系,准确地说是人对天人关系的

---

① 《论衡·治期篇》,《论衡校释》卷一七,第 769、771 页。
② 徐复观《两汉思想史》第二卷,第 345 页。
③ 柳宗元《天说》云:"天地,大果蓏也;元气,大痈痔也;阴阳,大草木也。其乌能赏功而罚祸乎! 功者自功,祸者自祸。欲望其赏罚者大谬,呼而怨,欲望其哀且仁者,愈大谬矣。"见《柳宗元集》卷一六,中华书局,1979 年,第 443 页。

理解。他将法的施行情况分为三种：

> 法大行,则其人曰:"天何预人邪,我蹈道而已。"法大弛,则其人曰:"道竟何为邪？任人而已。"法小弛,则天人之论驳焉。

刘禹锡所说的"法",可以理解为人间是非赏罚的正道,法"大行"和"大弛"分别相当于大治和大乱。大治之世,人皆循道,无须天的赏罚干预;大乱之世,是非颠倒,天的赏罚也失去威慑力。只有在治乱之间,是非混淆,人的赏罚不明,因此,人们或将人间的不公平归因于天命,或求助于"天"的赏罚以获得公正,天人相关论由是产生。他说:

> 天恒执其所能以临乎下,非有预乎治乱云尔;人恒执其所能以仰乎天,非有预乎寒暑云尔。生乎治者人道明,咸知其所自,故德与怨不归乎天;生乎乱者人道昧,不可知,故由人者举归乎天,非天预乎人尔。

在他看来,天人本不相关,但由于人道的昧乱不可知,所以人才会将人事归乎天命①。

刘禹锡不仅肯定天人不相预,而且指出了天人相关论存在的社会和政治原因。在古人眼中,现实社会一般都处在治乱之间,相当于刘禹锡所谓的"法小弛"状态。因此,刘说事实上承认了天人相关论存在的合理性。他的思想是透彻理解现实的产物,更近于儒家,与柳宗元得自释、老两家的哲学化的宇宙论大不相同。柳宗元将刘禹锡的《天论》说成是《天说》的"传疏"②,这种自负之辞是不足信的。③

北宋前期,柳宗元的天人相分说已颇有影响。大约北宋仁宗时,大儒石介在一封回信中引述了友人范思远的观点:

---

① 上引刘禹锡说并见《天论》上篇,《柳宗元集》卷一六《天说》后附,第444—445页;又《刘禹锡集》卷五,中华书局,1990年,第67—69页。

② 《柳宗元集》卷三一《答刘禹锡〈天论〉书》,第816页。

③ 金谷治认为,站在柳宗元破除天的神秘权威、主张天人不相关的立场上,刘、柳固然相差不大,但如果变换立场,刘禹锡的自然观中强调人作为主体如何利用自然、处理与自然关系的独特思想,同样十分重要。说见《刘禹锡の〈天论〉》,《日本中国学会报》卷21,1969年。他的着眼点与本书不同,但也着重指出了刘、柳自然观的差异,可以参看。

> 人自人,天自天,天人不相与,断然以行乎大中之道,行之则有福,异之则有祸,非由感应也。①

石介指出,这种"天人不相与"的观点本自柳宗元。范思远生平不详,在思想史中籍籍无名,不属于原创性的思想家。他持有这样的观点,恰可以说明北宋时期,柳宗元的天人相分说在一般知识阶层中已有相当的接受度。这种新的天人观当然不会立刻大获全胜,但在它的影响之下,旧的天人观已经松动,产生调整的需要和可能。

二、走出汉学:宋儒的质疑

欧阳修的《新唐书·五行志序》奠定了宋以后灾异论的基调。其文云:

> 盖君子之畏天也,见物有反常而为变者,失其本性,则思其有以致而为之戒惧,虽微不敢忽而已。至为灾异之学者不然,莫不指事以为应,及其难合,则旁引曲取而迁就其说。盖自汉儒董仲舒、刘向与其子歆之徒,皆以《春秋》《洪范》为学,而失圣人之本意。……孔子于《春秋》,记灾异而不著其事应,盖慎之也。以谓天道远,非谆谆以谕人,而君子见其变,则知天之所以谴告,恐惧修省而已。若推其事应,则有合有不合,有同有不同。至于不合不同,则将使君子怠焉,以为偶然而不惧。此其深意也。盖圣人慎而不言如此,而后世犹为曲说以妄意天,此其不可以传也。故考次武德以来,略依《洪范五行传》,著其灾异,而削其事应云。

欧阳修反思以往正史《五行志》及灾异说之弊端,探究《春秋》记灾异的本意,批评的对象是汉儒,矛头指向事应说。他认为,《春秋》不书事应,有其深意。如果推说事应,则灾异与人事必然有不能完全对应吻合的情况,导致人君懈怠,以为是偶然遇合而失去敬畏之心。欧阳修之说实际上开了后来"敬天""玩天"之辨的先河。他最后决定模仿

---
① 石介《徂徕石先生文集》卷一五《与范十三奉礼书》,中华书局,1984年,第184页。

《春秋》,"著其灾异"而"削其事应",即保留灾异记录而革除附会人事的旧习。

类似态度在当时已非欧阳修所独有,而是通过经学的重新阐释,逐步形成共识。北宋前期的官方经学大体上沿袭了汉唐传统,但怀疑汉唐注疏,直接回向经典原文的思潮滥觞于古文运动,在士大夫中影响逐渐扩大,成为宋学的重要特征之一。其中就包括对汉儒天人观、灾异论的质疑。汉儒说灾异以《春秋》《尚书·洪范》为本,宋儒的质疑也集中于对这两种经典的研究。

仁宗时,刘敞的《春秋》学否定了汉儒的灾异事应说。刘敞著《春秋权衡》卷一〇"桓公十七年"条云:

> 十月朔日有食之,何休云云者,非也。日之食非专为鲁,《春秋》岂得强附著之鲁哉!圣人之说灾异,欲人惧耳,非若眭孟、京房指象求类,如与鬼神通言者也。①

案东汉何休注《春秋》此条曰:"是后,夫人谮公,为齐侯所诱杀。去日者,著桓行恶,故深为内惧,其将见杀无日。"这是将此后鲁桓公被杀之事作为日食的应验。刘敞反对此说,认为日食并非针对鲁国。他指出,圣人说灾异,目的在于使人有畏惧之心,而不是像汉儒眭孟、京房那样根据灾异占象类推具体事应。在《畏天命论》中,他进一步阐明这一观点:

> 故古之君子务畏天命,而不务知天命也。夫非圣人而务知天命者,吾见其不能且不信矣。古之君子,其畏天命也,闻一异则悚然惧,见一祥则悚然惧。未知是之为善欤为恶欤,悚然惧而已者,吾知畏而止矣。是故其守也约,其行也慤。妖祥之事,休咎之说,付之著龟瞽史,而不劳吾心。吾非不愿知天命也,天命固不可知也,强求知之,是不诬天,必且诬人。……然而古之君子有曰:天命也,可推类而得,可观象而察。自董仲舒咸有是言,离之合之,

---

① 刘敞《春秋权衡》卷一〇,《通志堂经解》第 8 册,第 420 页上。

> 文之饰之,大者篡乱,其次贼虐。然则非实使之,其启有间矣。①

刘敞认为,天命对常人而言是不可知的,因此人当畏天命,而不当求知天命,不管遇到什么灾异,都不必劳心探究其对应的人事,而要心存畏惧,端正各方面的行为。如果强求知天命,反而会失去对天的敬畏,导向乱亡。他否定"天命可推类而得"的思想,批判的对象也是以董仲舒为代表的汉儒。

在《洪范》学方面,同时代的学者也有与此相近的观点。宋仁宗时,张景著《洪范解》一卷,其书今已不存②。南宋林之奇所著《尚书全解》引其说曰:

> 班固述《五行志》,何休注《公羊春秋》,凡灾异之起,又以时事配之,多非其义,皆失圣人之意。夫《洪范》九畴……政教者本也,灾异者末也。学本而不学末,斯可矣,学末而不学本,不可也。③

张景师事柳开④,受古文运动影响。他批评《汉书·五行志》和《春秋公羊解诂》以事应配说灾异离开圣人本意,是学末而弃本。他认为,儒者学《洪范》应抓住其中关于政教的内容,不必学有关灾异的部分。稍晚的学者刘彝,是宋初三先生之一胡瑗的学生,著有《洪范解》六卷,见《宋史·艺文志一》。此书亦佚,《尚书全解》略引其论曰:

> 一德正于中,则五事治之于外,一气正于中,则五气顺之于时。以形而言之,则各宜类举。圣人观之,所以念己政之得失也。以德而召,则不可以形拘。圣人行之,所以应天道以渊默也。汉儒于雨不时若则弃德而修貌,旸不时若则舍心而求言,其失不已

---

① 刘敞《公是集》卷三九《畏天命论》,第464页。
② 见晁公武《郡斋读书志》卷一,《郡斋读书志校证》,上海古籍出版社,1990年,第54—55页。其解题云作于景祐三年(1036)。
③ 林之奇《尚书全解》卷二五,《通志堂经解》第5册,第473页下。
④ 见《郡斋读书志》卷一九《张晦之集》解题,《郡斋读书志校证》,第974页。

> 远乎,其惑不已甚乎!①

根据《洪范》庶征经文,狂则恒雨若,僭则恒旸若。汉儒著《洪范五行传》引申其说,配以五事,认为貌不恭则恒雨,言不从则恒旸为罚。刘彝则认为,通过庶征考察政治得失,不能拘泥于形迹。五事、五气在表象分而为五,但就本质而言则是合一的,即合于"一德""一气"。因此,应对灾异也必须抓住根本,正心修德,而不是"头痛医头,脚痛医脚"。刘彝的这一观点,可看作张景"本末说"的哲学化表述。将灾异贬为末学,五征归于外形,都包含轻视灾异论的意味。

以上北宋中期否定灾异事应的论说有一个值得注意的共同倾向,即都举出汉儒作为批评对象。宋代的儒学复兴,处处以汉儒为假想敌。为便于批评,宋人对汉儒的理解往往简单化、标签化。如果不加辨析地信从宋人,以为其说绝然不同于汉学,则未免偏听。前文已经指出,董仲舒、刘向等汉儒称说灾异事应,绝非都拘泥于阴阳五行、天文星占的固定规则,而是经常灵活多变,"运用之妙,存乎一心"。究其本旨,同样是阐明儒家之道,劝诫人主修德,并不像宋儒所说那样机械。至于对汉儒事应说的批评,也非宋儒原创。西晋杜预揭橥灾异"神道助教"之义②,唐人在《诗·十月之交》正义中也已说过:

> 经典之文,不明言咎恶,而公家董仲舒、何休及刘歆等,以为发无不应,是知言征祥之义,未悟劝沮之方。

已经指出,汉儒灾异事应说不是劝诫人主的良法。欧阳修以下诸儒之说,很难说完全未受注疏的影响。所不同的是,唐人正义从"神道设教"的方法策略上考虑,宋儒则从本与末、内与外、德与形的对比上,否定说灾异事应的表面功夫,强调敬天畏天的根本诚心。

宋儒反对推类说事应,还与宋代《洪范》学中"皇极"地位的特殊化有关。《洪范口义》记录胡瑗之说曰:

---

① 林之奇《尚书全解》卷二五,《通志堂经解》第 5 册,第 473 页下。
② 《左传》僖公十五年六月条杜预注,《春秋左传注疏》卷一四,第 234 页下。

> 故皇极行则五行不相侵,五事不相夺,八政以之成,五纪以之明,三德以之平,卜筮以之灵,庶征以之顺,五福来臻,六极不至矣。然皇极独不言数者,何也?盖皇极者,万事之所祖,无所不利,故不言数。以此观之,包括九畴,总兼万事,未有不本于皇极而行也。①

在汉唐经学中,"皇极"是《洪范》九畴之一,没有非常特殊的地位。《洪范五行传》也将"皇极"与"貌""言""视""听""思"并列,分别对应"六极"。胡瑗则认为,皇极为九畴万事之本,只要"皇极行",则五行五事等另外八畴都能理顺。不难看出,刘彝"一德正于中,则五事治之于外,一气正于中,则五气顺之于时"的观点,是承自胡瑗的。苏洵在《洪范图论》中又极力申说"皇极"为九畴端始之义,其文云:

> 夫致至治总乎大法,树大法本乎五行,理五行资乎五事,正五事赖乎皇极。五行,舍罗九畴者也;五事,检御五行者也;皇极,裁节五事者也。

这里给出了"皇极—五事—五行—《洪范》大法九畴—至治"的政治先后次序。苏洵承认,从"天"或曰自然的角度,五行包含九畴,但从"人"或政治的角度而言,则皇极才是根本。他说:

> 经之首五行而次五事者,徒以五行天而五事人,人不可以先天耳。然五行之逆顺必视五事之得失,使吾为传,必以五事先五行。

他认为,经文的顺序是由天及人,如果作传注解释经文,则应从人的角度,由人及天,将五事置于五行之前。而正五事的根本是建立皇极。他以《洪范》经文"鲧陻洪水,汩陈其五行,帝乃震怒,不畀洪范九畴"为证,说:"然则五行之汩非五事之失乎,五事之失非皇极之不建

---

① 《洪范口义》卷上,《文渊阁四库全书》本,第7—8叶。

乎!"①将五事之失一并归诸皇极,则类推咎征以分别五事之失就毫无必要了。这一观点,取消了灾异事应说存在的依据。

"皇极"地位的变化,是宋代儒学吸纳佛学的结果。宋学的复兴和繁荣,建立在排佛却又与佛学成功融合的基础上。陈植锷指出,宋仁宗庆历、嘉祐之际,是宋学由义理之学向性理之学过渡的时期,此后"王、洛、关、蜀诸学,虽然引进佛学的侧重面不同,援佛门性说以建立自己的性理之学的门径路数则一"。佛家《华严经》有"三观"之说,程颐概括其义,曰"万理归于一理"。陈植锷认为,"万理归于一理"是宋代性理之学十分重要的命题,程颐从张载《西铭》中总结出的"理一而分殊",王安石的"物变极万殊,心通才一曲",以及程颐本人的"一物之理即万物之理",都是从中而出②。《洪范》学以皇极统九畴,以五事归皇极,也是"万理归一"思想的体现。

### 三、"内圣":荆公新说

佛学影响宋代儒学进而作用于灾异论的另一方面,是"道德性命"之学。这一学说眼光向内,要求人君"正心诚意",然后行"外王"之道。据此,"诚心"和内在之"德"的重要性大幅度提高,超过衡量政治好坏的外在标准,包括灾异。刘敞曾说:

> 人君诚有畏天之心,虽有灾害,不残;及其无畏天之心,虽无灾害,残矣。人君诚有恤民之心,虽有灾害,不畔;及其无恤民之心,虽无灾害,离矣。故天之所享,诚也;民之所保,诚也。诚之至,不言而喻,不施而惠,不祷祠而福,是以人道贵忠也。③

这个观点与荀子《天论》十分接近。刘敞强调决定灾害效果的是人君的诚心,言下之意,只要有诚心,则灾异不足惧。在这方面与刘敞观点

---

① 以上苏洵语并见《洪范论》,《嘉祐集笺注》卷八,上海古籍出版社,1993年,第204—226页。
② 以上据陈植锷《北宋文化史述论》第四章《宋学与佛老》第一、二节,中国社会科学出版社,1992年,第330—359页。关于宋学与佛学关系较早的论述,见钱穆《初期宋学》一文。
③ 刘敞《公是先生弟子记》,《丛书集成初编》本,商务印书馆,1939年,第12页。

相似且更近一步的,是王安石。

熙宁七年(1074),王安石曾对因忧虑旱灾而欲废新法的神宗说:

> 水旱常数,尧汤所不免。陛下即位以来,累年丰稔。今旱暵虽逢,但当益修人事,以应天灾,不足贻圣虑耳。①

他说"水旱常数",意谓当前的灾异并非政治失误所致,因此虽要求"益修人事",但并不希望神宗因为灾异改变当前的政策。王安石此说,不限于这一特定场合,而是一贯的立场。熙宁二年二月,富弼上书曰"臣窃知累有人奏请,凡百灾异皆系时数,不由人事者"②。时王安石初为参知政事,欲行新法。富弼指责的称说"灾异皆系时数"者,必为荆公无疑。

王安石在灾异论上比刘敞走得更远,并且有系统的理论支撑。他暗引释、老之说,以儒家的面目讨论"道德性命之理",开创了宋儒的"内圣"之学。③ 其学更重心性。钱穆说:"荆公谓王霸之异在心,其心异则其事异,其事异则其功异。所谓心异者,王者其心非有求,为吾所当为而已。"④这是就"王霸论"而言,但也指明了"心"是王安石认为的决定性因素。"王者其心非有求,为吾所当为而已",引申到灾异论中,便意味着王者不必关心灾异事应,只需坚持自己认为正确的方针政策即可。

王安石对《尚书·洪范》有系统的论述,其中就阐发了这一灾异观。此前的《洪范》解说把庶征中"时雨若""恒旸若"的"若"训为"顺",意思是庶征顺应五事休咎而至。王安石则将"若"解释为"如

---

① 《续资治通鉴长编》卷二五二,熙宁七年四月己巳条,第6147—6148页。
② 富弼《上神宗论灾变非时数》,赵汝愚编《宋朝诸臣奏议》卷四二,上海古籍出版社,1999年版,第432页。原注云上疏在熙宁元年十二月,案苏轼《富郑公神道碑》《宋史·富弼传》并云在熙宁二年二月,汝愚注误也。
③ 王安石与"内圣"之学的关系,参考余英时说,见《朱熹的历史世界:宋代士大夫政治文化的研究》,第45—64页。关于王安石之学的特点和在宋学中的地位,除了上引钱穆、陈植锷的著作外,邓广铭《王安石在北宋儒家学派中的地位——附理学家的开山祖问题》一文(收入《邓广铭治史丛稿》,北京大学出版社,1997年)也十分重要,应参看。
④ 钱穆《初期宋学》,《中国学术思想史论丛》第5册,东大图书有限公司,1984年,第6页。

同"的意思,用"若……然"描述庶征与五事的关系,意思是五事休咎如同自然的时或不时。这一点,论者已多。我们更关注的是王安石关于天人关系的讨论。他在《洪范传》中说:

> 孔子曰:"见贤思齐,见不贤而内自省也。"君子之于人也,固常思齐其贤而以其不肖为戒,况天者固人君之所当法象也。则质诸彼以验此,固其宜也。然则世之言灾异者,非乎!曰,人君固辅相天地以理万物者也,天地万物不得其常,则恐惧修省固亦其宜也。今或以为天有是变,必由我有是罪以致之;或以为灾异自天事耳,何豫于我,我知修人事而已。盖由前之说则蔽而葸,由后之说则固而怠。不蔽不葸、不固不怠者,亦以天变为己惧,不曰天之有某变必以我为某事而至也,亦以天下之正理考吾之失而已矣。此亦"念用庶征"之意。①

他既反对天变必由人事引起的观点,也不同意天变与人事无关,认为前者愚昧而畏葸,后者顽固而懈怠。他设计的圣王理想境界是敬畏天变,但不相信事应,而"以天下之正理考吾之失"。所谓"天下正理",相当于钱穆所说的"吾所当为",是来自"内圣"的修养工夫,求诸心性而已。王安石事实上将判断是否响应灾异的权力交给了君主,或者君相结合的最高统治集团。在他看来,由于有"性命道德"之学的支撑,有"内圣"的修养工夫,人君可以不拘外物,求诸本心,不泥于灾异事应之说,唯将得失直接质诸自己所认定的"正理"。

在此,有必要对学界熟知的"天变不足畏"之说稍作辨析。"天变不足畏,祖宗不足法,人言不足恤",《宋史·王安石传》称是安石之言,历来盛传为变法的口号。但邓广铭已经指出,王安石从没有向神宗提出过"三不足"。据他考证,"三不足"之说出自司马光拟定的一道策问,是变法反对者转述和总结王安石的观点。不过,邓先生仍然坚持这三句话是王安石亲口所说②。对此,特别是对"天变不足畏"一语,我还有一些疑问。

---

① 王安石《洪范传》,《临川先生文集》卷六五,中华书局,1959 年,第 695 页。
② 见邓广铭《北宋政治改革家王安石》,河北教育出版社,2000 年,第 115—117 页。

由反对者来转述和总结王安石的观点,不能不加上他们自己的理解,难免有夸张或者断章取义的成分。举一例说明。南宋晁公武《郡斋读书志》中,说王安石的《洪范传》"大意言天人不相干,虽有变异,不足畏也"①。但是从上面对《洪范传》相关内容的分析看,王安石是主张"以天变为己惧"的,并无"不足畏"之说。晁公武的归纳显然带着成见。王安石本人这样回答神宗对"三不足"的质疑:"陛下躬亲庶政,无流连之乐、荒亡之行,每事惟恐伤民,此亦是惧天变。"②由此看来,王安石是赞成畏天变的,只不过这种畏天变不是表现在一时一地因特定的灾异而生畏惧,而是在于持之以恒地修德修政。结合《洪范传》"以天下之正理考吾之失"之语,不难理解王安石的本意。

王安石主张"灾异为时数",说"不曰天之有某变必以我为某事而至",都在"以天变为己惧"的前提下,并以统治者的"内圣"之学为基础。富弼、司马光等的转述则割裂了这个前提和基础,推导出"天变不足畏"一句话,这不能说是王安石的本意。尽管如此,这种转述却仍能表明王安石之说的实际效果:无论是反对者还是支持者(比如宋神宗),从中拈出的都是"天变不足畏"这一条,荆公之学对后来思想学术和政治文化的影响也在"天人不相干"上。

王安石之学在思想和效果的层面,都达到了宋代天人观的一个极致。它在熙宁年间至南宋初年如日中天,占据着思想界的主导地位,深刻地影响了士大夫的主流灾异思想。这是灾异政治文化转变过程中的突破性一步。

## 第二节 转变的条件

灾异政治文化转变的条件,除了宋代儒学中天人观、灾异论的思想变化外,至少还有两点:一是学术上儒学与数术的疏离,二是政治上

---

① 晁公武《郡斋读书志》卷一《王氏洪范传》解题,《郡斋读书志校证》,第55页。
② 杨仲良《宋通鉴长编纪事本末》卷五九《王安石事迹上》熙宁三年三月己未条,《宛委别藏》,江苏古籍出版社,1988年,第1919页。

儒家意识形态的巩固和君臣关系的转变。本节就从这两方面,谈谈灾异政治文化的转变为什么能够在宋代,更具体地说,是北宋仁宗至神宗时期发生。

一、儒学与数术的疏离

在儒学结合数术构建灾异论体系的过程中,数术中的占验技术成为推说灾异事应的基本工具。儒学与数术的结合在两汉之际谶纬兴起之时达到高峰,此后便走向疏离。谶纬在东汉以后的"出儒入数",也带走了儒学中的部分数术因素。儒学与数术疏离致使数术的学术地位下降,在士大夫的知识体系中日益边缘化。

数术的这一变化,清晰地反映在隋唐以后的目录学分类上。赵益比较《隋书·经籍志》和此前的目录分类,指出《汉书·艺文志》六大类中的"数术""方技"两项,在《隋志》中归入"子部",降格为二级类目,标志着数术在学术体系中地位下降。《隋志》的另一个变化是将《汉志》到《七录》目录体系中的"五行""蓍龟""杂占""形法"诸家都归并入新的"五行类",同时"天文""历谱"(《隋志》名"历数")两家则仍独立为"子部"下的二级类目,而与"五行类"并列。在这一新的分类体系下,扩大了的"五行类",实际上就是缩小了的"数术略"。赵益认为,这标志着数术的狭义化,数术知识开始从主流向边缘过渡[①]。我赞同这个判断。

《隋书·经籍志》分类上的变化在后代目录中基本延续下来,并有新的发展。唐代毋煚的《古今书录》(《旧唐书·经籍志》同)和北宋欧阳修《新唐书·艺文志》、南宋郑樵《通志·艺文略》都沿袭《隋志》,将天文历算以外的数术书全部归入"五行类"。宋代《崇文总目》从"五行"中分出"卜筮"一类,置于天文、历数、五行之前,应是受宋代《易》学发达的影响。《宋史·艺文志》保留此类,改称"蓍龟"。清初黄虞稷编《千顷堂书目》,又遵从《隋志》,将数术书统归入"五行"。这一做

---

① 参见赵益《古典术数文献述论稿》,中华书局,2005 年,第 43—45 页。

法为《明史·艺文志》所继承。在上述变化中,"五行"类时有分合,但作为数术书的总类而与天文历算之书相分别的情况已经基本稳定下来,只差正名为"数术"类这一步了。清乾隆时修《四库全书总目》,最终完成了这个步骤。《四库总目》的"子部",将天文算法归为一类,又将数术归为一类①。其"术数类"实际上大致相当于《汉志》的数术略除去天文、历谱,或者更确切地说是除去天文、历谱中"科学"的部分。

《四库全书总目》子部"天文算法类"小序云:

> 若夫占验禨祥,率多诡说,郑当再火,裨灶先诬。旧史各自为类,今亦别入之"术数家"。②

天文书与其他占验书"各自为类"是从《隋志》开始的。《隋志》占验书名为"五行"类,还没有明确地把天文历算从数术中排除出去。《四库总目》将以前的五行类改称"术数类",正式把天文历算与数术划清了界线。天文推步和算学得到很高的肯定,天文学中的占验部分则被评价为"率多诡说",被打入名为"术数类"的"另册"了。"术数类"中,又有"另册"之"另册"。《四库全书总目》"术数类"小序云:

> 术数之兴,多在秦、汉以后。要其旨,不出乎阴阳五行,生克制化,实皆《易》之支派,傅以杂说耳。物生有象,象生有数,乘除推阐,务究造化之源者,是为"数学"。星土云物,见于经典,流传妖妄,浸失其真,然不可谓古无其说,是为"占候"。自是以外,末流猥杂,不可殚名,史志总概以"五行"。今参验古书,旁稽近法,析而别之者三,曰"相宅相墓",曰"占卜",曰"命书相书";并而合之者一,曰"阴阳五行"。杂技术之有成书者,亦别为一类附焉。中惟"数学"一家为《易》外别传,不切事而犹近理,其余则皆百伪

---

① 《隋书·经籍志》以后目录分类的变化相当复杂,这里仅选取与数术尤为相关的内容择要概述,详细情况请参考姚名达《中国目录学史》(上海古籍出版社,2002年)之《分类篇·正统四部分类法之源流》,特别是其中的《四部分类源流一览表》,第77—80页及其后的插页。数术书分类的变化,参看李零《中国方术正考》绪论之三《数术方技之书的分类》,第15—21页。
② 《四库全书总目》卷一〇六,第891页中。

一真,递相煽动。①

这篇小序反映出清儒对数术的主流看法。四库馆臣实际上将"术数类"划分为三部分:"数学""占候"和"其他"。"其他"部分即《隋志》以来的"五行类",构成了《四库》术数类的主体。"占候"即过去天文类中讲占验吉凶的书,也就是"天文算法类"小序中说成是"占验禨祥"而打入另册的部分。"数学"是象数之学(不是算术、几何),性质或为阐《易》,或为拟《易》。除了杨雄《太玄》一书外,皆非用于占卜,而是以象数为宗推说宇宙万物、道德人伦、历史政治的义理。因此,四库馆臣对"数学"高看一眼,称为"《易》外别传,不切事而犹近理",至于其他诸种则说是"百伪一真,递相煽动",认为无甚价值。

简单地总结一下数术目录学分类变化的意义。《隋书·经籍志》以前,历算和占验,也就是今天看来"科学"的部分和"迷信"的部分,同属一类,混淆不分。《隋志》以后,两者逐渐分离,前者保留在主流学术之内,而后者逐渐被贴上"诡说""谬谈"的标签,被主流学术所抛弃。这个变化,到清乾隆年间编修四库全书时在目录学分类中得到明确,也最终完成。

应该注意到,目录学分类的变化是学术变迁完成的标志,是滞后于学术变迁的。数术,尤其是与灾异论关系最为密切的占验数术,早在宋代象数之学(即《四库总目》中的"数学")兴起之后就被儒学排斥,日渐边缘化了。其中原因,还要从数术因素在儒学中的作用说起。

池田知久曾敏锐地指出:"如果经学是天人之学,那么作为其必然结果,就不可能从经学内部完全排除术数的思维。……如果完全舍去术数的思维,关于天人之间的某些命题就失去了依托。在经学中,术数的思维已经构成这一思想体系或理论最本质的部分。"②这里所说的经学,大致上可以等同于儒学。儒学本身比较缺乏关于"天道性命"的经典论述,必须向外寻找理论资源。在董仲舒的时代,阴阳五行说

---

① 《四库全书总目》卷一〇八,第914页上。
② 池田知久《术数学》,《中国的思维世界》,第123页。

盛行,几乎为所有政治思想流派的天人论所利用。与阴阳五行相关的数术占验之学也是当时的一般性知识,同样被董仲舒纳进他的儒学体系①。

池田氏的说法,就汉代的情况而言是完全正确的,但施及后世,就未必然了。他把这个观点推演到西汉以后直至清代的整个帝制时代,认为自西汉以来,真正的经学家都接触或研究过数术学,并有力地促使这种学问的深化。除了两汉诸儒外,他还举出了郭璞(《周易洞林》)、司马光(《潜虚》)、邵雍(《皇极经世书》)、朱熹(《周易参同契考异》及《易学启蒙》)、王应麟(《六经天文编》)、江永(《河洛精蕴》)、戴震(《续天文略》)、钱大昕(《三统术衍》),作为鸿儒献身数术思考并有成果问世的例证。有意思的是,池田氏所举出的这些所谓数术书,除郭璞书以外,基本上属于《四库总目》"易学""天文算法"或"数学"类,全都不具占验性质。通过他所举的例子,我们反倒可以得出这样的结论:宋以后大儒,大抵已经不为占验之学,即当时严格意义上的数术学。这点非常重要,它提示我们宋代儒学与数术的关系已经发生重大变化。这个变化的原因就在于宋代儒学中天人之学的部分。

儒学在天人之学层面上依赖数术资源的情况,在佛学传入后便有所改观。佛学的宇宙论、天人论较之传统数术深刻和丰富得多。它不仅直接影响儒学,而且间接地通过促使道家从黄老之学转向老庄之学,共同改造士大夫的思维世界。魏晋玄学、隋唐佛学不仅对数术起了排斥作用,而且打倒谶纬的权威,在天人之学层面上战胜并改造了旧儒学。宋代儒学复兴,是建立在融合释、老的基础之上,就天人之学而言,尤其如此。

前面我们已经提到佛学对性理之学的影响。而宋代象数学的勃兴也是吸取道家之学的结果,被朱熹视为宋《易》创始人的陈抟就是一位道士。宋代象数学以《易》学为宗,主体也是《易》学。象数《易》学的特点,据朱伯崑的总结,是"回避或排除阴阳灾异说和天人感应的迷

---

① 参看本书第二章第一节。

信,将汉《易》中的象数之学进一步哲理化,特别是数理化,形成了《易》学中的数学派"①。也就是说,它通过"数学"讲哲理,而排斥数术占验。这种象数之学的兴起,实际上是援引佛、道建立心性义理之学。它在填补儒学空缺的同时,取代传统数术,将之从士大夫的学术世界中排挤出去②。

宋代儒学吸取释、老之学的理论资源,建立理学。理学在天人关系层面已有丰富的理论,不需外求数术,相反还排斥数术。此后,数术(除了《隋志》已经分出的天文历算)日益两极化:一部分附庸于《易》学,成为哲理化的"数学",在士大夫中是高级学问;一部分日益鄙俗,沦为求神卖卜、测字算命之学,为士大夫所不屑。到了宋代,天文历算已经独立,"数学"又是新出,《隋志》归入五行类的传统意义上的数术终与儒学疏离。

儒学与数术的疏离还有一个十分重要的学术背景。即使在两者结合最为紧密的汉代,儒学对数术的流弊也有清晰的认识。《汉书·艺文志》五行家小序云:

> 五行者,五常之形气也。《书》云"初一曰五行,次二曰羞用五事",言进用五事以顺五行也。貌、言、视、听、思心失,而五行之序乱,五星之变作,皆出于律历之数而分为一者也。其法亦起五德终始,推其极则无不至。而小数家因此以为吉凶,而行于世,浸以相乱。

刘歆阐发《洪范》义理,认为五行家之大道在于使人"进用五事以顺五行",同时指出如果"小数"家因此而为吉凶占验,则相淆乱,非五行家之本义。五行家之书本来就是吉凶占验之学,汉儒改造之而为儒家所

---

① 朱伯崑《易学哲学史(中)》,北京大学出版社,1986年,第7页。
② 宋儒的象数之学或曰"数学",有时也被称为"术数之学",名称易与此前的数术相混,其实则已经不同。吕思勉论"宋儒术数之学"云:"宋代理学家,其学虽或偏于术数,而其意恒在明理,其途径虽或借资取异学,而多特有所见,不为成说所囿。"(《理学纲要》篇十一,见吕思勉《中国文化思想史九种》,上海古籍出版社,2009年,第405页)其意可与朱伯崑说并观。

用,需要时刻警惕它恢复本来的"小数"面目。

从汉代开始,反"小数"就是儒家说灾异者高度重视的问题。《汉书·孔光传》载元寿元年(前2)汉哀帝问日食事,孔光对曰:

> 承顺天道在于崇德博施,加精致诚,孳孳而已。俗之祈禳小数,终无益于应天塞异,销祸兴福。

他将"祈禳小数"与儒家强调的"崇德博施,加精致诚"对立起来,认为无益于应对灾异。《汉书·王莽传下》称莽"性好时日小数,及事迫急,亶为厌胜",显然也是鄙夷的口吻。《五行志》也区分"圣王之道"和"小数",意在明"王道"而非"小数"。①

汉代反"小数"的思想传统,为后代儒者所继承。《晋书·吕光载记》载光曰:"郭䴢巫卜小数,时或误中,考之大理,率多虚谬。"《魏书·崔浩传》载浩言:"渊等俗生,志意浅近,牵于小数,不达大体,难与远图。"同书《恩幸·徐纥传》称纥"无经国大体,好行小数"。这些话或出自儒学之士,或经过史家的修饰,可能受特定语境的影响,但将"小数"与"大理""大体"对举,无疑都反映了士大夫对数术的贬斥。再看《隋书·经籍志》,其于"天文类"小序云"小人为之,则指凶为吉,谓恶为善,是以数术错乱而难明","历数类"小序云"小人为之,则坏大为小,削远为近,是以道术破碎而难知","五行类"小序云"小数者才得其十觕(粗),便以细事相乱,以惑于世",也表现出站在儒家立场上反对"小数"的意识。这个传统的存在,使得宋学排斥数术的努力能够较为顺利。

宋儒反对灾异事应说,主要就是反对灾异论说中的数术占验因素。宋学排斥数术,为宋儒灾异论转变做好了学术上的准备。

顺带说明,宋代儒学与数术疏离的变化不仅对灾异政治文化有影响,而且是与政治文化的整体转型联系在一起的。刘浦江在《"五德终始"说之终结——兼论宋代以降传统政治文化的嬗变》一文中,从五运说衰亡、传国玺沦落、谶纬遭到扬弃、封禅走向末路等方面,论证了宋

---

① 说见游自勇《论班固创立〈汉书·五行志〉的意图》一文。

代政治文化的变迁之迹。他指出:"宋代的知识精英对传统政治文化进行了彻底的清算,从学理上消解它们的价值,从思想上清除它们的影响。"① 受此说的启发,我们也可以将儒学与数术的疏离看成这一政治文化转变的学术背景,而灾异政治文化的转变则是这个大变局中的又一个组成部分。

## 二、儒家意识形态的巩固和君臣关系的转变

汉代灾异论初兴之时,儒学几成"绝学"。武帝以前,儒学修习者有限,政治影响也远不能与黄老、阴阳、法术之学相提并论。因此,董仲舒身为大儒,仍需借助阴阳五行数术以负载儒家的灾异论。进一步说,灾异论依托"天"的权威来建设儒学的权威,本身就是倡导儒学的一种工具。

西汉中期以后,情况发生了变化。经过武帝以来的尊儒运动,特别是以儒术取士,诱以利禄,使得此后"公卿大夫士吏彬彬多文学之士",儒学大盛并与政权结合到一起。这个过程,就是日本学者说的"儒教国家化"或"儒学官学化",本书称之为儒学的意识形态化和意识形态的儒家化。相关的问题,学界多有研究,这里无须赘述②。这里要关注的是灾异论由此而发生的变化。灾异论作为儒家意识形态的重要组成部分,在西汉晚期以后影响臻于顶峰,与此同时,它作为树立和辅助儒学意识形态的工具的作用则开始减弱。

汉唐之间,尽管玄学、释老迭兴一时,但儒学基本上保持了意识形态中的主流地位,只不过有时要与别家分享而已③。由唐到宋,儒学意识形态进一步巩固,君臣关系也由此发生转变。

---

① 刘浦江《"五德终始"说之终结——兼论宋代以降传统政治文化的嬗变》,《历史研究》2006 年第 2 期,第 186 页。

② 日本学界的相关讨论,参看富谷至《儒教の国教化と儒学の官学化》一文(载《东洋史研究》卷 37:4,1979 年)的介绍。中国方面,阎步克在《士大夫政治演生史稿》第八章《"独尊儒术"下的汉政变迁》中作了论述,见第 300—359 页。

③ 芮沃寿《隋朝意识形态的形成(581—604 年)》一文,论述儒学与佛、道并存为意识形态的情况,见《中国的思想与制度》,第 49—83 页。

隋唐之际意识形态的一个新变化是帝王学的成熟。从隋文帝到武则天，帝王多在统治思想、治国之道等方面力求表现得有所创见，甚至完成著述。唐太宗的《帝范》《金镜》，武则天的《臣轨》，是这方面较为突出的表现①。这些帝王书中所言大抵并无新意，但由帝王的名义撰作成文，垂范后世，却有不同寻常的意义。此前由臣一方提出的在君臣之间反复讨论乃至争论的问题，现在由帝王出面予以回答并落实到文字上。这些回答从形式上看，是帝王对后代，或帝王对臣下的训导，但其内容基本上接受了人臣对于君王之道的意见，可以说是臣对君的规训的结果。这里仅举《帝范》中的两条论述：

抚九族以仁，接大臣以礼。奉先思孝，处后思恭。倾己勤劳，以行德义。(《君体篇》)

夫功成设乐，治定制礼，礼乐之兴，以儒为本。(《崇文篇》)②

这里的仁、义、礼、乐、德、孝，当然都是儒家意义上的。学者指出，唐太宗帝王学的思想"兼综孔、老"，这无疑是对的，但他对儒学意识形态的承认，也勿庸置疑。顺便说一句，《帝范后序》还说道："祸福无门，惟人所召。"③这个意见近于《左传》"妖由人兴"之说，将其与灾异论联系起来，可以看到排除数术占验的意识。

宋初力矫唐末五代武人政治的弊病，提倡"读书"，倾向"文治"④。一开始，所用"读书人"不仅是儒生，也包括文士和富有统治经验的吏才。不过，一旦读书的风气养成，士大夫地位提高，儒学凭借深厚的基础和传统权威，很快走上复兴的轨道。这种复兴起于士大夫群体，而波及中央朝廷乃至帝王本人。

---

① 参看刘泽华主编《中国政治思想史(隋唐宋元明清卷)》第一章《隋唐诸帝成熟且完备的君道论》，第1—87页。唐代帝王关于君道书还有玄宗的《开元训诫》、宣宗的《君臣事迹》，详《唐会要》卷三六《修撰》。
② 李世民《帝范》，《唐太宗集》，陕西人民出版社，1986年，第206、232—233页。
③ 李世民《帝范》，《唐太宗集》，第235页。
④ 参看余英时《朱熹的历史世界：宋代士大夫政治文化的研究》第二章《宋代"士"的政治地位》，第199—209页；邓小南《祖宗之法：北宋前期政治述略》第二章第三节，第149—183页。

至北宋仁宗初年，宋代政治文化迎来了转折时期。相关的讨论很多，这里仅举一个与灾异问题有关的例子。《续资治通鉴长编》载仁宗康定元年十月丙辰，出御制《洪范政鉴》示辅臣①。其序作于是年七月，云："采五均六沴，前世察候最稽应者，次为十二卷。"②书的内容，以《洪范》五行五事皇极分类，每类首叙《洪范五行传》及郑玄注，以下汇集历代灾异事应，大体类同正史《五行志》。这样一来，历代儒生大臣的当面劝诫之词，以及事后史官撰述作为后世镜鉴的文字，被帝王以御制书的形式承认下来。不管其书是否真为仁宗亲手编撰，至少表明帝王在灾异论上与儒生站到了一起。

帝王的儒家化，影响了臣对君的认识，在一定程度上也改变了君臣关系。胡宝华撰文从观念史角度讨论唐宋时期君臣关系的变化，认为唐代以后出现"君臣道合"的观念，取代过去的"君臣之义"，说明先秦以来以君臣父子、尊贵卑贱为表征的君臣观，正向以"道合"为基础的具有一定平等色彩的君臣关系理念转变③。这个观点很有启发性。我们认为，唐宋君臣关系转变更表现在思想的实践层面上，从思想进入到政治文化之中。

"君臣道合"的观念早在先秦时代就已经存在。余英时曾说："在理论上，知识分子与君主之间的结合只能建立在'道'的共同基础上面。"④他说，孔子"天下有道则见，无道则隐"（《论语·泰伯》）之语就表达了知识分子的这个意思。但正如余先生所说，这是"理论上"的，或者说是"士"的一厢情愿。事实上，除了战国时期，即余先生说的公元前4世纪以下短暂的一两百年，"士大夫"与君主的结合都是建立在功业和爵禄上。举一个本书涉及过的例子：董仲舒的"道"胜过公孙弘，而真正为武帝重用的却是能够帮助他迅速建立功业的公孙弘，武

---

① 《续资治通鉴长编》卷一二九，第3055页。
② 赵祯《洪范政鉴》序，《宋钞本洪范政鉴》，第1—3页。
③ 见胡宝华《从"君臣之义"到"君臣道合"——论唐宋时期君臣观念的发展》，《南开学报（哲学社会科学版）》2008年第3期。
④ 余英时《道统与政统之间——中国知识分子的原始型态》，《士与中国文化》，第91页。

帝对公孙弘表示尊崇的方式也是拜相封侯。臣效之以事功,君赏之以爵禄,而"道"不与焉。这是秦汉以后君臣相与的规则。帝王绝不会将知识分子说的"道"视为君臣结合的基础①。

这种情况在唐宋之际发生转变,胡宝华文对其表现已有讨论。这里特别需要提出的是,元和四年七月,唐宪宗制《君臣事迹》十四篇,纂录历代"君臣行事可为龟鉴者",开头第一篇就名为《君臣道合》②。秦汉以来,君主将大臣喻为"股肱"并不少见,武则天著《臣轨》也强调"君臣同体",但都只是讲君臣结合之后互相信任,特别是强调臣对君如肢体对躯干一样的忠诚和服从。现在,君臣结合的基础"道"终于被人君亲自提了出来。从士大夫的角度看,"道"这个基础太重要、太关键了,一旦为君主承认,"得君行道"就成为可能。唐代开始的这个变化,最后发展为宋代君臣"共治天下"的政治现实。

范镇《东斋记事》卷一云:

> 曹利用先赐进士出身而后除仆射,乃知进士之为贵也如此。

此事发生在北宋真宗天禧五年(1021)。余英时引用这条材料,用以说明当时进士已是拜相的必要条件。他敏锐地将之与汉武帝时拜公孙弘为相前必须先封其为列侯一事联系起来,指出"宋代进士正式取代了汉代侯爵的资格"③。在我看来,此事不仅说明宋代士的政治地位上升,进士成为拜相资格,还深刻地反映出君臣关系的转变。

汉代列侯是二十等爵中的最高一级。二十等爵起源于军功爵,与功特别是战功紧密地联系在一起。汉代以后,得爵的方式增多,但"功"仍是获得高爵特别是侯爵的最主要途径。汉高祖曾与天下盟曰

---

① 汉代也有"君臣义合"的说法,但这个"义"并不像"道"那样带有价值判断,不是"正义"的"义"而是"恩义"的"义"。《白虎通·瑞贽》"论子无贽臣有贽"条云:"子见父无贽何?至亲也……臣之事君,以义合也,得亲供养,故质己之诚,副己之意,故有贽也。"(《白虎通疏证》卷八,第359页)这就是将"义"与"亲"对举,表示一种非天然的人身依附关系。《三国志·吴书·周瑜传》注引《江表传》载周瑜有"外托君臣之义,内结骨肉之恩"之语,也充分说明了"君臣之义"的"义"是"恩义"。

② 见《唐会要》卷三六《修撰》,第660—661页。

③ 余英时《朱熹的历史世界:宋代士大夫政治文化的研究》,第201—202页。

"非有功不得侯"①,就是侯爵与"功"之联系的最好说明。除了"功"以外,另一个得侯的理由是"亲"。考《史记》《汉书》侯表,除了功臣侯,就是王子侯和外戚侯,两者都是因"亲"得侯。至于拜相封侯、降人封侯,都是后起的,无论数量还是重要性都不能与"功""亲"侯相提并论。汉代以列侯爵位为拜相的必要条件,暗含的逻辑就是:必须有足够的"功"或者"亲",才有做宰相的资格。如果进一步深究下去,它也象征着"功"和"亲"是影响君臣关系最重要的因素。当然,随着普赐吏民爵的展开,以及公孙弘这样无功封侯事例的出现,爵的身份性意义增强,与"功"的联系逐渐削弱。但封侯才能拜相这一传统延续下来,它的象征意义没有彻底改变。

进士身份跟爵不一样,它是一种出身,一般来说只代表任官资格,尚未为官,更遑论有功。一方面,进士身份是凭借学识、才干得到皇帝认可而获得,至少在名义上是皇帝亲自考选授予的,所以进士也被称为"天子门生"。另一方面,唐代以后,进士可以自由投考,选择考进士也意味着士人自愿地寻求获得皇帝认可。士人和皇帝在投考和授予进士出身的互动过程中,结成君臣关系。理论上说,这种君臣关系的基础,是士人愿意并能够提供的学识、才干与皇帝之所需达成了某种一致,是君臣之间的某种契合。宋初沿袭唐制,以诗赋取士,"君臣契合"尚停留在"文"上。此后,科举制经历了三次重要的改革。仁宗天圣年间开始兼以策论升降天下士,庆历年间改为以策论为重,神宗熙宁年间进一步罢诗赋,而专考策论和大义②。策论是考论政治的方针大策,大义是考儒家经典的根本义理。无论是方针政策还是根本义理,都已经不再仅是"文"或"学",而更进一步达至"治道"的层次。士人必须表达自己对"道"的见解,合上意则留,不合则去;天子必须倾听士人的"道",留下合者,斥退不合者。那么,进士出身理论上便是"君

---

① 《史记》卷五七《周勃世家》载周亚夫曰:"高皇帝约'非刘氏不得王,非有功不得侯。不如约,天下共击之。'"
② 参见陈植锷《北宋文化史述论》第一章第四节《科举改革和宋学的演进》,第77—120页。

臣道合"的结果。考选进士,对天子而言是寻找道合之人为臣,对士人而言,便是"得君行道"。这种建立在"道"的基础上的君臣关系,与战国秦汉以来"策名委质"的人身依附性的君臣结合方式,已有很大差别。

当然,"君臣道合"成为君臣关系的基础是理论上的,实际政治中的君臣关系无疑要复杂得多,甚至可以说绝大多数时候都不是也不可能建立在"道合"的基础上。别的朝代如此,宋代也不例外。但是,"君臣道合"在宋代确实已非少数人的思想,而通过士大夫的倡导、帝王的承认和科举考试的制度化等途径意识形态化。宋代的君臣"共治天下"就是在这种意识形态下展开的。

关于宋代君臣"共治天下",近来已有十分精彩的讨论。余英时和邓小南都将注意力集中在宋仁宗以后士大夫"以天下为己任"的政治主体意识,认为是宋代"共治天下"的基础和特征①。我以为,宋代的君臣"共治"还有一个前提,即"君臣道合"。

君臣"共天下",古已有之。刘邦与军功集团共天下是以"功"为基础的,汉宣帝"与良二千石共之"是在"策名委质"前提下说的,东晋"王与马,共天下"则是门阀政治的特殊产物。唐太宗曾说:"旷道不可偏制,故与人共治之,重任不可独居,故与人共守之,是以封建亲戚,以为藩卫。"②这也还是将共治的伙伴设定为有血缘关系的"亲戚"。与前代相比,宋代的君臣"共治天下"有其特殊之处。余英时指出,宋人热切地希望超越汉唐,回向"三代",实现"政统"与"道统"合一、"内圣"与"外王"合一③。邓小南认为,追复"三代"反映的政治理念之一,即是必须"致其君为尧舜之君"④。宋代君臣或至少是士大夫,认为可

---

① 参见余英时《朱熹的历史世界:宋代士大夫政治文化的研究》第三章《同治天下》——政治主体意识的显现》,第210—230页;邓小南《祖宗之法:北宋前期政治述略》第五章第三节,第408—421页。
② 《帝范·建亲篇》,《唐太宗集》,第210页。
③ 参见余英时《朱熹的历史世界:宋代士大夫政治文化的研究》第一章《回向"三代"——宋代政治文化的开端》,第184—198页。
④ 参见邓小南《祖宗之法:北宋前期政治述略》第五章第三节,第405—408页。

以用儒家之道造就帝王的"内圣",从而与群臣在同一个"道"的指引下实现善政。他们所说的共治以"君臣道合"为基础,而"君臣道合"成立的前提是其君有可能接受"道"的规训,成为"尧舜之君"。

话说到此,似乎离题甚远,其实不然。了解了宋代士大夫"内圣外王"合一的理想,知道他们相信可以"致其君为尧舜"之后,才能理解灾异论此时的处境。前文已经论及,灾异论的作用在于"神道设教"。董仲舒说灾异,是为在儒学不竞之时,借助天意说服人君接受儒家政治理念和自己的政治主张。儒学意识形态建立之后,士大夫要求人君效法尧舜,但从来不认为现实中的人君可以成为尧舜。西晋杜预阐发说灾异之意云:"圣人因天地之变、自然之妖以感动之,知达之主则识先圣之情以自厉,中下之主亦信妖祥以不妄。"①他将神道助教的对象设定为层次较低的"知达之主"和"中下之主"。那么,对于"圣王"还有说灾异的必要吗?

宋代士大夫对现实君王与"尧舜"的差距,不是没有认识。但"君臣道合"在政治文化上的成立,不免使他们稍稍放松制约人君的意识:既然帝王已经儒家化,"道合"成为可能,是不是"神道设教"就不再那么重要了呢?史实若何,不易论证。但我想,君臣关系的变化,与对灾异论的质疑和否定,两者不会是没有联系的。

宋代否定灾异论的极致在王安石,"君臣道合"的现实典范也是宋神宗和王安石。王安石在熙宁二年二月拜相,得以开始变法,不是因为功勋卓著。他由翰林学士知制诰而升任执政,完全是由于君臣"遇合"。神宗居东宫时,就常听记室参军韩维称赞王安石的道德文章,印象深刻。即位不久便起用去官守丧的王安石,数月而为翰林学士,安石因此得以面见神宗。经过上《本朝百年无事札子》和数次当面长谈,他的治国经邦之道完全为神宗所赞同。史载:

---

① 《左传》僖公十五年六月"震夷伯之庙"条杜预注,《春秋左传注疏》卷一四,第234页下。

> 安石见上论天下事,上曰:"此非卿不能为朕推行,朕须以政事烦卿。料卿学问如此,亦欲施设,必不固辞也。"安石对曰:"臣所以来事陛下,固愿助陛下有所为。"①

对话中,君臣道合之状,如在目前②。王安石与神宗就变法有为、富国强兵的目标达成一致,拥有共同理想,也在这理想的基础上结成了不同以往的君臣关系。用时人曾公亮的话来说就是——"上与安石如一人"③。

在君臣"如一人"的条件下,王安石当然无须再顾及灾异对人君的约束作用,倒是反对派常以天变为由阻挠变法,使灾异成为君臣共同面对的阻力。王安石本就主张面对灾异应"不曰天之有某变必以我为某事而至也,亦以天下之正理考吾之失而已矣"。为了扫除变法的障碍,他对自己的旧说略加引申,给出更进一步的论断,不是没有可能的。相关言论经反对者的转述,便有"天变不足畏"之说。这绝非王安石的本意,但在坚持变法一事上,王安石确实是不畏天变也不要求人君畏天变的。

对上面的论述稍作归纳,我们认为,王安石倾向于不畏天变,一方面是因为"君臣道合"不再需要"神道设教";另一方面是他相信"正理"在我,"道"在他们君臣一边,当排除一切障碍履践之、实现之,无须理会天变。"自反而缩,虽千万人吾往矣。"④王安石之灾异论,也应该这样去理解。当然,王安石与宋神宗是极端的因而也是独特的例子,不具有普遍的代表性。但通过这个例子,仍多少可以窥见君臣关系转变,及其影响灾异论和灾异政治文化的迹象。

---

① 《宋通鉴长编纪事本末》卷五九,熙宁二年二月庚子条,第 1915 页。
② 神宗与王安石君臣契合之事,参见邓广铭《北宋政治改革家王安石》第二章第一节,第 89—93 页。
③ 《续资治通鉴长编》卷二一五,熙宁三年九月庚子条,第 5238 页。
④ 《孟子·公孙丑上》载曾子引"夫子"语。

## 第三节　灾异论的否定之否定与新的政治文化

不少研究者都注意到，宋学在否定汉唐灾异论的同时，又保存和积极维护灾异论①。从本书的观点来看，宋代灾异文化转变的主要意义不在于"变"，而在于"存"。变是为了存，变的结果也是存。欧阳修在《新唐书·五行志序》中一面说"削其事应"，一面也说"著其灾异"，否定之外也有肯定。

灾异政治文化转变的最终完成，在思想上是通过灾异论的否定之否定而实现的，其核心理论是二程的"天理观"。小岛毅认为，王安石以后，宋儒通过改变"天"的含义重建天谴论。他提到了"天理观"在其中的作用。沟口雄三更深入地讨论"天理观"的内容并阐发了它在思想史上的意义②。他们的研究很有价值。本书考虑"天理观"含义的角度有所不同。沟口氏强调"天理观"对天人相关论的改造以及与欧阳修、王安石等人思想的继承关系，本书更注重讨论"天理观"形成过程中对之前宋儒天人相分学说的反思和扭转。这并不是反对前两位学者的观点，而是试图从另一个角度补充对宋代思想史的认识。

一、从"正理"到"天理"

前节讨论唐宋以后君臣关系的转变时，曾指出这一转变是理论上的，或者说仅在意识形态上具有现实性。在政治的实际运作中，权力、身份、事功这些传统因素仍然在君臣关系中发挥着重要的甚至主要的影响。王安石和宋神宗的君臣遇合，可说是"千载一时"。共同的理想盖过了权力得失、眼前事功的考虑，这太特殊，因而也不可能太长久。余英时指出，这个理想主导的时期仅限于合作最初的五六年，此后权

---

① 小岛毅的《宋代天谴论的政治理念》文中还专门辟出一节讨论"天人相关论的重建"。
② 见前揭小岛毅《宋代天谴论的政治理念》、沟口雄三《论天理观的形成》二文。

力因素的影响不断积累,最终凌驾于理想之上①。熙宁九年十月,王安石再度罢相,"君臣道合"的高峰期也就此结束。

王安石与宋神宗的君臣遇合极为特殊,灾异观被推进到"天变不足畏"的极致也有偶然性。但偶然中包含必然。柳宗元以来天人相分思想不断发展,并通过极端的方式展示出它的危险性。王安石的天人观新说促使宋儒展开反思。程颢、程颐的"天理观"就是这种反思的产物。

事实上,从柳宗元到王安石的天人相分思想,一旦落实到人伦政治,便陷入困境。王安石"以天下之正理考吾之失而已"的思想导向"天变不足畏",而"天变不足畏"对士大夫来说是取消了制约人主的最重要的外部权威。当时一些富有政治经验者认为,这十分危险。苏轼所作《富弼神道碑》载:

> 〔熙宁二年二月,〕有于上前言灾异皆天数,非人事得失所致者,公闻之叹曰:"人君所畏惟天,若不畏天,何事不可为者?去乱亡无几矣。此必奸臣欲进邪说,故先导上以无所畏,使辅拂谏诤之臣无所复施其力。此治乱之机也,吾不可以不速救。即上书数千言,杂引《春秋》《洪范》及古今传记人情物理,以明其决不然者。②

前文已经指出,富弼上书是针对王安石的,这里提到的"于上前言灾异皆天数非人事得失所致者",无疑也是王安石。暂且撇开政治上的是非不论,富弼不仅说中了王安石否定灾异说以减少变法障碍的现实意图,而且点出否定灾异论的政治风险。他说人君所畏惟天,若不畏天则将导致乱亡。此论虽然显得老套,却切中君主专制政体的要害,即人君缺少制约。苏轼自己也有类似的观点,他说:

> 人君于天下无所畏,惟天可以儆之。今乃曰天灾不可以象类

---

① 参见余英时《朱熹的历史世界:宋代士大夫政治文化的研究》第四章《君权与相权之间——理想与权力的互动》,第 231—250 页。
② 《苏轼文集》卷一八《富郑公神道碑》,中华书局,1986 年,第 534 页。

求,我自视无过则已矣。为国之害,莫大于此。①

所谓"我自视无过则已矣",可以理解为王安石"以天下之正理考吾之失而已"的另一种说法。对此,苏轼是反对的。在灾异论上,富弼、苏轼与王安石的分歧不是天人是否相关的学术问题,而是人君是否需要制约的政治问题。

王安石所谓"正理"是掌握在人手中的,"考吾之失"也是人的自发行为,没有外在的强制和约束力量。在多数士大夫看来,仅凭这一点不可能使人君就范。因此,扭转王安石所代表的思潮,首要的问题就是维持对人君的约束机制,找回"天"这个外在权威。其次则是,"天"回来以后,儒学如何能够不走上与数术结合的老路?"天理观"要解决的就是这两个问题。

二程对发明天理观颇为自负,曾说:"吾学虽有所受,'天理'二字却是自家体贴出来。"②那么,他们所说的"天理"与前人到底有何不同?沟口雄三认为,二程天理观的独创性在于,"一方面要立足于自然法则式的天的观念,同时在政治方面又要赋予天以道德根源性,通过对这一矛盾的扬弃,达到在新层次上对天人合一关系的重组,但这新层次又保留了天(自然)—政治—道德—天这一传统循环系统"③。沟口氏对二程天理观的描述很准确,只是这种天理观到底独特在哪里尚未得到清晰的说明。沟口氏还说,王安石所谓"天下之正理","才是体现了程颢天理观的独创性内容的地方"。按照这一观点,天理观独创性内容的发明权倒应属王安石了。二程"自家体贴出来"一语,岂非落空?

---

① 苏轼《书传》卷八,第 26 页,《文渊阁四库全书》本,台湾商务印书馆,1986 年。
② 《河南程氏外书》卷一二载程颢语,《二程集》,中华书局,1981 年,第 424 页。《朱子语类》卷九八(第 2518 页)又云为程颐语。《宋元学案》卷一四《明道学案下》黄百家案:"先生自道'天理二字,是我自家体贴出来',而伊川亦云'性即理也',又云'人只有个天理,却不能存得,更做甚人',两先生之言,如出一口。"(中华书局,1986 年,第 580 页)可见天理观是二程共有的。程颢、程颐观点基本相同,语录又常混淆,难以分别,故沟口雄三合称二人为"程子",本书则于难分别处和不必分别处使用"二程"指代程氏兄弟或其中之一。
③ 沟口雄三《论天理观的形成》,《中国的思维世界》,第 224 页。

我认为,二程天理观的独创性首先恰恰在于对王安石天人关系思想的反拨。前面已经指出,王安石的"天下正理"来自"内圣"的修养工夫,求诸心性而不必就正于"天"。因此,这个"正理"不是"天理",而是与之对立的"人理"。王安石对"天理"的理解,见所作《祭欧阳文忠公文》:"夫事有人力之可致犹不可期,况乎天理之冥冥,又安可得而推!"[①]"天理"在他看来冥冥不可推知,又怎能"考吾之失",作为人间是非的标准?王安石所说的"天理"显然是不关人事的[②]。这种观点,远宗刘、柳,近承欧阳。欧阳修在《易或问》中说:"《易》之为说一本于天乎?其兼于人事乎?曰:止于人事而已矣,天不与也。在诸《否》《泰》。然则天地鬼神之理可以无乎?曰:有而不异也。在诸《谦》。知此然后知《易》矣。"[③]《易》学自古被认为是天人之学,欧阳修却说《易》仅本于人事,与天无关,并认为"天地鬼神之理"可有可无。这里,区别天人、重人轻天的思想十分明显,再往上即可追溯至刘、柳。柳宗元的天人相分思想与刘禹锡"人能胜乎天"的观点结合起来,经过宋儒阐发,至王安石到达极致。灾异事应说由此被彻底破除,灾异论实现转折。但这个转折很快又在学术思想上被重新扭转,起了关键作用的正是天理观。

沟口雄三已经指出,二程以前,儒家文献中较少出现"天理"一词,北宋欧阳修、王安石、张载等人使用的"天理"概念,是延续唐以前的语义。至二程而"天理"用例陡增,"天理观"也有了独创性的系统论述[④]。那么,二程以前的"天理"是怎样的呢?除了上述王安石、欧阳修的例子,还可以举出刘禹锡的说法。

---

① 王安石《临川先生文集》卷八六,第 894 页。
② 王安石除了讲天人相分之外,也承认天人之间的某种联系,但这种联系不是本质上的合一,与二程不同。林素芬指出,王安石的天道论和性命论"兼含天人区分与天人统合之义,然此统合不是本质之契合,而是类比之统合"见氏著《北宋中期儒学道论类型研究》第五章《王安石道德业俱全的一道论》,里仁书局,2008 年,第 461 页。其说可参。
③ 欧阳修《欧阳修全集》卷六一,中华书局,2001 年,第 878 页。
④ 沟口雄三《论天理观的形成》,《中国的思维世界》,第 225、234—235 页。

刘禹锡在《天论》中篇里说:"是非存焉,虽在野,人理胜也;是非亡焉,虽在邦,天理胜也。"他是将"天理"与"人理"对立起来的。这种对立可以借助《天论》上篇中的一段话进一步理解:"天之道在生植,其用在强弱;人之道在法制,其用在是非。"可见,《天论》中篇里说的"是非"是特指"人道之用"。也就是说,"人之道"通过"法制",以"是非"为标准来实现;与之相对,"天之道"则是弱肉强食的自然法则①。因此,人之胜天,就是以"是非"取代"强弱",重建和维持人间秩序。是非存,则即使在野的普通人(弱者)也能胜天;是非亡,则即使国家、天子(强者)也要受自然法则的支配。是非的存亡,其实就是人道的存亡、"人理"的存亡。在刘禹锡看来,"天理"是自然的,没有道德性,用善恶是非标准调节自然法则的是"人理"。此前以董仲舒说为代表的天人感应论,将儒家的伦理道德标准投射于"天",让"天"成为道的人格化身,或人间是非善恶的感应者和表征者。刘禹锡则将伦理道德从"天"还于"人",使"天道"回归自然,让"人理"独力承担判别是非、维系人伦的职责。王安石在《洪范传》中主张面对灾异"不蔽不葸、不固不怠","以天下之正理考吾之失而已",正是继承刘禹锡的思想,充分信任"正理"的效力。

在天人关系的学术思想上,富弼、苏轼等反对者表现得比较保守。但在现实问题上,王安石的主张是以"君臣道合"、千载一时的政治局势为背景的,极为特殊而缺乏普适性。不仅如此,王安石变法中出现的种种弊端,在时人眼中也恰好证明了其学的缺陷:过于相信"正理"的效力,信任人不假外物的自我约束力。王安石导向"天变不足畏"的思想提醒同时学者,宋学到了不得不向另一个方向扭转的时候。

二程处在新儒学的潮流之中,其学与王安石有着很多共同点。陈

---

① 《天论》上篇在"人之道在法制,其用在是非"句后紧接着说:"阳而阜生,阴而肃杀;水火伤物,木坚金利;壮而武健,老而耗眊;气雄相君,力雄相长:天之能也。阳而艺树,阴而揫敛;防害用濡,禁焚用光;斩材窾坚,液矿硎铓;义制强讦,礼分长幼;右贤尚功,建极闲邪:人之能也。"(《刘禹锡集》卷五,第68页)将天人的区别说得很清楚。

植锷指出,王安石"新学"和二程"洛学"早期学术观点是有一致性的①。余英时也认为,仅从结构看,两者"规模和取向可说大同小异"②。程颐尝曰:"荆公旧年说话煞得,后来却自以为不是,晚年尽支离了。"③可见,他十分赞赏王安石早年学说(如《淮南杂说》),只是对后来的发展相当不满。他又说:"若使介甫只做到给事中,谁看得破?"④言下之意,王安石执政之后才暴露了其学的缺陷。一种学说的适用与否,必须通过实践来检验。王安石与神宗遇合而当朝执政,大行其所学,无异于将其学的优缺点都置于显微镜下。二程与之并时,很了解王安石学说引发的问题,也有解决问题的责任感。他们自承以"整顿介甫之学"为当今要务⑤,因此,讨论二程的天理观,不仅要看到它与此前宋学发展脉络的继承性,更要注意它是如何反思和扭转至王安石而极的天人相分说的。

关于天理观,论者已多,这里只讨论与灾异论相关的内容。二程重新肯定了天人感应,其论曰:

> 大抵《春秋》所书灾异,皆天人响应,有致之之道。如石陨于宋而言"陨石",夷伯之庙震,而言"震夷伯之庙",此天应之也。但人以浅狭之见,以为无应,其实皆应之。然汉儒言灾异,皆牵合不足信,儒者见此,因尽废之。⑥

二程认为,《春秋》书法,"陨石""震夷伯之庙"等句省略的主语都是"天",亦即灾异是天发出的行为,以应人事。他们反对汉儒牵合事应说灾异,也不同意因汉儒之非而否定灾异论。有人问:"汉儒谈《春秋》灾异,如何?"程颐回答说:

---

① 见陈植锷《北宋文化史述论》,第226—227页。
② 见余英时《朱熹的历史世界:宋代士大夫政治文化的研究》绪说,第48页。
③ 《河南程氏遗书》卷一九,《二程集》,第247页。
④ 《河南程氏外书》卷一二祁宽所记尹和靖转述程颐语,《二程集》,第434页。
⑤ 《河南程氏遗书》卷二上,《二程集》,第38页。
⑥ 《河南程氏遗书》卷一五《入关语录》,《二程集》,第159页。

> 自汉以来,无人知此。董仲舒说天人相与之际,亦略见些模样,只被汉儒推得太过。亦何必说某事有某应?①

说汉代以来无人理解《春秋》灾异,当然是夸张的说法,反衬出程颐对灾异论的看重。评价董仲舒说天人相与之际"略见些模样",在少所许可的程颐那里已是相当高的评价。从中可以看到,二程大致赞同董仲舒的天人感应说,反对的只是某事有某应的机械事应说②。在他们看来,天变与人事之间存在响应关系,但并非特定灾异对应特定事件,因而也不能通过阴阳五行之类的具体规则推知。他们所理解的"天人相与"是一种一般的、普遍的联系。

二程受过刘、柳以来天人相分思潮洗礼,否定灾异事应说的态度十分坚决。同时,他们对天人交相胜之说又有保留。程颐与学生有这样一段问答:

> 又问:"日食有常数,何治世少而乱世多,岂人事乎?"曰:"理会此到极处,煞烛理明也。天人之际甚微,宜更思索。"曰:"莫是天数人事看那边胜否?"曰:"似之,然未易言也。"③

这位学生"天数人事交相胜"的观点近于刘禹锡,也是北宋以来普遍的看法。程颐对此没有明确否定,但却说"天人之际甚微,宜更思索",又说"似之,然未易言也",可见他对这个问题已经有更进一步的理解,只是其中的微妙之处一时难以言传。

我觉得,二程心中天人关系的微妙之处在于:"理"的主体是人,而

---

① 《河南程氏遗书》卷二二下载伊川先生语,《二程集》,第304页。
② 应该说明,二程尽管在支持"天人相关"这点上与董仲舒一致,但他们理解的"天"与董仲舒是有根本区别的。二程所说"天理"中的"天",不是人格化的神,而是宇宙的普遍法则。程颐在回答"天道如何"的问题时说:"只是理,理便是天道也。且如说'皇天震怒',终不是有人在上震怒,只是理如此。"(《河南程氏遗书》卷二二,第290页)否定人格化的"天",态度十分鲜明。相关讨论可参看陈来《宋明理学》(第二版),华东师范大学出版社,2004年,第61—63页。二程与董仲舒的这个区别,决定了宋以后的天人相关论不可能再完全回到汉人的认识上去。这个问题论者已多,不是本书讨论的重点,故仅在此注明,请读者留意。
③ 《河南程氏遗书》卷一八,《二程集》,第238页。

人却难以在缺乏外在约束的条件下贯彻"理",因此必须找回在刘、柳、欧、王那儿已与"人"分开的"天",作为"理"名义上的持有者和裁判者。

《河南程氏外书》卷五有云:

> 天人之理,自有相合。人事胜则天不为灾,人事不胜则天为灾。人事常随天理,天变非应人事。如祁寒暑雨,天之常理,然人气壮则不为疾,气羸弱则必有疾。非天固欲为害,人事德不胜也。①

如果不考虑记录者的主观影响,二程这里所说的"天""天之常理"其实已经回到了刘禹锡的定义。二程心中以人为主体、为内在的决定性因素,这一承自唐宋新学术的思想是十分明显的。因此,在天理观的语境中,二程并没有改变人的主体性、决定性,而是简单地在本属于人的"理"上冠以"天",也就是在不改变其基本内容的前提下给刘禹锡所谓"人理"、王安石所谓"正理"增加了"天"作为外在的约束力,称之为"天理"。因此,二程的"天理"虽然名为"天",但却是"人"的根本。二程说:"人之所以为人者,以有天理也。天理之不存,则与禽兽何异矣?"②也就是说,"天理"是人区别于禽兽的根本特征,即人所特有的伦理道德。程颐曾明确说:"人伦者,天理也。"③陈植锷认为他所说的"天理"就是"人理",是正确的④。在二程看来,"在天为名,在义为理,在人为性,主于身为心,其实一也"⑤,天人合一,"天理"和"人理"是二位一体的。既然二程的"天理"没有改变之前"人理""正理"的基本内容,那么二程所谓"自家体贴出来"的心得无疑就是新冠于"理"上的、

---

① 《二程集》,第 374 页。
② 《河南程氏粹言》卷二《人物篇》,《二程集》,第 1272 页。这个意思还见于《河南程氏遗书》卷一八:"问:'孟子曰:"人之所以异于禽兽者几希。庶民去之,君子存之。"且人与禽兽甚悬绝矣,孟子言此者,莫是只在"去之""存之"上有不同处?'曰:'固是。人只有个天理,却不能存得,更做甚人也!'"见《二程集》,第 214 页。
③ 《河南程氏外书》卷七,《二程集》,第 394 页。
④ 陈植锷《北宋文化史述论》,第 253 页。
⑤ 《河南程氏遗书》卷一八,《二程集》,第 214 页。

与"人"合而为一的"天"。

儒学发展到宋代,在伦理道德的基本内容上已经没有根本的内部分歧。二程的"理"与王安石的"理",内容基本上一致,分歧仅在于如何实现"理"、维护"理"。程颢批评王安石之谈道,有"对塔说相轮"的比喻。在这个比喻之后,他解释说:"介甫只是说道,云我知有个道,如此如此。只佗说道时,已与道离。佗不知道,只说道时,便不是道也。有道者亦自分明,只作寻常本分事说了。"①这是指王安石的求道功夫在外面说,而不在里面做,此为求道方式分歧的一个方面。分歧的另一方面更加重要,它是二程以"整顿介甫之学"为当今要务的主要原因,而且与"天"的回归直接相关。程颐说:

> 如介甫之学,佗便只是去人主心术处加功,故今日靡然而同,无有异者,所谓一正君而国定也。②

结合前面对王安石之学的分析,不能不说程颐的归纳十分准确。王安石就是试图让人君掌握"天下之正理",认为只要如此便可以"自反而缩",不惧天变、不恤人言、不法祖宗,不受外界干扰地安邦定国。归纳了这个特点后,程颐指出:"此学极有害。"他的这段话说于元丰以后③。此前,王安石变法全面展开,大量新的政策措施没有经过各方充分讨论,就被君臣"如一人"的王安石和宋神宗颁布推行下去。王安石相信"正理"在我,自然可以无视一切约束。在新法的反对者看来,错误的蔓延也恰恰是因为"理"完全依附于人。针对这一政治现实,二程发明"天理",就是赋予"理"以与人合一而又外在于人的属性。借用弗洛伊德的术语为喻,从刘、柳到王安石是将"人"从"天"的虚幻束缚中解放出来,认为人本身的"超我"即可抑制"本我",调整"自我"。二程则意识到"超我"的限度,因而赋予其"天"的名义,增强它的约束力。元代陈师凯说:"人心不能无惑,惟天可以为人心之准。天者,理

---

① 《河南程氏遗书》卷一,《二程集》,第6页。
② 《河南程氏遗书》卷二下,《二程集》,第50页。
③ 《河南程氏遗书》卷二上,卷目下题"元丰己未吕与叔东见二先生语",己未即元丰二年。此语出卷二下,卷目下题"附东见录后",当与卷二上同出一人,时间或在稍后。

之所由出也,理明则惑祛矣。"①其中也包含了同样的意思。

沟口和小岛二氏都强调,二程天理观的创立使天人关系的主体由天转变为人。通过上面的讨论,可以认为,天理观的现实意义恰恰在于从"正理"到"天理"的过程。它重新找回"天"作为"理"的依据,从而扭转人胜天或天人分思潮消解"理"的客观标准及其约束力的趋势。同时,这个"否定之否定"的过程,保留"正理"的基本内容,延续了宋学的理性精神。"天理观"在天人关系问题上达到了一个新的阶段,重新建立起一套被普遍接受的观念。灾异政治文化的转变,也是朝着这个方向展开的。

二、转变后的灾异政治文化

我们把灾异论从刘、柳到二程的发展,称为"否定之否定"的过程。它扬弃特定灾异与具体人事之间机械化的因果联系,也重新肯定了董仲舒以来基于天人感应的灾异论。与作为思想前沿的灾异论不同,灾异政治文化未曾经历否定和重建的过程,而只是随着灾异论的"否定之否定",在两宋之际逐渐发生转变。

在讨论这一转变之前,先说明一点:灾异论的"否定之否定"是在灾异政治文化的笼罩下进行的。小岛毅曾注意到这样的事实,欧阳修、刘敞、王安石虽然主张否定灾异事应说,但在实际政治活动中,仍有利用事应说的例子。他认为,北宋的论者没有完全排除天人感应这个大前提,甚至正是因为拥护这种理论,才探索建立新框架以替代缺点突出的事应说。② 小岛氏的意见是正确的。可以进一步指出,无论王安石还是二程,称说天人感应都不是因为他们从宇宙论上重新证明了天人之间存在感应,而是考虑到天人感应理论作为政治工具的实际功能。③ 小岛氏非常清楚这种实用取向的存在,却似乎不愿意承认它

---

① 陈师凯《书蔡传旁通》卷四中《洪范》,《通志堂经解》第6册,第574页上。
② 小岛毅《宋代天谴论的政治理念》,《中国的思维世界》,第290—293页。
③ 二程指出《春秋》书灾异,也不过是认为天人感应在经学的意义上是成立的。这种成立不是宇宙论的,而是伦理上的。

对灾异论的关键意义。我认为,从董仲舒以来,儒家灾异论的实用性一直是其存在的关键因素。欧阳修等事应说的反对者之所以在上奏中称说事应,可以从两个方面去解释。一方面,说灾异事应无论实际效果如何,直到北宋,习惯上一直被当作政治批判工具不断使用。身处灾异政治文化环境中,政治行为不能不受影响。称说灾异实际上只是表达政见的一种方式,并不代表说者的学术思想或信仰。另一方面,唐宋以来关于君臣结合方式的意识形态发生改变,但君主专制的政治制度并没有根本性的变化。在这种制度下,名义上对人君有约束力的权威十分稀少,"天"是其中最重要的。正如富弼、苏轼所说,人君无所畏惧,所畏者唯"天"。即使不考虑警惧人主的需要,在人主自己意识到错误,需要找一个台阶转变政策的时候,"天"也是最好的借口。只要君主专制制度不变,天人感应论就有存在的需要。因此,即使在学理上反对天人感应论者,现实中仍往往维护着灾异政治文化。正如小岛毅所说,他们只是试图探索新的框架以替代缺点突出的旧说。回顾灾异论"否定之否定"的过程可以比较清楚地看到,当天人相分说出现和扩大影响之时,从欧阳修的"著其灾异,削其事应",到王安石的"以天下之正理考吾之失",再到二程的"天理观",灾异论的变化实际上都在探索如何维持灾异的政治功能,在客观上也是灾异政治文化的延续。变是为了存,存也是变化中的存。

二程的天理观为朱熹等南宋学者继承,开创了"理学"。新的灾异论也在思想界占据了主导地位,沟口和小岛二氏前揭文中已有论述。小岛氏指出,南宋人对事应说已有局部的肯定,同时他也举胡安国、胡寅的《春秋》学为例,说明宋代灾异论的特征是"不像汉儒那样在事实的因果关系层面模式化地解释天人关系,而是把端正君主的心术当成根本目标"[①]。我同意对新灾异论的这一基本描述,这里不再重复,只简单谈谈转变后的灾异政治文化的形态。

---

[①] 小岛毅《宋代天谴论的政治理念》,《中国的思维世界》,第 314 页。

宋代灾异政治文化的表现是多方面的，韦兵做过不少研究，可以参看①。我们仅选取两个细节，说明灾异政治文化转变后的状况。

首先，是两宋官方灾异记录中事应说的增减。灾异"事应"有两重含义。宋人批判的事应说是所谓"汉儒牵合附会之说"，取其狭义，指特定灾异与具体人事之间机械化的因果联系，通常借助阴阳五行等数术手段推出确定的对应关系。然而，天人感应说实际运用中必须落实到天变与人事的对应关系上。两宋之际的经学家胡安国说："《春秋》灾异必书，虽不言其事应，而事应具存。惟明于天人相感之际、响应之理，则见圣人所书之意矣。"②他解释《春秋》书灾异之意，说明《春秋》中并非没有事应，只是其事应比较隐晦，不是直接表达出来的。在他看来，灾异事应不能说无，也不能因为有而一一指实。蔡沈《书集传》云："在天为五行，在人为五事。五事修则休征各以类应之，五事失则咎征各以类应之，自然之理也。然必曰某事得则某休征应，某事失则某咎征应，则亦胶固不通而不足与语造化之妙矣。"③了解宋人的这一想法，才能理解事应说在宋以后灾异政治文化中的微妙处境。

《宋史·天文志序》云：

> 今东都旧史所书天文祯祥、日月薄蚀、五纬凌犯、彗孛飞流、晕珥虹霓、精祲云气等事，其言时日灾祥之应，分野休咎之别，视南渡后史有详略焉。盖东都之日，海内为一，人君遇变修德，无或他诿。南渡土宇分裂，太史所上，必谨星野之书，且君臣恐惧修省之余，故于天文休咎之应有不容不缕述而申言之者。是亦时势使然，未可以言星翁、日官之术有精粗敬怠之不同也。

这段话谈"东都旧史"和"南渡后史"的差别及其原因。北宋国史对天文灾异的事应休咎，记载不如南宋详尽。《宋志》为了统一体例，取法欧阳修，"凡征验之说有涉于傅会，咸削而不书"，把宋代天文官的灾异

---

① 见韦兵《星占历法与宋代政治文化》第六章《士大夫天文灾异观念的政治意义》。
② 胡安国《春秋胡氏传》卷三隐公九年三月条，第32—33页，浙江古籍出版社，2010年。
③ 蔡沈《书集传》卷四，凤凰出版社，2010年，第142页。

事应记载全部删去。所幸《文献通考·象纬考六》根据宋代国史记录了北宋至南宋宁宗时期的日食,可借以了解两宋官方灾异记录的情况。其中,北宋的日食记录附有占辞者仅仁宗时2例,而南宋高宗、孝宗、宁宗三朝都有日食占验记录,总数达13例,可以印证《宋史·天文志序》中南宋详于北宋的说法。南宋朝廷对灾异事应占验的关心程度相对北宋有所提高,《宋志》认为是"时势使然",即是由南宋时期的分裂局面造成的。除了这个外在因素,前述两宋之际天人感应论的重建应该也是重要原因。

建炎三年三月,宋高宗下诏:"《纪元历经》等文字,如人户收到并习学之家特与放罪,赴行在太史局送纳,当议优与推恩。"①诏书所涉及的书有《大宋天文书》《景祐乾象占》《乙巳占》《乙巳略例》《古今通占》《图本六壬遁甲太乙》《天文总论》《握掌占》《风角集》等,多数都是灾异占验之书。南宋朝廷立足未稳就着手搜集这类图书,足见其对灾异事应占验之说的重视。这也奠定了南宋朝廷此后态度的基调。其间表现,在此难以详论。不过,朝廷官方灾异占验记录的增多,足以说明灾异政治文化在低谷之后的持续和巩固态势。

其次,来看一般知识阶层对于灾异论的认识。韦兵在研究宋代的灾异政治文化时,曾几次引用《群书会元截江网》中的材料,说明南宋人的一般观念②。《四库提要》称《群书会元截江网》"盖理宗时程试策论之本"③,即南宋后期准备科举应试所用的参考资料集。书中的文句不是摘选自历年应试策论的成功之作,就是专门为应试参考而拟作,所反映的思想必须符合当时的主流,不可能标新立异。其卷三《敬天》集中体现南宋主流的天人关系观念,从卷名看就知道是主张天人相关的。

《群书会元截江网·敬天》主张天人相关,当然对"天变不足畏"

---

① 《宋会要辑稿·职官》一八之八七。
② 见韦兵《星占历法与宋代政治文化》第六章《士大夫天文灾异观念的政治意义》。本节以下部分引用的史料,有不少参考了该文,特此说明,并向作者致谢。
③ 《四库全书总目》卷一三五子部类书类,第1149页下。

多有批评,其中所拟偶句有云:

> 自郑子产有"天道远"之言,而后人主无敬心;自王安石有"三不足"之说,而后人主无畏心。

此句主张王安石"天变不足畏"之说使人主对天失去敬畏,在南宋是很有代表性的观点。当时流行将北宋灭亡咎责归于王安石,"天变不足畏"是最重要的罪状之一。邵伯温就说:"至熙宁大臣以'天变不足畏'说人主,以成今日之祸,悲夫!"① 也有人说:"若曰'天变不足畏,人言不足恤',此王安石所以误先朝者,在今日可不深戒哉!"② 这个说法为皇帝所认可。③ 我们已经说过,"天变不足畏"并非王安石的主张,而是他的反对者引申、夸张出来的。但变法失败后,反对派掌握话语权,这一条便强加到王安石身上。南宋以后,王安石渐成"众恶所归","天变不足畏"更牢牢地绑定在他身上,背负亡国之咎,成为不可接触的命题④。《群书会元截江网》所拟偶句表现出的批评,无疑是与当时意识形态和一般思想接轨的。

与"天变不足畏"之说相反,南宋政治文化强调的是敬天、畏天。敬天、畏天是古代政治文化的长期传统,宋代的特殊之处在于它有强烈的超越汉唐的意识。因此,宋人举出"玩天"一词批评汉唐天人论。《群书会元截江网》中所摘录了一段策论中的警句,标题是"汉唐玩天之心",其文云:

> 人主畏天之心,汉儒之论启之也;人主玩天之心,亦汉儒之论启之也。盖自汉以来,诸儒发明此理,实天人为一,致使时君有所

---

① 邵伯温《邵氏闻见录》卷二,中华书局,1983年,第14页。
② 李昂英《文溪集》卷六《嘉熙己亥著作郎奏札》,第9页,《文渊阁四库全书》本,台湾商务印书馆,1986年。
③ 徐元杰《楳埜集》卷二《三月十九日进讲》:"陛下圣明超于古昔,往岁声安石之罪在'天变不足畏'之言,可谓知畏天。"(第10叶b)《文渊阁四库全书》本,台湾商务印书馆,1986年。
④ 南渡初期,宋高宗带头,君臣上下共同将北宋灭亡的责任诿过于王安石。相关情况及南宋人对王安石的评价,可参看刘成国《荆公新学研究》,上海古籍出版社,2006年,第256—267页。

警。此启人主畏天之心。然谓某事必有某证(征),某证(征)必应某事,求之而不合焉,则玩心不能不生。此启人主玩天之心。大抵天之于君,父之于子也。父有震怒,为人子者事事当修省,不可以为某事当修省而某事不必修省。天有谴告,为人君者事事当修饬,不可以为某事当修饬而某事不必修饬也。今焉汉儒之论,乃以貌作恭主于时雨,言不从主于常旸,然则雨旸之愆舍貌言之外皆可以不敬乎!又以田猎不宿、出入无节则致常雨,弃法律、逐功臣则致常旸,然则雨旸之愆舍田猎出入法律功臣之外皆可以自纵乎!

宋人区分敬天、玩天,与汉唐的天人观、灾异论划清界限。对此韦兵已有论述①。这里想指出的是,宋人说汉唐思想,意在自我标榜,不是客观描述。汉儒之说灾异事应并非机械地根据五行五事,方法灵活多变,宗旨都是劝说君主修德修政或听从自己的政治主张,与宋人没有根本区别。不同的只是宋人未放弃"天"制约人君的作用,但已不愿利用数术、事应之说。宋人之所以"不愿",主因是"不需要"。与汉唐不同,宋代的儒学意识形态相当巩固,在政治领域拥有不言而喻的权威,儒家之道无须借助数术手段迂回曲折,才能证明。

最后必须说明,宋代以后灾异论制约人主的作用是在减弱的。原因很简单。其一,灾异论建立在天人感应这个虚构的基础之上,必须借助神秘的、非理性的因素加以维系。宋学的理性主义揭开天人关系的神秘面纱后,对灾异论的信仰便不可能保持虔诚。其二,宋人强调正心,认为"天有谴告,为人君者事事当修饬"。"事事当修饬"实际上取消了说灾异的针对性,结果往往是"事事不修饬",说灾异也变成空话。这个趋势不断发展,使得灾异论说的文化力量逐渐衰微,最终被政治权力所钳制,导致"神道设教"的主体和客体发生倒转。

---

① 见韦兵《星占历法与宋代政治文化》第六章《士大夫天文灾异观念的政治意义》。

## 第四节　道统、治统与"神道设教"的主客转换

儒家灾异论说具有"神道设教"的性质。士大夫借助人主对天变恶兆的畏惧之心,将之导向儒家正道。西晋杜预在《春秋经传集解》中说:

> 隐恶非法所得,尊贵罪所不加,是以圣人因天地之变、自然之妖以感动之。知达之主则识先圣之情以自厉,中下之主亦信妖祥以不妄。神道助教,唯此为深。①

他解释说,《春秋》记灾异是圣人"神道助教"的方式,目的在于劝诫、警惧人主。然而,在研究历代日食灾异的应对方式时,我也注意到,清代帝王常常以日食为由督责臣工,"神道设教"的主客体倒转过来,说灾异反而成了人君教化臣民的手段。"神道设教"的主客转换是如何发生,为何发生的?这种转换对灾异论和灾异政治文化又带来了怎样的影响?本节尝试解答这些问题。

一、"神道设教"在灾异论影响下的变化

"神道设教"一词的本义是指圣王教化臣民的方式,最早见于《易传》。《观》卦象曰:

> "观,盥而不荐,有孚颙若",下观而化也。观天之神道,而四时不忒,圣人以神道设教,而天下服矣。

这是阐发卦辞之意。注家马融、郑玄、王弼都认为卦辞"盥而不荐"是指宗庙祭祀。马融曰:"盥者,进爵灌地以降神也。"之所以说"盥而不荐",是因为祭祀中以灌礼最为盛大庄严,其后"荐"以下则不足观。"有孚颙若"是万民敬信的样子②。因此,象辞说"下观而化也",即万

---

① 杜预《左传》僖公十五年六月"震夷伯之庙"条注,《春秋左传注疏》卷一四,第 234 页下。
② 三家之说见李鼎祚《周易集解》引,《周易集解纂疏》卷三,第 227 页。

民观摩王者庄严盛大的祭祀而被感化。以下关于"神道"的论述,是这层意思的引申。对于"神道",历来有不同的解释。王弼认为"神"是微妙无形之物,注云"神则无形者也,不见天之使四时而四时不忒,不见圣人使百姓而百姓自服也",把神道设教解释成了"无为而治"。孔颖达正义疏解王弼之义曰:"天既不言而行、不为而成,圣人法则天之神道,本身自行善垂化于人,不假言语教戒,不须威刑恐逼,在下自然观化服从。"①将"神道设教"理解为"行善垂化",也没有指实为何种具体的行为。清人李道平则说:"'神道设教'承'盥''荐'言之,谓祭祀也。"②他从上下文考虑,认为"神道"是指祭祀。虞翻也将"神道设教"解释为"以神明其德教",其中,"神"显然是某种具体的宗教性或神秘的行为。从字义上说,"神"的本义是"引出万物者",是造物主,是天神③。它也有"鬼神"的意思,可以指"祖庙、山川、五祀之属"④。考虑到上文"盥而不荐"是讲宗庙祭祀,将"神道设教"与之联系起来,解释为通过宗教仪式借助鬼神信仰来推行教化,是不无道理的。

无论将"神道设教"看作"无为而治"或借鬼神之道以教化,都是将它理解为"圣人"统治"百姓"的方式。这里的圣人是圣王,具有人君的身份,百姓是他的臣民。《易传》所谓"神道设教"的主体是君(具有"圣"的属性的君),客体是臣。

战国秦汉时期,政治文化中的"神道设教"一般是指君主借鬼神之事教化臣民。荀子提出的一种观点,恰能与之印证。《荀子·天论》:

> 雩而雨,何也?曰:无何也,犹不雩而雨也。日月食而救之,天旱而雩,卜筮然后决大事,非以为得求也,以文之也。故君子以为文,而百姓以为神。以为文则吉,以为神则凶。

荀子指出,求雨、救食、卜筮等宗教性仪式不会有直接的实际效果,都是政治的"文饰"。他认为,对于这些仪式,不同的人应有不同的认识,

---

① 王注、孔疏并见《周易注疏》卷三,第60页上。
② 李道平《周易集解纂疏》卷三,第227页。
③ 《说文解字》卷一上"示"部,中华书局,1963年,第8页上。
④ 《礼记·礼运》"列于鬼神"郑玄注,《礼记注疏》卷二一,第414页下。

"君子以为文","百姓以为神"。这里,"君子"与"百姓"对举,当然是指人君、君主、统治者。由于百姓相信鬼神,故人君可顺应民意,借鬼神之事以文饰政治。这与《易》传"神道设教"的后一种解释相同。荀子还指出,对于"神道设教"所借助的宗教性手段,君主本人不能相信其神秘力量,否则会有害于政治。在他看来,"神道设教"还是一种的统治手腕,是君主控制臣民的"权术"。

《易传》和荀子都站在王者的立场上说话,《易传》更是将圣人等同于统治者,对比上引杜预关于"神道助教"的解释,反差十分明显。杜预认为,无论是"知达之主"还是"中下之主",都是"圣人"感动、教化的对象,也就是"神道设教"的客体。在杜预那里,我们可以发现两点不同:第一,人君由"神道设教"的主体变为客体;第二,圣人虽还是"神道设教"的主体,但内涵已经发生变化,不再是内圣外王合一的王者。"神道设教"含义的这种变化,与灾异论有直接关系。

杜预的话是在解释《春秋》书灾异的用意。他认为,隐藏的恶行难于绳之以法,地位尊贵的人不宜加诸罪名,故而《春秋》书灾异以为暗示,通过"天地之变、自然之妖"使人主对自己的失德失政有所感悟。书灾异是圣人"神道设教"的方式,两者紧密地联系在一起。在杜预看来,《春秋》是孔子所作,通过书灾异神道设教的圣人当然就是孔子①。但孔子"有德无位",不是君主,是臣民,是"士"。杜预所说的圣人也就不再具有"内圣外王"的属性,而成了儒家政治伦理的代表,"道"的化身。他占据了圣人之位,现实中的君王却没有"道"的属性,反成为教化的对象,"神道设教"的客体。

"神道设教"主客体的这一变化,对应了春秋战国以来"士"阶层兴起的历史变革,以及"道统"与"治统"分离意识的产生。随着西周灭亡,礼乐文明盛极而衰,进入"礼崩乐坏"时代。作为统治者的封建贵族原本是礼乐的垄断者,此时却逐渐不懂礼、不守礼,失去了代表礼

---

① 对《春秋》的成书,现代学者有不同看法,但汉晋时期的古人无疑都认为《春秋》是孔子所作或所修。

乐所承载的"道"的资格。另一方面,王官之学散入民间,成为诸子之学,掌握并遵奉礼乐的一部分人从封建身份中解放出来,构成"士"阶层。"士"是传统文化的代表,自认为是"道"的承担者。在士阶层看来,实际权势所在的"治统"和"礼乐"文化所承载的"道统"分属于统治者和作为边缘人的"士",由此分而为二了。士阶层掌握了"道"而拥有高于"势"的权威,负有以"道统"辖制"治统"、以"道"教化人君的责任。孔子即是其中的代表。① 杜预将孔子作为"神道设教"的圣人,人君的教化者,可以说是"道统"与"治统"分离意识发展的产物。

对儒生来说,圣人孔子是士阶层的代表。圣人教化人君隐含了士大夫教化人主、臣教化君的意味。杜预将"神道设教"的主体规定为圣人,尚未点出圣人背后的士大夫群体,而在唐代孔颖达的阐释下,"士"名正言顺地获得了"神道设教"的主体地位。

《左传》昭公七年四月日食条孔颖达正义曰:

> 人君者,位贵居尊,志移心溢,或淫恣情欲,坏乱天下。圣人假之神灵,作为鉴戒。……天道深远,有时而验,或亦人之祸衅,偶与相逢。故圣人得因其变常,假为劝戒。知达之士,识先圣之幽情,中下之主,信妖祥以自惧。

孔颖达明确指出圣人假借神灵作为人君的鉴戒,这就是"神道设教"。这里特别要注意最后一句。正义的观点与杜预相近,最后一句"知达之士,识先圣之幽情,中下之主,信妖祥以自惧",显然就出自杜预"知达之主则识先圣之情以自厉,中下之主亦信妖祥以不妄"之语。但仔

---

① 以上关于"道统"与"治统"分离的概述,依据余英时《道统与政统之间——中国知识分子的原始型态》(收入《士与中国文化》)文中所论。"政统"与"治统"在此基本同义。"治统"是宋明理学的术语,余先生在《朱熹的历史世界》一书中改用这一术语,我在讨论类似问题时,也统一使用"治统"一词。我认为,"道统"与"治统"概念虽然晚至宋元时期才明确提出,但其所蕴含的两分观念,能够反映战国以后儒学士大夫的潜在意识。相关的讨论另可参考黄进兴《优入圣域:权力、信仰与正当性》一书第二编所收的几篇文章。这里需要补充一点,"道统"和"治统"都不是现实政治中实际存在之物,而是士阶层建构出来的观念。"道统"与"治统"的分离也是一种思想现象,即士阶层在思想上出现了"道统"和"治统"分离的意识。春秋战国时代如此,历史上一切所谓"道统"与"治统"的分合,也都是思想或意识形态上的,并不代表政治结构和政治制度发生了根本变化。

细比较两者,还是能看出细微却十分重要的差别。

杜注"知达之主",孔颖达正义作"知达之士"①。无独有偶,孔颖达在《毛诗正义》中有一段几乎相同的话:"使智达之士,识先圣之深情,中下之主,信妖祥以自惧。"②亦作智达之"士",与《左传正义》一致。一字之易,文意迥别。与改"主"作"士"相应,孔颖达还删去"识先圣之情以自厉"中的"以自厉",使这句话的意思从"人君通过认识圣人之意而自我勉励"变为"士大夫了解圣人隐含的深意"。至于人君,则只剩下相信灾异而警惧的份了。

按照孔颖达的说法,"中下之主"指庸常的君主,"知达之士"就是深通经学的儒学士大夫。儒学士大夫是圣人弟子,因而可"识先圣之幽情",至于庸常君主,则只能寄望于他们"信妖祥以自惧",听从儒家的教化。由此,圣人退居经学场合之内,将作为圣人弟子的"士"推上前台,成为现实中"神道设教"的主体。这一变化符合政治实践中灾异论说的情况。可以说,孔颖达对"神道设教"的新解受灾异政治文化影响,同时也概括了灾异政治文化在实际运作中的表现。

孔颖达和荀子都向教化的主体揭示"神道设教"之意,但他们设想的读者是不同的。荀子的读者是人君,孔颖达的读者是士大夫。在孔颖达那儿,儒学呈现出两面,一面对内,一面对外。对内,在经学的场合向儒学士大夫剖白圣人之意,对外,在政治的场合向人君(当然也包括普通百姓)运用神道设教。这种两面性,即是儒家"道统"与"治统"分离意识的结果。在此意识的影响下,一方面,儒学士大夫以"道统"

---

① "主""士"字形相近,在解释两句差别之前需要先排除文字错误的可能性。据汪绍楹《阮氏重刻宋本十三经注疏考》(《文史》第三辑,中华书局,1963年),《左传正义》现存宋刻本有南宋庆元浙刊八行三十六卷本(藏国家图书馆)、建刊十行本(阮刻底本),另有单疏钞本(日本图书寮藏,据正宗寺藏影印宋钞本重钞)。检此三本,皆作"知达之士",与阮刻本同(见庆元本《春秋左传正义》卷二七,《续修四库全书》第118册,第86页下;日本京都大学人文科学研究所藏《附释音春秋左传注疏》卷四四,第8叶a;单疏本卷二七,《四部丛刊续编》影印本,第24叶b)。可知"士"字不是宋以后出现的版刻错误。

② 孔颖达《诗·十月之交》正义,《毛诗注疏》卷一二之二,第406页下。《毛诗正义》下文还说:"杜预论之当矣。"可见此段疏文是阐发杜预之注。一般来说,"疏不破注"。孔疏作此新说,是有意或无心,已难确知,但能够反映隋唐时期义疏作者的思想,是可以肯定的。

所在自居,对代表"治统"的朝廷抱有异己感,并由此获得自我认同;另一方面,儒家一般还怀有"内圣外王"、"治统"与"道统"合一的理想,因而积极参与政治,试图用"道统"改造"治统"。汉代以来的儒家灾异论就完整地表现了这种矛盾的两个方面。

从"圣王"以神道教化百姓,到士大夫通过说灾异劝诫和教化人君,汉唐之间,"神道设教"的主客体发生了第一次倒转。到了清代,这对主客体又一次倒转过来。

## 二、"道""势"合一与"神道设教"的再倒转

"道统""治统"有各自对应的概念:"道"和"势"。宋人认为"古者势与道合,后世势与道离"①,引"势"入"道"成为理学家共同寻求的目标②。如果眼光放得更长一些,董仲舒以来儒学士大夫称说灾异的意义,也何尝不是引"势"入"道"、合"道统"与"治统"为一呢?不仅士大夫欲合"道""治",帝王也不愿治下存在一个异己之"统"。有两个办法帮助人君避免受制于"道统",一是以"势"制"道"的对抗政策,二是收"道"入"势"的结合政策③。前者很不成功,后者却在清代收获奇效。

黄进兴研究清初意识形态,揭示出"道"与"势"合一的变化。他认为清圣祖玄烨以结合"道统"与"治统"为己任,使二者会聚于皇权之中,成功地建立起"道""势"合一的政权意识形态。它不仅为世宗、高宗所继承,而且得到士大夫的认可和拥护。由此,皇权成为政治和文化两个传统共同的最高权威,至少在意识形态中拥有不受牵制的绝对权力。从士大夫角度说,他们以"道统"约束"治统"、以文化权威批

---

① 陆九渊《陆九渊集》卷三四《语录上》,中华书局,1980年,第412页。
② 余英时《朱熹的历史世界——宋代士大夫政治文化的研究》绪说之二《道学、道统与"政治文化"》,第7—36页。
③ 黄进兴《清初政权意识形态之探究——政治化的道统观》对明太祖与康熙的对比,氏著《优入圣域》,陕西师范大学出版社,1998年,第127—129页。

判政治权威的立足点也随之丧失①。这个观点,为理解清代"神道设教"和灾异政治文化的转变提供了启示。

前面曾指出,清代皇帝经常利用灾异督责臣工,人君重新成为"神道设教"的主体。这里再举几个例子说明。清《圣祖仁皇帝圣训》卷十《敬天》记录了玄烨关于灾异的上谕,一般程式都是先表达自己敬天修德之诚,然后批评督促臣下。如康熙七年(1668)五月壬子上谕吏部等衙门:

> 朕亲政以来,孜孜图治,期于民生乂安,聿臻上理。乃今年自春徂夏,雨泽愆期,兹复太白昼见,天象屡示儆戒,朕甚惧焉。今力图修省,弥加敬慎,励精勤政,以答天心。其在内各部院官,理应各尽乃职,公廉自效,副朕信任之意。今惟瞻徇情面,图润私家,不念国计,但求便己,有负倚任。在外督抚提镇以下各官,原欲令其绥理地方,抚恤军民,咸令得所。近见大吏朘削卑官,卑官虐害军民,滥行科派,脂膏竭尽,甚至逃亡。此皆内外大小各官不务公廉,有违天意,以致灾异频见。嗣后务须洗心涤虑,痛改前非。如仍因循旧习,不行更改,事经察出,从重治罪。

康熙三十六年十一月甲午上谕大学士九卿等曰:

> 朕自临御以来,早夜孜孜,以敬天勤民为念,不敢少有逸豫,偶遇灾变,则尤悚然靡宁。今次地震,朕心不胜兢惕。……每见内外大小官员,多图暇逸,怠于职业,能实体朕怀、留心民事者甚少。兹宜各殚乃忱,共勤实政,以为修弭之道。

这两道上谕,都借灾异之机,痛责内外大小官员,要求他们洗心革面、痛改前非。

因灾异罪责大臣,前代也有,汉代甚至策免三公。清代因灾异督责臣工的不同之处在于,这样做不是出于推卸灾异责任的考虑。汉代

---

① 见黄进兴《清初政权意识形态之探究——政治化的道统观》,《优入圣域》,第127—129页。

士大夫每因灾异批评时政,而执政者也相信灾异凶兆,灾异对皇帝和执政的威胁确实构成相当大的政治压力。为了舒缓和分散这种压力,将灾异责任推卸到大臣身上甚至转移灾异凶祸,是不难理解的。但在清代,很少有士大夫主动因灾异上言,归咎帝王,制造政治压力,反倒是皇帝常常主动提起灾异修弭的话头。这一点在救日礼仪中有生动的体现。

如前所论,宋代以后,数术与儒学疏离,地位下降,与数术密切相关的灾异救禳仪式也不受重视。从明人谢肇淛的描述看,明代的官方日食救护礼仪已经敷衍了事,似乎参加者也仅限于直接有关的部门①。士大夫既不认真,皇帝就更不用说。然而到了清代,皇帝却驱使文武百官悉数奔赴礼部救日。高宗弘历还数次整肃救日礼仪,要求"齐集各官,无不祗畏恪恭,始终无怠"②。日食一分以上即行救护的制度,也在乾隆朝得以恢复③。清代帝王严肃救日礼仪,目的在于借助制度力量强化敬天畏天的意识形态。理论上,这种意识形态也作用于帝王本人,但在皇权以"治统"兼并"道统"之后,"神道设教"的话语权随之转移到了帝王手中,敬天畏天反而成为悬在大小臣工头上的利剑。此时,利用灾异"神道设教"的主客体再度倒转,君王重新成为"圣人",臣民则屈服于权势而复归于臣民。

清代"神道设教"主客体的倒转,与士大夫理想中的引"势"入"道"不同。战国秦汉以来的士大夫在与君主专制政体的斗争中,用文化对抗政治,终于发明出"道统"观念以制约政治权威。清代意识形态的改造却是收"道"入"势",以"治统"兼并"道统"的方式完成。"道统"不再为士大夫所掌握,反成君主加强专制的手段。对比"道统"发明以前,君主在政治权威之外又增加了文化权威,士大夫则被取消了因掌握文化而具有的独立性,被完全纳入政权体制之中,也就失去了以灾异制约人君的可能。灾异政治文化继续存在,但作用的方式已经

---

① 谢肇淛《五杂组》卷一《天部》,第8页,原文已见本书第四章第三节。
② 《大清会典则例》卷九二《礼部》,第4叶a。
③ 详情已见本书第四章第三节。

完全转变。

玄烨在关于灾异的上谕中,痛斥官吏的恶行,要求他们"公廉自效""留心民事",同时也就自己说了不少修德修政,敬畏天命的话。这些话很符合儒家对"内圣外王"的期待。玄烨还重视文化、改善民生、大兴儒教,个人学识的深广亦超过一般士人,十足有"圣君"之相。连坚持反清的大儒黄宗羲也说:"古今儒者遭遇之隆,盖未有两。五百年名世,于今见之。朝野相贺,拭目以观太平,非寻常之宣麻不关世运也。"①竟将玄烨视同古代圣王,把本朝当作太平盛世了。正如黄进兴所说,黄宗羲的话反映了两千多年来儒生期待"圣君"的"怀乡病"②。

儒家道统论意识到现实中的"势""道"分离,却始终怀有"势""道"合一的理想,并且对这个理想的实现方式缺少彻底的思考。现实政治总是"霸王道杂之",接近以"道"为"治"的目标需要多种力量的监督和制衡,绝不可能在专制政体下实现。专制政体下的"势""道"合一,总是"势"兼并"道",非但不能实现"道治",反而会消解"道"对"势"的约束力。可惜这一点连黄宗羲都没有看透。

当然,灾异论在清代也不是毫无作用,它仍在代表"道统"鼓吹儒家的伦理道德。但士大夫已经倒持太阿,将灾异的剑柄交给他们的君主。清代政权通过"崇儒兴教"掌握意识形态的话语权,作为群体的士大夫竟无法在政权意识形态之外提出独立的主张,更不要说树立新的"道统"以规训"治统"。

"神道设教"主客体转换不过是一个表征。它所呈现的,是"治统"兼并"道统"以后,士大夫的集体失语。

---

① 黄宗羲《与徐乾学书》,《黄宗羲南雷杂著稿真迹》,浙江古籍出版社,1987年,第159页,释文见第278页。

② 见黄进兴前揭文,《优入圣域》,第141页。

# 结　语

本书从政治文化角度研究中国古代的灾异，梳理灾异论的儒学和数术两个传统构建、发展的过程及其与政治的互动。下面简单回顾一下本书的主要内容和观点。

关于灾异的思想、学说、信仰和制度，是古代政治活动主观环境中的重要因素，属于政治文化的一部分。我们把作为政治文化的灾异，或政治文化中关涉灾异的层面，称为灾异政治文化。

一直延续到近代前夕并且始终余音不绝的这套灾异政治文化，它的基本面貌是在汉代塑造成形的。在先秦时期，可以找到它的雏形。商代和西周的思想中，天人之间逐步在道德层面建立起联系，形成灾异天谴论产生的前提。春秋时期，史书记载灾异已经形成传统。从《左传》《国语》等书中可以看到，当时统治者十分关注灾异，将之与人事联系起来，出现了多元化的灾异论和灾异应对方式。战国时期，诸子对灾异表现出不同的态度，也产生出否定天人相关的思想。早期儒家的某些派别主张以改善政治为应对灾异的首要任务，同时也不废祭祀，保持对"天"的敬畏。这种思想在后世的灾异论中影响最大，构成灾异论儒学传统的主要源头。另一方面，战国时期数术和阴阳五行学说大发展，深入各阶层的信仰世界和日常生活，对包括君主在内的统治阶层具有强大影响力。在物占和巫术的基础上，形成灾异占和灾异救禳的专门技术，国家为此设有相应的职官。数术与政治之间形成制度性的连结，发展出灾异论的数术传统。

西汉是灾异政治文化形成的时期。这一时期，随着儒学的意识形态化，灾异论儒学传统逐渐构建起来，对政治活动和政治制度的影响不断加深。汉武帝前期，董仲舒用灵活变通的方式解说《春秋》灾异，通过历史类比，论说当代灾异所包含的"天意"，表现出鲜明的实用取向。他的灾异论说随意性大，难以传习，加之儒学的意识形态地位还有待确立，汉朝尚未遇到统治危机，故而在当时影响十分有限。武帝后期，夏侯始昌作《洪范五行传》，建立起严整的灾异分类体系和人事对应法则，弥补了董仲舒《春秋》灾异论的理论缺陷，也为灾异解说的学理化建立依据。元帝时，京房用儒家理念统摄占验技术，以《易》阴阳说灾异，进一步扩充了儒家灾异论的规模，丰富了它的内涵。

此后，汉朝由盛转衰，统治危机逐渐暴露，说灾异者蜂起，灾异的政治影响进入鼎盛时期。刘向为挽救汉朝的危机，借助灾异论与外戚宦官展开斗争。他集成上古至秦汉的灾异和灾异论说，编撰《洪范五行传论》。在该书中，刘向搁置学理上的问题，将古来灾异行事与灾异理论最大限度地整合起来，作为解说当代灾异的论据，用以讽谏时政，鼓吹儒家之"道"。但这种实用取向使他的灾异说在学理上无法胜过纷纭的杂说，达不到理想的政治效果。刘向之子刘歆反思其父的灾异论，修订《洪范五行传》和相关灾异解说，试图用传文逻辑的合理化和灾异解说的规范化，维系灾异论说中的儒家之"道"。然而，他的严格的学理取向使灾异事应解说重新回到经学和数术的双重束缚下，若走向极端，足以抹杀灾异论在政治中的作用。

班固在刘向、歆父子的实用和学理之间取其折中，编撰《汉书·五行志》，这一体裁在纪传体史书中历代相沿，灾异论的儒学传统进入史学，在《五行志》《天文志》中得以延续和发展。另一方面，从汉代到清代，国家一直保持着记录灾异和官修数术占验书的传统，并严格限制灾异占验之学的传播，从而使灾异论的数术传统作为国家运作机制的一部分保存下来。儒家灾异论借助早已与国家结合起来的灾异论数术传统，成为政治文化的重要组成部分。

儒家灾异论和数术灾异论又有重要的区别。前者将灾异看作人事不善的后果，倾向于回溯其原因；后者则将灾异视为人事的凶兆，据以预测祸败。儒学成为官方意识形态之后，统治者一方面根据儒家灾异论作出修德修政的表示，另一方面往往仍相信预言式的灾异解说。有鉴于此，儒家的灾异论说也借助预言加强效果，只是这种预言一般只在过去的灾异和人事之间虚构联系,而非推说当下的灾异预兆,与巫史数术判然有别。灾异论数术传统在儒学影响下,也逐渐引入回溯式的灾异论说,时而呈现出儒家式的价值取向和由"史"入"儒"的趋势。

回溯式灾异论认为灾异起于人事,追究咎责成为灾异政治文化的一个重要方面。汉文帝首开因灾异下诏罪己的先河,并废除秘祝之官,将灾异应对方式由"移祸"变为"罪己",从而引出灾异咎责由谁承担的问题。西汉后期的改制运动建立三公分职之制,规定司马、司徒、司空分别承担相应的灾异咎责。东汉安帝以后,在三公分职基础上形成以灾异策免三公的制度。但不久,这一灾异咎责的追究方式就被外戚宦官利用,而在士大夫中丧失了合法性。曹魏废除灾异免三公之制,改由皇帝以士人政府首脑的身份,代表政府承担公共行政意义上的灾异咎责。此后,皇帝罪己和大臣引咎相互配合,成为君臣之间表达互信和宣示权力正当性的合谋。追究灾异责任由此具有了维系和调整政权内部关系的功能。

灾异论在发展过程中遇到不少挑战。灾异论讲"变",将不规律的异动视作天人感应的结果。随着自然规律被不断揭示,日食这样的"天变"逐渐可以预报,灾异论的基础发生动摇。魏晋以后,儒家开始在承认"天行有常"的基础上,用"神道设教"解释灾异论的意义。唐代官方经学明确否认灾异与人事之间存在天然的联系,但仍因教化之需,主张在意识形态领域坚持灾异论。另一方面,古代天文历算之学由于自身技术的有限性,也需要引入"政教"休咎,配合"历数",完整地解释"天道"。"神道设教"说削弱了"天行有常"观念对灾异政治文化的冲击。

中唐以后直到北宋,释、老之学深刻影响士大夫的思想,天人相分说流行,从宇宙论上动摇了灾异论的根基。但宋人也认识到,"人君所畏唯天",灾异论在制约人君方面有着难以替代的作用。熙宁变法以后,二程反思和扭转至王安石而极的天人相分思潮,发明"天理观"。"天理观"重新肯定天人感应,将"天"冠于中唐以来学者阐发的"人理"之上,作为"理"的依据。变法失败以后,"天变不足畏"之说成为王安石的罪名,在政治上被彻底否定。南宋的政治文化转而强调"敬天""畏天",同时,具体灾异与特定人事机械对应的灾异事应说,也被看作汉唐"玩天"的灾异观而遭到扬弃。

宋代以后,灾异政治文化制约人主的意义不断削弱。清代皇权以"治统"兼并"道统",掌握意识形态的话语权,消解了士大夫批评政治权威的立足点。"神道设教"的主客体倒转过来,灾异论变为君主督责臣下的工具之一,灾异政治文化丧失独特的影响力,而走向尾声。

在中国古代灾异政治文化史的发展脉络中,学术与政治的关系是本书尤为关注的问题。灾异论者在处理这一关系时,大致有学理与实用两种不同的取向。学理取向表现为严格按照阴阳消长、《洪范》五行等技术规范解说灾异,从宇宙论的角度思考天人关系;实用取向表现为根据政治活动中的实际需要,灵活变通地解说灾异,从人伦实用的角度考虑天人关系。这两种取向并存,与中国古代学术与政治的紧张关系是分不开的。

学术一方面积极进入政治秩序,争取生存所需的资源,一方面也力求保持自身的基本价值观,以之改造政治秩序。儒学在此表现尤为突出,它一边寻求官学化和意识形态化,一边鼓吹具有某种超越性的"道"或者"王道",用以规训现实政治秩序。过去的研究,从抑制君权的角度理解灾异论的政治意义,还有失偏颇。儒学是"尊王"的,对君权的约束仅限于使之尽可能遵循"王道"。汉代的董仲舒、京房、刘向等都借助说灾异表达自己的政治观点,却从未通过灾异表达在总体上限制皇权的意愿。本书对灾异咎责和"神道设教"的讨论,也说明灾异论的政治功能包含,但又超出了抑制君权的范围。儒家灾异论的产生,是因为儒学内部缺乏可以普遍化的不证自明的信仰对象,无论"圣人"还是"礼教",都未能取得像"天"那样广泛而强有力的权威。灾异论借由推说灾异代表的"天意",为儒家之"道"代言,获取政治影响力,就十分重要了。

然而,儒学不断反思天人关系,对"天"的信仰早已动摇。灾异论者在构建灾异理论和进行灾异解说时,必须处理学术内在逻辑和实际需要之间的矛盾。如果以贯彻"道"为目标,学理和实用两种取向各有其危险。学理取向脱离实际,使大量灾异无法得到与人事相关的解说,或其解说可能因为过度技术化而丧失"道"的内涵。比如刘歆的《春秋》日食说,绝大部分仅列举分野,不说事应,无法通过显示"天意"表达价值取向,丧失了说灾异原有的作用。更有甚者,从宇宙论角度思考天人关系,容易得出天人相分的认识,消解"天"对人伦政治的影响力,也使儒家之"道"失去依托。

与学理取向相对,灾异论儒学传统的奠基者董仲舒有十分鲜明的实用取向。他在灾异理论和解说的实践中都强调权变,以"道"之所在指引灾异解说的方向。宋代坚持灾异论的富弼、苏轼以至二程,也都从人伦政治的角度反对天人相分,可以说具有实用取向。实用取向的危险,一方面在于灾异解说的原则不明,导致任意曲说。董仲舒、刘向这样的大儒,在灵活变通的灾异解说背后坚持儒家的理想和政治理性,但大部分说灾异者的自由解说往往取决于利益权衡,而偏离儒家之"道"。更重要的是,实用取向使儒学更深地沉溺于政治之中,无法在宇宙论、知识论等方面沿着学术自身的逻辑持续发展,因而丧失超越人伦现世的动力。就灾异论而言,儒家因实际政治的需要,在天人关系论上屡屡偏离学术逻辑。这固然在一定时期内维系了灾异论的约束力,从长远来看却没有产生预期的政治效果。实用化的儒学,终究未能规训权力,反而被权力所规训。

# 附录 "人君所畏唯天"？
## ——中国古代的君权与灾异

所谓灾异，即自然和社会的灾害和异常，古人认为其中包含着上天对人事的预兆或者谴告。这种"天人感应"的观念在古代中国源远流长、绵延不绝，直到近代科学主义兴起后，仍然隐藏在国民的"集体无意识"里。

中国传统的灾异论最早可以上溯至什么时候？汉代董仲舒确立的儒家灾异说的特点是什么？它在发展过程中面临哪些挑战？又如何体现在中国古代的政治制度设计中？澎湃新闻（www.thepaper.cn）就这些问题采访了北京大学历史系暨中国古代史研究中心的研究员陈侃理。

陈侃理师从陈苏镇教授，主要研究方向是秦汉魏晋史、中国古代政治文化及出土文献，他的博士论文《儒学、数术与政治——中国古代灾异政治文化研究》入选2012年全国优秀博士学位论文，近期出版的专著《儒学、数术与政治：灾异的政治文化史》（北京大学出版社，2015年12月）即由他的博士论文修改而成。

在他看来，"说灾异是基于普遍信仰的一种深刻的传统，曾被寄托很高的期望，也产生过声势浩大的影响，但它对权力的干预和约束缺少强制性，反而常常被权力所驱使"。

**澎湃新闻**：中国传统的灾异论思想最早可以上溯至什么时候？

**陈侃理**：在历史研究中，源头往往是最难说清的。一是因为史料不足，二是因为定义不明。我书里说的灾异论，指关注自然或者社会的灾害和异常,并且把它们与人事、政治联系起来。这种思想的产生最迟不会晚于春秋战国时期。比如在《左传》中记载了一段晋平公与士文伯关于日食预兆的对话,士文伯说"国无政,不用善"导致日月之灾,跟我们后来熟悉的灾异论已经很接近。《尚书·洪范》和《诗经》里面的一些篇章,在后世多被认为和灾异有关。但这些篇章最初形成时,作者的意识中不一定已经有成熟的灾异论。所以,学者追溯灾异论的儒学传统,一般会还是会把汉代的董仲舒看作鼻祖。

**澎湃新闻:**董仲舒被后世认为是儒家说灾异的鼻祖,那么经由他所确立的儒家灾异说的基本模式是什么?与此前相比有何不同?

**陈侃理:**董仲舒灾异论的第一个特点,是把说灾异的重心转到回溯原因上来。天象带来预兆,这种观念非常普遍,很多古老文明都存在把天文异常和人事联系起来的思想。但回溯灾异发生的原因,是中国古代灾异论的特点。这种传统不一定是从董仲舒才开始,但却是经由他确立并且发扬光大的。

董仲舒灾异论的第二个特点,是利用《春秋》讲解当代灾异。他把《春秋》里面记载的一些灾异当作可以和眼下对照的事例。通过历史性的对比论证,来谈当下的灾异,可能由于什么而引发、反映了怎样的天意。董仲舒说灾异时,有句话常挂嘴边,叫"天戒若曰"。什么是"天戒若曰"?"天戒若曰",就是指灾异就像是上天告诫君主,告诉他犯了什么错误,应该怎么改正。

为什么要用回溯式的灾异解说呢?董仲舒是想通过回溯造成灾异的原因,指出那些德行上的缺失、政治上的过错,促使君主接受他的儒家理念。他把灾异的具体表现跟儒家标准一条一条对应起来,去权衡君主是否失德失政。这样,灾异就能够在儒家设定的原则下来反映天意,换言之以儒家原则为天意的内核,对君主的行为进行反馈、提出批评。

董仲舒的灾异论和数术占卜的传统不同,但是他的灾异论是在汉代阴阳五行学说流行的大背景下产生的。董仲舒利用了很多数术的技术和原理,他的回溯式灾异解说并不彻底,经常把预言跟回溯结合起来。实际上,君主对灾异有所恐惧,也往往不是因为想起来过去犯了什么错,而主要是担心灾异预言成真,大祸临头。所以,董仲舒希望推行儒家理念,无法摆脱预言、占卜方面的数术理论,因为君主真正怕的是这些。

董仲舒讲灾异很有意思。我们现在能够看到的主要是两个场合,一个场合是在《天人三策》里面,谈理论,没有和现实联系起来。另一个场合是所谓《灾异之记》,这是董仲舒讲当代灾异的著作。他写完以后藏在家里,不敢奏上。不巧,书稿被汉武帝的近臣主父偃发现,向武帝告发。书中的一些内容被认为是妄议政治,大逆不道。董仲舒被判死罪,幸亏武帝赦免了他。可以说,在那个时代,儒学灾异论还没有普及,董仲舒自己也未能通过灾异论的实践真正地影响政治。

**澎湃新闻**:你认为灾异论有儒学和数术两大传统,能否具体说说这两大传统的表现,两者之间有怎样的关系?

**陈侃理**:灾异论的数术传统渊源更早,在儒学兴起之后变成一股潜流。它往往预言君主生死、国家存亡。这些事君主很关心,但又不能公开说,基于数术的灾异预言一般也表达得比较隐晦。政治人物总是担心命运,对未来抱有不确定感。灾异的数术传统跟占卜联系在一块,适应了这方面的需求。所以这股潜流很有韧性,从来没有中断。

儒学灾异论是借用了数术传统中的很多因素,但逐渐成熟起来之后又刻意跟数术保持距离。儒家称数术为"小术",不是正经的"大道"。儒家通过灾异提出政治理想,针砭时弊。通常是皇帝因为灾异现象出现后下诏罪己,然后大臣、儒生提出批评意见。不过,这种君臣互动,往往具有表演性,仪式感很强,不一定会有什么实际效果,常常只是作为借口或者助力,推动一些已经酝酿成熟的政治变化。

儒学传统往往包装着数术。举个例子,国家为了应对日食会举行一些仪式,敲锣打鼓等等。这些仪式多少有儒家经典上的依据,背后的原理却是数术性的。数术传统是儒学传统发挥作用的基础,在事件的表层下面起着作用。看到灾异,人们的第一反应总是:"主何吉凶?"这是谈灾异的心理基础。有了这个基础,儒学的灾异论才可能建立起来。

**澎湃新闻**:随着"日食"等自然规律被揭示,灾异论在发展中受到怎样的冲击?儒家又是如何应对这种冲击的?

**陈侃理**:灾异论的前提是天象与人事相关,一旦人们知道日食是自然规律,跟人没关系,对灾异论当然会造成冲击。

这种冲击首先在经学上表现出来。经学的注释会涉及经书中记载的灾异是被如何解释的。经学家在这方面的认识经历了一个变化的过程。最早是杜预的《春秋左传集解》里面讲日食有规律,但又留了余地,说"日月动物",意思是太阳月亮是能动的物体,难免一会儿跑得快,一会儿跑得慢。这样一来,算出来的那天是不是一定发生日食,就不好说了。

南北朝以前,天文学对日食规律的把握还比较模糊,预测的偶然比较大。到了隋唐之际,天文学解决了日食预测中的一些难题。经学研究者了解到天文历法的进展,认为日食的规律已经发现了。唐代官定的《左传正义》里说:"虽千岁之日食,预算而尽知,宁复由教不修而政不善也!"那么,日食显然就不是由人事引起的了。

不过,日食终归是耸人听闻的异常现象,白昼突然变黑夜,对人的心理会造成冲击。在儒学的政治设计中,君主天命所授,至高无上,除了老天爷以外,没有什么可以制约君主。所以,隋和唐初疏解《左传》的经学家仍然认为圣人预先作了安排,要善于借助让人产生敬畏、恐惧心理的天象来教化君主。君主不一定清楚日食的规律,只要"中下之主"因为迷信而有所戒惧,"智达之士"就可以借此来进行教化。

经学相信日食已经可以预报,但在实际上天文学家预测日食的方法在初唐就碰到麻烦,好几次日食预报都不准确。这就给天人感应、灾异说留下了余地。唐玄宗时,天文学家一行奉诏制定《大衍历》。一行比经学家更能感受到技术的局限,因此反而相信日食与君主的行为有关。他讲历法理论,兼容了"历数"与"政教",主张自然规律跟天人感应相互补充和配合,才产生了人们看到的天象。

**澎湃新闻**:在中国传统政治文化中,跟灾异关系密切的还有祥瑞吧？它们的关系应该如何理解？

**陈侃理**：祥瑞和灾异相反而又相似，可谓"花开并蒂"。清代赵翼的《廿二史札记》提到的一个发现：两汉多凤凰，而西汉宣帝时尤其多。凤凰就是祥瑞，汉宣帝用祥瑞做年号，有"神爵"（爵就是雀）、"五凤"，还有"甘露"、"黄龙"，都是因祥瑞得名。这不是因为当时真的祥瑞特别多，而是宣帝重视祥瑞，鼓励报告，因而有更多的"祥瑞"被记录下来。

汉宣帝为什么重视祥瑞呢？这跟他的身世和即位以后的政治形势有关。宣帝是武帝后期由于巫蛊之祸而被废的戾太子之孙。武帝之子昭帝死后没有继嗣，辅政大臣霍光立昌邑王刘贺为帝。这个刘贺很快被废除，改封海昏侯，现在挖出了他的墓，非常轰动。宣帝就是代替他继承皇位的。宣帝长在民间，突然被霍光推上帝位，政治合法性并不稳固。还有刚刚进行过废立的强臣执政，如芒在背，权力基础相当薄弱。他即位以后，希望通过祥瑞代表天意，证明自己的合法性，来巩固权力。他做了一件很有象征意义的事，就是给昭帝时被杀的儒生眭弘平反。

眭弘是董仲舒的再传弟子。昭帝时发生了几件怪事，倒在地上的枯树突然站起来活了，还有虫子在树叶上咬了洞，看起来像是"公孙病已立"几个字。眭弘用灾异论来解释，说这预示着有平民要当天子，汉朝要顺应天命。这话在当时自然被认为大逆不道，可等到宣帝即位，预言却正好符合他的经历，过去以为的灾异变成了宣帝受天命的祥瑞。

眭弘平反以后，祥瑞就顺应时势，层出不穷，谈天人感应成了时髦。这也为灾异论进入到政治生活中开了口子。于是，有儒生萧望之当着宣帝的面议论灾异，认为原因是大臣专权，私门太盛危机皇权。这个说法正合宣帝的心意，萧望之火箭式升迁，做了大官，灾异政治文化也逐渐发达起来。

**澎湃新闻**：灾异政治文化发达以后，在中国古代的政治制度中有哪些体现的？

**陈侃理**：汉代设有专门观测和记录天象的机构和官员，各县州郡发现了异常灾异现象也要呈报中央。所以地方郡县发生的一些重大灾异，也会在被史书记录下来。唐宋以后的史料对当时类似的制度就记载地更清楚了。

日食发生时会采取一些"救日"仪式，目的是消灾免祸。汉代还不能准确预报日食，只知道在每个朔日，也就是农历初一，有可能发生日食，所以朔日前后各两天，每天都要准备好一头羊，一旦日食开始了，赶紧杀羊祭祀。这时候日食没法预报，仪式不好准备，所以比较简单。后来，日食的预报越来越准确，制度上规定的救日仪式变得很复杂，规模很大。当然，具体执行的情况如何，就又是另外一回事了。

大体来说，唐代以后，日食的神秘感逐渐消失，皇帝和官员对"救日"仪式的重视程度越来越低。明代人谢肇淛写的《五杂俎》里，说当时的官员祭祀救日，磕完一个头，就在供桌旁边喝酒玩乐，嘻嘻哈哈，等着太阳复原，一点儿也不严肃。

不过，清代又有了新变化。预报有日食的当天早上，京城官员们都要到礼部集合。日食一开始就齐刷刷地下跪，直到太阳复原为止。不少年纪大的官员，体力吃不消，跪得东倒西歪，还被皇帝痛骂。过去，大臣希望通过灾异来约束君主，这时候灾异反过来成了君主控制臣下的一种手段。

**澎湃新闻**：我们是否可以认为，灾异论从一开始就只停留在思想层面，而在具体的政治实践中，从未发生过实际效用？

**陈侃理**：不是的。灾异作为一种政治文化，对中国古代的政治实践影响很深，在政治文件、政治制度、政治决策和日常行政中都有反映，不能仅仅归结到思想层面。不过，它发挥的作用，跟灾异论的最初设计，常常并不一致。即便在灾异政治文化最鼎盛的时期，灾异论还是被权力所左右，最终导致权力场中的"马太效应"。

举一个例子，西汉后期的刘向既是宗室，又是大儒，擅长说灾异。他上书皇帝，指出宠幸外戚宦官造成了当时灾异。但外戚和宦官也利用灾异作武器，说灾异是皇帝身边的士大夫造成的。结果刘向被问罪免官。这时候,决定胜负的不是灾异论的优劣,而是权势。儒生没有能力垄断灾异论,怀有不同政治目的的人都可以利用它。

**澎湃新闻**:很多人认为灾异论可以起到用"天"去约束专制皇权的作用,史实上真的如此吗?

**陈侃理**:灾异论的产生当然包含这种意图,但从历史上看,并没有达到预期的效果。从董仲舒到刘向、刘歆,发展出了一套比较成熟、严密的灾异论。在这套理论当中,特定的灾异对应着特定的不良政治行为,"天"通过灾异对君主进行警告和惩戒,而"天"判断政治行为好坏的标准是儒家的。

可是天意的执行没有现实的强制力来保障。天意之所以可以制约人君,是因为儒家设定了一个前提:君主是天命所授,只有君主能够跟天意直接沟通,天意也是专门针对君主本人。这跟西方传统大不一样。西方是政教分离的,君主是管理人间事务的行政官,另外有祭司、教会负责跟神沟通。而在儒学的设定下,只有天意能制约人君行为,天意在人间的执行者却是皇帝。儒家没有设计出任何现实的制度或者权力,来代表天意约束皇帝、制衡皇权。

中国古代的士大夫们一般都知道"人君所畏唯天"。这是苏轼写富弼神道碑碑文里引用富弼说过的一句话。富弼说这句话是在宋神宗熙宁二年,当时以王安石为代表的一批士大夫认为自己能够"得君行道",皇帝可以代表他们,跟他们拥有同样的理想,这时候就不再需要天变灾异来约束皇帝了。后人把王安石的这种思想归纳为"天变不足畏"。当时,敬天、畏天已不再是政治上的共识,只是偶尔用作实现政治意图的工具。这种态度宋人就称为"玩天"。清代康熙、雍正、乾隆这些盛世雄主,都以圣人自居,带头批评"玩天",主张"敬天"。不过这时候,帝王已经在思想文化和意识形态上掌握了绝对的话语权,太阿倒持,剑尖儿指着士大夫们了。

(原题《中国古代灾异论能够制约皇权吗?》,载"澎湃新闻"2016年5月21日,记者:钱冠宇,实习生:许棉植)

# 参考文献

## 一、古籍

阮刻《十三经注疏》,艺文印书馆影印清嘉庆二十年南昌府学刊本,2001年版。
《周易集解纂疏》,[清]李道平撰,中华书局,1994年版。
《京氏易》,[清]王保训辑,《木犀轩丛书》本。
《书传》,[宋]苏轼撰,《景印文渊阁四库全书》本,台湾商务印书馆,1986年版。
《尚书全解》,[宋]林之奇撰,《通志堂经解》本,江苏广陵古籍刻印社,1996年版。
《书集传》,[宋]蔡沈撰,凤凰出版社,2010年版。
《书蔡氏传辑录纂注》,[元]董鼎撰,《通志堂经解》本,江苏广陵古籍刻印社,1996年版。
《书蔡氏传旁通》,[元]陈师凯撰,《通志堂经解》本,江苏广陵古籍刻印社,1996年版。
《洪范口义》,[宋]胡瑗撰,《文渊阁四库全书》本,台湾商务印书馆,1986年版。
《尚书大传》,[清]陈寿祺辑,《四部丛刊》影印《左海文集》本,商务印书馆,1919年版。
《尚书大传疏证》,[清]皮锡瑞疏证,清光绪二十二年(1896)师伏堂刊本。
《齐诗翼氏学疏证》,[清]陈乔枞撰,《清经解续编》,凤凰出版社,2005年版,。
《韩诗外传集释》,许维遹校释,中华书局,1980年版。
《礼记集解》,[清]孙希旦撰,中华书局,1989年版。
《仪礼经传通解正续编》,[宋]朱熹著,黄榦编,北京大学出版社,2012年版。
《杨复再修仪礼经传通解续卷祭礼》,[宋]杨复撰,林庆彰校订,叶纯芳、桥本秀美编辑,"中研院"中国文哲研究所,2011年版。
《春秋左传注》,杨伯峻注,中华书局,1990年版。
《春秋权衡》,[宋]刘敞撰,《通志堂经解》本,江苏广陵古籍刻印社,1996年版。
《春秋经解》,[宋]孙觉撰,《丛书集成初编》本,商务印书馆,1935年版。
《春秋胡氏传》,[宋]胡安国撰,钱伟强点校,浙江古籍出版社,2010年版。
《四书章句集注》,[宋]朱熹撰,中华书局,1983年版。

《论语正义》，[清]刘宝楠撰，中华书局，1990年版。

《白虎通疏证》，[清]陈立撰，中华书局，1994年版。

《经典释文》，[隋]陆德明撰，上海古籍出版社影宋本，1985年版。

《经义述闻》，[清]王引之撰，江苏古籍出版社影王氏家刻本，2000年版。

《方言校笺》，[汉]杨雄撰，周祖谟校笺，中华书局，1993年版。

《说文解字》，[汉]许慎撰，中华书局影印清陈昌治刻本，1963年版。

《广雅疏证》，[魏]张揖撰，[清]王念孙疏证，中华书局影印王氏家刻本，1983年版。

《古书疑义举例》，[清]俞樾撰，《古书疑义举例五种》，中华书局，1956年版。

二十四史及《清史稿》，中华书局点校本，1959—1977年版。

《二十五史补编》，中华书局，1955年版。

《廿二史考异》，[清]钱大昕撰，上海古籍出版社，2004年版。

《十七史商榷》，[清]王鸣盛撰，上海书店，2005年版。

《廿二史札记校证》，[清]赵翼撰，王树民校证，中华书局，1984年版。

《汉书补注》，[清]王先谦补注，中华书局影印清光绪二十六年虚受堂刊本，1983年版。

《后汉书补注》，[清]惠栋撰，《续修四库全书》影印清刻本，上海古籍出版社，2002年版。

《汉纪》，[汉]荀悦撰，《两汉纪》，中华书局，2002年版。

《后汉纪》，[晋]袁宏撰，《两汉纪》，中华书局，2002年版。

《资治通鉴》，[宋]司马光撰，中华书局，1956年版。

《续资治通鉴长编》，[宋]李焘撰，中华书局，2004年版。

《宋史全文》，[元]佚名撰，《景印文渊阁四库全书》本，台湾商务印书馆，1986年版。

《续资治通鉴长编拾补》，[清]黄以周等辑注，中华书局，2004年版。

《建炎以来系年要录》，[宋]李心传撰，《文渊阁四库全书》本，台湾商务印书馆，1986年版。

《宋通鉴长编纪事本末》，[宋]杨仲良撰，《宛委别藏》，江苏古籍出版社影印清刻本，1988年版。

《明实录》，[明]官修，"中央研究院"历史语言研究所校印，1962年版。

《国语集解》，[清]徐元诰集解，中华书局，2006年版。

《八家后汉书辑注》,周天游辑注,上海古籍出版社,1986年版。

《路史》,[宋]罗泌撰,《文渊阁四库全书》本,台湾商务印书馆,1986年版。

《名山藏》,[明]何乔远撰,福建人民出版社,2010年版。

《唐六典》,[唐]李林甫等撰,中华书局,1992年版。

《大明会典》,[明]李东阳等撰,[明]申时行等重修,江苏广陵古籍刻印社,1989年版。

《大清会典》,[清]官修,《文渊阁四库全书》本,台湾商务印书馆,1986年版。

《大清会典则例》,[清]官修,《文渊阁四库全书》本,台湾商务印书馆,1986年版。

《国朝宫史》,[清]官修,《文渊阁四库全书》本,台湾商务印书馆,1986年版。

《通典》,[唐]杜佑撰,中华书局,1988年版。

《通志二十略》,[宋]郑樵撰,王树民点校,中华书局,1995年版。

《文献通考》,[宋]马端临撰,中华书局,1986年版。

《续文献通考》,[明]王圻撰,现代出版社,1986年版。

《清朝文献通考》,[清]官修,《十通》,浙江古籍出版社,1988年版。

《清朝续文献通考》,刘锦藻撰,《十通》,浙江古籍出版社,1988年版。

《唐会要》,[宋]王溥撰,中华书局,1955年版。

《五代会要》,[宋]王溥撰,上海古籍出版社,1978年版。

《宋会要辑稿》,[清]徐松辑,中华书局,1957年版。

《唐律疏议笺解》,[唐]官修,刘俊文笺解,中华书局,1996年版。

《大唐开元礼》,[唐]萧嵩等撰,民族出版社影印清光绪刊本,2000年版。

《中兴礼书》,[清]徐松辑,《续修四库全书》影印清宝彝堂抄本,上海古籍出版社,2002年版。

《礼部志稿》,[明]官修,《文渊阁四库全书》本,台湾商务印书馆,1986年版。

《宋朝诸臣奏议》,[宋]赵汝愚编,上海古籍出版社,1999年版。

《纬学原流兴废考》,[清]蒋清翊撰,附《纬史论微》后,上海书店出版社,2005年版。

《郡斋读书志校证》,[宋]晁公武撰,孙猛校证,上海古籍出版社,1990年版。

《直斋书录解题》,[宋]陈振孙撰,上海古籍出版社,1987年版。

《千顷堂书目》,[明]黄虞稷撰,上海古籍出版社,2001年版。

《四库全书总目》,[清]永瑢等撰,中华书局影印浙江书局本,1965年版。

《史通通释》,[唐]刘知幾撰,[清]浦起龙通释,上海古籍出版社,1978年版。

《荀子集解》，[清]王先谦撰，中华书局，1988年版。
《墨子间诂》，[清]孙诒让撰，中华书局，2001年版。
《吕氏春秋注疏》，王利器注疏，巴蜀书社，2002年版。
《吕氏春秋新校释》，陈奇猷校释，上海古籍出版社，2002年版。
《新语校注》，[汉]陆贾撰，王利器校注，中华书局，1986年版。
《新书校注》，[汉]贾谊撰，阎振益、钟夏校注，中华书局，2000年版。
《春秋繁露义证》，[汉]董仲舒撰，[清]苏舆义证，中华书局，1992年版。
《春秋繁露校释（校补本）》，[汉]董仲舒撰，钟肇鹏主编，河北人民出版社，2005年版。
《淮南子集释》，何宁撰，中华书局，1998年版。
《法言义疏》，[汉]杨雄撰，汪荣宝义疏，中华书局，1987年版。
《论衡校释》，[汉]王充撰，黄晖校释，中华书局，1990年版。
《风俗通义校注》，[汉]应劭撰，王利器校注，中华书局，1981年版。
《公是先生弟子记》，[宋]刘敞撰，《丛书集成初编》本，商务印书馆，1939年版。
《朱子全书》，[宋]朱熹撰，朱杰人、严佐之、刘永翔主编，上海古籍出版社、安徽教育出版社，2002年版。
《朱子语类》，[宋]黎靖德编，中华书局，1986年版。
《山堂考索》，[宋]章如愚撰编，中华书局影印明正德刊本，1992年版。
《五杂组》，[明]谢肇淛撰，上海书店出版社，2001年版。
《日知录集释》，[清]顾炎武撰，[清]黄汝诚集释，上海古籍出版社，2006年版。
《宋元学案》，[清]黄宗羲原著，全祖望补修，中华书局，1986年版。
《读书杂志》，[清]王念孙撰，江苏古籍出版社影印清王氏家刻本，2000年版。
《北堂书钞》，[隋]虞世南编，天津古籍出版社影印清孔广陶刊本，1988年版。
《艺文类聚》，[唐]欧阳询编，上海古籍出版社，1982年版。
《太平御览》，[宋]李昉等编，中华书局，1960年版。
《册府元龟》，[宋]王钦若等编，中华书局，1960年版。
《玉海》，[宋]王应麟撰，江苏古籍出版社、上海书店影印清浙江书局刊本，1988年版。
《东斋记事》，[宋]范镇撰，中华书局，1980年版。
《邵氏闻见录》，[宋]邵伯温撰，中华书局，1983年版。
《神仙传》，[晋]葛洪撰，《丛书集成初编》本，商务印书馆，1936年版。
《太平广记》，[宋]李昉等编，中华书局，1961年版。
《古今律历考》，[明]邢云路撰，《丛书集成初编》本，商务印书馆，1936年版。

《晓庵新法》，[清]王锡阐撰，《丛书集成初编》本，商务印书馆，1936年版。
《京氏易传》，[明]程荣辑校，《汉魏丛书》本，吉林大学出版社影印明刊本，1992年版。
《五行大义》，[隋]萧吉撰，汲古書院影印日钞本，1989年版。
《乙巳占》，[唐]李淳风撰，《丛书集成初编》本，商务印书馆，1936年版。
《开元占经》，[唐]瞿昙悉达等撰，《文渊阁四库全书》本，台湾商务印书馆，1986年版。
《洪范政鉴》，[宋]赵祯撰，《宋钞本洪范政鉴》，书目文献出版社影宋抄本，1992年版。
《明译天文书》，[明]马哈麻译，《涵芬楼秘笈》第三集影印明内府刊本，商务印书馆，1917年版。

《曹植集校注》，[魏]曹植撰，赵幼文校注，人民文学出版社，1984年版。
《唐太宗集》，[唐]李世民撰，吴云、冀宇编辑校注，陕西人民出版社，1986年版。
《韩昌黎文集校注》，[唐]韩愈撰，马通伯校注，古典文学出版社，1957年版。
《柳宗元集》，[唐]柳宗元撰，中华书局，1979年版。
《刘禹锡集》，[唐]刘禹锡撰，中华书局，1990年版。
《广成集》，[蜀]杜光庭撰，《文渊阁四库全书》本，台湾商务印书馆，1986年版。
《徂徕石先生文集》，[宋]石介撰，陈植锷点校，中华书局，1984年版。
《欧阳修全集》，[宋]欧阳修撰，李逸安点校，中华书局，2001年版。
《嘉祐集笺注》，[宋]苏洵撰，曾枣庄、金成礼笺注，上海古籍出版社，1993年版。
《公是集》，[宋]刘敞撰，《丛书集成初编》本，商务印书馆，1935年版。
《临川先生文集》，[宋]王安石撰，中华书局，1959年版。
《苏轼文集》，[宋]苏轼撰，中华书局，1986年版。
《二程集》，[宋]程颢、程颐撰，王孝鱼点校，中华书局，1981年版。
《嵩山文集》，[宋]晁说之撰，《四部丛刊续编》影抄本，商务印书馆，1934年版。
《陆九渊集》，[宋]陆九渊撰，中华书局，1980年版。
《文溪集》，[宋]李昂英撰，《文渊阁四库全书》本，台湾商务印书馆，1986年版。
《楳埜集》，[宋]徐元杰撰，《文渊阁四库全书》本，台湾商务印书馆，1986年版。
《黄宗羲南雷杂著稿真迹》，[明]黄宗羲撰，浙江古籍出版社，1987年版。
《嘉定钱大昕先生全集》，[清]钱大昕撰，江苏古籍出版社，1997年版。
《文选》，[梁]萧统编，[唐]李善注，中华书局，1977年版。

《文苑英华》,[宋]李昉等编,中华书局,1966年版。

《六艺流别》,[明]黄佐撰,《四库全书存目丛书》第300册,齐鲁书社,1997年版。

## 二、出土文献

马承源主编《上海博物馆藏战国楚竹书(一)》,上海古籍出版社,2001年版。

马承源主编《上海博物馆藏战国楚竹书(二)》,上海古籍出版社,2002年版。

马承源主编《上海博物馆藏战国楚竹书(五)》,上海古籍出版社,2005年版。

裘锡圭主编《长沙马王堆汉墓简帛集成》,中华书局,2014年版。

荣新江、李肖、孟宪实主编《新获吐鲁番出土文献》,中华书局,2008年版。

上海博物馆商周青铜器铭文选编写组编《商周青铜器铭文选》,文物出版社,1986年版。

睡虎地秦墓竹简整理小组《睡虎地秦墓竹简》,文物出版社,1990年版。

吴九龙《银雀山汉简释文》,文物出版社,1985年版。

银雀山汉墓竹简整理小组编《银雀山汉墓竹简〔二〕》,文物出版社,2010年版。

张家山二四七号汉墓竹简整理小组编《张家山汉墓竹简〔二四七号墓〕(释文修订本)》,文物出版社,2006年版。

## 三、专著

安居香山《纬书与中国神秘思想》,田人隆译,河北人民出版社,1991年版。

安居香山、中村璋八《纬书の基础的研究》,国书刊行会,1977年版。

板野长八《儒教成立史の研究》,岩波书店,1995年版。

陈初生编纂,曾宪通审校《金文常用字典》,陕西人民出版社,1987年版。

陈来《宋明理学》(第二版),华东师范大学出版社,2004年版。

陈梦家《汉简缀述》,中华书局,1980年版。

陈梦家《殷虚卜辞综述》,中华书局,1988年版。

陈梦家《西周铜器断代》,中华书局,2004年版。

陈梦家《尚书通论》,中华书局,2005年版。

陈槃《古谶纬研讨及其书录解题》,台北"国立编译馆",1991年版。

陈苏镇《〈春秋〉与"汉道"》,中华书局,2011年版。

陈业新《灾害与两汉社会研究》,上海人民出版社,2004年版。

陈美东《中国科学技术史·天文学卷》,卢嘉锡总主编,科学出版社,2003年版。

陈美东《中国古代天文学思想》,中国科学技术出版社,2007年版。

陈寅恪《隋唐制度渊源略论稿》,《陈寅恪集》,三联书店,2001年版。

陈寅恪《唐代政治史述论稿》,同上。

陈植锷《北宋文化史述论》,中国社会科学出版社,1992年版。

陈遵妫《中国天文学史》,上海人民出版社,2006年版。

重泽俊郎《周汉思想研究》,弘文堂书房,1943年版。

邓广铭《北宋政治改革家王安石》,河北教育出版社,2000年版。

邓小南《祖宗之法:北宋前期政治述略》,三联书店,2006年版。

段伟《禳灾与减灾:秦汉社会自然灾害应对制度的形成》,复旦大学出版社,2008年版。

渡边信一郎《中国古代的王权与天下秩序》,徐冲译,中华书局,2008年版。

方诗铭、王修龄《古本竹书纪年辑证(修订本)》,上海古籍出版社,2005年版。

冯友兰《中国哲学史》,商务印书馆,1947年版,中华书局,1961年重印。

福井重雅《汉代儒教の史的研究》,汲古书院,2005年版。

高峰《北朝灾害史研究》,首都师范大学博士论文,2003年。

高毅《法兰西风格——大革命的政治文化》,浙江人民出版社,1991年版。

顾颉刚《汉代学术史略》,《民国丛书》第二编影印济东印书社1948年版,上海书店,1990年版。

侯外庐主编《中国思想通史》,人民出版社,1957年版。

胡宝国《汉唐间史学的发展》,商务印书馆,2003年版。

户川芳郎《古代中国的思想》,姜镇庆译,北京大学出版社,1994年版。

黄复山《东汉谶纬学新探》,台湾学生书局,2000年版。

黄进兴《优入圣域:权力、信仰与正当性》,陕西师范大学出版社,1998年版。

吉川忠夫、富谷至译注《汉书五行志》,东洋文库,平凡社,1986年版。

加布里埃尔·A.阿尔蒙德、小G.宾厄姆·鲍威尔《比较政治学——体系、过程和政策》,曹沛霖等译,上海人民出版社,1987年版。

蒋善国《尚书综述》,上海古籍出版社,1988年版。

江晓原《天学真原》,辽宁教育出版社,1991年版。

姜忠奎《纬史论微》,上海书店出版社,2005年版。

金春峰《汉代思想史》,中国社会科学出版社,1997年版。

金霞《两汉魏晋南北朝祥瑞灾异研究》,北京师范大学博士论文,2004年。

金毓黻《中国史学史》,商务印书馆,1999年版。

李汉三《先秦两汉之阴阳五行学说》,台北钟鼎文化出版公司,1967年版。

李镜池《周易探源》,中华书局,1978年版。

李军《灾害危机与唐代政治》,首都师范大学博士论文,2004年。
李零《中国方术正考》,中华书局,2006年版。
李零《中国方术续考》,中华书局,2006年版。
李零《简帛古书与学术源流》,三联书店,2007年版。
李学勤《周易溯源》,巴蜀书社,2006年版。
李约瑟(Joseph Needham)《中国科学技术史》第二卷《科学思想史》,科学出版社、上海古籍出版社,1990年版。
鎌田正《左传の成立と其の展开》,大修馆书店,1963年版。
林富士《汉代的巫者》,稻乡出版社,1999年版。
林素芬《北宋中期儒学道论类型研究》,里仁书局,2008年版。
刘成国《荆公新学研究》,上海古籍出版社,2006年版。
刘次沅、马莉萍《中国历史日食典》,世界图书出版公司北京公司,2006年版。
刘乐贤《睡虎地秦简日书研究》,文津出版社,1994年版。
《马王堆天文书考释》,中山大学出版社,2004年版。
刘师培《刘申叔遗书》,江苏古籍出版社影印民国二十五年排印本,1997年版。
刘瑛《〈左传〉、〈国语〉方术研究》,人民文学出版社,2006年版。
刘泽华主编《中国政治思想史》(三卷本),浙江人民出版社,1996年版。
鲁惟一(Michael Loewe) *Crisis and Conflict in Han China: 104 BC to AD 9*, London: George Allen & Unwin Ltd., 1974.
卢央《京房评传》,南京大学出版社,1998年版。
吕思勉《吕思勉读史札记(增订本)》,上海古籍出版社,2005年版。
吕思勉《中国文化思想史九种》,上海古籍出版社,2009年版。
钱穆《墨子》,商务印书馆,1947年版。
钱穆《国史大纲》,商务印书馆,1996年版。
钱穆《先秦诸子系年》,商务印书馆,2001年版。
乔秀岩《义疏学衰亡史论》,三联书店,2017年版。
饶宗颐、曾宪通《云梦秦简日书研究》,香港中文大学出版社,1982年版。
日原利国《汉代思想の研究》,研文出版,1986年版。
日原利国《春秋公羊传の研究》,创文社,1976年版。
史华兹(Benjamin Schwartz)《古代中国的思想世界》,程钢译,刘东校,江苏人民出版社,2004年版。
孙广德《先秦两汉阴阳五行说的政治思想》,台湾商务印书馆,1993年版。

孙季萍、冯勇《中国传统官僚政治中的权力制约机制》,北京大学出版社,2010年版。
孙启治、陈建华编《古佚书辑本目录(附考证)》,中华书局,1997年版。
汤志钧等《西汉经学与政治》,中华书局,1994年版。
陶磊《从巫术到数术——上古信仰的历史嬗变》,山东人民出版社,2008年版。
王国维《今本竹书纪年疏证》,《王国维遗书》第八册,上海书店,1996年版。
王利器《郑康成年谱》,齐鲁书社,1983年版。
王亚利《魏晋南北朝灾害研究》,四川大学博士论文,2003年。
王永祥《董仲舒评传》,南京大学出版社,1995年版。
王重民《中国善本书提要》,上海古籍出版社,1983年版。
韦兵《星占历法与宋代政治文化》,四川大学博士论文,2006年。
吴承仕《经典释文序录疏证》,中华书局,1984年版。
萧公权《中国政治思想史》,《民国丛书》第一编影印商务印书馆1948年版,上海书店,1990年版。
小林信明《中国上代阴阳五行思想の研究》,大日本雄弁会讲谈社,1951年版。
新城新藏《东洋天文学史研究》,沈璿译,中华学艺社,1933年版。
徐冲《"汉魏革命"再研究:君臣关系与历史书写》,北京大学博士论文,2008年。
徐冲《中古时代的历史书写与皇帝权力起源》,上海古籍出版社,2012年版。
徐复观《两汉思想史》,华东师范大学出版社,2001年版。
徐兴无《谶纬文献与汉代文化构建》,中华书局,2003年版。
徐兴无《刘向评传》,南京大学出版社,2005年版。
阎步克《察举制度变迁史稿》,辽宁大学出版社,1997年版。
阎步克《士大夫政治演生史稿》,北京大学出版社,1996年版。
阎守诚主编《危机与应对:自然灾害与唐代社会》,人民出版社,2008年版。
杨权《新五德理论与两汉政治——"尧后火德"说考论》,中华书局,2006年版。
杨树达《汉书窥管》,上海古籍出版社,2006年版。
姚名达《中国目录学史》,上海古籍出版社,2002年版。
游自勇《天道人妖:中古〈五行志〉的怪异世界》,首都师范大学博士论文,2006年。
余嘉锡《目录学发微 古书通例》,中华书局,2007年版。
余嘉锡《四库提要辨证》,中华书局,2007年版。
于省吾主编《甲骨文字诂林》,中华书局,1996年版。
余英时《士与中国文化》,上海人民出版社,2003年版。

余英时《朱熹的历史世界：宋代士大夫政治文化的研究》，三联书店，2004年版。

约翰·布罗《历史的历史：从远古到20世纪的历史书写》，黄煜文译，广西师范大学出版社，2012年版。

斋木哲郎《秦汉儒教の研究》，汲古书院，2004年版。

张培瑜等《中国古代历法》，中国科学技术出版社，2007年版。

张兵《〈洪范〉诠释研究》，齐鲁书社，2007年版。

张舜徽《广校雠略》，《广校雠略 汉书艺文志通释》，华中师范大学出版社，2004年版。

张舜徽《汉书艺文志通释》，同上。

章太炎《膏兰室札记》，《章太炎全集（一）》，上海人民出版社，1982年版。

赵益《古典术数文献述论稿》，中华书局，2005年版。

赵贞《唐五代星占与帝王政治》，首都师范大学博士论文，2004年。

钟肇鹏《谶纬论略》，辽宁教育出版社，1991年版。

周良霄《皇帝与皇权》，上海古籍出版社，1999年初版，2006年增订版。

朱伯崑《易学哲学史（上）》，北京大学出版社，1986年版。

朱伯崑《易学哲学史（中）》，北京大学出版社，1986年版。

朱凤瀚、徐勇编《先秦史研究概要》，天津教育出版社，1996年版。

祝总斌《两汉魏晋南北朝宰相制度研究》，中国社会科学出版社，1998年版。

## 四、论文

艾伯华（Wolfram Eberhard）《中国汉代天文学及天文学家的政治功能》，费正清编《中国的思想与制度》，世界知识出版社，2008年版。

毕汉思（Hans Bielenstein）"An Interpretation of the Portents of the Ts'ien-Han-shu", *Bulletin of the Museum of Far Eastern Antiquities*, vol. 22, 1950, pp. 127-143.

毕汉思（Hans Bielenstein）"Han Portents and Prognostications", *Bulletin of the Museum of Far Eastern Antiquities*, vol. 56, 1984, pp. 97-110.

白寿彝《刘向和班固》，《中国史学史论集》，中华书局，1999年版。

坂本具偿《何休の灾异解释について》，《哲学》卷36，1984年。

坂本具偿《〈汉书·五行志〉の灾异说——董仲舒说と刘向说の资料分析》，《日本中国学会报》卷40，1988年。

边土名朝邦《董仲舒の著作と灾异思想》，《西南学院大学国际文化论集》卷7，1992年。

薄树人《〈开元占经〉——中国文化史上的一部奇书》,《唐开元占经》前言,中国书店,1989年版。

卜宪群《秦汉三公制度渊源论》,《安徽史学》1994年第4期。

晁福林《说殷卜辞中的"虹"——殷商社会观念之一例》,郭旭东主编《殷商文明论集》,中国社会科学出版社,2008年版。

晁福林《从甲骨卜辞说到中国古代的"祲""晕"观念》,同上。

陈侃理《从阴阳书到明堂礼——读银雀山汉简〈迎四时〉》,《中华文史论丛》2010年第1期。

陈侃理《董仲舒的〈春秋〉灾异论》,《文史》2010年第2辑。

陈侃理《上博楚简〈鲁邦大旱〉的思想史坐标》,《中国历史文物》2010年第6期。

陈侃理《〈洪范五行传〉与〈洪范〉灾异论》,《国学研究》第26辑,北京大学出版社,2010年。

陈其泰《〈汉书·五行志〉平议》,《人文杂志》1993年第1期。

陈其泰《两汉之际阴阳五行说和谶纬的演变》,《孔子研究》1993年第4期。

陈苏镇《汉道、王道、天道——董仲舒〈春秋〉公羊说新探》,《国学研究》第2卷,北京大学出版社,1994年版。

陈苏镇《〈春秋〉与汉道——董仲舒"以德化民"说再探》,《国学研究》第4卷,北京大学出版社,1997年版。

陈苏镇《两汉之际的谶纬与〈公羊〉学》,《文史》2006年第3辑。

陈亚如《〈汉书·五行志〉的五行思想》,《历史文献研究》第6卷,1995年。

陈一梅《汉魏六朝起居注考略》,《中国史研究》1996年第4期。

池田秀三《刘向の学问と思想》,《东方学报》卷50,1978年。

池田知久《中国古代的天人相关论——董仲舒的情况》,田人隆译,沟口雄三、小岛毅主编《中国的思维世界》,江苏人民出版社,2006年版。

池田知久《中国科学与天文历数学》,同上。

池田知久《术数学》,同上。

松岛隆裕《前汉后期における祥瑞の一考察——〈汉书·宣帝纪〉を中心に》,《伦理思想研究》卷2,1977年。

松岛隆裕《前汉元帝期の灾异と灾异说》,《伦理思想研究》卷3,1977年。

村田浩《淮南子と灾异说》,《中国思想史研究》卷14,1991年。

邓广铭《王安石在北宋儒家学派中的地位——附说理学家的开山祖问题》,《邓广铭治史丛稿》,北京大学出版社,1997年版。

董煜宇《宋代天文机构人事管理制度略探》，《广西民族学院学报（自然科学版）》2005年第2期。

渡会显《刘歆の灾异思想について》，《大正大学大学院研究论集》卷7，1983年。

冯浩菲《〈隋书·五行志〉正讹》，《历史文献研究》第6卷，北京燕山出版社，1995年版。

冯浩菲《〈洪范五行传〉的学术特点及其影响——兼论研究天人感应说之不能忽略伏生》，《中国文化研究》总第16期，1997年。

冯锦荣《北宋仁宗景祐朝星历、五行书》，张其凡主编《宋代历史文化研究》，人民出版社，2000年版。

冯锦荣《宋代皇家天文学与民间天文学》，《法国汉学》第6辑，中华书局，2002年版。

富谷至《儒教の国教化と儒学の官学化》，《东洋史研究》卷37:4，1979年。

沟口雄三《论天理观的形成》，龚颖译，沟口雄三、小岛毅主编《中国的思维世界》，江苏人民出版社，2006年版。

釜田启市《〈汉书·五行志〉这异理论の再检讨》，《中国研究集刊》卷18，1996年。

釜田启市《前汉灾异说研究史》，《中国研究集刊》卷25，1999年。

高木理久夫《正史五行志の基础的研究》，《早稻田大学大学院文学研究科纪要别册》卷17，1991年。

顾颉刚《五德终始说下的政治和历史》，《古史辨》第5册，上海古籍出版社，1982年版。

顾涛《新城新藏由岁星纪事推证〈左传〉著作年代之研究法驳论》，《中国文化研究》2007年第2期。

郭沫若《先秦天道观之进展》，《青铜时代》，科学出版社，1960年版。

洪诚《关于新城新藏〈东洋天文学史研究〉中几个问题的讨论》，《维诵庐论文集》，《洪诚文集》，江苏古籍出版社，2000年版。

胡宝华《从"君臣之义"到"君臣道合"——论唐宋时期君臣观念的发展》，《南开学报（哲学社会科学版）》2008年第3期。

胡厚宣《殷代之天神崇拜》，《甲骨学商史论丛初集（外一种）》，河北教育出版社，2002年版。

胡厚宣《殷卜辞中的上帝和王帝》，《历史研究》1959年第9、10期。

胡念贻《〈左传〉的真伪和写作时代问题考辨》，《文史》第11辑，中华书局，1981年版。

黄进兴《清初政权意识形态之探究——政治化的"道统观"》,《台湾学者中国史研究论丛·思想与学术》,中国大百科全书出版社,2005年。

黄朴民《何休阴阳灾异思想析论》,《中国史研究》1999年第1期。

黄一农"A Study of Five Planets Conjunction in Chinese History", *Early China*, vol. 15, 1990, pp. 97-112;中文版《中国星占学上最吉的天象——"五星会聚"》,收入《社会天文学史十讲》,复旦大学出版社,2004年版。

黄一农《星占、事应与伪造天象——以"荧惑守心"为例》,《自然科学史研究》第10卷第2期,科学出版社,1991年版,后改题《中国星占学上最凶的天象:"荧惑守心"》,收入《社会天文学史十讲》,复旦大学出版社,2004年版。

黄一农、张嘉凤《天文对中国古代政治的影响——以汉相翟方进自杀为例》,台湾《清华学报》新20卷第2期,1990年,后改题《汉成帝与丞相翟方进死亡之谜》,收入《社会天文学史十讲》,复旦大学出版社,2004年版。

江晓原《上古天文考——古代中国"天文"之性质与功能》,《中国文化》1991年第1期。

江晓原《谈历朝"私习天文"之厉禁》,《中国典籍与文化》1993年第1期。

江晓原《〈开元占经〉:三百八十年前的出土文物》,《中国典籍与文化》1998年第3期。

金霞《魏晋南北朝时期太史令及其职能初探》,《商丘师范学院学报》2004年第6期。

金谷治《刘禹锡の〈天论〉》,《日本中国学会报》卷21,1969年。

近藤则之《〈楚庄王篇〉三世异辞说と董仲舒の灾异说》,《中国哲学论集》卷13,1997年。

近藤则之《董仲舒の五行に关する考察》,《中国哲学论集》卷25,1999年。

荆州地区博物馆《江陵王家台15号秦墓》,《文物》1995年第1期。

劳榦《汉代察举制度考》,"中研院"历史语言研究所集刊》第17本第1分,1948年。

李汉三《阴阳五行对两汉政治的影响(中篇)》,《大陆杂志》第27卷第8、9期,后收入《大陆杂志史学丛书》第二辑第一册《三代秦汉魏晋史研究论集》,大陆杂志社,1967年版。

李剑国、孟琳《简论唐前"服妖"现象》,《武汉大学学报(人文科学版)》2006年第4期。

李零《道家与中国古代的"现代化"》,《道家文化研究》第10辑,上海古籍出版社,

1996年版。

李零《从简帛发现看古书的体例与分类》,《中国典籍与文化》2001年第1期。

李零《郭店楚简校读记(增订本)》前言,北京大学出版社,2002年版。

李学勤《古本〈竹书纪年〉与夏代史》,《走出疑古时代(修订本)》,辽宁大学出版社,1997年版。

李学勤《楚帛书中的天象》,《简帛佚籍与学术史》,江西教育出版社,2001年版。

李学勤《帛书〈五行〉与〈尚书·洪范〉》,同上。

李学勤《从〈要〉篇看孔子与〈易〉》,同上。

李学勤《叔多父盘与〈洪范〉》,《中国古代文明研究》,华东师范大学出版社,2005年版。

李学勤《上博楚简〈鲁邦大旱〉解义》,《孔子研究》2004年第1期。

梁秉赋《三国晋宋时期的天人之学——从〈五行志〉考察》,"中研院"文哲所编《魏晋南北朝经学国际学术研讨会论文集》,2008年。

梁启超《阴阳五行说之来历》,《古史辨》第5册,上海古籍出版社,1982年版。

刘家和《〈春秋〉三传的灾异观》,《史学史研究》1990年第2期。

刘黎明《〈宋书·五行志〉拾误》,《四川大学学报(哲学社会科学版)》1994年第4期。

刘浦江《"五德终始"说之终结——兼论宋代以降传统政治文化的嬗变》,《中国社会科学》2006年第2期。

马场理惠子《刘歆の灾异解释に关する一考察》,《古代文化》卷59:3,2007年。

缪凤林《〈汉书·五行志〉凡例》,南京中国史学会编《史学杂志》第1卷第2期,1929年。

缪凤林《〈洪范五行传〉出伏生辨》,《史学杂志》第2卷第1期,1930年。

牟发松《陈朝建立之际的合法性诉求及其运作》,《中华文史论丛(总第83辑)》,上海古籍出版社,2006年版,第213—233页。

末永高康《董仲舒阴阳刑德说について》,《中国思想史研究》卷15,1992年。

末永高康《董仲舒春秋灾异说の再检讨》,《中国思想史研究》卷18,1995年。

南泽良彦《王肃の灾异思想》,《中国思想史研究》卷19,1996年。

彭曦《试为〈汉书·五行志〉拭尘》,《天津师范大学学报》1984年第4期。

钱穆《刘向歆父子年谱》,《两汉经学今古文平议》,商务印书馆,2001年版。

钱穆《两汉博士家法考》,同上。

钱穆《初期宋学》,《中国学术思想史论丛》第 5 册,东大图书有限公司,1984 年版。

裘锡圭《说卜辞的焚巫尪与作土龙》,《古文字论集》,中华书局,1992 年版。

芮沃寿(Arthur F. Wright)《隋朝意识形态的形成(581—604 年)》,费正清编《中国的思想与制度》,世界知识出版社,2008 年版。

山东省博物馆、临沂文物组《山东临沂西汉墓发现〈孙子兵法〉和〈孙膑兵法〉等竹简的简报》,《文物》1974 年第 2 期。

史玉民《论中国古代天学机构的基本特征》,《中国文化研究》2001 年第 4 期。

史玉民《清钦天监职官制度》,《中国科技史料》2001 年第 4 期。

史玉民《清钦天监管理探赜》,《自然辩证法通讯》2002 年第 4 期。

史玉民、魏则云《中国古代天学机构沿革考略》,《安徽史学》2000 年第 4 期。

松岛隆裕《前汉后期における祥瑞の一考察——〈汉书·宣帝纪〉を中心に》,《伦理思想研究》卷 2,1977 年。

孙小淳《北宋政治变革中的天文灾异论说》,《自然科学史研究》2004 年第 3 期。

孙小淳《天文学在古代中国社会文化中的作用》,《中国科技史杂志》2009 年第 1 期。

汤浅邦弘《上博楚简〈三德〉的天人相关思想》,《儒家文化研究》第 1 辑,三联书店,2007 年版。

田天《国土山川——东周的山川祭祀与国家》,《国学研究》第 30 卷,北京大学出版社,2012 年版。

田中麻纱巳《春秋繁露五行诸篇についての一考察》,《集刊东洋学》卷 22,1969 年。

田中麻纱巳《刘向の灾异说について——前汉灾异思想の一面》,《集刊东洋学》卷 24,1971 年。

田中麻纱巳《何休の灾异解释について》,《东方学》第 60 辑,1980 年。

王保顶《汉代灾异观略论》,《学术月刊》1997 年第 5 期。

王宝娟《唐代的天文机构》,《中国天文学史文集》第五集,科学出版社,1989 年版。

王宝娟《宋代的天文机构》,《中国天文学史文集》第六集,科学出版社,1994 年版。

王宝娟《辽、金、元时期的天文机构》,同上。

王春光《〈汉书·五行志〉初探》,华中师范大学硕士论文,1988 年。

王春光《〈汉书·五行志〉所记自然现象》,《内蒙古民族师院学报》1989 年第 4 期。

王华宝《〈汉书·五行志〉考论》,《南京师范大学学报(社会科学版)》2001 年第 5 期。

王明钦《王家台秦墓竹简概述》,《新出简帛研究》,文物出版社,2004年版。
王培华《中国古代灾害志的演变及其价值》,《中州学刊》1999年第5期。
汪高鑫《董仲舒天人感应论述评》,《安徽教育学院学报》2001年第4期。
汪高鑫《刘向灾异论旨趣探微——兼论刘向、刘歆灾异论旨趣的不同及其成因》,《安徽大学学报(哲学社会科学版)》2003年第2期。
汪高鑫《何休"人事与灾异""二类"说论略》,《中州学刊》2004年第2期。
汪绍楹《阮氏重刻宋本十三经注疏考》,《文史》第3辑,中华书局,1963年版。
吴从祥《从〈汉书·五行志〉看刘歆的灾异观》,《殷都学刊》2007年第1期。
吴青《灾异与汉代社会》,《西北大学学报(哲学社会科学版)》1995年第3期。
武田时昌《京房の灾异思想》,中村璋八编《纬学研究论丛——安居香山博士追悼》,平河出版社,1993年版。
席泽宗《马王堆汉墓帛书中的〈五星占〉》,中国社会科学院考古研究所编《中国古代天文文物论集》,文物出版社,1989年版。
席泽宗《中国古代天文学的社会功能》,《科学史论集》,中国科学技术大学出版社,1987年版,后收入《科学史十论》,复旦大学出版社,2003年版。
向燕南《论匡正汉主是班固撰述〈汉书·五行志〉的政治目的》,《河北师范大学学报(社会科学版)》2000年第1期。
小岛毅《宋代天谴论的政治理念》,龚颖译,沟口雄三、小岛毅主编《中国的思维世界》,江苏人民出版社,2006年版。
邢义田《从"如故事"和"便宜行事"看汉代行政中的经常与权变》,《治国安邦:法制、行政与军事》,中华书局,2011年版。
徐凤先《中国古代异常天象观对社会影响的历史嬗变》,《自然辩证法通讯》1995年第3期。
徐复观《阴阳五行及其有关文献的研究》,《中国人性论史·先秦篇》附录二,上海三联书店,2001年版。
徐复观《儒家对中国历史命运挣扎之一例》,《中国思想史论集》,上海书店出版社,2005年版。
徐文珊《儒家和五行的关系》,《古史辨》第5册,上海古籍出版社,1982年版。
许倬云《先秦诸子对天的看法》,《求古编》,新星出版社,2006年版。
许倬云《秦汉知识分子》,同上。
岩本宪司《灾异说の构造解析——何休の场合》,《中国研究集刊》卷17,1995年。

岩本宪司《灾异说の构造解析——董仲舒の场合》,《东洋の思想と宗教》卷13,1996年。

杨世文《汉代灾异学说与儒家君道论》,《中国社会科学》1991年第3期。

叶山(Robin D. S. Yates)《论银雀山阴阳文献的复原及其与道家黄老学派的关系》,刘乐贤译,《简帛研究译丛》第2辑,湖南人民出版社,1998年版。

影山辉国《汉代における灾异と政治——宰相の灾异责任を中心に》,《史学杂志》卷90,1981年。

伊藤计《董仲舒の灾异说——高庙园灾对という上奏文を中心に》,《集刊东洋学》卷41,1977年。

游自勇《正史〈五行志〉的演变——以"序"为中心的考察》,《首都师范大学学报（哲学社会科学版）》,2006年第2期。

游自勇《论班固创立〈汉书·五行志〉的意图》,《中国史研究》2007年第4期。

余欣、陈昊《吐鲁番洋海出土的高昌早期写本〈易杂占〉考释》,《敦煌吐鲁番研究》第10卷,上海古籍出版社,2007年版。

于振波《汉代"天人感应"思想对宰相制度的影响》,《中国社会科学院研究生院学报》,1994年第6期。

泽田多喜男《董仲舒天人相关说试探——特にその阴阳说の构造について》,《日本文化研究所研究报告》卷3,1967年。

泽田多喜男《董仲舒天遣说の形成と性格》,《文化》卷31:3,1967年。

泽田多喜男《前汉の灾异说:その解释の多样性の考察》,《东海大学文学部纪要》卷15,1971年。

斋木哲郎《董仲舒の春秋学——その解释法の特质》,《东方学》卷75,1988年。

张嘉凤《汉唐时期的天文机构与活动、天文知识的传承与资格》,《法国汉学》第6辑,中华书局,2002年版。

张培瑜《〈春秋〉、〈诗经〉日食和有关问题》,《中国天文学史文集》第三集,科学出版社,1984年版。

赵牧《汉代"服妖"透视》,《辽宁教育学院学报》1995年第3期。

赵贞《两唐书〈天文志〉日食记录初探》,《史学史研究》2010年第1期。

朱凤瀚《商周时期的天神崇拜》,《中国社会科学》1993年第4期。

佐川修《董仲舒阴阳说に就きて》,《汉文学会会报》卷9,1939年,后收入《春秋学论考》,东方书店,1983年版。

# 后 记

自从开始研究灾异,每逢异象,就会被问"主何吉凶"。心中不免自嘲,这题目居然还有点现实意义。前不久偶读沈艾娣的《梦醒子》,研究清季民初一位山西乡绅的日记。书中谈到,乡绅1914年春夏的日记记录了他观测到的一连串异象:深夜异响、日冕三重、仲夏雨雹,还有报纸上说的江苏落下红雨。他认为,这些都是乱臣篡逆和日军侵华的征应。看来,作为文化的灾异余音未散。

政治文化已经不算新名词,但仍是一个有意思的研究领域。传统中国的一些因素,所依托的政治制度已经崩溃,意识形态上也丧失了合法性,却仍根植在"集体无意识"中,潜移默化地影响着政治行为和历史走向。这些因素可以归入政治文化范畴,它的延续则依赖于历史记忆。现代的历史研究者可以重复旧说,强化记忆,也可以追述政治文化传统的构建过程,解构"民族基因"的神话。我愿意选择后者。博士论文的后记曾自期"务去陈言",五年过去,这是我的新解。

当初,由于对学术史的兴趣选了这个题目,又借政治文化的视角来丰富研究的内容和层次。写完之后,自觉得失互见,从社会、宗教等角度有待开掘的问题尚多,线索的梳理与主旨的阐发也远远不够。毕业以后,忙于出土文献整理和秦汉史的教研,兴趣随之转移。博士论文匆匆修改了几个章节投稿出去,便束之高阁,直到今年年初才又拿出来,利用寒假通改一过。导师陈苏镇先生知道后,说:你现在已经不在那个问题里了。陈老师总是一语中的,确实,至今我也没能回到当年的问题中去。呈给读者的这部小书,大体上还是毕业论文的样子,只略微调整结构,润色文字。彼时许下的宏愿,竟一无所成。五年前写后记时心情畅快,现在则深感歉疚和惶恐。

书中近半章节此前曾单篇发表,收入时又稍有增修和删改,观点异同可以本书为准。一些章节所涉内容已经越出我所受专业训练的范围,谫陋、谬误在所难免,请原谅我仍业余地将之和盘托出。自悔少作或许难免,然大道多歧,但愿能不忘初心。

工作以来,渐渐有一些阅历,更能体会到师长友朋的携引扶持,润物无声。老师们充满魅力的学问与人格,永远是学术航程中的灯塔。学友相知,天南海北,或精进,或沉潜,都使我深受砥砺。希望下一个作品,能让我在想到你们时不至于如此惭愧。

承蒙北京大学中国古代史研究中心厚爱,将这部幼稚的小书收入丛刊。它受中心的滋养而生,如今又觍颜厕身于老师们的大著中间。这份幸运,与我何等相似。

小书献给田天,感谢你同我经历这一切。

2015 年 11 月 29 日于燕北园

【本书为高等学校全国优秀博士学位论文作者专项资金资助项目"中国政治文化传统的形成与早期发展研究"(201311)阶段性成果】

# 再版后记

探究灾异政治文化的历史,可以得出什么结论呢?小书出版后,"澎湃新闻"的"私家历史"栏目相约做过一个访谈,最后将题目定为:"中国古代灾异论能够制约皇权吗?"这恐怕是大家对"灾异论"最普遍的关切,无疑也是研究的出发点之一。

任何研究都应该能用一句话来概括,任何研究都不应该只一句话就足以概括。研究应当带着我们越来越远离出发时的预设,去往未曾想见之处。对灾异论的考察告诉我们,儒学士大夫在理念中将解说灾异当作神道设教、制约皇权的一种手段,但实际情况却往往并非如此。董仲舒大一统,尊皇权,他的灾异解说,矛头所指是朝廷内外对于皇权、德治的种种威胁;刘向、刘歆父子的灾异理论或偏于实用或偏于学理,其对手都不是皇帝,而是宦官、外戚这些被认为侵夺皇权的政治势力;汉代有因灾异策免三公之制,而宋代士大夫称说灾异,除了要求皇帝修省还多用于政敌之间的互相攻讦;至于清代,皇帝甚至亲手握住灾异论的武器,将剑尖儿指向了他们的臣僚。当我们提出"能否制约皇权"的问题时,显然带上了怀疑、否定皇权的现代预设,但晚清以前的士大夫却从未在皇帝制度以外设想过任何其他政体——他们都是皇权的忠实拥护者,对皇权的理想是"内圣外王"。古代中国与世界其他主要文明不同,"天命"信仰终究没有发展出独立于世俗政体之外的宗教组织。君权得自天命,却并不仰赖教权代天授命。皇帝作为"天子",垄断着祭祀天的权力,控制着占测天的知识,因而也是灾异论理所应当的服务对象,并且不难掌握对灾异的最终解释权。由此看来,灾异论不是从外部制约皇权,而更应该理解为皇权政治体系内部的一项自我调节的工具。这是我现在的认识。

在这部书中,我试图从理性的角度来解释灾异论和政治文化的发展。此刻,我却感到"理性人"的假设并不可靠,信仰、情感等非理性因素才是灾异政治文化形成和维系的根本缘由。

相比于世界其他各大文明,帝制中国的政治高度世俗化,从未出现过与"皇权—官僚"体系并立的组织化的强大教权。但皇权的合法性来源却终究无法在世俗生活中得到一个具有普遍说服力的理性解释,最终仍需诉诸超越性的存在。"惟德是辅"的主体"天",即便民本主义的解释"天听自我民听,天视自我民视"(《孟子·万章上》引《泰誓》),也只是将"民命"作为"天命"外化,而无法否认"天"的根本作用;"马上得之"的王者,仍需自证"天命所归",方能"坐稳江山"。只要"天"还是人们心目中合法性的根本来源,对"天"的信仰、崇拜便会绵延不绝,而天人关系在政治生活中既无法回避,又往往可资利用。

进入现代世界,科学革命带来的对于科学的信仰获得了取代宗教的力量,在宗教本就薄弱的中国,效果尤为明显。意识形态化的科学用自然规律取代"天",用历史规律取代"天命",这才剥夺了灾异论在主流意识形态中的地位。尽管如此,灾异政治文化仍未消亡。科学无法彻底取代宗教,理性无法完全压抑情感,人类终究逃不脱死生的循环重启。当自然和社会显现出巨大的威势和不可知性,最坚固的理性之盾也将被击穿,任由神秘的天幕笼罩人心。于是,在历史的巨变之中,在权力的高压之下,在规律的必然之外,往往能听到灾异论的隐约回响。

灾异政治文化研究远未到结束的时候。

小书是求学过程中的急就之作,匆忙搭起一个架子,本来还有不少应该充实的地方,也设想过在哪些方面还可延伸讨论。不料,毕业以后却再没有心力回到这个问题里来。承蒙北京大学出版社厚爱,提供修订再版的机会。我用近一个月时间通校了全书,尽可能减少文字上的纰漏,力求把话说得更清楚明白一些,还订正了几处明显的错误,在个别地方增补了资料和研究文献。总体感觉,尚可"自圆其说",至于"质的飞跃",则要寄希望于在灾异这个话题上继续耕耘的学人了。

近几年来,学界的新著已经将不少问题的探讨推进到了新阶段。

比如，张书豪的《汉书五行志疏证》（学生书局，2017年）、程苏东的《汉代〈洪范〉五行学》（北京大学出版社，2023年）两部著作侧重于文献学和经学史的探究，对《汉书·五行志》的体例、《洪范五行传》的早期形态以及董仲舒、刘向歆等汉儒灾异论说的文本和旨趣进行了深入细致的研究，多有发覆、推进之处；张吉寅的论文《火灾视阈下北宋刘太后与士大夫的权力博弈》（《河北大学学报（哲学社会科学版）》2019年第4期）、《"水不润下"与北宋濮议》（《北京社会科学》2019年第7期），从宋仁宗时期的几起火灾、水灾入手，研究北宋皇室和士大夫如何在政治实践中运用灾异论说；刘力耘在《宋代士大夫灾异论再认识——以苏轼为切入点》（《史学理论研究》2021年第6期）一文中通过苏轼对灾异事应说态度的两次转变，反思学界对宋代天人关系、理性化等问题的认识；等等。毫无疑问，学者们还将续有新作，而管见未及的研究肯定还会越来越多。本书的修订没有借用这些新观点来弥缝旧文章，但有心的读者完全可以对比参证，跟上进展，做出自己的评判。我相信，任何唯一的答案都不会终结对灾异政治文化的追问。我们的认识将与时俱进，在古今的对话中不断更新。

最后，感谢学界给予本书的肯定和批评，感谢为初版和再版两度付出辛劳的责编张晗兄。

陈侃理
2023 年 7 月 9 日